CDA LEVEL I

CDA一级认证教材

商业数据分析

BUSINESS DATA ANALYSIS

（第4版）

CDA数据科学研究院◎编著

電子工業出版社
Publishing House of Electronics Industry
北京 · BEIJING

内容简介

本书作为CDA一级认证教材，打破传统的学院派知识整合模式，从EDIT（探索、诊断、指导和工具）数字化模型的角度进行叙述，在传授知识理念的同时，还讲解了进行商业数据分析时应遵循的整体思维和思考方式，以达到将企业分析模型与数据分析方法相结合、使用科学的方式进行数据分析的教学目标。

本教材整体分为三篇，分别是原理篇、技术篇和管理篇。第一篇共5章，首先讲解数据分析思维，进而介绍数据分析方法和商业数据分析框架，之后阐述战略数据分析和业务数据分析。第二篇共5章，包括描述性统计分析、指标体系构建方法、SQL语言基础与MySQL入门、用户标签体系与用户画像专题、简单时间序列分析方法。第三篇共3章，包括数据治理、数据模型与数据建模、指标体系管理。

图书在版编目（CIP）数据

商业数据分析 / CDA数据科学研究院编著. -- 4版.
北京 : 电子工业出版社, 2025. 7. -- (CDA一级认证教材). -- ISBN 978-7-121-50488-4

Ⅰ. F713.5

中国国家版本馆CIP数据核字第20253N4W21号

责任编辑：张慧敏
印　　刷：三河市华成印务有限公司
装　　订：三河市华成印务有限公司
出版发行：电子工业出版社
　　　　　北京市海淀区万寿路173信箱　　　邮编：100036
开　　本：720×1000　1/16　　印张：22.5　　字数：419.3千字
版　　次：2015年2月第1版
　　　　　2025年7月第4版
印　　次：2025年7月第1次印刷
定　　价：109.00元

凡所购买电子工业出版社图书有缺损问题，请向购买书店调换。若书店售缺，请与本社发行部联系，联系及邮购电话：（010）88254888，88258888。

质量投诉请发邮件至zlts@phei.com.cn，盗版侵权举报请发邮件至dbqq@phei.com.cn。

本书咨询联系方式：faq@phei.com.cn。

CDA，数智人才的身份认证

数据曾经被视为商业“尾气”，如今却已成为世界的“石油”。借助合适的模型、算法、技术，我们可以从数据中挖掘巨大的商业价值。数据分析极大地促进了现代服务业、制造业差异化竞争格局的形成，将来更会成为各行业获得竞争优势的助推力。

数据分析的主要目标之一就是满足组织的业务运营需求，为业务服务。大部分组织经历了从以产品为中心到以客户为中心的转变，其数据分析的重点也从关注组织经营结果转向进行全方位的组织运营和客户洞察，分析方法也从以管理报表为主，到对微观个体进行行为洞察和预测。另外，IT 技术的发展使得组织能够以更低的成本存储和处理大量数据，从而推动分析视角从宏观的业务层面逐步深入到个体微观层面。分析中的数据范畴也从基本属性和时点状态数据逐步扩展到行为数据，分析技术从传统的统计分析逐步向机器学习和深度学习过渡。

满足业务运营需求更本质的目标，是通过数据分析改变决策方式，从依靠经验转向依靠数据。在当前，数据分析是学习型组织的重要表现形式。学习型组织的能力建设有两个主要阶段，分别是隐性知识显性化阶段和显性知识算法化阶段。前者是概念明晰和逐渐量化的过程，后者是提取知识形成算法并固化在业务流程系统中的过程。组织的核心能力从“以人为核心”转变到“以算法为核心”。通过数据分析进行科学决策、自主决策，从而实现业务价值，使数据分析在决策过程中不可或缺，逐渐成为组织的核心竞争力。

CDA 数据科学研究院经过多年在数据分析领域的深耕，建立了 CDA 数据分析师认证体系，为企业实现宏观与微观相结合的数字化转型提供有力支持，并为企业提供了坚实的数字化人才保障。

CDA 数据分析师认证体系与企业管理工具“平衡计分卡”相得益彰，涵盖绩效分析、客户分析、流程分析、智能学习，助力企业实现宏观与微观相结合的数字化战略中心组织。在平衡计分卡中，前面的分析为后面的工作指明方向，后面的活动为前面目标的实现提供能力支持。而 CDA 体系把“平衡计分卡”中最基础的“员工学习”活动与“机器学习”相融合，强调如何将业务知识以算法的形式固化在系统中，以更适合数字化时代的诉求。

基于先进企业的实践，CDA 数据科学研究院提出了企业数字化需要具备的数据人才能力的模型。企业中的数据分析任务分为业务现状描述、问题归因分析、个体行为预测，这就要求数据人才具备描述现状、分析原因、预测行为的能力。数据人才的范围也不限于数据分析师和数据挖掘工程师，还包括经营决策人员和业务骨干。

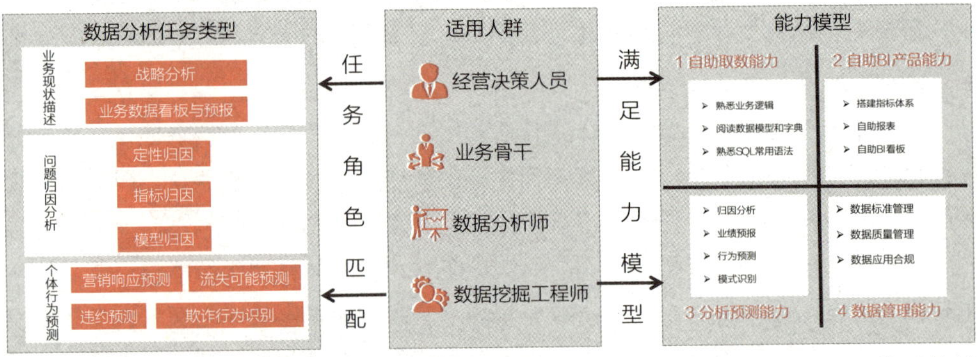

业务问题归因分析和策略优化是企业中数据分析任务的核心，对上游的现状描述提出建立完备的指标体系和报表可视化的需求，对下游的预测分析提供算法模型的应用场景。CDA 数据分析师认证体系根据归因分析和策略优化的应用深度，以及从宏观业务分析到微观个体预测的技术难度，设计了 CDA 一级认证教材至三级认证教材的学习内容，并对各类分析工具的掌握提出了相应的要求，通过分级课程来帮助数据人才全面掌握从业务问题归因到策略优化的能力。

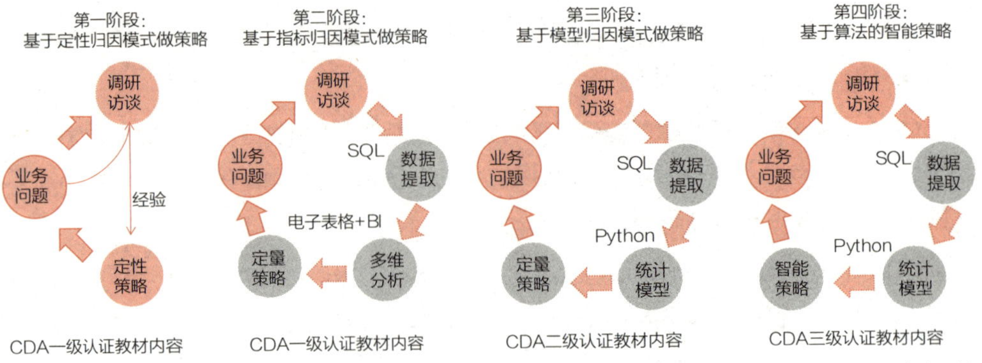

CDA 一级认证教材主要讲解商业分析所涉及的指标体系构建方法、用户标签

体系和用户画像专题、描述性统计分析等技术；CDA 二级认证教材主要讲解客户运营、流程分析和策略优化所涉及的用户高级标签的构建、模型归因分析、预测模型等业务宏观分析与客户微观洞察相融合的技术；CDA 三级认证教材主要讲解企业数据挖掘体系的构建，在机器学习运营（MLOps）的框架下设计、开发、落地数据挖掘模型，包括机器学习经典算法及案例、算法模型管理等技术。CDA 认证教材在工具实现上选择企业中应用最为广泛的数据库语言 SQL 和编程语言 Python 等。

很多企业将 CDA 证书作为企业内部数据分析人才的评定标准和招聘要求。这套教材旨在帮助读者形成体系化、专业化的数据分析思维，通过 CDA 认证，为其职业发展提供更多可能性。

无论读者是否参加认证考试，这套教材都是理解和应用数据分析的宝贵资源。常读常新，体会数据分析之美，灵活运用教材中的分析方法和案例，让数据分析和实证研究相得益彰，让数据分析和业务经验优势互补。这套教材将在数据分析行业中产生影响，如春风化雨般滋养各个领域中孜孜不倦的数据分析学习者和从业者，在数据分析的新理念、理论、方法、技术及工具等方面，为他们提供知识支持与启发。

CDA 数据科学研究院

2025 年 3 月

目录

第一篇　原理篇

第二篇 技术篇

第三篇 管理篇

第一篇

原理篇

第 1 章　数据分析思维

随着 VUCA 时代的到来，企业内外部复杂度和不确定性的增加导致决策更加困难。以往的定性分析难以完全胜任，需要将定量分析作为补充，以提供正确、精确且快速的决策支持。

1.1 VUCA 时代的数据分析需求

VUCA 是一个高度概括了当前及未来社会与商业环境特征的词汇，它由 Volatility（易变性）、Uncertainty（不确定性）、Complexity（复杂性）和 Ambiguity（模糊性）四个英文单词的首字母组合而成。这个概念最初源自军事领域，后来被广泛应用到商业和组织管理等领域，用来描述一个充满易变性、不确定性、复杂性和模糊性的时代，如图 1-1 所示。

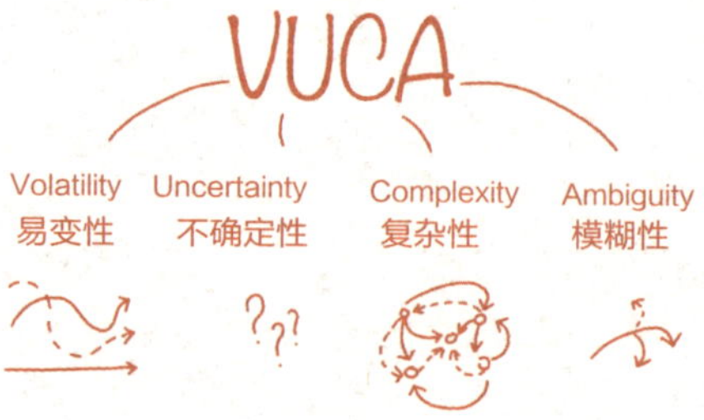

图 1-1　VUCA 时代的特点

以下展开介绍 VUCA 时代的特点。

（1）易变性

在 VUCA 时代，环境的变化非常迅速且预测难度加大，如经济波动、政治动荡、技术革新等都可能带来巨大的影响。这种变化不仅频繁，而且幅度大，使得组织和个人需要时刻保持警惕和适应性。

（2）不确定性

在 VUCA 时代，很多信息都是不完整的或模糊的，导致人们难以对未来做出准确的预测。这种不确定性不仅存在于市场环境、政策环境等方面，也存在于技术、竞争态势等多个领域。

（3）复杂性

在 VUCA 时代，问题和挑战往往涉及多个方面和因素。这些因素之间相互关联、相互影响，使得问题的解决变得更加复杂。在应对复杂问题时，企业和组织需要综合考虑多种因素，包括市场需求、技术创新、政策环境、竞争格局等。这种综合考虑能力对于制定有效的应对策略至关重要。

（4）模糊性

在 VUCA 时代，信息过载和信息不对称等问题使很多信息变得模糊。这不仅增加了判断和决策的难度，也增加了组织和个人在应对环境变化时的风险。在模糊性增加的环境下，企业和组织需要具备更强的辨别和处理模糊信息的能力，包括提高信息收集和分析的能力、增强对复杂问题的理解和把握能力等。

在 VUCA 时代，对数据分析的需求显著增强，这主要体现在对分析速度、准确度、精度的更高要求上。由于环境的易变性、不确定性、复杂性和模糊性，企业和组织需要更加迅速、准确地获取并解读数据，以制定有效的决策和应对策略。下面从数据分析的归纳方法和演绎方法两个方面，简要解释 VUCA 时代对数据分析的需求。

1.1.1　数据分析的归纳方法

归纳方法是从个别到一般的推理方法，即从一系列具体的事实或观察中概括出一般性的结论或规律。该方法通过观察和分析多个个别案例来得出普遍性的结论。这些结论可能具有一定的概率性，而不是绝对确定的。数据分析的归纳方法可以从大量的历史数据中提取知识，包括描述当前业务状况或个体偏好，并预测业务未来趋势或个体未来的行为。数据分析的归纳方法包括以下三类。

（1）描述性分析

需求提升：在 VUCA 时代，描述性分析需要更快地完成，以便迅速捕捉市场、业务或技术等方面的变化。通过快速的数据汇总和可视化，企业能够及时了解现状，降低不确定性。例如，通过实时监控销售数据、客户行为等，快速生成报告，帮助管理层了解业务动态。

（2）诊断性分析

精准定位：在不确定性增加的情况下，精准的诊断性分析有助于企业准确识别问题的根源，为制定解决方案提供有力支持。

深度挖掘：面对复杂多变的环境，诊断性分析需要更加深入，以揭示数据背后的原因和关联。通过数据挖掘、关联规则分析等方法，企业能够发现潜在的问题和机会。

（3）预测性分析

高准确度：VUCA 时代要求预测性分析具有更高的准确性，以应对未来的不确定性。通过时间序列分析、机器学习等先进算法，企业能够更准确地预测市场趋势、用户行为等。

快速响应：预测性分析的速度至关重要。企业需要快速获取预测结果，以便及时调整战略和计划，抓住市场机遇或规避潜在风险。

1.1.2 数据分析的演绎方法

演绎方法是从一般到个别的推理方法，即从已知的一般性原理或规则出发，推导出个别或特殊的结论。演绎方法在数据分析领域也被称为规范性分析，包括以下两类具体方法。

（1）最优方案寻找

在 VUCA 时代，规范性分析成为寻找最优解决方案的关键。通过模拟不同场景、评估不同策略的效果，企业能够选择最合适的方案来应对复杂多变的环境。

（2）决策支持

规范性分析为管理层提供了科学的决策支持。在不确定性增加的情况下，基于数据分析的决策更加客观、准确，有助于企业降低决策风险。

1.2 流程化企业数据分析需求

现代化企业的决策是嵌入在业务流程中的，数据分析对流程的流畅运行起到至关重要的作用。比如在业绩评估流程中需要完备且准确的 KPI 体系，在产品的研发流程中需要使用准确的用户标签生成用户画像，在精准营销流程中需要预测用户的购买倾向性以决定营销资源的分配，等等。

1.2.1　流程化企业的主要特点

现代化企业普遍实现了流程化改造，这给企业带来了多方面的好处，这些好处不仅提升了企业的运营效率，还增强了企业的竞争力和适应能力。图 1–2 展示了一家保险公司的企业流程架构。可以看出其业务流程环环相扣，可以使业务有条不紊地进行。

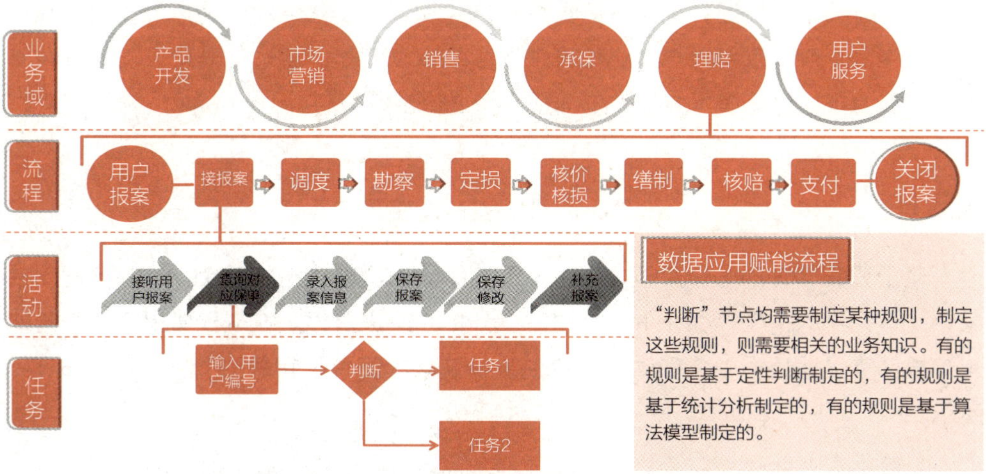

图 1–2　保险公司的企业流程架构示例

流程化企业的特点主要体现在以下四个方面。

（1）组织结构与流程导向

企业以流程为基础来规划部门职责、设置部门，并决定人员分工。流程成为企业运行的基本规则，形成各个岗位的工作标准。这种以流程为导向的组织模式追求企业的简单化和高效化。同时，应促进信息流和物流在水平方向和垂直方向的顺畅流动。这种结构有助于减少层级，加快决策速度，提高组织灵活性。

（2）用户与市场导向

流程化企业注重从用户或市场的需求出发，通过优化流程来更好地满足用户的个性化需求。企业通过建立以用户为中心的流程体系，更好地了解用户的期望和痛点，提供更具针对性的产品或服务。同时，流程化企业能够迅速捕捉市场变化，通过灵活的流程调整来快速响应市场需求。这种灵活性使企业能够在竞争激烈的市场环境中保持领先地位。

（3）过程与效率优化

流程化企业以时间为标准来运行流程，在分解每一个事件和过程时，应特别关注时间的利用效率。通过优化流程中的各个环节，企业能够提高整体运营效率。同时，流程化企业注重流程的持续优化和改进。通过定期评估流程的执行情况，企业能够发现存在的问题并采取相应的改进措施，以确保流程始终保持高效运作。

（4）信息化与自动化

流程化企业充分利用信息化手段来支撑流程的运行和管理。通过信息系统实现数据的实时共享和处理，企业能够更好地监控和管理流程中的各个环节。在流程运行过程中，企业积极引入自动化技术来提高效率。例如，通过自动化设备和系统来实现流程的自动化处理，减少人工干预，降低错误率。

1.2.2 数据分析在流程中的落脚点

企业流程管理的一个重要内容是流程建模。流程建模是指将企业或业务流程抽象化、可视化的过程，以便更好地理解、分析和改进流程。在流程建模中，通常使用流程图来描述流程中的活动、决策、流程流转和资源使用等要素，示例如图 1–3 所示。

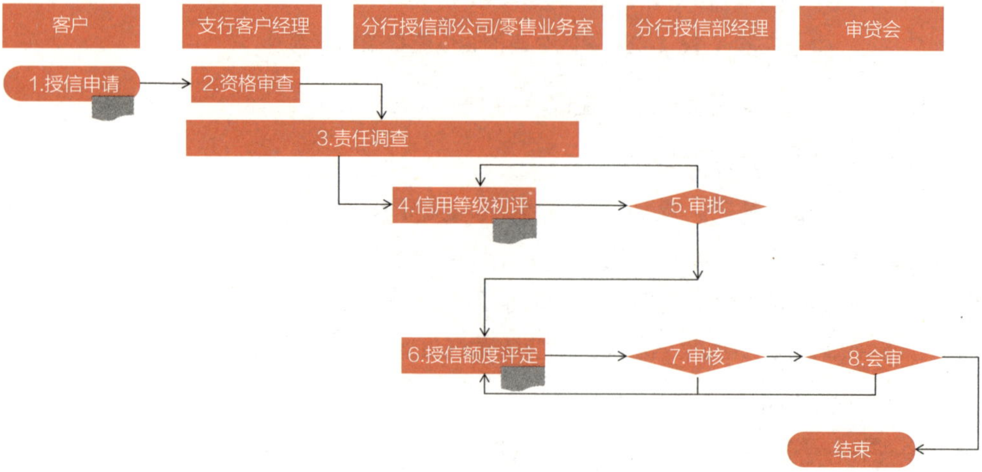

图 1–3 流程建模示例

在流程中存在三种基础的结构，分别是顺承结构、选择 / 分支结构和循环结构，如图 1-4 所示。其中有两种基础结构中包含“判断”节点，也称为“决策点”。

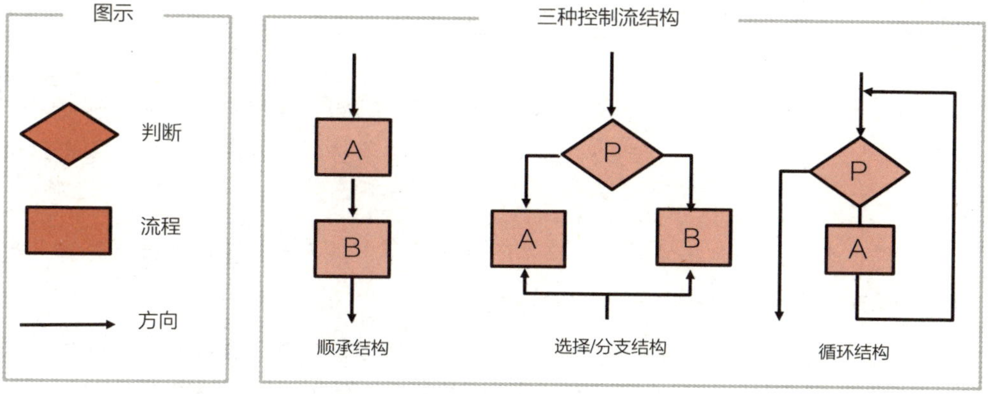

图 1-4　流程中的三种结构

- 顺承结构：一个命令接一个命令地执行。
- 选择 / 分支结构：根据判断条件选择不同的分支来执行。
- 循环结构：在条件成立时反复执行循环体。

数据分析就是要满足设计和执行“流程”的需要，尤其体现在“判断”节点中。

（1）优化决策过程

在“判断”节点中，往往需要基于一定信息做出决策。数据分析能够收集和整理大量相关数据，通过统计分析、数据挖掘等方法，提取出有价值的信息，为决策者提供科学依据。这使得决策过程更加客观、准确，减少了主观臆断和盲目性。同时，市场环境和客户需求在不断变化，企业需要及时调整策略以应对这些变化。数据分析能够实时监测市场动态和客户需求变化，通过对比分析、趋势预测等方法，为企业在“判断”节点中快速做出响应提供有力支持。

（2）提高判断准确性

在“判断”节点中，往往需要依据一定的规则和条件进行决策。数据分析可以通过人工智能、机器学习等技术手段，对海量数据进行训练和学习，构建出智能化的判断模型。这些模型能够根据输入的数据自动做出判断，大大提高了判断的准确性和效率。

（3）多角度分析

数据分析可以从多个角度对数据进行解析和解读，揭示数据背后的隐藏信息和内在规律。在“判断”节点中，多角度分析有助于企业全面地考虑问题，避免片面性和主观性带来的判断失误。

1.3 企业数字化转型的进展

随着移动互联网、物联网、云计算、人工智能等新一代信息技术的迅速发展，信息获取的方式愈加多样，信息获取的速度也显著提升。在此背景下，数据量呈指数级增长。

当前，数据成为各国发展数字经济的重要抓手，成为国家基础性战略资源，数字经济正在成为经济增长方式的强大创新动能。

因此，数据管理和应用已经成为企业和组织的重要战略。通过有效的数据管理和应用，企业可以更好地通过经营分析、运营分析、精准营销、流失预警等操作来降低成本、提高效率，从而实现数据的价值变现。同时以数据应用促进数据管理的精细化，开发出种类更多、质量更高的数据产品，实现数据资产的保值、增值。

1.3.1 以用户体验为中心的商业模式

以用户体验为中心的商业模式是从以产品为中心的商业模式演变而来的，如图 1–5 所示。传统上许多企业的商业模式是以产品为中心的，它们关注的重点是开发和销售产品。然而，随着市场竞争的加剧和消费者需求的变化，企业意识到仅仅提供产品可能不足以获得竞争优势。

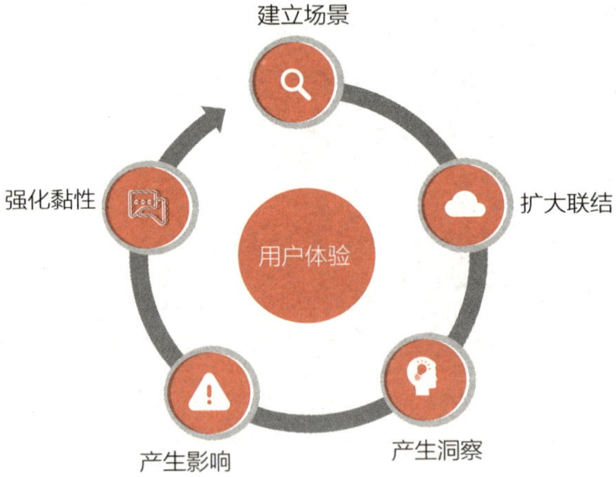

图 1–5 以用户体验为中心的商业模式

以用户体验为中心的商业模式强调将用户放在核心位置，关注如何满足用户的需求和期望。这种商业模式将用户体验视为关键因素，企业通过提供优质的服务、个性化的解决方案和良好的互动来提升用户体验。

这种商业模式的转变要求企业从产品驱动转变为以用户为导向。它需要企业与用户建立更紧密的关系，了解他们的需求、期望和反馈，并根据这些信息来调整和改进产品和服务。通过关注用户体验，企业可以获得忠诚的用户群体，提高用户满意度，并在市场中获得竞争优势。在这种商业模式下，企业更加关注以下内容。

（1）建立场景

根据用户的社会属性、消费能力等精准聚焦目标消费者，以及目标消费者的需求，发现有价值的场景。

（2）扩大联结

无论最初的触点在哪里，都要实时与用户互动，为每个消费者提供连贯、一致的服务体验；同时与外部合作伙伴建立广泛的联结，逐步实现生态系统中各族群之间的联系，为用户提供全方位服务。

（3）产生洞察

对不同来源的用户数据进行识别（One ID）、整合用户数据并提炼用户标签（One Entity）、提供用户画像服务（One Service）；利用大数据和数据分析产生对用户特征、偏好、需求等的洞察。

（4）产生影响

基于用户的特征、偏好和体验，提供有价值的产品和服务，树立差异化。

（5）强化黏性

基于场景开发、完善产品和交互界面，丰富用户服务内容，提高服务频率，从而提高用户黏性，提升用户终身价值。

1.3.2　以数据分析为中心的架构模式转型

在云模式的推动下，企业数据架构正在经历一次重大的转型，如图 1–6 所示。过去企业数据架构主要以业务应用为中心，每个应用都有自己的数据资源和分析需求。然而，这种分散的架构模式存在许多问题，如数据孤岛、数据冗余和分析困难等。

云模式的出现彻底改变了传统数据管理的局面。云模式将企业各个分散的业务应用的数据资源集中在一起，形成了一个统一的数据资源池，为集中、高效的数据分析提供了可能。企业可以通过云平台来管理和分析数据，从而实现更好的数据驱动决策和业务创新。

在以数据分析为中心的架构模式中，企业建立了一个综合性的数据分析平台。这个平台可以集成来自不同业务应用的数据，并提供统一的数据分析工具和功能。企业专业的数据分析团队可以在这个平台上进行数据挖掘、数据可视化和建模等工作，以获取业务洞察和优化决策。

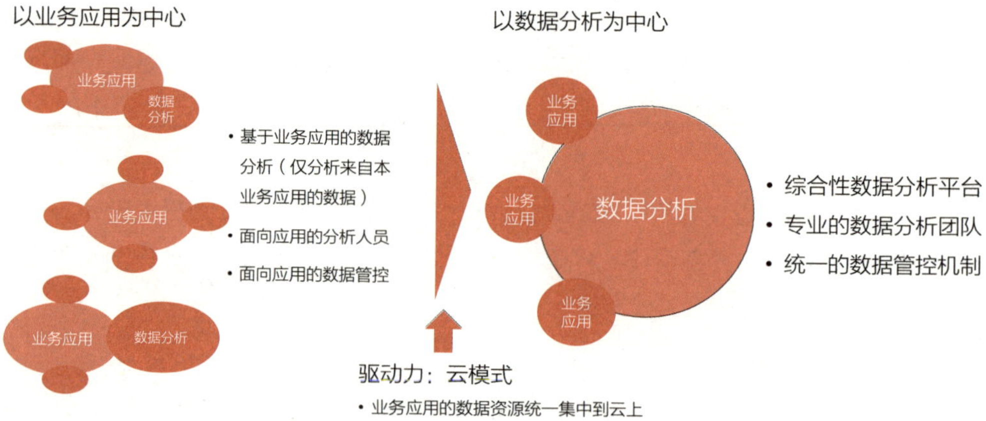

图 1-6　企业数据架构的重大转型

此外，以数据分析为中心的架构模式还需要专业的数据分析团队的支持。这个团队需要具备深厚的数据分析的专业知识和技能，能够准确理解和响应业务需求，并提供切实可行的分析解决方案。他们通过与业务部门的紧密合作，帮助其解析数据、识别问题和发现机遇，从而提供相关的洞察和建议。

为了保证数据的质量和一致性，以数据分析为中心的架构模式还需要统一的数据管控机制。企业需要建立数据治理的流程和规范，确保数据的准确性、完整性和安全性。同时，企业还需要制定数据共享和访问策略，平衡数据的开放性和隐私保护的需求。

总的来说，以数据分析为中心的架构模式是企业数据架构的一次重大转型。通过集中、高效地管理和分析数据，企业可以更好地利用数据驱动决策和业务创新。然而，这种转型需要企业在技术、组织和文化方面的全面支持和变革。只有这样，企业才能充分发挥数据的潜力，实现持续的竞争优势和业务增长。

1.3.3　感知型企业成为众多企业的发展目标

感知型企业（Sentient Enterprises）是由 Teradata 天睿公司提出的一个概念，简单说就是企业能够感知周围的世界和商业环境，随之进行反馈和调整，并实时进行大规模的自动化决策。感知型企业的演进发展分为五个阶段，如图 1–7 所示。

图 1–7　感知型企业的演进发展的五个阶段

（1）敏捷分析平台

这类企业实现了数据源的集中管理，能够使用高质量的指标数据进行经营管理分析，不受指标不一致、不准确等数据质量问题的困扰。企业管理者可以敏捷地进行数据分析，不会出现数据找不到、报表混乱等问题。

（2）行为数据平台

这意味着企业正在从宏观指标的数据分析逐步转向微观个体的行为预测，更加关注客户的行为特征。这一趋势同样延伸至工业环境中对机器和传感器数据的处理。从工业生产、车队物流到个人驾驶或购物行为，行为数据成为高价值商业洞察力的重要来源。它能够揭示出不同的行为模式和场景特征，帮助我们优化运营分析方法，使我们可以在从人类购买习惯到机器运行性能的各个领域，预测并预防潜在的不利情况。

（3）协同思维平台

协同思维平台的核心是将数据科学家与业务专家相结合，形成应用数据科学方法解决实际业务问题的敏捷团队。同时使数据的价值和上下文变得自然清晰，从而让所有人摆脱以 IT 部门为主导的、费时费力的文档化管理的困境。

（4）分析应用平台

构建一个自主服务、按需使用的“分析应用平台”环境，直接赋能业务客户，让他们能够基于自身的预见性思路进行深入分析，并快速将洞察转化为实际行动，而无须依赖专业数据科学家的稀缺资源。

（5）自主决策平台

感知型企业通过在组织内无缝集成各种分析流程和架构（即各种系统），来实现超强感知力和自主决策能力。过去，组织中的员工往往需要将 90% 的时间花在数据整理上，用来做决策的时间只有 10%，而未来该平台将无须太多人为干预即可自主聆听数据，并实时做出业务决策。

感知型企业的最终形态是具有对环境的自我感知力，能够进行自动化分析，并自主形成商业决策。从数据源头到决策的生命周期来看，数据驱动转型是从内外部获取相关的多元数据和信息，再将数据汇集到灵活的数据分析架构体系中，根据各业务场景，通过适当的分析技术获得洞察力，并将洞察结果应用到决策或精确行动的流程中，以期更加契合业务发展需求，激发企业的更大潜能。

1.4 企业需要的数据应用能力

实现业务流程自主决策是当前很多前进企业的共识，但是实现这个目标是困难且漫长的。这需要企业在战略、管理、运营、操作这四个层面建立数据应用能力，并且遵循从指标应用到量化策略应用，再到人工智能应用的循序渐进的数据应用能力发展路径。

1.4.1 企业数据应用能力概述

基于“感知型企业模型”和国内外的“企业数字化转型模型”，总结出了企业建立数据应用能力的三个阶段，如图 1-8 所示。

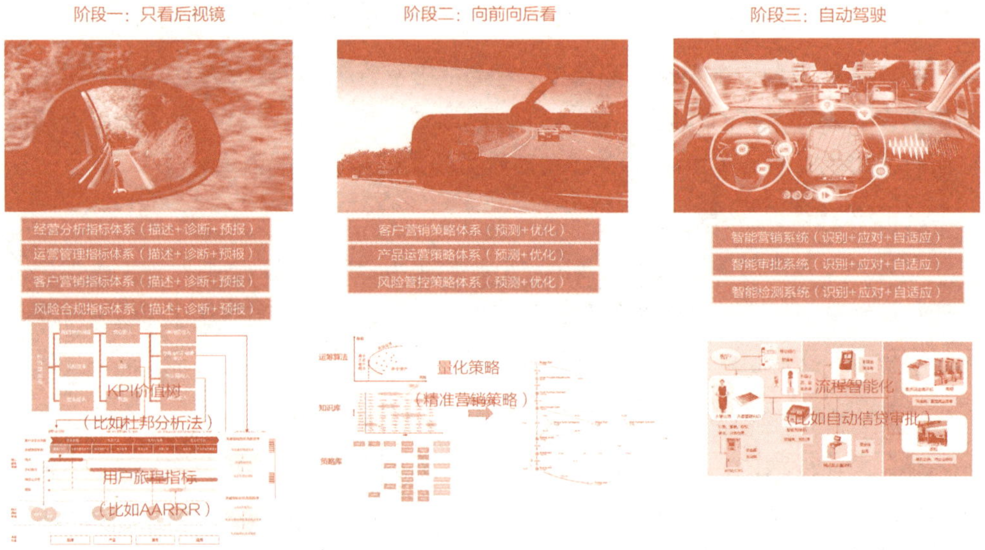

图 1-8 企业建立数据应用能力的三个阶段

（1）阶段一：只看后视镜

在驾驶过程中，司机不可能仅仅依赖后视镜来进行导航和决策。然而，当前许多企业在运营中仅仅侧重于“回顾过去”的观察方式。一些企业在开展数据应用时，通常只专注于建立基于经营分析指标的体系。

我们经常见到许多企业拥有一套完整的价值树和关键绩效指标（KPI），其构建方式十分直观，通常是基于财务指标的价值树。如杜邦分析体系，就是依据企业的整体经营指标或目标进行逐层拆解分析而建立的。

（2）阶段二：向前向后看

企业开始使用基于微观个体的行为预测技术预测客户的营销响应、流失概率、违约概率等，基于客户的标签和事件，使用最优化技术制定相关策略。

（3）阶段三：自动驾驶

企业根据外部市场环境、客群偏好、产品特性和参数的变化，实现自动数据采集、自动算法模型构建和自动寻优的运营策略，实现运营的完全自动化。

1.4.2 企业决策层级和对数据的需求

随着移动互联网、物联网的发展和智能设备的普及，人们无时无刻不在产生海量数据，而大数据计算技术解决了数据的收集、存储、计算、分析的问题，于是迎来了我们的大数据时代。大数据时代不仅带来了机遇，也带来了挑战。对于企业而言，最明显的体现就是决策方式的改变，面对海量数据产生的业务事项，如何做出合理有效的选择呢？是依靠直觉，依靠领域专家，还是与时俱进依靠数据呢？答案显而易见，在大数据时代，能支撑企业做出有效决策的、最可靠的对象就是数据，而简单依靠数据显然是不够的，所以就产生了形形色色的数据产品，将数据与规则算法相结合，才能帮助企业高效、准确地做出判断。

下面结合企业决策层级对数据产品的需求类型进行划分，不同的企业决策层级有不同的数据产品需求，如图 1–9 所示。

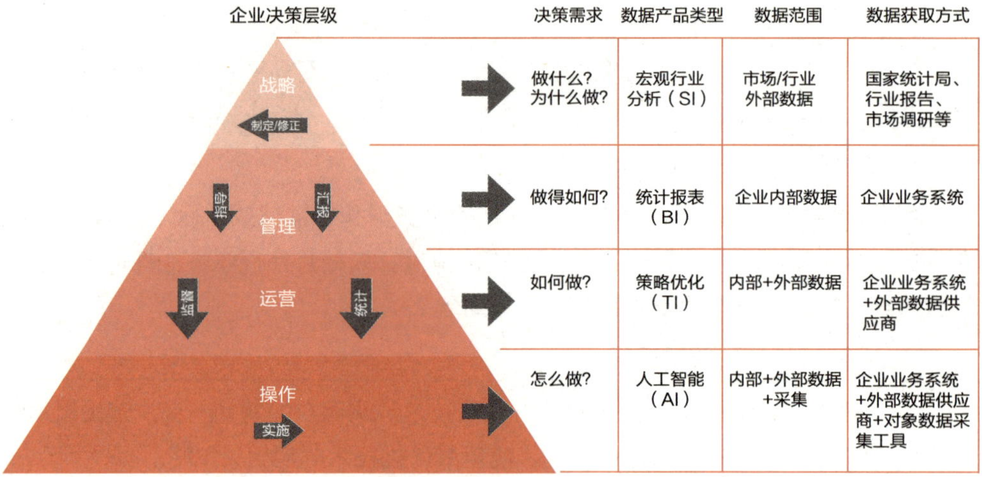

图 1-9　企业决策层级和对数据产品的需求

1.4.3　战略层的数据需求

战略层的数据需求是企业在制定和实施长期战略的过程中，对数据的具体要求和期望。这些数据不仅用于支持决策制定，还用于指导企业的资源配置、业务优化和竞争优势的构建。商业数据分析帮助企业在不同层面上理解和规划其战略方向。战略分析模型如图 1-10 所示。

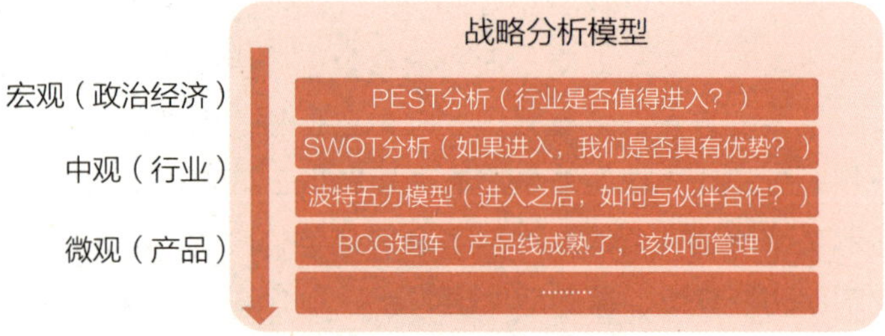

图 1-10　战略分析模型

该模型分为宏观、中观、微观三个层面。具体工具如下：PEST 分析（政治、经济、社会、技术因素分析），用于评估外部环境中的宏观变量对某个行业的影响；接着是 SWOT 分析（优势、劣势、机会、威胁分析），它帮助企业从内外部评估自身的竞争地位，以决定是否应该进入该行业；随后是波特五力模型，这个模型通过分析行业内的五种力量来评估行业竞争情况，以判断企业进入该行业是否会获利；最后是 BCG 矩阵，这个工具通过考量产品的市场增长率和市场份额来帮助企业进行产品组合管理。

1.4.4　管理层的数据需求

管理层对数据有着特定的需求，主要是为了支持决策制定和跟踪经营结果。管理层需要一些统计报表和数据看板类的数据产品，这些数据产品主要从企业的业务系统中获取。

管理层关注的主要内容包括经营结果及其影响因素，如图 1–11 所示。为了实现这一目标，可以使用价值驱动树（Value Driver Tree）进行分析，以建立价值的创造和结束的关系。绩效指标如经济增加值可以通过价值驱动树进行分解，以得到各项价值指标和运营指标。

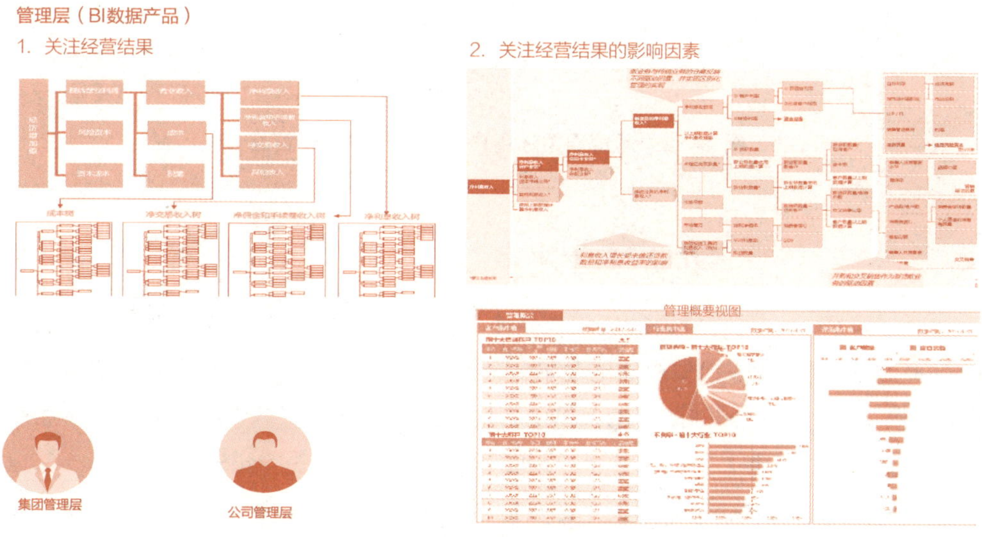

图 1–11　管理层关注经营结果及其影响因素

1.4.5　运营层的数据需求

运营层在决策制定过程中需要使用策略优化类（TI 类）数据产品，这些数据产品主要用于优化企业的运营策略。为了满足这一需求，运营层需要获取来自企业业务系统和外部数据供应商的数据，并将其结合使用。

在运营层的决策过程中，关注用户旅程和用户互动策略是非常重要的，如图 1–12 所示。通过分析用户旅程，运营层可以了解用户在与企业互动的过程中的行为和需求，从而优化用户体验和提供个性化的服务。此外，关注用户互动策略可以帮助运营层确定如何与用户进行有效的互动，以提高用户满意度和忠诚度。

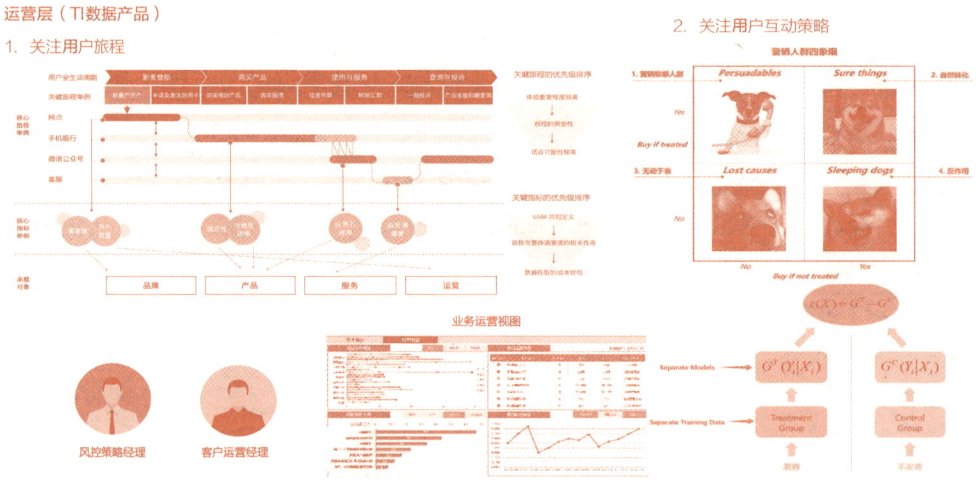

图 1–12　运营层关注用户旅程和用户互动策略

1.4.6　操作层的数据需求

操作层关注结果，所需的决策支持主要涵盖人工智能类（AI 类）数据产品，如图 1–13 所示。这些数据产品的数据源涵盖企业业务系统、外部数据供应商及数据采集工具。操作层关注数据的具体内容以及如何处理这些数据。其重点在于理解数据所呈现的实际情况，以及针对数据的加工、处理与运用，主要功能如下。

替代繁重枯燥活动：通过人工智能技术，自动化执行繁重枯燥的任务，解放人力资源，提高效率。

日常维护提醒：根据数据分析和预测模型，提供日常维护的提醒和建议，帮助企业及时进行设备维护和保养，缩短故障和停机时间。

客户意向、风险洞察：通过分析用户行为和数据，识别用户的购买意向和需求，提供个性化的推荐和营销策略。同时，通过风险分析，帮助企业识别潜在的风险和问题，并提供相应的预防和处理措施。

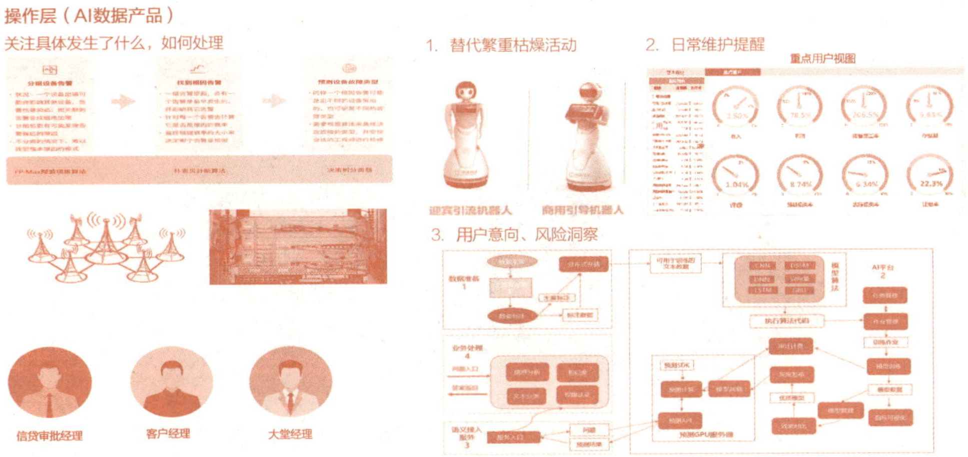

图 1-13　操作层关注结果

1.5 数据分析的基本概念

数据分析的基础是数据，企业中的数据是按照数据模型组织的。数据分析师需要具备自助取数、制作报表和 BI 展示、分析预测、数据管理的技能，因此需要了解企业中的数据类型、数据模型的类型、基本的数据分析类型和数据分析流程。

1.5.1　对数据的理解

数据是指对客观事件进行记录并可以鉴别的符号，是对客观事物的性质、状态及相互关系等进行记载的物理符号或这些物理符号的组合。它是可识别的、抽象的符号，不仅可以是狭义上的数字，还可以是具有一定意义的文字、字母、数字符号的组合、图形、图像、视频、音频等。

数据是信息科学中一个基本但复杂的概念，厘清数据的概念离不开其与信息、知识、智慧之间的概念辨析。1989 年，美国科学哲学家 R.L.Ackoff 提出的 DIKW 模型（如图 1-14 所示）为此提供了一个合适的分析框架。DIKW 模型将数据（Data）、信息（Information）、知识（Knowledge）、智慧（Wisdom）纳入一个金字塔形的层次体系。

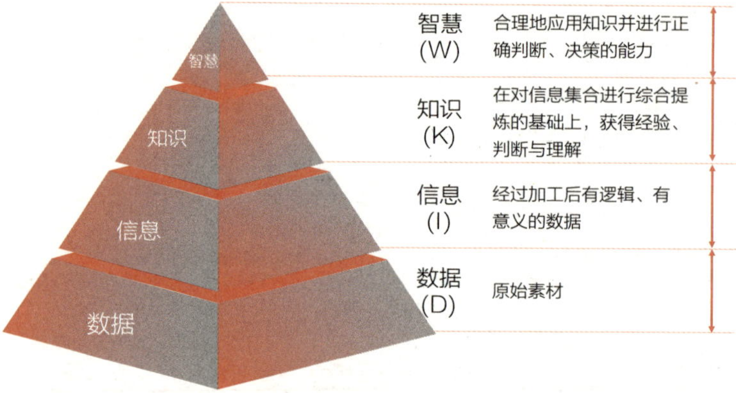

图 1-14　DIKW 体系

数据的类型可以从多个视角来区分，比如数据管理视角、度量类型视角、业务域视角、时态视角、数据源视角等。本节讲解的是基于数据管理视角的类型划分，其他类型的划分会在后面讲解。

（1）主数据：主数据是关于业务实体的数据，描述组织内的“物”，如人、地点、用户、产品等。

（2）交易数据：交易数据（事务数据、业务数据）描述组织业务运营过程中的内部或外部“事件”，如销售订单、通话记录等。

（3）统计分析数据：统计分析数据（指标数据）是对企业业务活动进行统计分析的数值型数据，如指标，如用户数、销售额等。

（4）参考数据：参考数据是用于将其他数据进行分类或目录整编的数据，规定参考数据值是几个允许值之一，如用户等级分为 A、B、C 三级。

（5）元数据：元数据是描述数据的数据，帮助理解、获取、使用数据，分为技术元数据、业务元数据等。

五种类型数据之间的关系如图 1-15 所示。

在以上五种类型的数据中，主数据、交易数据和参考数据统称为基础数据，统计分析数据称为指标数据。

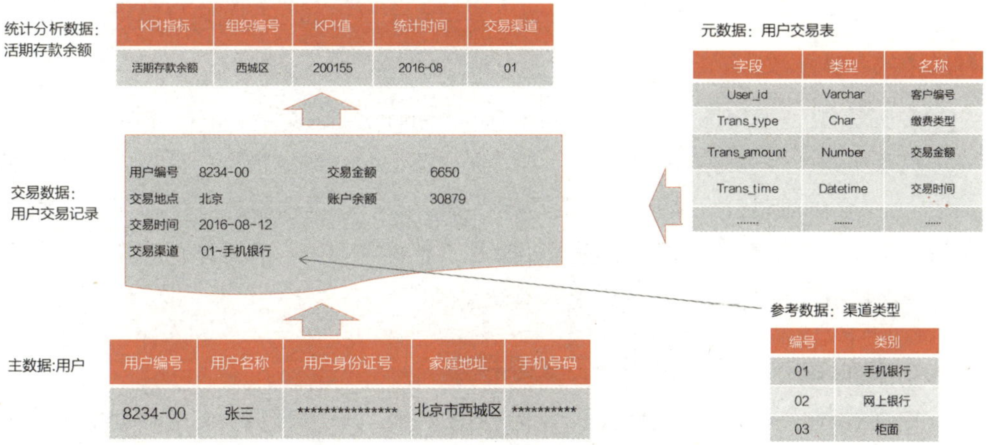

图 1-15　5 种类型数据之间的关系

1.5.2　对数据模型的理解

企业中的结构化数据存储在数据库中，数据库中的数据按照一定的数据模型进行存储。下面首先对数据领域所包含的“模型”概念进行辨析，包括数据分析模型、统计分析模型、数据挖掘模型、算法模型、数据模型，如表 1-1 所示。

表 1-1　数据相关的模型概念辨析

模型类型	侧重点	应用领域	主要方法
数据分析模型	从数据中提取有价值信息，发现隐藏的模式和关联	商业分析、市场调研、社会科学等	包括统计分析模型、数据挖掘模型
统计分析模型	利用概率论和统计学方法分析数据	社会科学、经济学、医学等	描述统计、推断统计、回归分析、方差分析等
数据挖掘模型	从大量数据中自动或半自动地提取有业务价值信息和知识	市场营销、金融风控、医疗健康等	精准营销模型、流失预警模型、信用风险预测模型等
算法模型	描述问题解法或现象规律	计算机科学、人工智能、工程等	决策树、神经网络、支持向量机、朴素贝叶斯等
数据模型	数据的抽象表示和操作框架	数据库设计、信息系统开发等	概念数据模型、逻辑数据模型、物理数据模型等

在以上各类模型中，数据挖掘模型和算法模型最容易被混淆。前者是针对具体的业务问题而建立的模型，直接服务于业务决策，其中包括业务理解、特征体系、

算法模型等内容；后者仅关注算法本身，是纯技术层面的，强调的是确定函数关系和其中的各类参数。

数据模型是利用图形方式（Entity–Relationship，E–R 图），描述数据在数据库中有序组织、存放方式的“地图”与规划“蓝图”。数据模型的详细内容在本书第 12 章中会详细讲述。本节先介绍基础数据、指标数据模型的基础知识，这对理解企业数据库中的数据、阅读数据说明文档（数据字典）、正确地计算指标、书写 SQL、使用电子表格和 BI 工具都是很有帮助的。

1. 基础数据的数据模型——关系模型

前文提到过主数据、交易数据和参考数据统称为基础数据。基础数据是支持业务流程的重要数据，随着业务的开展而不断积累，其数据模型的 E–R 图如图 1–16 所示，左图是贷款业务的大致流程，右图是从该业务流程识别出来的实体(比如客户、员工、证件、合约等）和关系（父子关系、基数关系）。

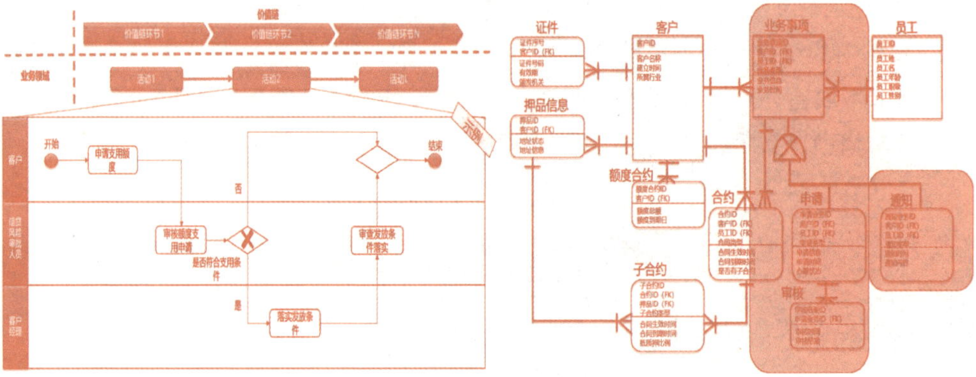

图 1–16　基础数据的数据模型的 E–R 图

读懂企业数据库的 E–R 图是正确提取数据、加工数据的基础。如图 1–17 所示为某银行部分数据的简要 E–R 图。数据由每张表的主、外键关联成了一张网主键字段（该字段名称一般与表名一致且加“id”标识）就是在一张表中取值唯一代表一个观测且无重复、无缺失的字段，外键是指某张表的主键出现在别的表中。

通过阅读 E–R 图，可以形成清晰的取数逻辑。比如我们希望知道哪些客户有贷款业务，则可以从客户表（Client）出发，先用 client_id 字段连接权限分配表（Disposition），再用 account_id 连接贷款表（Loan）。

基础数据是计算指标的基础。当我们对基础数据的数据模型有充分的认识之后，在计算指标时就会少犯错。

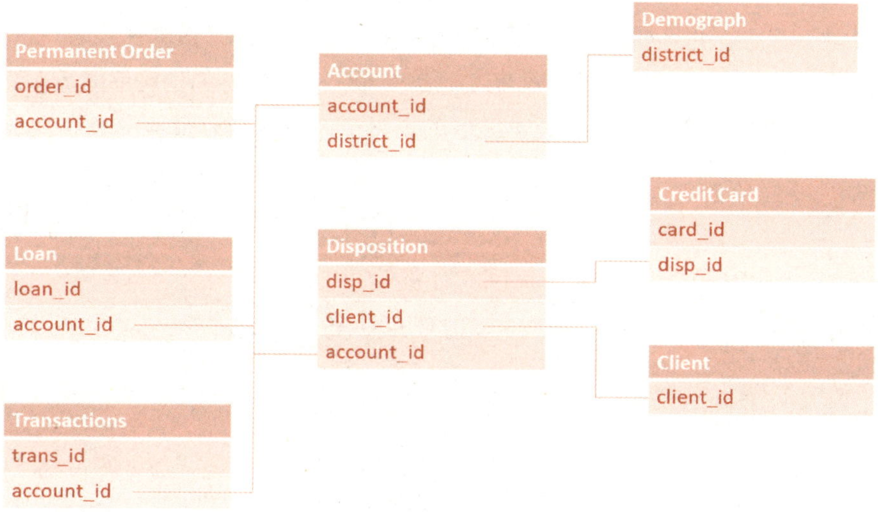

图 1–17　某银行部分数据的简要 E–R 图

2. 指标数据的数据模型——维度模型

前文提到过统计分析数据（指标）称为指标数据。指标是商业数据分析的核心内容。下面对指标和指标值这两个重要概念进行区分和说明。指标是反映企业经营管理在一定时间和条件下的规模、程度、比例、结构等的概念，而具体量化计算后得到的数值结果则被称为指标值。指标值由维度项和度量组成，维度是业务分析的视角，必须为分类变量（变量的度量类型分为分类变量和连续变量）；维度项是维度的某个取值，比如地区维度有"东部地区""西部地区"等取值；度量是对企业业务的规模、程度、比例或结构等的衡量方式。

指标值 = 维度项 + 度量，度量 = 汇总计算规则 + 汇总字段

结合图 1–15 进行解释。其中的指标是"活期存款余额"，该指标基于的汇总字段是来自"用户交易记录"表的"账户余额"字段，汇总计算规则是"加总（SUM）"。指标的业务含义是模糊的，因此在做汇报时，必须加上维度项。图中的维度项包括组织编号维度的"西城区"、统计时间维度的"2016–08"、交易渠道维度的"01"（手机银行），这样得到的指标值才有明确的业务含义。在指标值计算中，"汇总字段"一般来自交易数据，维度一般来自主数据、参考数据。

度量和维度的概念在任何数据分析中都是普遍存在的。如图 1–18 所示，演示了使用 WPS 电子表格或 Excel 表格进行数据分析的过程。我们想做出不同区域近几年销售额的对比，在作图之前需要用“数据透视表”工具手动计算基于销售额的度量（统计量），并且要确认值的汇总方式是“求和”。在“数据透视表”设置中，“行”和“列”的位置只能放入维度（分类变量），“值”的位置只能放入汇总字段（一般是连续变量，只有在频次统计的场景下才可以放入分类变量）用以计算度量。

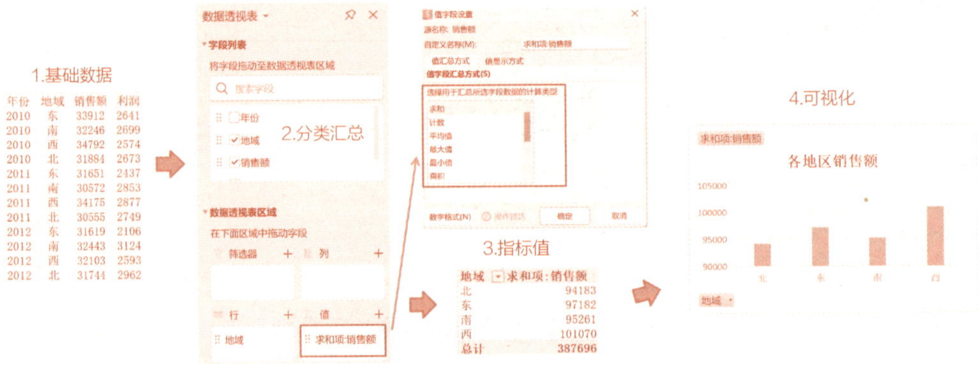

图 1–18　使用表格进行数据分析

如图 1–19 所示，演示了使用多维分析工具，比如 Power BI 进行数据分析的过程。这种工具是专门用于做图表的，而且在处理大数据量时效率更高。其中变量前面有“∑”符号的代表是连续变量，可以用于计算度量，比如销售额、利润这两个变量都可以充当汇总字段用于计算度量。没有“∑”符号的是分类变量，仅可以作为维度。年份字段比较特殊，虽然其前面有“∑”符号，但是根据分析需求，代表时间含义的变量只能用于维度。只要选择好图形样式，比如图中选择的是竖向的柱形图，把维度拖入“X 轴”，把汇总字段拖入“Y 轴”，并且确认“Y 轴”的汇总方式是“总和”。

如图 1–20 所示，演示了使用 SQL 工具（比如 MySQL）进行数据分析的过程。这种工具是专门用于数据处理和数据分析的，虽然不能作图，但是在处理大数据量时效率很高，而且由于是纯代码的，因此在大型分析项目中更便于管理。SQL 在计算指标值时，其书写语法必须遵循要求，如图 1-20 所示“group by”语句后面和“SELECT”语句的第一个字段必须是维度变量，“SELECT”语句后面是度量（汇总方式 + 汇总字段）。SQL 语句在书写时需要分析师自主地识别变量是分类变量还是连续变量，如果不小心把连续变量作为维度放到“group by”语句后面，则有可能因运算量过大而宕机。

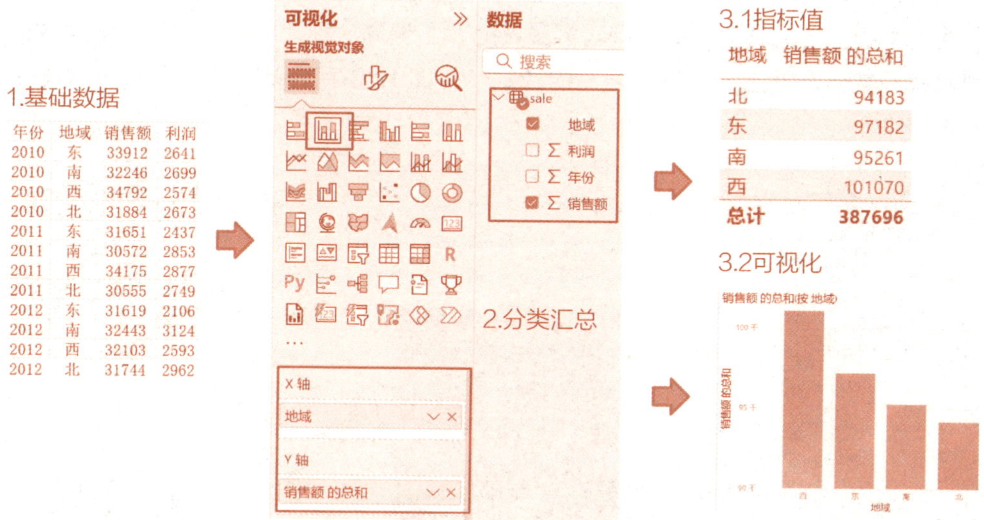

图 1-19 使用多维分析工具（Power BI）进行数据分析

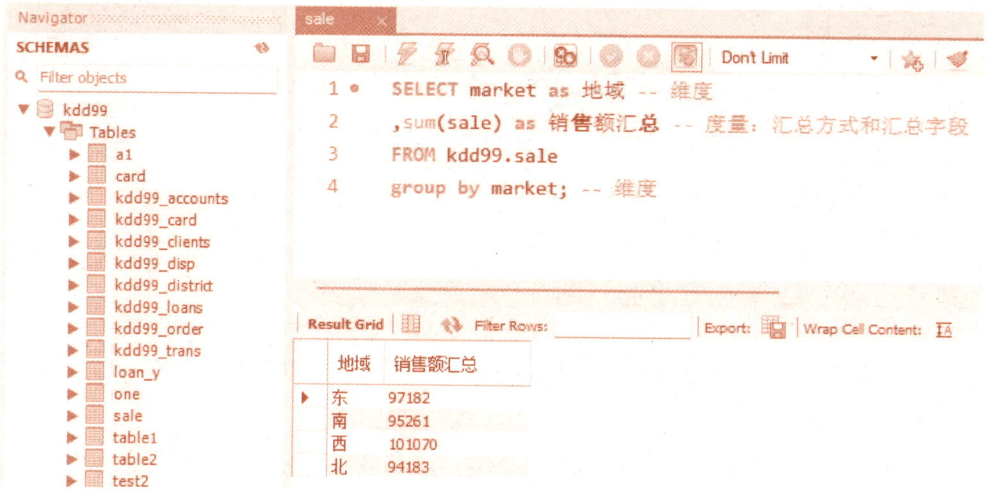

图 1-20 使用 SQL 工具进行数据分析

在企业中，由于各类报表经常用于各种分析，为了提高效率，会把常用指标数据存储起来，维度模型就是存储此类数据常用的数据模型。

维度建模从分析决策的需求出发构建模型，构建的数据模型为分析需求服务，因此，它的重点是帮助用户更快速地完成分析需求，并在大规模复杂查询时提供较好的响应性能。其中星形多维数据模型是最常见的，它由事实表（Fact Table）和维度表（Dimension Table）组成。每个维度表中都会有一个维度作为主键，所有这些维度的主键结合成事实表的主键。事实表的非主键属性称为事实，它们通常是数值型数据或其他能够进行计算和汇总的数据。如图 1–21 所示是一个星形多维数据模型示例。

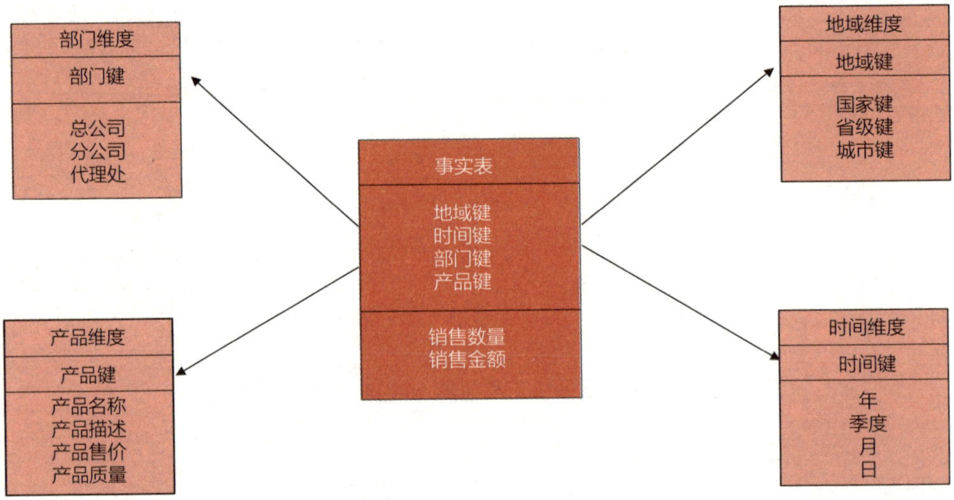

图 1–21　星形多维数据模型示例

以多维数据模型组织的数据，可以存储在 MySQL 之类的关系数据库中，也可以存储在 Power BI 之类的多维分析工具中。

1.5.3　数据分析的分类

为了服务企业不同层次的决策，商业数据分析过程需要提供如图 1–22 所示的数据科学产出物。

可以看出，数据分析需要经历从需求层、数据层、分析层到输出层四个阶段。

第一个阶段是需求层——目标确定，具体目标需要依据具体的层次进行分析：如果是面向战略层的分析，则主要集中在行业发展或者产品未来市场等；如果是面向管理层和运营层的分析，则主要集中在产能情况、财务状况、业务运营等；如果是面向操作层的分析，则主要集中在用户画像、用户倾向性等。所以，面向不同层面的分析需求是不同的，分析目标也就不同。

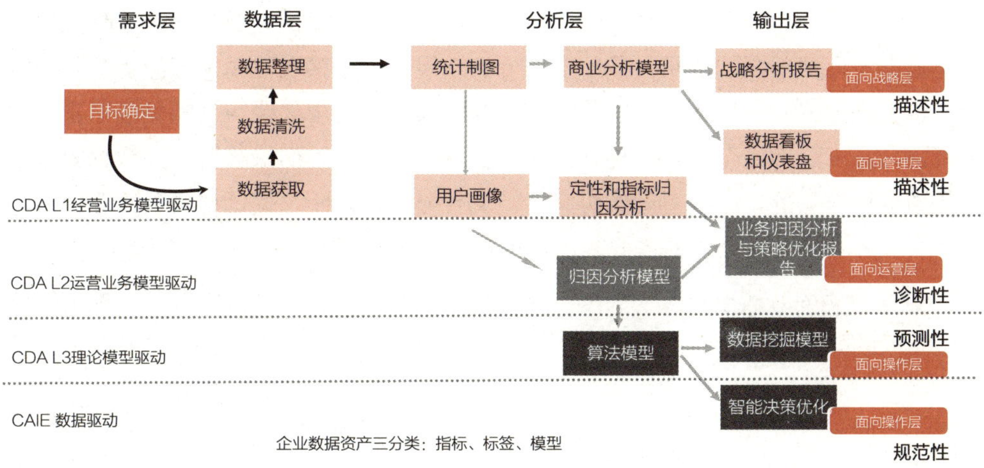

图 1–22　数据科学产出物

第二个阶段是数据层，主要包括数据获取、数据清洗和数据整理。虽然目标方向和所在层次不同，但是数据在数据层的处理流程十分相似。

第三个阶段是分析层，需要用到统计制图、用户画像等技术。我们结合业界实践归纳出商业分析模型、归因分析模型、算法模型作为模板，以便于读者更快地搭建不同的数据分析框架。

第四个阶段是输出层，以战略分析报告、数据看板和仪表盘、业务归因分析与策略优化报告的形式输出，其中战略分析报告主要面向战略层，数据看板和仪表盘主要面向管理层，业务归因分析与策略优化报告主要面向运营层。

接下来通过一个示例来加深理解。比如领导想知道广告投放效果如何，就需要我们对营销效果进行评估。可以对比广告投放之前与之后销售量的变化来评价广告的效果，通过简单的描述统计即可做到。但是领导又会追问："销售量的提升真的与这次广告的投放有关系，而不是受到外面的经济环境影响？"为了回答这个问题，我们需要从业务宏观层面分析，从而明确广告投放是否为销售增长的原因。这时，简单的描述分析就不足以回答这个问题了，还要用到统计分析中的实验设计、假设检验等工具。通过控制其他影响销售量的因素，并结合假设检验方法可以发现，广告费用投入之后确实导致了销售收入的显著提升，因此可以说广告投入是本次销售量增长的原因。但是，如果我们想弄清楚广告到底是在哪个渠道、哪些产品或者哪些人群中才会发挥出更佳效果，就需要进行微观层面分析。首先要结合客户的性别、年龄、地域、喜好等标签进行用户画像的分析。

然后通过对微观层面的模型归因分析，制定出业务归因分析与优化策略报告，这也是面向运营层面的应用。最后根据分析结果，制定精准营销策略。针对不同的用户实现不同的广告投放策略，需要借助算法模型。这里需要用到的是数据挖掘相关算法，深度分析每个用户的喜好，建立模型进行预测。而最终形成的数据挖掘报告是面向操作层的，即办事人员协同进行业务分析和判断，保证报告符合业务人员认知。之后就要实现具体的模型落地，也就是面向 IT 层面由技术人员实施。

数据科学的方法层级可分为描述性分析、诊断性分析、预测性分析、规范性分析。不同的方法层级适用于不同的业务场景，如图 1–23 所示。

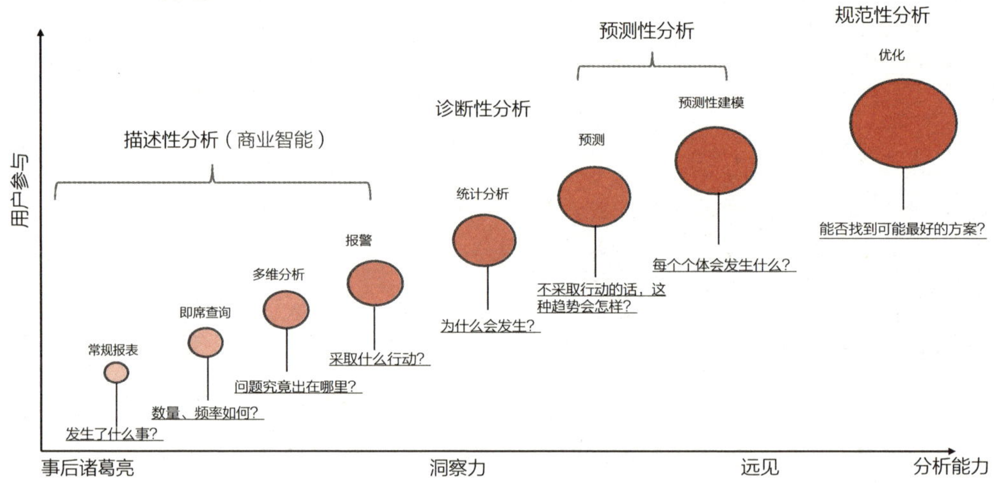

图 1–23　数据科学的方法层级

（1）描述性分析

描述性分析（Descriptive Analysis）：旨在对数据进行总结和描述，以了解数据反映的业务运行的基本特征、趋势和分布情况。它包括统计指标、图表和可视化等方法，帮助人们获得对业务运行状况的整体认识。如常见的已经发生的业务事实的分析、日常分析、各种周期性的总结复盘性分析等。

（2）诊断性分析

诊断性分析（Diagnostic Analysis）：旨在探索数据中发生的事件或现象的原因和关联。它通过深入挖掘数据反映的业务运行之间的关系，寻找潜在的因果关系和影响因素，以解释为什么某些情况会发生。常见的有业务的异常检测、效果评估、影响性分析等。

（3）预测性分析

预测性分析（Predictive Analysis）：基于历史数据和模型，通过建立预测模型来预测未来事件或趋势。它利用统计建模、机器学习和数据挖掘技术，分析数据中的模式和趋势，以便预测未来可能发生的情况。常见的如销售预测、用户行为预测、股票市场预测、供应链管理预测等。

（4）规范性分析

规范性分析（Prescriptive Analysis）：是在预测性分析的基础上进一步发展而来的，它不仅预测未来情况，还提供了针对不同情况的行动建议和决策支持。规范性分析基于优化方法和决策科学，帮助决策者制定最佳决策方案。如贷款利率定价中基于用户的违约概率给出最优的利率建议，就属于规范性分析的范畴。

1.5.4　商业数据科学应用框架 EDIT

在商业环境下做数据分析常常会综合运用数据科学的四种分析方法中的部分或全部方法，如企业中的战略分析报告和日常管理、运营报告用描述性分析即可，运营流程优化和产品参数优化建议报告需要使用描述性分析和诊断性分析，精准营销、精细化风控等操作层面的报告往往会依次用到以上四种分析方法。为了便于读者在实际工作中有章可循，我们提出了“EDIT”商业数据科学应用框架，如图 1–24 所示。

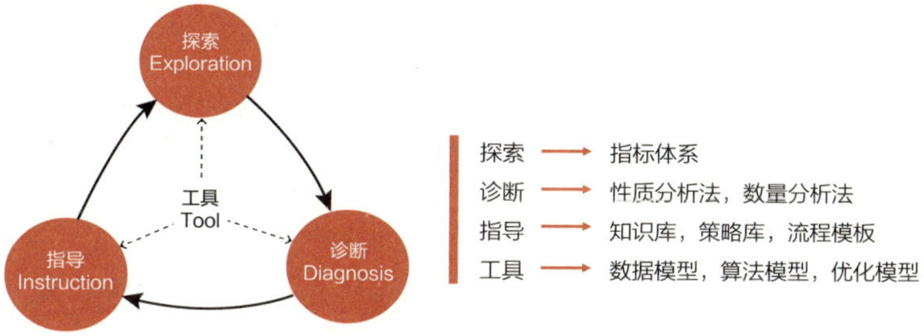

图 1–24　商业数据科学应用框架

商业数据科学应用框架主要包括探索（Exploration，以下简称 E）、诊断（Diagnosis，以下简称 D）、指导（Instruction，以下简称 I）和工具（Tool，以下简称 T）四个部分。其中外环的 E、D、I 三个部分由企业业务岗位的人员执行，中心的 T 部分由技术部门人员提供数据和工具的支持。

（1）探索（E）

业务运行探索关注各个项目的运行状态、各项指标是否合规及各项业务的具体数据等。常使用可视化的形式来展示业务运行状态。例如，我们可以首先基于 KPI 和业务实践来构建精益化的指标体系，然后输出业务运营监控看板。这种看板类似于飞机的驾驶仪表盘，可以实时显示企业的业务运行状态。

（2）诊断（D）

当业务指标异常时，采用定性和定量相结合的方式，在中、微观层面定位和分析问题。用数据分析的语言来说，就是识别出到底是哪些因素显著影响了该业务指标的变化。

（3）指导（I）

在确定业务目标后，我们可以引入数字化的方法来更好地指导、优化业务策略。例如，可以根据用户画像的结果来给不同类型的用户群体分别投放营销资源。这里，我们需要借助知识库、策略库和流程模板，快速地制定优化策略。

（4）工具（T）

工具分为两个部分：数据工具和算法工具。数据工具（如数据库）从数据角度出发，整合企业的主数据、交易数据、统计分析数据和参考数据，为数据应用提供数据基础。算法工具（如机器学习算法）是 EDIT 框架的发动机，服务于价值经营、客群运营、全面质量管理、全面风险管理等各个方面。

1.6 本章小结

本章讲解了数据分析与企业中数据应用之间的关系，明确了商业数据分析的本质、基本概念和应用框架。这些内容都是思维层面的，通用的数据分析方法将在第 2 章讲解，具体的商业数据分析体系将在第 3~5 章讲解。

第 2 章　数据分析方法

上一章介绍了商业数据分析的 EDIT 框架，本章将介绍商业数据分析中用到的具体方法。

2.1 数据分析的基础范式

首先介绍三种基础的分析范式：分类分析、链式分析和相关性分析。在做任何的数据分析项目时，均要使用到这三种分析范式。这三种分析范式来自科学管理的两个方法论，分别是本体论、流程化，前者聚焦“是什么”，后者聚焦“怎么做”。

本体论是哲学的一个分支，主要研究存在的本质和基本结构，是企业中做知识管理的方法论基础。本体论的核心概念包括：（1）实体，本体论研究实体的种类和本质，例如物体、事件、过程、属性等；（2）类别，本体论探讨实体之间的类别关系，如分类、分类法、类别层次等；（3）属性，本体论关注实体的属性，如颜色、形状、大小、位置等；（4）关系，本体论研究实体之间的关系，如因果关系、空间关系、时间关系等。分类分析就是识别实体、类型和属性，相关分析就是识别关系。比如在做精准营销时，首先识别所有的客户群体，然后按照本节讲到的“忠诚度模型”对客户的类别进行划分，再使用相关分析法找到可能激发每一类客群增加消费的影响变量，比如可以积分换购的产品类型数量与进阶用户的消费额呈正相关关系，优惠券额度与普通用户的消费额呈正相关关系。

流程化是指将某个工作、任务或流程进行规范化、标准化、系统化。流程化管理是指以流程为主线的管理方法，强调以流程为目标、以流程为导向来设计组织框架，同时进行业务流程的不断再造和创新，以保持企业的活力。流程化管理是在管理大师哈默提出的流程再造的基础上发展而来的。某个业务操作一旦实现了流程化，则形成了前后相连的各个阶段，链式分析就有了用武之地。比如企业做面向个人的产品营销时，可以按照工作流程将营销过程分为获客、激活、留存、收益、传播这 5 个阶段，并且通过分析各阶段转化率来发现问题和制定优化方案。

2.1.1　分类分析

分类是根据事物的共同点和差异点对事物进行归纳和划分，帮助我们从本质上理解事物规律的一种思维方法，其底层的逻辑是化繁为简。在日常分析中我们经常面对海量且杂乱的分析对象，利用分类分析可以帮助我们更快、更好地理解业务和数据，快速提炼出有价值的信息，指导我们解决复杂的实际业务问题。

在数据分析中分类分析最常用的场景是对产品进行分类，以支持公司的产品发展战略；或者是对客户进行分类，以支持精细化运营。

分类思维应用的一般步骤如下：

（1）确定指标项。在充分理解商业目标后，将商业目标拆分为可以实现的核心数据要素，即指标项。

（2）准备数据。根据确定的指标项获取相关的基础数据，经过数据的清洗，如异常值处理、缺失值处理、数据合并等，将数据整理成可用于分析的数据，为后续分析数据提供基础。

（3）数据分析，确定分类阈值。对指标项的数据值进行统计分析、分项处理，确定各核心要素不同水平的阈值。阈值的确定没有统一的万能标准，通常需要结合业务场景和经验，常见的如均比（以均值为阈值）、百分位数等。

（4）目标分类。核心要素间交叉组合划分出具备不同的类，再对不同的类进行业务定义，即对不同类对应的目标群体打标签的过程。

（5）匹配策略。最后对不同类别目标群匹配相应的策略。

如图 2-1 所示，将商业目标拆分为两个核心要素，每个要素有两个水平，交叉组合后，将数据划分为四个类别，用四个象限表示。

象限一代表要素一高水平，要素二高水平；象限二代表要素一高水平，要素二低水平，依次类推。最后再为四个象限分别匹配相应的策略。

下面逐一介绍几个典型的利用分类分析范式的数据分析模型：对产品策略进行分析的波士顿矩阵模型、对客户价值进行分析的 RFM 模型、对用户价值进行分析的忠诚度模型、对不同批次客户进行分析的同期群分析模型。

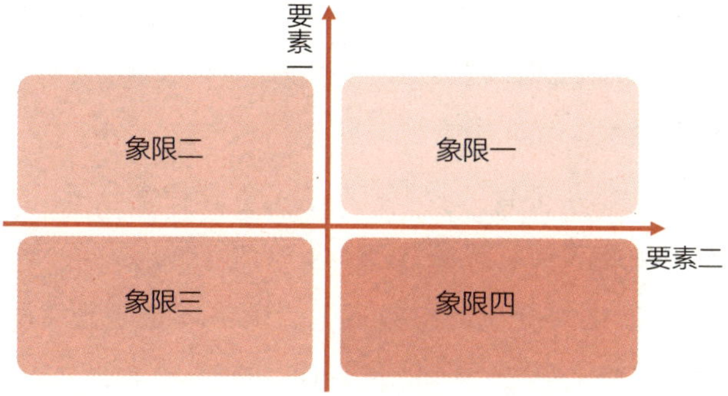

图 2-1　数据的四个象限

1. 波士顿矩阵模型

波士顿矩阵（BCG matrix）模型，又称市场增长率 – 相对市场份额矩阵模型、产品系列结构管理法，由美国著名管理学家、波士顿咨询公司创始人布鲁斯·亨德森于 1970 年创立。其目的在于对不同产品类别采取不同策略，以保证企业不断地淘汰无发展前景的产品，保持合理的产品结构，使企业的资源分配实现良性循环。

（1）确定指标项

将商业目标拆解，该模型假设衡量产品发展潜力和竞争力的基本因素有两个：市场引力（外部因素）和企业实力（内部因素）。

市场引力包括整个市场的销售量（额）增长率、竞争对手强弱及利润高低等。其中最主要的是反映市场引力的综合指标：销售增长率。

企业实力包括市场占有率、技术、设备、资金利用能力等，其中决定企业产品结构的内在要素、直接显示出企业竞争实力的是市场占有率。

至此找到两个核心因素：销售增长率和市场占有率。

其中某类产品企业销售量数据是内部数据，比较容易获取精确数据，数据质量高。市场销售总量的数据精确度不如内部数据，在一定范围内的可信度比较高，虽然质量一般，但是在较宏观的层面可以利用。

（2）准备数据

产品的市场占有率有两种计算方式：绝对市场占有率和相对市场占有率。

- 绝对市场占有率 = 该产品企业销售量 / 该产品市场销售总量
- 相对市场占有率 = 该产品企业市场占有率 / 该产品市场占有份额最大者（或者特定竞争对手）的市场占有率。

产品的销售增长率计算企业产品销售额或销售量的增长率，可以是一年、三年或者更长时间。该数据可以获取精确值，质量好。

（3）分析数据，确定分类阈值

准备好数据后，对核心要素的数据逐个进行数据探索分析，主要看数据的分布情况，如集中趋势和离散趋势。常用直方图看数据分布。

如图 2–2 所示（数据为随机虚拟数据）：销售增长率分为两个水平，阈值为 10%；市场占有率分为两个水平，阈值为 20%。

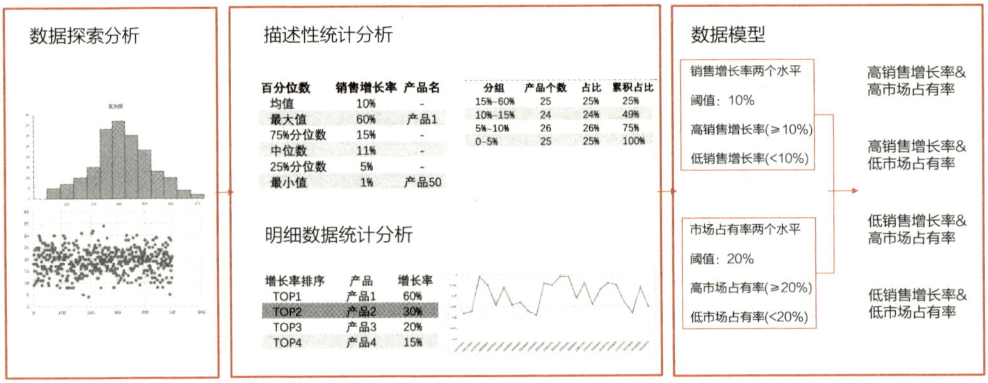

图 2–2　统计分析一般步骤

从宏观层面，结合企业拟投入的资源，加上数据统计分析的结果，确定核心要素指标项的水平数和划分阈值。

从微观层面，对个别明细产品进行分析，比如，对销售增长率位列靠前和靠后的产品进行分析，结合业务实际，看对该产品的战略定位和数据假设是否一致。

（4）目标分类

对两个核心要素不同水平进行交叉组合，将结果代入实际业务场景，验证结论，为每个类别打上标签，即取一个符合业务认知的名称。

波士顿矩阵模型中以纵轴表示企业销售增长率，以横轴表示市场占有率，各以 10%、20% 作为区分高、低的中点，将坐标图划分为四个象限，并为其赋予了形象化的标签，如图 2–3 所示。

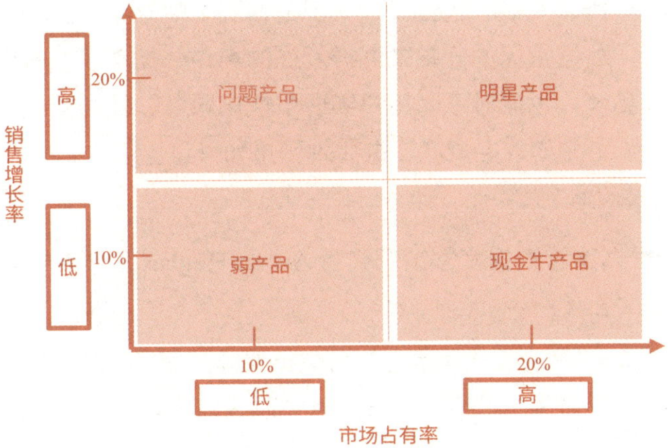

图 2-3　波士顿矩阵模型

（5）匹配发展策略

- 明星（star）产品：高销售增长率 & 高市场占有率，该类产品可能成为企业现金流产品，处于成长期，需要加大投资支持其迅速发展。
- 现金牛（cash cow）产品又称厚利产品：低销售增长率 & 高市场占有率，该类产品进入成熟期，销量大、利润率高、负债比率低，可以为企业提供资金。由于增长率低、无须增大投资，是企业回收资金支持其他产品，尤其是明星产品投资的资金后盾。需要保持产品的市场份额，巩固市场地位。
- 问题（question）产品：高销售增长率 & 低市场占有率，该类产品处于导入期。高销售增长率说明市场机会大、前景好；低市场占有率说明市场营销不足，未能开拓市场局面，存在问题、利润率较低、负债比率高。应采取选择性投资，改进和扶持方案长期计划。
- 弱产品：又称瘦狗（dog）产品，低销售增长率 & 低市场占有率，该类产品处于衰退期。处于保本或者亏损状态，利润率低，负债比率高，无法为企业带来收益。应减少批量，逐渐撤退，淘汰那些销售增长率和市场占有率极低的产品。

2. RFM 模型（用户价值分析模型）

RFM 模型是衡量用户价值和用户创利能力的重要工具和手段，又称用户价值模型，其本质是用用户价值对客户进行分类，以便对不同价值的用户使用不同的运营策略，最大化地利用有限的资源，实现精细化运营。

对用户进行分类没有统一的公式，大部分情况下需要结合业务具体场景、运营人员的业务经验、数据指标的分布来进行。好的用户分类不仅能够为最大化利用有限资源提供有效参考，也能对不同用户实现个性化服务，提高服务质量。同时，分类标签可以沉淀为企业的数据资产，供高效调用和修订。

（1）确定指标项

RFM 模型根据美国数据库营销研究所 Arthur Hughes 的研究，用三个指标来衡量用户价值，如图 2–4 所示。

- Recency（R）：最近一次消费时间与截止时间的间隔。理论上讲，用户越活跃，越可能再次消费；时间间隔越长，用户越有流失可能，越应该唤醒用户。
- Frequency（F）：用户在某段时间内所消费的次数，即消费频次反映用户的忠诚度，消费频次越高的用户其忠诚度越高，用持续性维护老用户的手段（如积分）的效果会越好；消费频次越低，越需要用促销的手段（如大促销、优惠券、赠品等）来提高消费频次。
- Money（M）：用户在某段时间内所消费的总金额。消费总金额是非常重要的指标，金额越大，用户价值越高，也越应该受到重点关注。也可以用 Monetary 表示该指标。

图 2–4　RFM 模型的三个指标

RFM 建模的一般过程如图 2–5 所示。

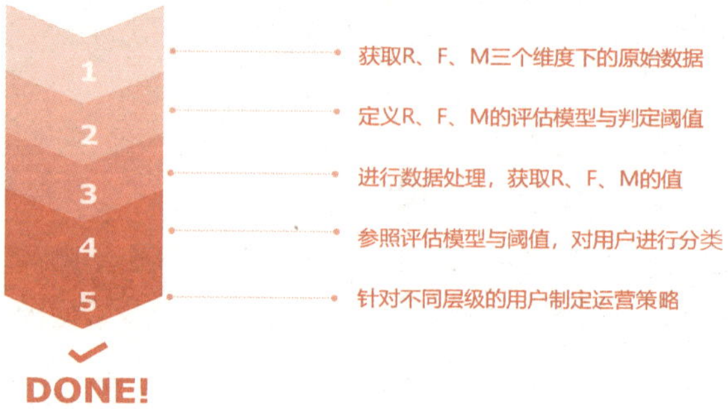

图 2–5　RFM 建模的一般过程

（2）准备数据

获取 R、F、M 三个维度下的原始订单或交易流失数据，然后通过数据汇总得到 R、F、M 数据集合，示例如表 2-1 所示。

表 2-1　RFM 数据示例

用户 ID	最近一次购买日期	距离上次购买间隔天数	过去 30 天总消费次数	过去 30 天总消费金额（元）
ID1	2024/9/30	0	2	8184
ID2	2024/9/29	1	3	6035
ID3	2024/9/30	0	5	7185
ID4	2024/9/28	2	10	7303

- 时间间隔（R）：基于当前观察区间的截止时间，统计用户最近一次消费时间和当前时间差。如：以 10 月 1 日为观察时间点，若最近一次购买是 9 月 20 日，R 值就是 10 天。
- 消费频次（F）：观察区间内统计用户的购买次数。如：观测周期为 9 月份全月，统计 9 月的消费频次，F 值为 9 月整个月的购买次数。
- 消费金额（M）：观察区间内统计用户消费的总金额，如：观测周期为 9 月全月，M 为 9 月的消费总金额。

（3）分析数据，确定分类阈值

在 RFM 模型中，F、M 的值越大，用户价值越高，R 的值越小，用户价值越高。比如：R 的判定阈值为 10，某样本 R 值计算出来为 15，则该样本在 R 的水平上被划分为低价值；F 的判定阈值为 30，某样本在 F 的计算值为 31，则该样本在 F 的水平上被划分为高价值。

在判定阈值之前，需要先计算 R、F、M 不同水平的临界值，将三个指标划分为不同的水平数。划分指标水平的方法和确定判定阈值的方法，有以下常用的几类：平均值法、百分位数法、业务经验标记法。

平均值法：是指利用平均值为临界值来确定要素水平的划分，平均值有两种，算术平均值（简称平均数）、中位数。我们通常先对数据的分布做出判断，如果分布均匀或者符合正态分布，则用算术平均值；如果存在异常值，则用中位数。

百分位数法：是指用统计百分位数对数据进行统计汇总。最常见的二八原则法属于这种方法，其假设 80% 的贡献来自 20% 的人群，该规律在实际生活中普遍存在。

业务经验标记法：利用业务经验进行打分。例如：对 R 的值进行打分，1 周内得分 5 分、2 周内得分 3 分、4 周内得分 1 分、超过 4 周得分 0 分。这种方法依赖业务经验，一般需要业务专家，对各要素有深入、充分的了解，可以准确地把握各要素的不同水平。

对 R 数据处理如下。

获取数据，确定 R 的水平数，通常需要根据业务特点来定。实际中经常以周为单位，简单示例如表 2-2 所示。

表 2-2　R 数据处理示例

用户 ID	最近一次购买日期	时间间隔
ID1	2024/9/30	1 周内
ID2	2024/9/29	1 周内
ID3	2024/9/30	1 周内
ID4	2024/9/28	1 周内

R 的判定阈值，可以用业务经验标记法、平均值法、百分位数法来得出。

业务经验标记法指根据经验为 R 值不同水平赋分。如：1 周内赋值 5 分；2 周内赋值 3 分；4 周内赋值 1 分；4 周以上赋值 0 分。再对全体样本的 R 计算均值或者通过业务经验设定判定阈值，如：全体样本 R 得分均值为 3 分，某样本得分为 2 分，则该样本在 R 维度上被划分为低价值类。

平均值法指对总体样本计算均值，作为判定阈值，如：总体均值为 2 周内。如果某样本 R 值为 1 周内，则该样本在 R 维度上为高价值。

百分位数法指对全体 R 样本绘制百分位数统计表，再结合业务经验，比如，60% 分位数以 2 周作为判定阈值。如果样本 R 的值小于 2 周，则数据在 R 维度上为高价值。

对 F 数据处理如下。

F 是反映用户忠诚度和活跃度的指标，对 F 进行统计分析，简单示例如表 2-3 所示。

表 2-3　F 数据处理简单示例

均值	最大值	80% 分位数	60% 分位数	中位数	20% 分位数	最小值
12	30	21	9	12	6	2

消费频次	人数	人数占比	平均每次消费金额	近 30 天消费总金额（元）	消费金额占比
2	10	10%	300	600	12%
3	10	10%	900	4500	88%
……	……	……	……	……	……

F 的判定阈值，可以用平均值法或百分位数法，结合拟投入资源情况确定。比如投入一定的资源来对部分忠诚、活跃用户做促销，可以先计算足够覆盖的人群，再确定判定阈值。

对 M 数据处理如下。

消费金额是企业直接的收入来源，一直是企业第一位要考虑的因素，可以直接地反映用户价值的大小，从用户价值层面对用户直接做了分层，对后续工作思路的开展及有效利用资源非常重要。M 被判定为高价值的用户，都会得到较大的关注，被归属为重要用户类别。

对 M 数据处理通常需对用户消费总金额进行离散化，用合适的水平数来区分客户价值类型，如下面简单的示例：根据消费金额将用户分成 3 组即 3 个水平，再对 3 组消费金额及在总消费金额中的占比进行统计分析，如表 2-4 所示。

表 2-4　根据消费金额对用户进行统计分析

用户 ID	过去 30 天总消费金额（元）	用户组别
ID1	200	V1
ID2	500	V1
ID3	2000	V2
ID4	15000	V3

用户组别	消费总金额(元)	消费占比	累积消费占比	消费人数	人数占比
V3	15000	85%	85%	1	25%

续表

用户组别	消费总金额（元）	消费占比	累积消费占比	消费人数	人数占比
V2	2000	11%	96%	1	25%
V1	700	4%	100%	2	50%

M 判定阈值可以使用百分位数法或平均值法得出。在实际进行统计分析时，经常先根据消费金额进行降序排列。有时候也会按金额从高到低进行降序排序后，再结合业务经验和资源情况，取 TOPN 的值作为判定阈值。

在确定 R、F、M 的阈值后，接下来主要是数据处理层面，将用户在三个要素的值与阈值做对比，分为高价值和低价值。在数据处理和程序中，经常将高价值赋值为 1，将低价值赋值为 0，便于进行统计分析。

- R 价值的计算：如果用户 R 的实际统计值小于或等于 R 判定阈值，则 R 值为 1；如果用户 R 的实际统计值大于 R 判定阈值，则 R 值为 0。
- F 价值的计算：如果用户 F 的实际统计值大于或等于 F 的判定阈值，则 F 值为 1；如果用户 F 的实际统计值小于 F 的判定阈值，则 F 值为 0。
- M 价值的计算：如果用户 M 的实际统计值大于或等于 M 的判定阈值，则 M 值为 1；如果用户 M 的实际统计值小于 M 的判定阈值，则 M 值为 0。

（4）目标分类

对 R、F、M 三个指标进行交叉组合，将用户分为 8 个类别，再对这个 8 个类别分别打标签，结果如图 2–6 所示。

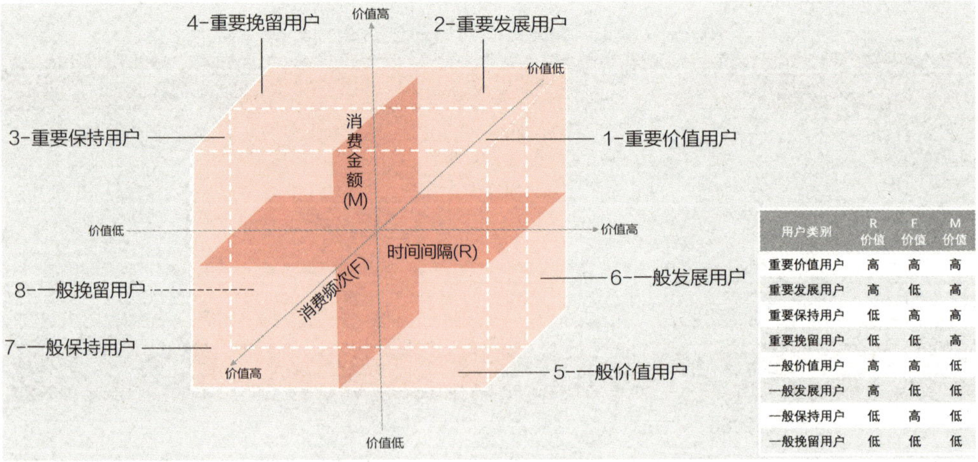

图 2–6　通过 RFM 模型进行用户分类

（5）RFM 策略匹配

RFM 策略匹配如图 2-7 所示。

用户类别	R价值	F价值	M价值	运营策略
重要价值用户	高	高	高	保持现状
重要发展用户	高	低	高	提升频次
重要保持用户	低	高	高	用户回流
重要挽留用户	低	低	高	重点召回
一般价值用户	高	高	低	刺激消费
一般发展用户	高	低	低	挖掘需求
一般保持用户	低	高	低	流失召回
一般挽留用户	低	低	低	可以放弃

图 2-7 RFM 策略匹配

- 重要价值用户：R、F、M 值都高，表示消费时间近，消费频次和消费金额都很高，这类用户是企业忠诚的高价值用户，应该重点关注他们，跟踪他们的消费行为和需求，提供有效、及时和高质量的服务，但是在营销资源投入上保持现状，暂时不用投入大量的营销资源。
- 重要发展用户：消费时间较近、消费金额高，但消费频次不高。表示最近活跃过，但忠诚度不高、黏性不够的用户。他们消费能力大，是很有潜力的优质用户，营销资源应该重点投入，提升这类用户的消费频次。
- 重要保持用户：消费时间间隔较远，消费频次和消费金额都高，这类用户是高价值的忠诚用户，但是已经有一段时间没消费。这类用户需要利用能够采集到的数据，尽可能地了解他们的行为特征和行为偏好，投入营销资源，比如进行促销等，必要时应该主动联系，使这类用户回流。
- 重要挽留用户：消费时间间隔较远、消费频次不高、消费金额高。这类用户消费能力高，是优质的用户，但是最近不活跃，忠诚度不高，极有可能将要流失或已经流失，应当采取挽留措施。
- 一般价值用户：消费时间近、消费频次高、消费金额低。这类用户近期活跃且忠诚度高，但价格敏感，对于这类用户，应采取刺激消费策略。

- 一般发展用户：消费时间近、消费频次低、消费金额低，这类用户最近活跃，但还不是忠诚用户，用户黏性不够，可能是某些需求不匹配，对这类用户需要挖掘需求。
- 一般保持用户：最后一次消费时间较远、消费频次高、消费金额低，这类用户最近不活跃，但是曾经是忠诚用户，可能流失或已经流失，这类用户消费能力有限，可投入一定资源，采取统一的流失召回策略。
- 一般挽留用户：最后一次消费时间较远、消费频次低、消费金额低，这类用户不活跃，忠诚度没建立起来，消费能力有限，不用投入大量资源，可以暂时不采取措施。

3. 忠诚度模型（用户价值分析模型）

在日常分析中，对用户的忠诚度进行快速的划分，以便制定不同的策略。

（1）确定指标项

在这里我们选择消费金额、消费频次这两个指标，将用户分为忠诚用户、进阶用户、普通用户、低价值用户、潜在用户、易流失用户。

（2）准备数据

消费频次：获取消费次数的数据，先对数据分布做个初步了解，如图 2-8 所示。

用户ID	近30天消费次数
用户ID1	13
用户ID2	17
用户ID3	48
用户ID4	37
用户ID5	37
用户ID6	0
用户ID7	33
用户ID8	18
用户ID9	36
用户ID10	31
用户ID11	45
用户ID12	45

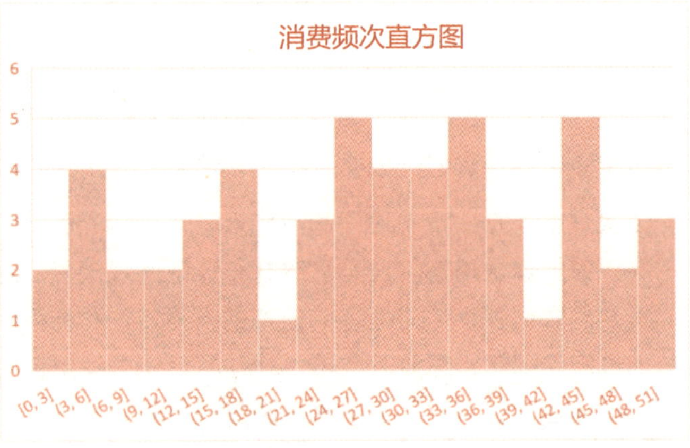

图 2-8　消费频次数据分布

再用百分位分箱法将消费频次划分为高、中、低三个水平，并与业务人员讨论对比这些分箱结果，评估其与实际情况的吻合程度，或据此制定修正和调整策略。

消费金额：同样获取用户消费金额数据，先对数据分布做个初步了解，如图 2–9 所示。

用户ID	近30天消费金额(元)
用户ID1	11209
用户ID2	6778
用户ID3	6182
用户ID4	558
用户ID5	5428
用户ID6	5970
用户ID7	12284
用户ID8	5482
用户ID9	10049
用户ID10	10209
用户ID11	5269
用户ID12	927

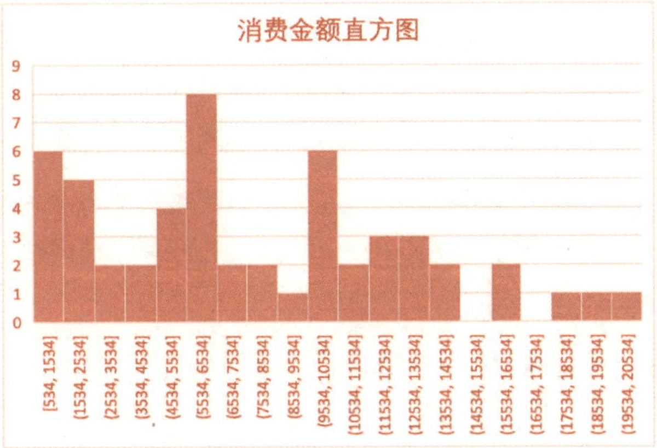

图 2–9　消费金额数据分布

（3）分析数据，确定分类阈值

同样再用百分位数据分箱法，将消费金额分为高、中、低三个水平。

（4）目标分类

根据消费频次的三个不同水平和消费金额的三个不同水平，将用户分类，并分别为其打上标签。用户忠诚度模型如图 2–10 所示。

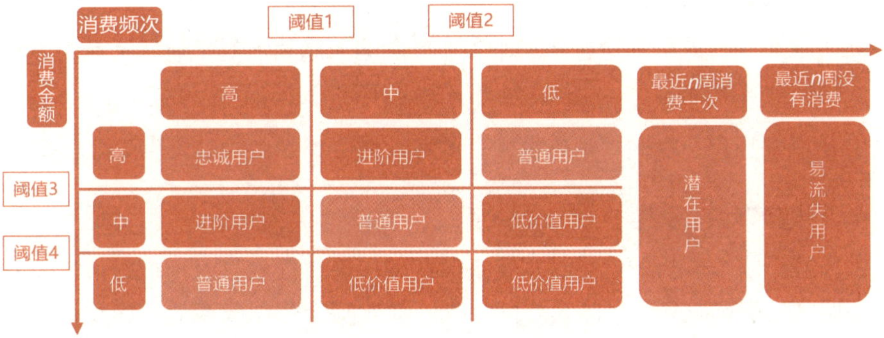

图 2–10　用户忠诚度模型

图 2–10 中的潜在用户和易流失用户是在消费频次较低的组中进一步细分得出的。在设置阈值时，需要与业务部门紧密配合，依据其业务经验来确定统计口径和划分阈值。

- 在消费频次数据中，根据业务经验确定 n 的值，作为划分潜在用户标签的阈值。如：最近 4 周新注册的用户，消费 1 次为潜在用户，那么统计最近 4 周注册的用户，消费有且仅有 1 次，为他们打上潜在用户的标签。
- 在消费频次数据中，根据业务经验确定 n 的值，作为划分易流失用户标签的阈值。如：最近 30 周没有消费的用户为易流失用户，那么统计 30 周前注册，且没有消费过的用户，并为他们打上易流失用户的标签。

注意：用户标签不是一成不变的，可能随着业务发展，根据在应用中得到的业务反馈，或在应用中获取的更多数据，进行修正和调整。

（5）匹配策略

我们已经将用户分为忠诚用户、进阶用户、普通用户、低价值用户、潜在用户、易流失用户。在接下来的运营活动中可以直接调用。

- 忠诚用户：维持。不需要投入过多资源，但是要关注这类用户，提供及时、高效、良好的服务，以维持用户关系。
- 进阶用户：促销。需要投入一定的资源，促进用户的消费频次，或者促进用户消费升级，使这类用户往忠诚用户发展。
- 普通用户：普通运营资源。这类用户对产品有一定的认可度，但消费频次不高，忠诚度有限，或者消费金额小。
- 低价值用户：尽量少投入资源。对于消费频次不高，消费金额不高的用户尽量少投或不投入资源。
- 潜在用户：进行促销，增加用户和产品的熟悉度。对于消费金额高的用户要给予更多关注。
- 易流失用户：挽回。其中挽回资源可以结合消费金额的维度分配权重。

4. 同期群分析模型

上面几个模型分析的都是数据特征的结果属性，而没有对用户行为特征进行分析。同期群分析可以用来反映用户的行为。在实际工作中同期群分析是个不断持续的分析过程，同期群分析模型的交付物通常会做成监控报表，后续通过监控该报表，持续地进行同期群分析，监控业务指标，实现以数据驱动业务，精细化运营。

同期群简单来说是指相同时间内具有相同特征属性的用户。同期群分析首先要对用户进行分组。如：某校某专业 2016 级应届毕业生 & 某校某专业 2017 级应届毕业生，就是某校某专业应届生群体，按入学时间划分为两个群体，其中每个年级的群体为同期群样本。

同期群的描述概念有点抽象，后面会通过案例详细介绍。

同期群分析（Cohort Analysis）是通过量化的行为指标，横向和纵向结合来分析不同群体在观察时间内的行为变化（比如消费、违约等行为）的一种分析方法，如图 2-11 所示。

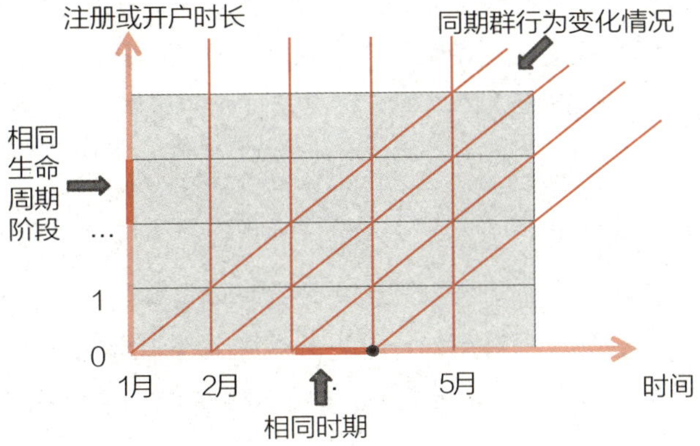

图 2-11　同期群分析

- 在横向上，分析同期群的行为指标随时间推移而发生的变化情况。如：某校某专业 2016 级应届毕业生薪资增长情况；又如：某平台 2 月 1 日新注册用户留存率。
- 在纵向上，分析处于相同生命周期阶段的不同群组之间的差异。如：某校某专业 2016 级应届毕业生薪资增长 & 某校某专业 2017 级应届毕业生薪资增长的情况。在纵向上，分析不同年级应届生毕业第 3 年（相同时间段），2016 级和 2017 级毕业生的薪资对比，还可以对比第 N 年，即整个观察区间内，整个生命周期内处于相同阶段的不同群组之间的差异。

同期群分析的作用：衡量指定对象在某一段时间内某行为的变动趋势，并在同其他群体的对比中，衡量监控变化是否发生异常，及时有效介入；针对不同群体的行为特征，制定不同策略，实现精细化运营。

- 监控指标变动情况，及时发现规律和问题，以便及时介入并采取有效、有针对性的措施。从横向及自身变化趋势上，可以直观看到指标的变化情况，如果有异常能及时发现；同时对比行为指标在其他群体中的情况，更好、更准确地理解这种变化代表的业务意义。

- 单独的指标值如果没有参照物对比，有时候很难判断，草率判断甚至可能导致误判。比如：某位同学第 1 次考试 50 分，第 2 次考试 80 分，我们能看到变化，但是要想对变化做出判断还需要更多信息，否则可能造成误判。如果第 1 次考试同班的其他同学全部是 20 ~ 30 分，满分为 50 分，那么这位同学考第一；再对比第 2 次考试，同班其他同学全部是 100 分，这位同学考 80 分却是倒数的。这样对比看，其实这位同学的成绩水平是下降的。
- 特定场景分析，实现精细化运营。比如同期群最经典的留存率指标监控，可以用来分析促销效果，哪种促销对激活用户最有效果，哪种促销拉来的新用户质量最好（留存率高）；比如哪种渠道拉新效果最好，新用户留存率最高，等等。

5. 同期群分析的过程

同期群分析需要对用户进行分群，也需要对不同群体进行对比分析。但和前面的模型不同的是，同期群分析对用户分群是分析和监控指标的手段而不是目标。分析过程和前面的模型稍有差别，一般包括：确认分组对象、确认指标、统计及展现。

如图 2–12 所示，以产品新功能上线时各类用户活跃性表现、各渠道投放广告拉新的用户留存表现为例，说明同期群分析的一般过程。

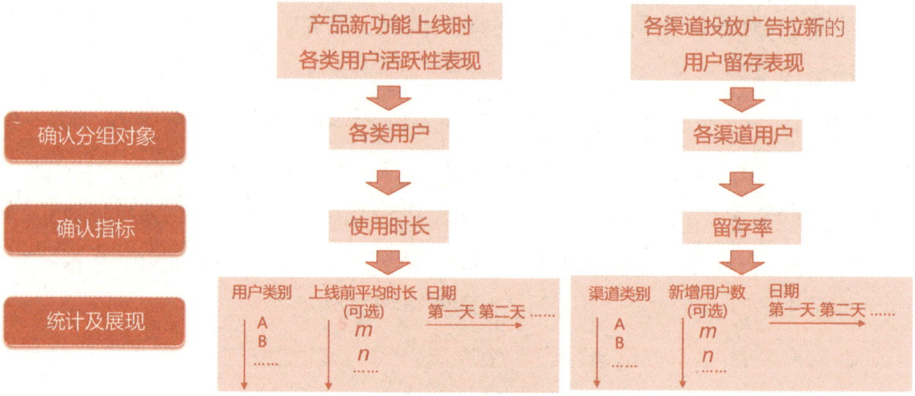

图 2–12　同期群分析的一般过程

- 确认分组对象，是指按初始行为的发生时间，将用户划分为不同的群组，以便后续分析相似群组的行为如何随时间的变化而变化。如图 2–13 所示，以注册日期将用户分成 9 个群组，分别表示 2020 年 7 月 1 日注册的用户群、2020 年 7 月 2 日注册的用户群……，依次类推。

登录日期 / 注册日期	2020/7/1	2020/7/2	2020/7/3	2020/7/4	2020/7/5	2020/7/6	2020/7/7	2020/7/8	2020/7/9	2020/7/10	2020/7/11
2020/7/1	100%	47%	47%	61%	61%	62%	67%	66%	64%	47%	20%
2020/7/2		100%	51%	56%	63%	65%	64%	70%	67%	49%	29%
2020/7/3			100%	56%	61%	75%	70%	66%	57%	64%	19%
2020/7/4				100%	53%	60%	73%	70%	68%	61%	27%
2020/7/5					100%	64%	65%	73%	69%	68%	38%
2020/7/6						100%	74%	67%	76%	68%	35%
2020/7/7							100%	71%	78%	78%	35%
2020/7/8								100%	74%	73%	49%
2020/7/9									100%	67%	58%

图 2-13 同期群分析获取的数据示例

- 确认指标，指在充分理解了商业目标的基础上，选择一个可以很好地衡量和反映目标情况的可实现的数据指标。
- 在图 2-12 中，产品新功能上线，能很好地衡量各类用户活跃性表现的数据指标选择了“使用时长”；在图 2-13 中，确认的指标为用户留存率，注册当天的用户群，当天的留存率均算作 100%，2020 年 7 月 1 日注册的用户，次日留存率 47%。

下面通过一个案例，完整地演示同期群分析的过程。

案例背景

某 App 需要付费才能注册使用，为了庆祝妇女节，该 App 在 3 月 8 日向所有用户免费开放注册，分析 3 月 8 日的拉新活动效果及拉来的新用户的留存情况。

（1）确认分组对象

我们需要分析的是 3 月 8 日拉新活动的效果及拉来的新用户的留存情况，那么分析对象的初始行为是“注册”，要评估 3 月 8 日拉来新用户的留存情况，时间节点可以选择活动前几天、活动当天、活动后几天。

在这里我们以“注册日期”将用户分组，选取日期从“3 月 6 日”到“3 月 12 日”，对这 7 个群组的新用户做同期群分析。

（2）确认指标

衡量活动效果和新用户留存情况的最优指标为“留存率”，因此我们选择留存率作为统计分析的数据指标。

（3）统计分析及报表展现

获取数据

在获取数据前，我们需要知道留存率的计算公式。留存率是衡量在特定时间段内仍然保持活跃或继续使用产品的用户比例。留存率可以根据不同的时间段进行计算，如次日留存率、3 日留存率、7 日留存率、月留存率等。在本案例中，第 N 日留存率指的是新增注册用户在注册后第 N 日依然登录的用户占新增注册用户的比例。

根据上面的计算逻辑，我们需要获取的原始数据包含 [用户注册表 . 用户 id, 用户注册表 . 注册日期，用户登录表 . 用户 id, 用户登录表 . 登录日期]，在这里我们不展开获取数据的处理过程，直接简单地展示获取的原始数据结果，如表 2–5 所示。

表 2–5　第 N 日留存率明细数据表

用户 ID	注册日期	登录日期	第 N 日登录
ID1	2020/3/6	2020/3/6	0
ID1	2020/3/6	2020/3/7	1
ID1	2020/3/6	2020/3/8	2
ID1	2020/3/6	2020/3/9	3
ID1	2020/3/6	2020/3/10	4
ID1	2020/3/6	2020/3/11	5
ID1	2020/3/6	2020/3/12	6
ID2	2020/3/7	2020/3/7	1
ID2	2020/3/7	2020/3/8	2
ID3	2020/3/8	2020/3/8	0

■ 计算数据指标

根据留存率的计算公式，计算注册日每天的留存率：

$$\text{某天注册的用户第 } N \text{ 日留存率} = \frac{\text{某天注册的、第 } N \text{ 日登录的用户数}}{\text{某天注册的用户数}}$$

■ 制作报表展示

将用户注册后的第 N 日留存率制成数据表，如图 2–14 所示，纵向为按照注册时间分成的 7 个群组，横向为新增用户数量、第 N 日留存率。

同期群分析示例

横向 不同生命周期的节点

纵向 不同的群组

注册日期	新增用户数	次日留存率	2天后留存率	3天后留存率	4天后留存率	5天后留存率	6天后留存率	7天后留存率
2020/3/6	316	45.62%	36.19%	25.98%	19.45%	18.04%	18.12%	18.32%
2020/3/7	321	44.34%	35.89%	26.03%	19.23%	17.76%	17.89%	
2020/3/8	428	32.19%	26.95%	18.77%	12.98%	9.87%		
2020/3/9	314	43.89%	36.91%	25.83%	19.56%			
2020/3/10	329	43.15%	33.97%	24.92%				
2020/3/11	322	44.69%	36.03%					
2020/3/12	341	42.98%						

图 2-14　用户注册后的第 *N* 日留存率

根据上述表，绘制同期群用户留存率趋势图，如图 2-15 所示。

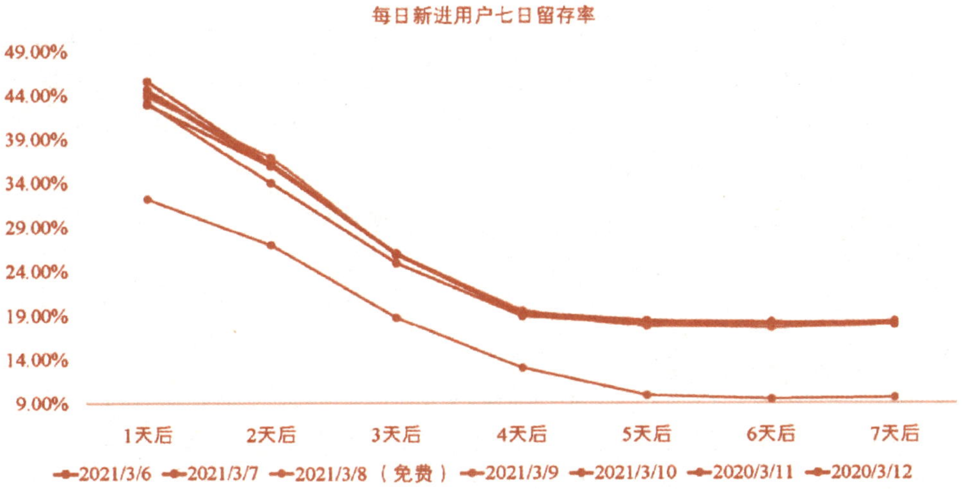

图 2-15　同期群用户留存率趋势图

■ 统计分析及结论

从横向上分析如下。

- 新增用户前 3 天的留存率衰减较快，第 4 天后留存率衰减变慢，第 5 天后趋于稳定，留存率稳定在约 18%（去掉异常值 3 月 8 日）。
- 3 月 8 日的用户群留存率衰减较快，5 天后留存率不足 10%。

从纵向上分析如下。

- 新增用户数 3 月 8 日显著增加，较前后几天的均值（323 人）增长了 32.5%。
- 3 月 8 日的用户群留存率比其他用户群留存率低了约 8%（均值对比）。

总结如下。

- 免费注册活动确实能大幅提高新用户数（增幅 32%），但是用户留存率低（较其他群组低 8%），用户黏性不够；次日留存率仅 32%，较其他群组低了 12%（其他群组为 44%），提供的内容或者产品未能及时获取免费用户的兴趣。对应假设及建议：运营部门需要评估投入产出比是否符合目标，如果不符合目标，则可以采取两种方式尝试，第一种方式是更换新的拉新方式，提升免费注册用户的次日留存率；第二种方式是尝试对免费用户做客户画像，比如：年龄、地区、自选感兴趣的话题标签、打卡奖励等方式，根据客户画像做针对性的促销策略。
- 从整体来看，用户次日留存率均值为 44%，前 3 天留存率衰减较快，5 天后放缓，趋于稳定。观点及建议：提升留存率的关键时机在前 3 天，促销的资源可以分配在前 3 天；第 5 天可能是用户生命周期易流失的节点，在做用户挽回策略时可参考。注意这是针对新用户的，可能流失的节点和老客户不相同，需要更多数据做进一步分析。

基于上面的案例，我们做了一个完整的同期群分析。实际中的业务情况可能更复杂，总体的分析思路依然可以借鉴。

2.1.2 链式分析

链式分析，也叫链式思考或链式逻辑，是一种将事物之间的联系和依赖关系以链条形式呈现出来的思维方式。在数据分析中，链式分析对应常用的漏斗分析模型，是一种基于业务流程，可以直观地呈现用户行为结果落地节点及各节点之间的转化效应的分析模型。这种自上而下、一步接一步、针对分析目标建立的一个完整行为路径，被形象地称为漏斗分析模型。

漏斗分析模型是互联网行业特别常用的数据分析模型，经常用于流量监控、用户转化等场景中。漏斗分析模型非常关键的环节是梳理业务流程，形成完整的行为路径，同时也要梳理主线流程涉及的分支流程，因为每一个分支流程都可能影响到下一个落地节点的数据。根据行为路径制定关键的监控指标，并确定影响关键指标的因素构成是漏斗分析模型的核心。

如：漏斗分析模型在电商网站中监控用户订单支付流程，梳理业务流程，根据用户从首页进入到最终完成支付的行为，找到用户完整的行为路径，确认必经的几个关键行为路径：首页——入口点击（点击广告位、菜单栏等）——商品列表页——商品详情页——点击购买——订单详情页——点击支付——支付完成页。其中的每个环节都需要计算转化率，可以监控用户在各个环节的转化率，及时发现问题确保关键业务流通畅；寻找每个链接环节的可优化点，提高来访用户的订单转化率，最终提高总销售额。

漏斗分析模型的一般步骤如下

（1）明确研究目标。确定研究对象。围绕商业目标，选定分析维度，即选定数据统计的角度。如：电商常用人、货、场、订单等。

（2）拆解用户路径。在明确完研究对象后，全面梳理业务流程，提炼完整的关键行为路径，理清各环节的分支路径。

（3）确定关键指标。深入细致地梳理完业务流程，明确最优的关键指标。业务流程和关键指标先后顺序并不是确定的。计算关键指标的口径时，要注意行为事件的开始时间和截止时间，特别是处于临界点的时间，如：按天计算，则可能存在当天的流量经过各个环节，但是下单却正好在临界点，跨到了第 2 天凌晨的情形。通常这时将用户临界时间点的行为单独挑出来看看，互联网的流量一般具有明显的高低峰时间段，如果这部分占比非常小，可以忽略不计。

（4）计算分析及展示。计算每个环节的值，结合业务场景做出判断或提供监控报表。

下面介绍运用漏斗分析模型的三个常见场景。

1. 广告用户行为漏斗

案例背景：某公司正在大力促销一款新产品，投入大量资源做推广后，发现效果平平。该公司想要改善投放效果，找到影响转化的瓶颈点，将有限的资源用在刀刃上。

（1）明确研究目标。在这个案例中，目的是找到影响转化瓶颈的环节，以便找到提升广告的投放效果的切入点。我们通过初步计算得知整体转化率只有 1.08%，而相似的成熟产品广告曝光转化率均值为 5%，最高的转化率可达 15%，新产品比相似产品的均值低了将近 4 个百分点。

（2）拆解用户行为。我们梳理一下业务的整个流程：①这次推广是通过发送消息到用户手机，触达用户曝光量的；②用户点击链接进入查看“广告页”；③假设广告页只有一个操作选项，即“了解商品详情”按钮，点击它进入“商品介绍页”；④假设商品介绍页只有一个操作选项，即“立即购买”按钮，点击它支付，最后支付完成。

（3）确定关键指标。广告从曝光到商品购买人数的转化率，在分析业务流程中以访问数构成完整路径，所以这里我们取用户数作为转化率计算的指标。

（4）统计分析及展示如下。

广告触达人数→查看广告人数：广告触达用户，用户要么打开，要么忽略，这里有一部分人流失，我们称为此处的转化率触达转化率，计算公式为：查看广告人数 / 广告触达人数。

查看广告人数→跳转商品介绍页人数：用户点击链接进入查看广告页面后，一部分人会点击查看商品详情页，另外一部分人会流失，为了方便表述，我们称这里的转化率为跳转转化率，计算公式为：跳转商品介绍页人数 / 查看广告人数。

跳转商品介绍页人数→点击立即购买人数：用户进入商品详情页后，一部分人会点击立即购买，另外一部分人会流失，我们称这里的转化率为购买意愿转化率，计算公式为：点击立刻购买人数 / 跳转商品介绍页人数。

点击立刻购买人数→购买成功人数：用户点击“立刻购买”按钮跳转至支付页面，这里会有一部分人去支付成功，另外一部分人会放弃支付从而流失，我们称这里的转化率为购买转化率，计算公式为：购买成功人数 / 点击立刻购买人数。

通过广告用户行为漏斗分析，我们得到四个转化率，如图 2-16 所示。

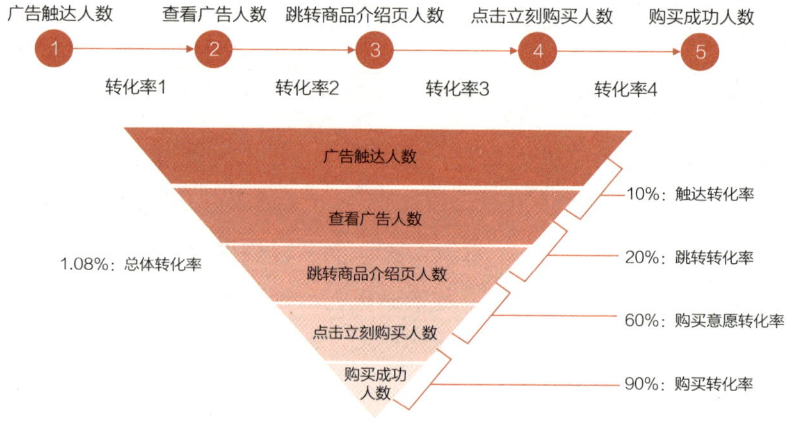

图 2-16　广告用户行为漏斗分析

从以上分析中我们可以发现广告购买的总体转化率低的问题：

（1）跳转转化率只有 20%，而其他成熟的产品转化率均值为 50%，转化率最高的为 65%，如果提高到 50%，购买转化率能提升 1.7 个百分点。经过分析，我们发现，广告页面内容过长，“了解详情”按钮要下拉好几屏才能出现。

（2）触达转化率只有 10%，而其他相似产品均值为 20%，最高值为 35%，如果能提升到 20%，购买转化率可以提升 1 个百分点。触达转化率低可能是因为用户对推送的内容不感兴趣，可能是推送的人群对标题不感兴趣，也可能是推送时间不太合理，想要一下子定位到根本原因不太现实，只能通过调整、尝试、调整的方式去一点点改进。

（3）如果触达转化率提升到 20%，同时跳转转化率提升到 50%，则整体转化率可以提升到 5.4%，和其他相似产品持平。

利用漏斗分析我们不仅能定位到问题，还能清晰明了地看到差距和需要努力的目标。我们找到两个问题：广告页面布局不合理；推送的标题吸引力不够。

针对找到的问题，我们制定相应的策略：

（1）在广告页面将“了解商品详情”按钮做成滑动悬浮的方式，用户不管看到哪一屏，都可以随时进入详情页。

（2）分析了相似产品曝光转化率高的标题文案，修改了 4 个版本。

在应用针对性改进策略后，整体转化率提升至 5.2%，和其他产品持平。

2. 销售行为漏斗

销售行为漏斗（Sales Funnel，以下简称销售漏斗）直观地反映了销售目标在各个阶段的进展和状态。销售收入是企业生存之本，销售管理对一个公司而言非常重要，而销售漏斗是非常重要的销售管理工具。第一次对销售漏斗的概念进行系统阐述的是 Robert Miller 和 Stephen Heiman，他们是 Miller Heiman Group 的两位创始人。销售漏斗甚至被称为史上最强大的销售模型，可见其重要性。

“销售漏斗”是一个很形象的比喻，目的是使销售过程变得可控。销售中最难应对的就是过程的不确定性，总是处于变化中，而销售漏斗就是在尝试“不确定”中寻找“确定性”，具有确定性才能衡量，才能管理 。销售漏斗的具体作用简单概括有以下几点：

- 为指定销售计划和目标提供数据支持。企业和销售人员个人都需要有销售目标，如果没有数据支持，销售目标就完全靠“拍脑袋”，很难具有说服力。

- 可以做出销售预测。假设一个阶段的初始值，可以根据销售漏斗模型计算出每个阶段的数量。比如可以根据现在的线索预测出销售金额，以便及时调整策略来保证销售计划的完成。
- 更合理地分配资源。可以根据线索价值、赢单率、商机进展等来分配公司资源，以提高投入产出效率。
- 监控商机进展，发现滞后或异常可以及时介入处理应对。
- 评估销售组织能力。模型的斜率代表了销售的能力。

销售漏斗还有其他的作用，这里仅列举出常见的几种。

建立销售漏斗模型一般分为以下几步。

（1）确定销售漏斗。销售漏斗的阶段根据公司的业务形态确认，每个企业可能有差异，这里仅简单介绍。

- 潜在（Prospect）：潜在用户，即有可能成为你的用户的个人或组织。他们在此阶段可能对你的产品或服务感兴趣，但尚未表达出购买意向。
- 接触（Contact）：在这个阶段，销售人员与潜在客户建立联系，进行初步沟通和交流。可以通过电话、电子邮件、社交媒体或面对面会议等方式进行。
- 意向（Interest）：当潜在用户表达出对你的产品或服务感兴趣的意愿时，就进入了意向阶段。潜在用户可能会提出更多问题，寻求更详细的信息，或者表达出购买的意向。
- 明确（Clarity）：在这个阶段，销售人员与潜在客户进一步明确需求和期望，以确保所提供的产品或服务能够满足他们的要求。这可能涉及详细的产品演示、解答疑问、提供报价等。
- 投入（Engagement）：当潜在用户对你的产品或服务表达出明确的兴趣，并准备进一步与你合作时，就进入了投入阶段。这意味着他们愿意与你建立更深入的合作关系，并开始探讨具体的合作细节。
- 谈判（Negotiation）：在这个阶段，双方开始商讨具体的合作条款、价格、交付方式等。谈判的目标是达成双方都满意的协议，以确保合作的顺利进行。
- 成交（Closure）：当双方就合作条款达成一致，并正式签署合同或达成协议时，销售交易被视为成交。这意味着潜在用户成为正式的用户，并开始使用你的产品或服务。

（2）采集数据和统计相关指标。采集并计算每个销售阶段的数据，包括但不限于：线索来源、线索数、潜在客户数、商机的价值、商机进展百分比、投入人天、方案数量、成功率、成交金额、签单日期等。根据历史数据计算项目的平均销售周期、计算漏斗斜率（漏斗斜率并不太好确定，有些时候需要依据经验来判断）。

（3）绘制销售漏斗图。使用 Excel 等 BI 工具绘制销售漏斗图，如图 2-17 所示。

漏斗的粗细反映商机的容量，越粗表明潜在商机越多；漏斗的斜率可以大概反映销售技巧，销售技巧越高超，下一步的流失越少，斜率越小。

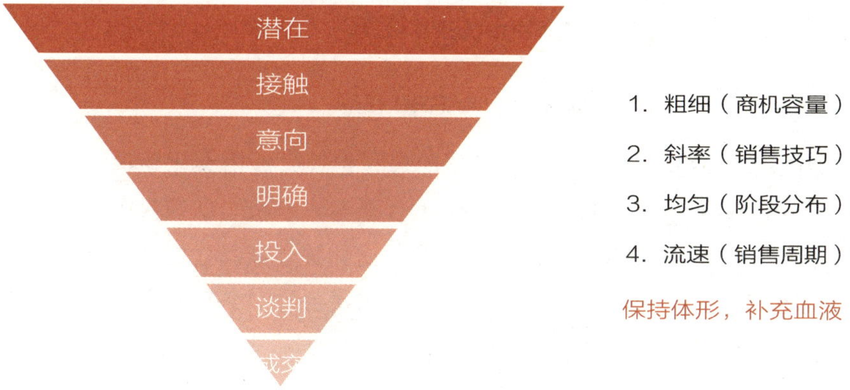

图 2-17　销售漏斗图

（4）数据分析。采集到相关数据后，分析转化率和流失原因，监控各个阶段的转化率，找到影响赢单的瓶颈环节和原因、影响转化率低的原因。

（5）制定或优化相应的销售策略。基于销售漏斗的数据分析，对找到的问题和瓶颈环节制定相应的销售策略，优化销售能力，保持企业整体的市场开拓能力。销售漏斗的数据分析是一个持续的动态过程，需要持续地监控数据的变化趋势，从而进行调整、优化，再继续监控。

3. AARRR 模型

AARRR 模型又叫海盗模型，是由戴夫·麦克卢尔在 2007 年提出的，是另外一个大名鼎鼎的经典漏斗分析模型，也是用户运营中不得不提到的一种模型。《增长黑客》的作者也是以这个模型为基础建立的数据分析过程。AARRR 是 Acquisition、Activation、Retention、Revenue、Referral 这 5 个单词首字母的组合，分别代表实现用户增长的 5 个指标：用户获取、用户激活、用户留存、用户收益、推荐传播，如图 2-18 所示。模型从获客到传播推荐，构成了用户全生命周期的各个阶段。

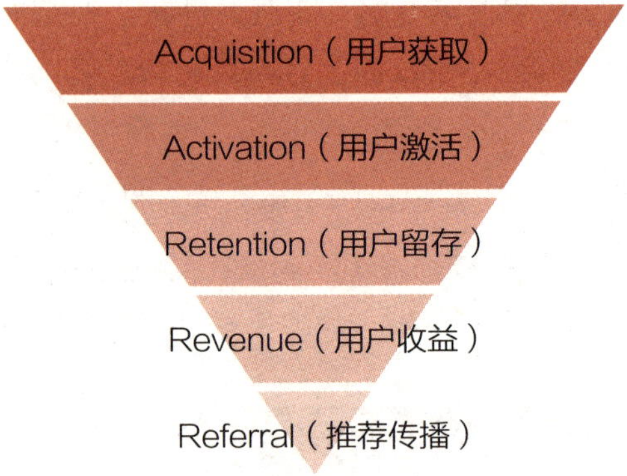

图 2-18　AARRR 模型

Acquisition（用户获取）：在用户获取阶段，目标是能最大化地链接到用户，获得足够大的用户基数，才有可能使足够多的优质客户有机会认识并留存下来继续使用产品，所以首先需要从各个渠道获取用户，比如关注如何让更多的用户下载产品，或如何吸引用户访问网站。在这个阶段运营人员会通过各种营销渠道和策略实现拉新目标。

Activation（用户激活）：在用户激活阶段，目标是使链接到的用户能够对产品感兴趣，体验到产品价值，开始使用产品，留存下来成为激活用户。比如下载产品的用户、首次访问的用户，能够注册账号并停留一段时间使用、体验产品。在这个阶段运营人员会通过诸如发放新手奖励，新手教程等引导功能，帮助用户更便捷地熟悉、使用产品。

Retention（用户留存）：在用户留存阶段，目标是已经注册过账号、体验过产品的人能够保持长期活跃，对产品建立起信任，从而转化为忠实用户。只有建立起用户黏性，他们最后才愿意付费购买产品及服务。衡量用户黏性和质量的指标不是唯一的，比如登录行为、消费行为、浏览产品、阅读资讯等。在用户留存阶段，运营人员会持续通过各类运营活动，培养和固化用户使用习惯，建立起用户对产品的信任。

Revenue（用户收益）：在用户收益阶段，目标是将留存下来的用户转化为付费用户，提高营收获取盈利。在这个阶段，运营人员通常使用不同的优惠策略或者促销手段转化用户，对于已经付费的用户，持续开展各类运营活动，促使用户持续付费。

Referral（推荐传播）：在用户推广阶段，目标是使用户成为产品代言人，将产品推荐给更多的用户，形成广泛、自发的传播效应。企业利用各种营销活动拉新效果是有限的，而且成本越来越高，利用用户自发的传播，成本低廉且可触达人群范围更广。自传播的数据指标 K 因子（推荐系数），也被称为病毒因子，K=（每个用户向他的朋友发出的邀请的数量）×（接收到邀请的人转化为新用户的转化率）。这个阶段如果运用得好，发挥的效力是巨大的、无可估量的。

AARRR 模型是产品经理、运营部门、市场部门等需要了解和参考的一个数据分析模型，尤其适用于那些肩负增长指标或与其密切相关的部门。

该模型包括但不限于以下作用：

（1）是实现精细化运营的有力工具

通过将用户生命周期的目标分解为 5 个不同阶段，实现了用户的分层，如图 2-19 所示。并且针对每个不同阶段，运营目标和策略都是不一样的。避免使用"一刀切"的方法，同时在大框架下也能紧紧抓住重点，集中资源采取针对性的用户运营，助力实现更高的精细化运营。

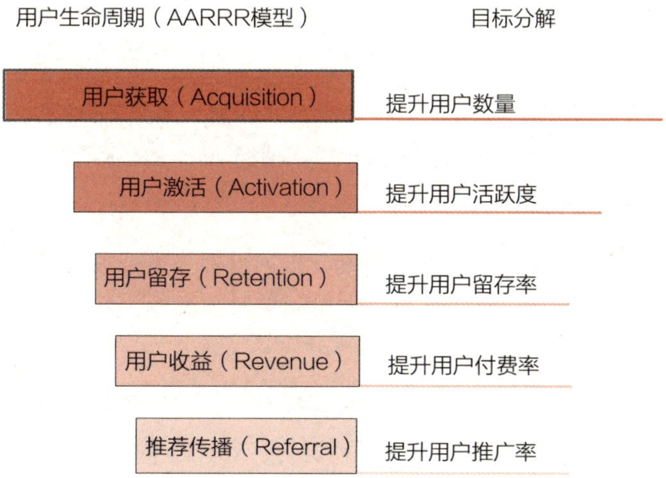

图 2-19 用户生命周期（AARRR）目标分解

（2）覆盖范围全

涵盖用户整个生命周期的运营管理，从拉新到推广，整个链路形成闭环。同时也为其他模型比如同期群模型、广告行为模型的数据分析结果形成交叉验证。生命周期模型可以为其他模型的分析提供用户阶段标签的参考经验值；同时其他模型的数据分析模型也为用户生命周期的阶段目标，提供更多有效可用策略和实践数据参考。

（3）帮助提升产品的整体表现和 ROI（投资回报率）

通过对 AARRR 模型用户生命周期的拆解，系统地分析和优化每个阶段，最终实现提升产品的整体表现和 ROI。如：通过分析留存率指标，及时发现并解决用户流失的问题；通过优化推广渠道和提高用户体验，提高用户的激活率和留存率；通过设计有效的商业模式和营销策略，提高营收，最终通过这 5 个阶段的分析和优化，推动产品的持续增长，提升产品整体表现和 ROI。

（4）帮助更好地拓展市场

在 AARRR 模型的获客阶段，需要企业理解市场，了解用户需求和行为偏好，并在不断探索中将数据沉淀下来，不断优化市场策略，为更有效地开拓市场提供参考。

AARRR 模型为企业设计新的业务线，或者为新公司设计业务线，提供了一个完整的数据分析框架。

AARRR 模型搭建是按照拆分的阶段一步步来完成的，在搭建每个阶段时，分析的步骤和前面所讲的其他模型的分析步骤类似。

（1）确认目标

首先将 AARRR 模型各阶段的目标代入企业的业务场景，将目标框架搭建起来。明确目标可以帮助我们聚焦业务场景和问题，把握 AARRR 模型的重点和优先级。

（2）获取数据，准备数据

获取数据是所有数据分析工作的基础，根据目标来拆解数据指标，采集相关数据。在 AARRR 模型中，需要采集用户行为和来源的数据，并计算留存率、转化率等指标。

例如，通常渠道分析有两个维度：获客数量和获客质量。在获取数据时，需要将目标拆解成可实现的数据指标，比如计算打开 App 的平均浏览时长作为获客质量评价指标。

（3）分析数据

- 根据收集到的数据，识别和定义用户行为数据，并将定义好的数据指标分配到 AARRR 模型相应的阶段。例如，用户通过他人分享的链接下载的产品，可以知道用户的来源渠道、可能的兴趣标签（如果用户画像做得好，可以知道推荐人的标签，或者通过营销活动的特征预设的兴趣标签）。又如，用户经常登录的时间是晚上 9 点，反映活跃用户的行为偏好，可以尝试将其引导到付费阶段。再如，用户将商品加入购物车，反映用户的付费行为意愿，可以帮助他们了解产品功能，也可以通过促销活动使付费行为得到转化。

- 根据模型的每个阶段，对采集到的数据进行具体的分析，并提出结论和建议，供产品、运营、市场等相关部门参考。

例如，对用户获取阶段进行分析，发现小红书渠道的占比显著升高，继续深入分析发现，原来是由于某个最近很火的博主分享了某个产品，再继续分析新增用户的人群画像发现，新增的用户女性占比达 60%，平均年龄为 25 岁，选择的兴趣标签为“美食”“旅行”占比达 70%，符合小红书核心用户群体的人群画像，所以建议在拉新时，考虑利用小红书渠道，比如鼓励、奖励这类人群将内容发布在小红书平台或者和小红书大 V 合作引流。

（4）制定策略

根据数据分析的结论和建议，结合业务特点和资源情况，制定相应的策略。例如，上面提到的渠道分析的结论，可以衡量和评估与小红书合作的成本，对这部分渠道来源的客户质量、消费能力、综合评估进行论证后，制定渠道推广方案。

（5）验证和优化

每个策略背后都有个逻辑假设的支撑，可以根据上面的数据分析得出的结论，也可以根据历史经验。在策略实施的阶段需要进行小心求证和验证，并在过程中不断地采集数据、分析数据、调整和优化。可以采用 A/B 测试等方法，根据结果进行相应的调整和优化。

2.1.3　相关分析

相关分析是与因果分析十分密切的一种思维方式。我们在遇到一个现象时，经常不由自主地寻找引发该现象的原因。比如人均收入提高是否会提高啤酒在酒精类制品中的消费份额？如图 2-20 所示，展示了各国人均收入与人均啤酒消费之间的相关关系。

通过数据分析并不能直接得到两个事物之间的因果关系，但是可以通过数据可视化的方法帮我们找到值得关注的对象。相关分析是做归因分析和预测模型的核心内容，本书仅介绍使用可视化方法做相关分析，后续《CDA 二级认证教材》中讲解的相关系数、卡方检验、方差分析、回归分析都是相关分析的具体方法。

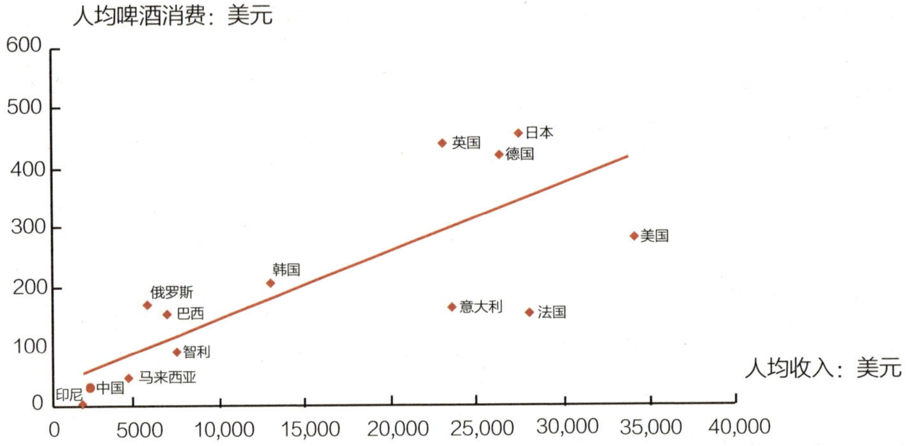

图 2-20　各国人均收入与人均啤酒消费之间的相关关系

2.2 由基础分析范式引申出的 6 种分析方法

比较分析贯穿了整个数据分析过程，也是我们理解、分析数据，提炼、认识规律的基本逻辑，没有比较分析，我们无法准确获取数据代表的含义。例如，计算出某 App 某天次日留存率为 45%, 并不能说明留存率的高低，如果计算出该 App 留存率的历史平均水平为 30%，那么 45% 代表留存率增长了 50%；如果计算出该 App 留存率历史平均水平为 65%，那么 45% 代表留存率下降了 31%。

分类分析思维将目标对象分成不同类别，然后比较分析不同类别的异同，最后匹配不同策略。例如同期群分析，既有纵向维度，即同一群组自身在不同时间维度的比较分析；也有横向维度，即不同群组在相同时间节点的比较分析。

在链式思维漏斗分析方法中，每一步的转化率是否异常也是通过比较才能判断的，不管是寻找转化率的瓶颈节点，还是监控整个流程的进展情况，没有比较分析都无从谈起。可能是将数据和历史数据比较（历史均值水平），可能是将数据和同类产品或业务数据比较，还可能是将其和行业经验值比较。

相关思维分析方法观察和分析两个变量之间的关系，尤其关注影响变量对我们关心的结果变量的影响。该方法也是通过比较其中一个变量的取值变化对另外一个变量均值或占比的影响来实现的。

下面介绍 6 种由 3 个基础分析范式引申出的比较分析法：趋势分析法、对比分析法、构成分析法、分布分析法、关系分析法、流向分析法。

2.2.1　趋势分析法

（1）简介

趋势分析法是对不同时期数据中的相同指标进行比较，观察其增减变动情况及变动幅度，预测发展趋势的一种方法。

在实际业务分析中，趋势分析法经常是在时间维度上的高度汇总，当发生异常时，通常需要下钻到其他维度，结合对比分析法或构成分析法，定位问题产生的原因。

（2）作用

- 快速简单地查看大致的趋势。在数据指标初探时，经常通过绘制趋势图查看简单的整体趋势。如上升趋势、持平、下降趋势、白噪声（无明显趋势）；有无周期性规律。
- 监控关键指标的波动情况。监控关键指标的波动是否正常，以便及时发现异常，介入处理。这里需要注意选择合适的时间单位，比如主页流量 UV 通常以天为单位，时间长度根据周期性规律或时效性来确定。

在监控指标趋势时，要特别注意异常值、拐点、趋势不一致的情况，找到原因，并给出相应的解释和处理方案。

通常需要能够下钻到某个时间节点的其他维度上做对比分析或构成分析，以便确认异常原因。

- 预测。预测分两种精细度，一种是简单地预测大致趋势，一般通过周期性的规律增减幅度，最常用的有不同年份的同比增幅等；一种是精确预测，这时候需要建立时间序列回归模型来预测精确的值。

趋势分析广泛应用于销售数据变化趋势分析、市场需求的变化趋势分析、股票价格的变化趋势分析。

（3）趋势分析的一般步骤

①确认分析目标。需要先在业务场景中充分理解目标，选择合适的数据指标。要注意指标的时态类型：存量数据（比如客户总量）、流量数据（比如新增客户数）、变化率（比如客户增长率）类指标。

②获取数据，准备数据。在这个阶段经常需要对数据进行初探，确认时间单位。

③绘制趋势图。常用的趋势图有以下 3 类。

- 柱形图：用来反映存量、流量数据随时间的变化，如图 2-21 所示。

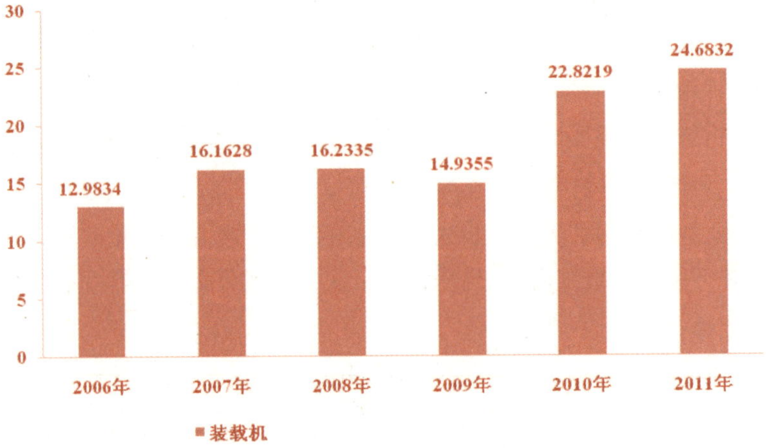

图 2-21　趋势图 - 柱形图

- 折线图：用来反映流量数据、率随时间的变化，如图 2-22 所示。

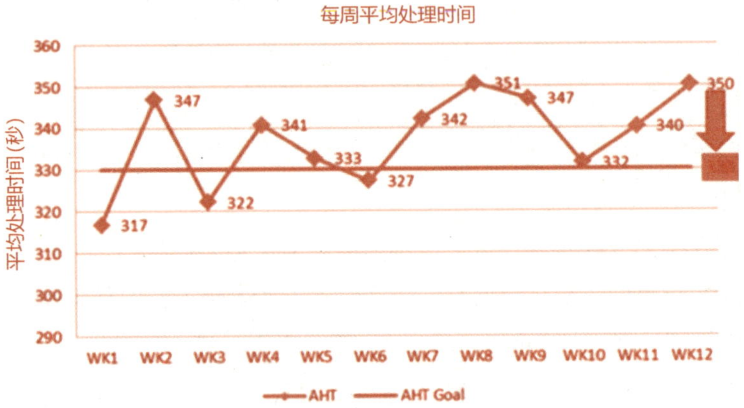

图 2-22　趋势图 - 折线图

折线图有时经常加上均值线，用以和均值做对比，看看哪些时间点的数据高于均值，哪些时间点的数据低于均值。

对某些企业关注的核心流量指标，有时会加上预警线值，如果超出预警线值，则需要及时引起关注，找到原因及时处理。预警线值通常是由上下限的值来确定，比如用 1.5 倍 IQR（75% 位置的值 –25% 位置的值）或者 3 倍标准差；或者根据业务逻辑来确定。

- 双轴图：双轴图是指通过两个指标项来反映业务情况，而且两个指标项在数据值上不是同一个量级，分别绘制在左、右两个不同的坐标轴上。

比如表示存量数据的柱形图的坐标在左侧，表示变化率的折线图的坐标在右侧。约定俗成的用法是将表达绝对数量的数据用柱形图表示，将变化率用折线图表示，如图 2–23 所示。

图 2–23　趋势图 – 双轴图

④趋势分析。

趋势分析中的数据通常是在时间维度上高度聚合的数据，如果发现异常，通常需要下钻到对应的维度数据，结合不同维度进行对比分析，定位到可能引起异常的节点，通常需要结合同比、环比等数据进一步分析和确认异常，如图 2–24 所示。

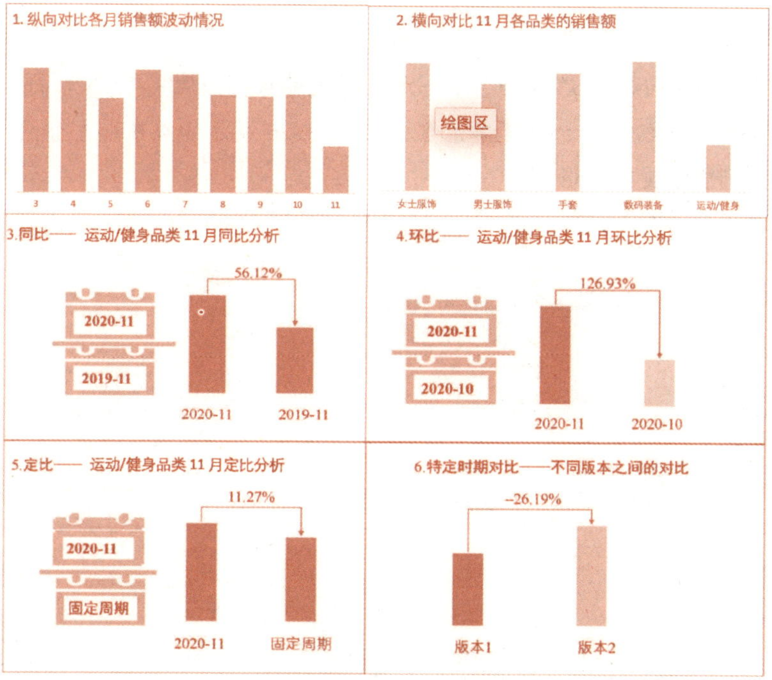

图 2–24　趋势图 – 趋势分析

2.2.2 对比分析法

对比分析法用于比较不同组成部分之间的差异。在对比分析法中，必须有至少一个类别变量参与制图，用以代表“不同组成部分”。

常用图表如下。

（1）柱形图

用于比较不同组成部分之间在某一个指标上的差异。如图 2–25 所示，是工程车行业各企业的销售额占比情况的对比柱形图。

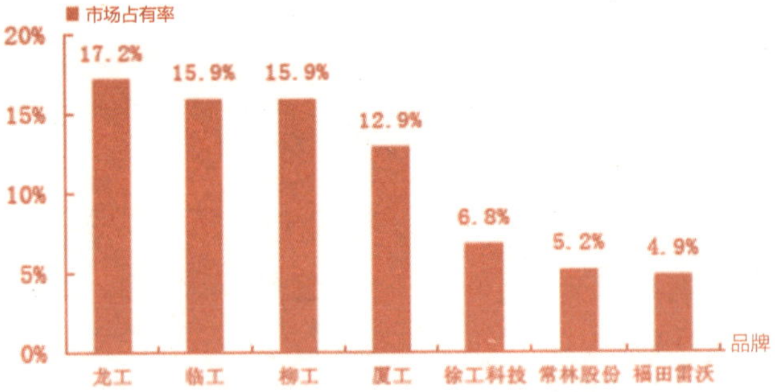

图 2–25 工程车行业各企业的销售额占比情况的对比柱形图

（2）条形图

主要用于比较不同组成部分在某一个指标上的数据排序关系。有时候对于名字特别长的类别对比数据，也使用条形图。如图 2–26 所示为某家服装企业不同品类产品销售额排序情况的条形图。

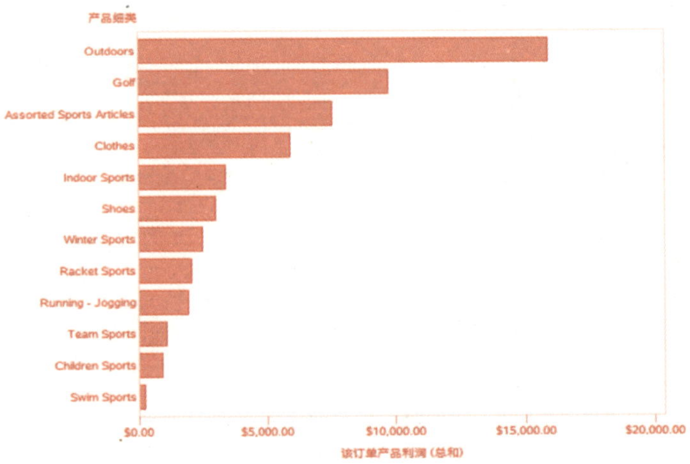

图 2–26 某家服装企业不同品类产品销售额排序情况的条形图

这里需要说明的是，条形图与柱形图具有细微的差异，两种图形经常会被混用。在使用时可参考以下场景进行区分：在比较不同产品的营收情况时常用柱形图；如果更关注不同产品的营收的大小排序，则常用条形图。

（3）雷达图

用于比较不同对象在多个维度上得分情况的对比，如图 2–27 所示为不同运动员在比赛中的关键表现对比雷达图。

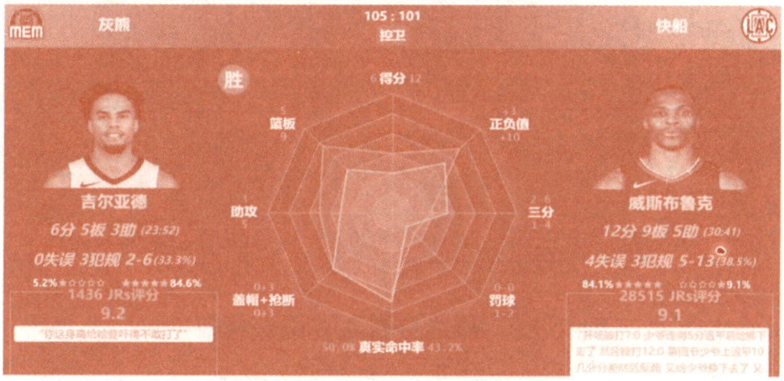

图 2–27　不同运动员在比赛中的关键表现对比雷达图

2.2.3　构成分析法

构成分析法通过分析整体中各部分所占的比例，了解各部分对整体的贡献程度。常用图表如下。

（1）饼图

用于显示各部分在整体中的比例，可以用数量对比的方式或者百分比的方式，如图 2–28 所示。

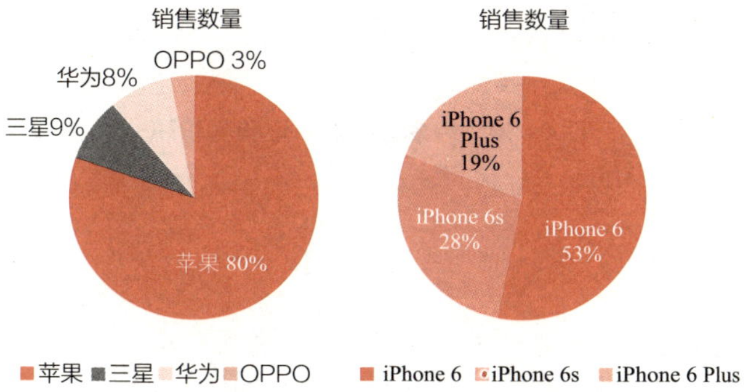

图 2–28　构成分析法—饼图

（2）堆积柱形图

主要用于显示各部分的绝对值在整体中的比例，还用于展现每个整体的总量数值（作用和柱状图一样），如图 2–29 所示。

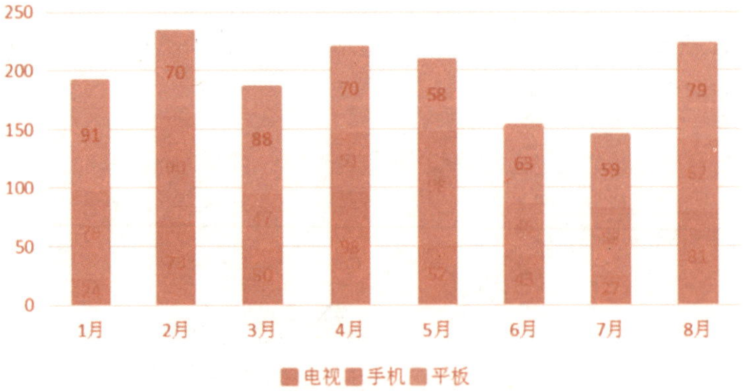

图 2–29　构成分析法—堆积柱形图

（3）堆积面积图

和堆积柱形图类似，不过横坐标轴上的类别变量必须是时间，用于显示各部分随时间变化的趋势及其在整体中的比例，如图 2–30 所示。

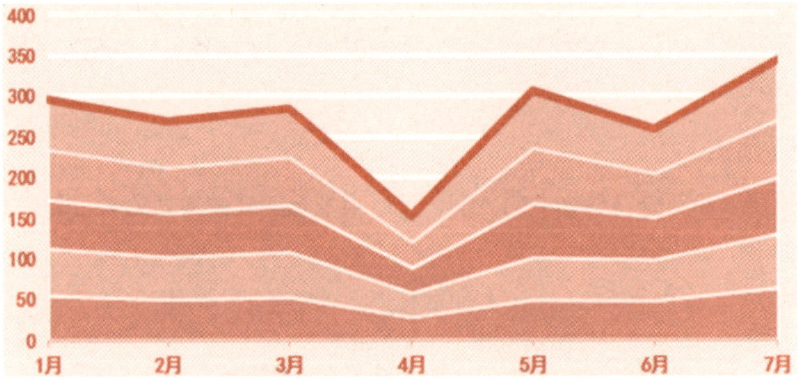

图 2–30　构成分析法—堆积面积图

2.2.4　分布分析法

分布分析法通过分析数据的分布特征，了解数据的分布形态，可以发现一些数据问题或者用于辅助确定阈值（详见 2.1.1 节中 RFM 分析等案例）。

常用图表如下：

（1）直方图

反映某个连续变量的分布形态。可以看出图 2-31 显示的变量的分布形态接近对称分布。

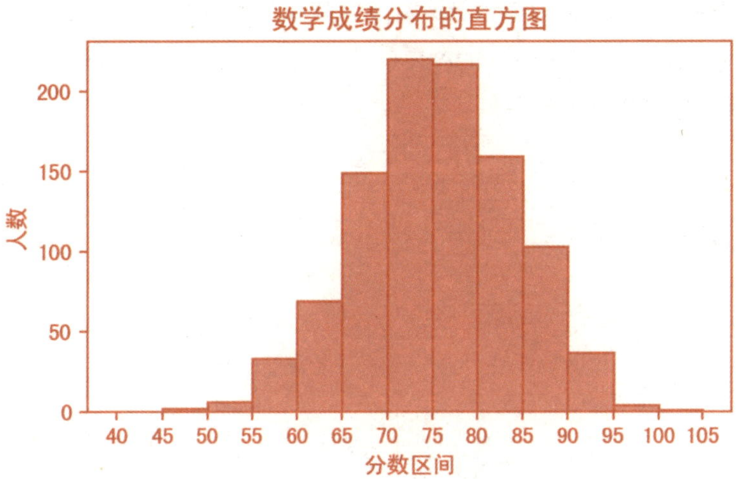

图 2–31　分布分析法—直方图

连续变量的分布形态分为左偏、对称和右偏。主要根据图形的拖尾状态来判别偏态，比如图 2-32 中的右侧图，出现了右拖尾，因此是右偏。数据的偏态决定了均值对数据的中心水平是否有代表性。众数在三种形态中都是最有代表性的，如果在考试中被问到哪个统计量在偏态下有代表性，则有众数就选众数，没有众数就选中位数。不过在实际工作中，由于数据会出现质量问题，众数往往被错误的数据带偏，所以在偏态的时候一般选择中位数做中心位置的代表。

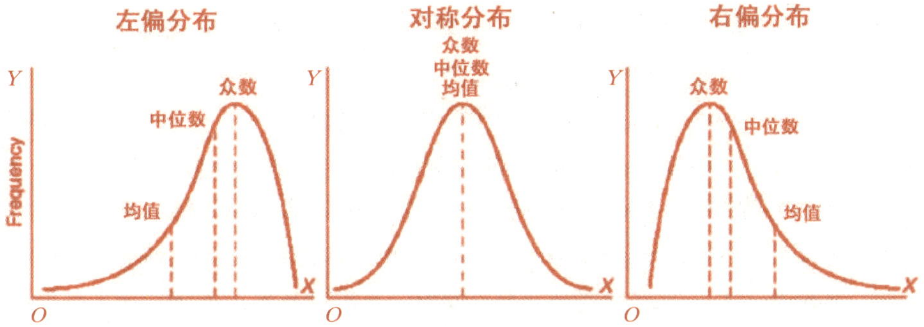

图 2–32　连续变量的分布形态

（2）箱线图（盒须图）

能够提供某变量分布以及异常值的信息，如图 2-33 所示。

箱线图的基本元素包括：

- IQR：变量上下四分位数之间的数据，这个范围代表了数据中间 50% 的数据。
- 中位数：中位数的位置代表变量中位数在总体分布中的位置。
- 1.5 倍 IQR：上下 1.5 倍 IQR 表示上下 1.5 倍 IQR 范围的数据。超出这个区间范围的数据即异常值。

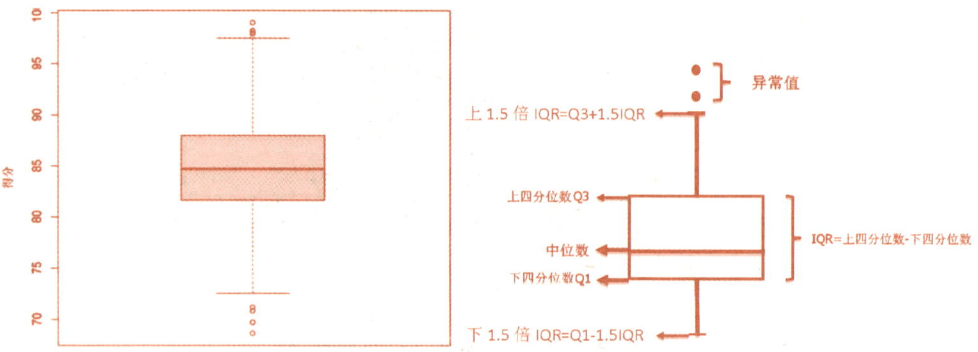

图 2-33　分布分析法—箱线图（盒须图）

2.2.5　关系分析法

在数据分析师日常的工作中，经常需要探究两个变量之间是否存在关系（也称为相关性，此处不要和相关系数混淆。相关性可以表示任意两个变量之间的关系，相关系数只是度量两个连续变量之间相关关系的强弱）。两个变量有相关性并不等于有因果关系，但是有因果关系必定存在相关性。因此当数据分析师发现两个变量之间有相关性时，后续会开展一系列的因果性分析。

要研究两个变量之间是否具有相关性，首先需要判断关注变量（用 Y 来表示）和影响因素变量（用 X 来表示）。比如，对于游戏用户留存分析来说，数据分析师会去探讨用户在线时长、好友组队、比赛场次等多种因素与用户留存之间的相关性，以辅助运营人员或产品专员及时调整策略提升用户留存率。这里用户留存率就是关注变量（因变量），用户在线时长、是否有好友组队就是影响因素变量（自变量）。其次需要识别变量的度量类型，这个知识点会在本书 6.1 节讲解，不过可以在此处简单了解一下。

变量的度量类型可以分为分类变量（比如性别、是否有队友、所在省份，多是字符类型存储的变量）和连续变量（比如时长、比赛场次等，多是数值类型存储的变量）。

明确了前两件事之后，就可以判断用哪个图形来判别两个变量是否有关系了。“用户留存率”是 Y 且是连续变量，“是否还有组队”是 X 且是分类变量，则应该选取分类箱线图来判别两者之间是否存在关系。当分析“用户在线时长”作为 X 与“用户留存率” Y 是否有关系时，应该选择散点图做分析，如图 2–34 所示。

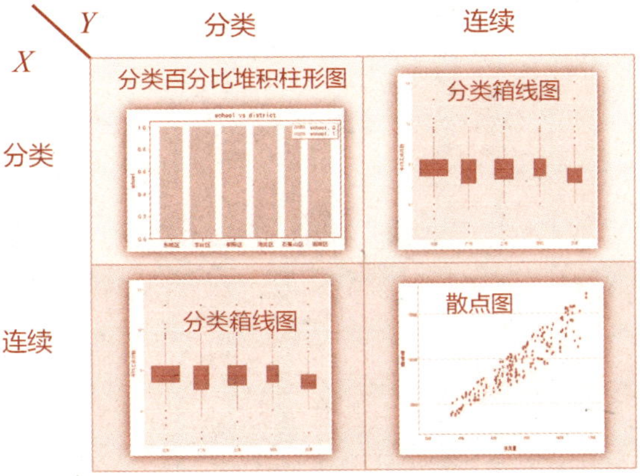

图 2–34　关系分析法— X 和 Y 关系图

判断两个变量是否有关系的准则如下：

- 百分比堆叠柱形图：如果表示占比的分割线差别较大，则代表两个变量有关系。
- 分类箱线图（盒须图）：如果盒须图中间的粗实线（中位数）差别较大，则代表两个变量有关系。
- 散点图：如果散点呈现向上或向下的趋势，则代表变量有关系；如果散点是圆形、横向的带状、无规则图形，则代表变量没有关系。

2.2.6　流向分析法

流向分析法分析事物具有特定方向性的走向，示例如图 2–35 所示。

业务场景：常用于线上分析，特别是网页流量归因分析。

常用图表：桑吉图。

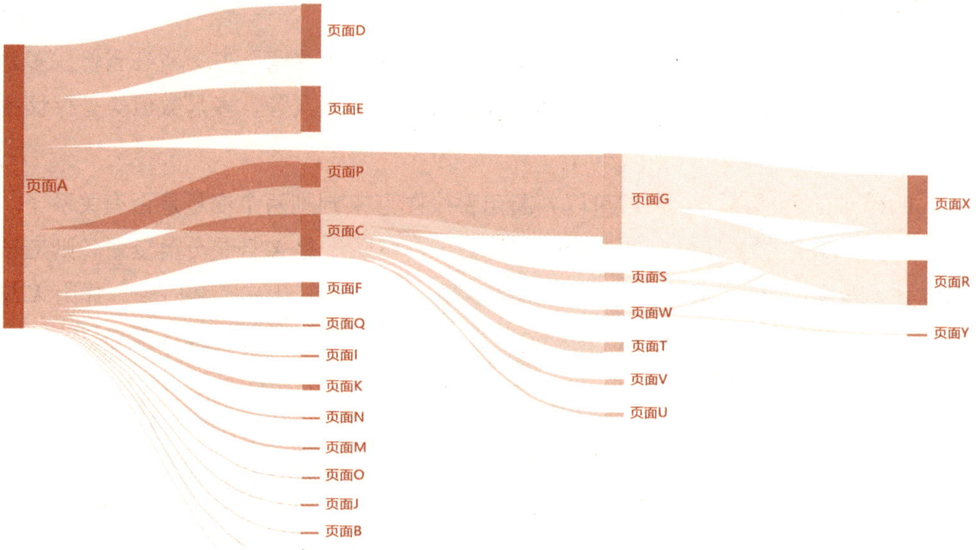

图 2–35　流量分析法示例

2.3 统计制图原理

通过对数据进行可视化，可以很直观地了解数据的分布情况，根据分布做出业务解释。本节会详细讲解制图步骤，使读者能够更加规范地完成数据的可视化。

在进行描述性图表展示时，制图分为以下四步，如图 2–36 所示。

（1）整理数据：对数据进行预处理，以达到制图的要求。

（2）明确要表达的信息：提取数据中的规律，根据分析意图对数据进行深度加工，一般情况下是根据某个维度对数据进行聚合。

（3）确定比较的类型：从六种常用的分析类型中选取一种做分析。

（4）确定图表类型：选择合适的图表类型，绘制并进行展示。

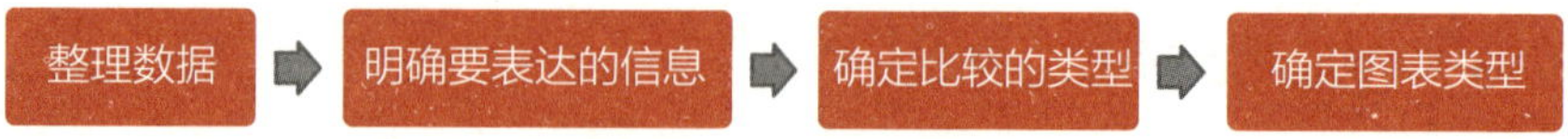

图 2–36　制图步骤

2.3.1　整理数据

第一步，对初始数据进行预处理以达到制图的目的。预处理环节包括对数据的分组汇总以及对不良、错误、缺失值的处理，如图 2–37 所示。

年份	销售员	市场	销售额	利润
2010	赵	东	267310	32117
2010	钱	南	295000	38171
2010	李	南	291520	35639
2010	周	南	316470	41241
2010	郑	南	296340	29595
2011	钱	西	275680	27857
2011	孙	西	298030	36228
2011	周	北	314990	38385
2011	吴	东	337040	44445
2011	郑	东	303160	24127

整理好的规整数据是做后续分析的基础。

图 2–37　制图步骤——整理数据

2.3.2　明确要表达的信息

第二步，明确要表达的信息。数据经过整理后，可以提取数据中的规律，将蕴含其中的信息提炼出来，结合业务目标明确需要重点关注的信息。如图 2–38 所示，初始数据可以表达两个方面的信息，即在年份的时间序列上目标指标的波动和趋势信息与区域维度目标指标间的比较信息。此时可以根据需求对这些信息进行比较，并为下一步的展示做好基础工作。

2.3.3　确定比较的类型

第三步，确定比较的类型。展示图表是为了比较各个维度的差异情况，例如时间序列可以使用趋势分析比较不同时间指标的变化趋势，区域维度使用对比分析可以比较不同地域指标的差异情况，除此之外还有多种比较类型，如图 2–39 所示。

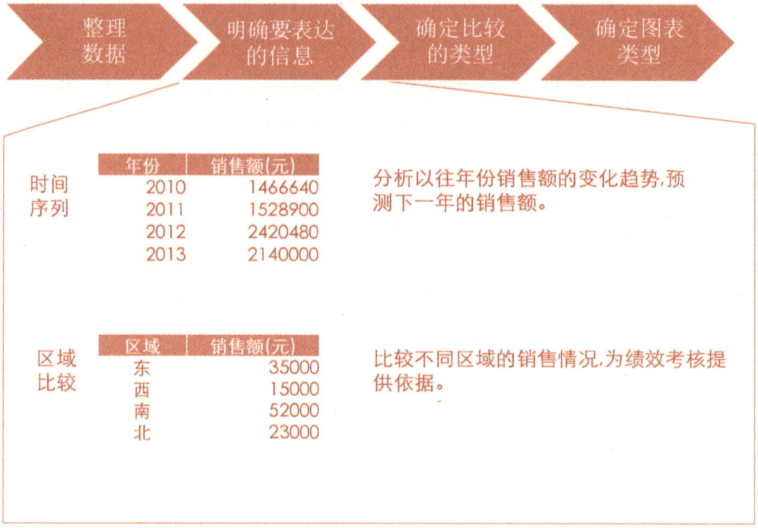

图 2-38　制图步骤——明确要表达的信息

分析类型	说明	业务场景
趋势分析	随时间变化的发展趋势	销售数据的变化趋势等。
对比分析	比较对象是同一分类维度上的比较	不同区域，不同产品的销售情况
构成分析	部分与整体的构成情况	销售额占比分析
分布分析	数据的分布情况	个人收入情况的分布分析
关系分析	各数据间的相关性	研究客户满意度与忠诚度之间的关系
流向分析	事物往几个固定方向的变化	网页流量走向分析等

图 2-39　制图步骤——确定比较的类型

2.3.4　确定图表类型

第四步，确定图表类型。图表类型多种多样，选择合适的图表，以表达特定的信息是必要的，如图 2–40 所示。

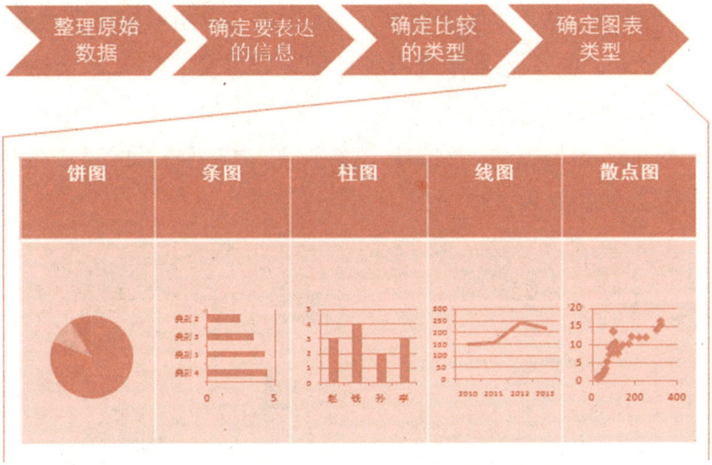

图 2–40　制图步骤——确定图表类型

而不同图表在表达特定的信息时也是有讲究的，一般图表的选择可参考表 2–6。

表 2–6　不同图表的应用特点

	趋势	对比	构成	分布	关系	流向
折线图	√					
面积图			√			
柱形图	√	√				
条形图		√				
堆积柱形图 / 堆积面积图			√			
分类百分比堆积柱形图					√	
饼图 / 环形图			√			
雷达图		√				
直方图 / 箱线图				√		
分类箱线图					√	
散点图					√	
桑吉图						√

2.3.5 统计图的补充说明

统计图是对统计汇总表的图形化展示。例如，Excel 虽然提供了很多的图表功能，但是严格来说，Excel 并不能直接做出统计图，它需要在个体记录原始数据的基础上进行统计汇总，然后根据汇总数据进行作图。而 BI 工具中的很多作图功能是直接基于个体记录的原始数据的。例如，以条形图与描述统计的对应关系为例展现统计量与统计制图之间的关系，如图 2-41 所示。

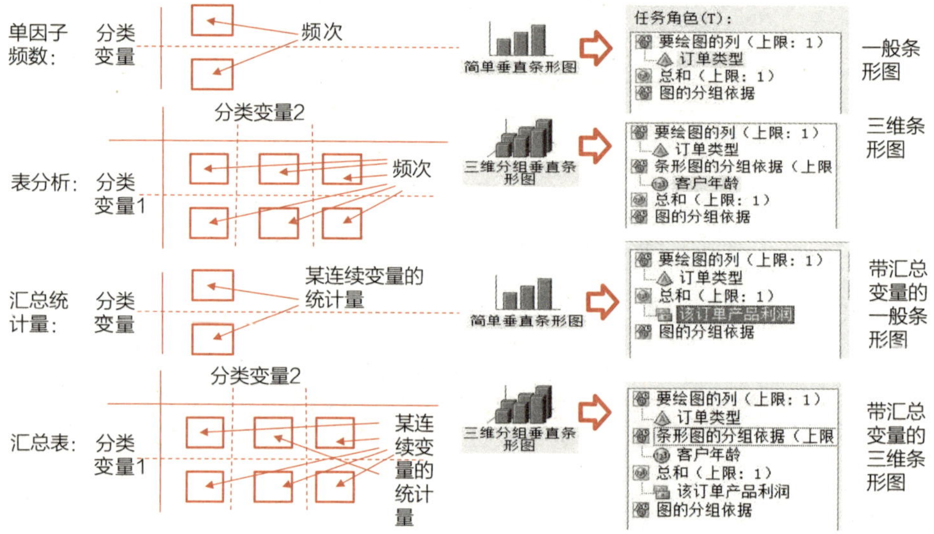

图 2-41　统计量与统计制图之间的关系

制作每类统计图都是为了满足特定的叙述目的，而且类似于语言，统计图也有其明确的定义与叙述方式。复杂叙述目的的实现需要综合运用每类统计图，而不是创造出复杂的图形。好的统计图可以使阅读者在仅阅读标题关键字和图形，并且不用注意任何坐标轴、刻度和附注的情况下顺利地理解图形表达的意义。

另外，统计图分为描述性统计图和检验性统计图，前者是对某些变量分布、趋势的描述，多出现在工作报告中和统计报告中，比如饼图、条形图。后者是对特定统计检验和统计量的形象展示，仅出现在特定统计报告中，一般不会出现在工作报告中，比如直方图、箱线图、P-P 图和 Q-Q 曲线图。不过这个界限有些模糊，比如箱线图一开始是检验性统计图，但后来人们觉得其可以很直观地表现连续函数和分类变量的关系，所以它也被广泛地用于工作报告中。

2.4 本章小结

本章讲解了数据分析的通用方法，这些是数据分析师需要掌握的基本技能。但是只掌握这些技能还不足以从事商业数据分析工作，还需要具备在不同的数据分析场景下合理地应用这些技术的能力。在第 3 章中会结合业务场景讲解商业数据分析框架，在第 4、5 章中会分别讲解战略数据分析和业务数据分析场景下的具体分析方法和流程。

第 3 章　商业数据分析框架

在瞬息万变的商业环境中，商业分析已成为企业管理与运营决策中的核心工作。面对市场环境的持续变化和竞争的加剧，企业要想在市场竞争中立于不败之地，必须依赖数据分析，在业务数据中分析并挖掘出新的增长机会和创新机会。商业数据分析不仅能够为企业的整体战略发展提供有效的帮助，还可以深入分析企业具体的运营、销售、财务等业务模块，通过更加具体的数据洞察来帮助优化决策。它能让管理者更清晰地看到企业的现状，以更快地发现业务的问题点，并且帮助企业在数据规律中找到对其未来业务增长与发展可行的落地建议。

然而，虽然商业数据分析是各家企业不得不做的一项工作，但许多从事数据分析工作的人员在实际操作中往往会陷入这样一种困境：难以找到适合的分析方法或框架。这一问题一方面因为业务场景错综复杂，另一方面则因为数据种类繁多、结构各异，使分析变得更加复杂且具有挑战性。所以即使有着优秀的分析工具和数据基础，若没有正确的方法论指引，最终的分析结果也可能是片面的或难以落地。

本章将为读者详细剖析企业级数据分析的框架，并通过案例引导读者掌握完整、系统的分析方法论。通过构建完整的数据分析体系，读者能够在不同的商业场景中游刃有余地运用所学的数据分析方法，真正实现数据帮助决策，从而帮助企业在竞争中稳步前进，获得长效的市场竞争力。

3.1 商业数据分析体系构建

对于一家业务繁多且运作复杂的企业而言，面对各种繁杂的业务模式、不同的运营场景及不断增长的管理需求，要构建一个既能统筹全局、又能满足各个部门需求的分析框架是非常困难的，可以说是企业面临的一项战略性的挑战。各家企业的业务都非常复杂，而各个业务部门的问题痛点、分析需求和业务重心都有所不同，随着企业规模的扩大及业务的发展扩大，这种差异性会愈加明显，从而导致在企业决策过程中，管理层决策人员难以快速形成统一的视角和清晰的判断。

在这样的情况下，单一的分析方法往往无法应对全局的管理分析需求。企业必须找到一套既能系统化地组织业务数据，又能确保各个业务模块管理目标一致的分析体系。此时，平衡计分卡（Balanced Scorecard，BSC）作为一个战略性管理工具，具备可以进行复用的一套管理分析体系。

BSC 不仅能够帮助企业从不同角度衡量其各个层面的绩效，还能将各项业务的分析内容与企业战略目标紧密联系，为企业的管理者提供全面的、平衡的视角，进而帮助企业在繁杂的业务环境中有效地进行综合分析和协同管理。所以我们引入 BSC 来帮助企业构建一套健全的业务分析体系，让企业的管理者能够更加清晰地梳理业务流与数据流，确保不同部门的分析工作在统一的战略框架下得以开展及落地，为以企业的整体发展为目标的业务分析提供良好的基础，如图 3-1 所示。

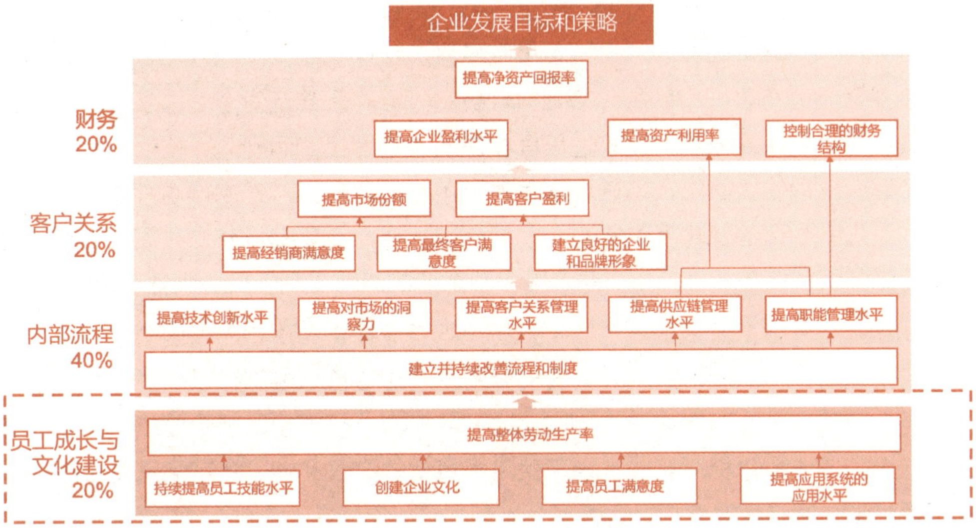

图 3-1　企业发展目标和策略

从图 3-1 中我们可以看到企业通过 BSC 构建管理战略与目标的一套完整管理框架，清晰展现了 BSC 中的四大管理视角如何支撑企业的发展目标。从企业的战略发展角度来说，一切的业务都是紧紧围绕企业的营收展开的，我们可以看到图 3-1 中企业以提高净资产回报率、企业盈利水平、资产利用率和控制合理的财务结构为最核心的管理目标，在这个核心目标下，客户关系、内部流程及员工成长与文化建设都承担了相应的管理职能。

财务视角、客户关系视角、内部流程视角、员工成长与文化建设视角，是一个完整的战略体系。企业通过提升客户满意度、市场份额与品牌形象，推动市场份额的增长；通过流程优化和技术创新，提高内部运营效率；并通过员工发展、企业文化与系统应用的完善，确保企业长期的可持续发展。这一架构明确展示了企业如何将各类业务数据统筹应用于企业整体的运营管理，从而有效支撑企业整体战略目标的实现。

图 3–1 阐述的是企业发展视角，那么如何理解 BSC 在商业数据分析框架中的应用及作用呢?

简单来说，BSC 帮助企业从多个角度（通常是财务、客户关系、内部流程、员工成长与文化建设四个维度）对组织的整体绩效进行评估和管理，以此推动企业战略的实现与落地。它的主要核心管理理念覆盖了企业财务指标、战略、市场、流程、成长等企业全方位的业务管理，所以我们可以从这些不同的业务管理视角进行业务分析的梳理。

梳理之前，我们先明确一下什么是商业数据分析。

商业数据分析是一个系统化管理与分析的过程，它涉及对企业内外部各种数据的收集、整理和深入分析。这一过程旨在帮助决策者提升洞察力，使他们能够更深入地了解企业的发展状况，迅速识别发展中潜在的问题点，把握市场机遇，并为企业的战略规划和运营优化提供坚实的数据支持。在此，我们将商业数据分析细分为战略数据分析和业务数据分析，前者服务于企业的战略规划，后者服务于运营优化。

比如在销售业务领域的业务数据分析中，企业通常会设定明确的绩效达成目标和市场营销目标。因此，业务分析应当紧密围绕这些目标展开，以确保分析结果能够满足企业管理的实际需求。为了实现这一目标，必须首先明确企业战略管理框架下的几个关键业务目标。这些目标不仅包括短期的销售业绩，还可能涵盖长期的市场份额扩张、客户满意度提升、产品创新等方面。

在明确业务目标之后，就是数据分析需要重点解决的核心内容，即在实现这些目标的过程中会出现的业务问题。这些问题可能涉及销售策略的有效性、市场活动的执行力度、客户反馈的及时响应等。业务分析的核心作用就是帮助决策者识别这些问题，并基于客观的数据结果提供解决方案，从而更好地支持各业务管理部门实现其业务目标。

为了使业务分析更加全面和深入，我们需要扩展分析的范围和深度。这可能包括对业务管理更细致的拆解、对业务流程的更深入剖析、对市场趋势更全面的监控分析等。通过对各方面的分析和数据监测，我们可以更准确地识别业务问题、找到可行的解决方案，并为决策者提供更有力的数据支持。

了解作为数据分析人员在企业业务管理中需要关注的重点后，首要问题是要了解企业的业务，这样才能理解各业务模块的业务目标，然后才能将 BSC 上的业务管理视角转化为业务问题目标，这里我们举部分示例，如图 3–2 所示。

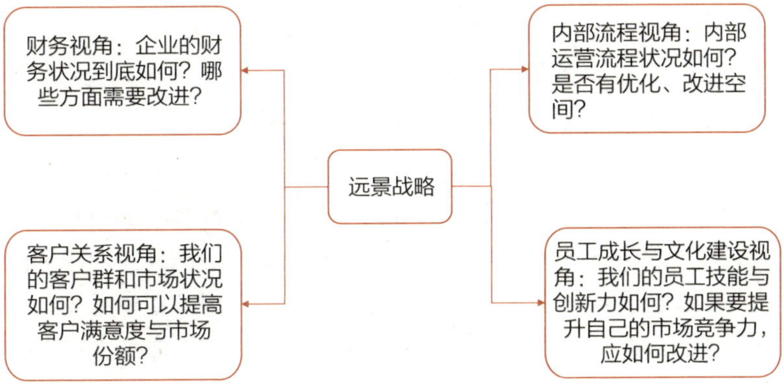

图 3–2　企业发展远景战略

3.1.1　战略视角

内容：我们会深入分析企业的长远规划与愿景，不局限于企业短期的市场定位与竞争优势，更着眼于企业未来几年的发展规划与战略转型。我们要细致剖析企业所处的行业趋势，对企业做全面的 SWOT 分析，以明确企业的优势、劣势、机会与威胁，从而制定出既有前瞻性又切实可落地的企业战略发展路径与方针。通过战略增长分析，我们可以识别出企业关键的增长领域与潜在的市场发展机会，以确保企业在复杂多变的市场环境中保持稳健发展。

价值：战略分析的核心目标是帮助企业在充满挑战的市场竞争中找到适合自己的发展方向，确保企业能够精准地将宝贵的资源投入到那些能够给企业带来最大回报的业务领域。这样，企业不仅能够构建起自己独特的竞争优势，还能在市场中占据有利地位。这种深入且全面的战略分析，为企业的发展提供了坚实的基础，同时也为企业赢得了市场和投资者的信赖与支持。它可以确保企业有力渡过经济寒冬，且可持续成长和壮大，从而在市场中获得更大的市场份额。简而言之，战略分析是企业在商战中不可或缺且非常重要的一部分。

3.1.2 财务视角

内容：在这一视角下，我们的分析专注于分析企业财务的现实状况，从而为企业的战略管理和业务决策提供坚实的基础。我们通过分析企业的财务报表，洞察其资产、负债和所有者权益的动态变化，以及这些变化对企业运营和未来发展的深远影响。我们要关注企业的收入和利润，分析其增长趋势和盈利模式，当然还有现金流、财务预算执行等内容。

价值：一个稳健的财务状况对于企业的长期发展至关重要。它不仅为企业提供了持续成长和扩张的资金基础，也是企业在市场中吸引投资、提升竞争力的关键。通过精细的财务管理和深入的财务分析，企业能够更好地规划使用资金，降低财务风险，从而为股东创造更大的价值。良好的财务状况还能够增强市场与投资者对企业的信心，这对于企业在资本市场上的吸引力至关重要。它为企业未来的发展奠定了坚实的基础，使企业在面对市场波动和经济周期变化时，能够保持一定的市场竞争力。简而言之，财务分析是企业决策过程中非常重要且不可或缺的一部分。

3.1.3 客户关系视角

内容：在这一视角下，我们要重点分析客户满意度、忠诚度以及市场需求的变化。通过客户细分与市场趋势分析，我们可以精准把握不同客户群体的需求与偏好，为产品与服务的优化和改进提供数据支持。同时，我们还需要分析市场占有率的波动，通过对竞争对手的分析，识别出自身的优势与不足，为市场策略的调整提供依据。

价值：精准的市场与客户分析对于企业而言至关重要，它是企业在激烈的市场竞争中制定有效竞争策略的核心手段和方法。通过深入分析挖掘市场趋势和客户需求，企业能够快速地调整其产品开发和服务提供策略，确保所推出的解决方案能够精准地满足客户的期望和需求。这种分析能够使企业更快、更精准地捕捉市场变化，及时调整业务策略，以适应不断变化的市场需求。它帮助企业在产品创新、服务改进和市场定位上做出更加全面的决策，从而提升客户的满意度和忠诚度。

3.1.4 内部流程视角

内容：流程视角专注分析企业内部运营的每一个流程环节，从供应链管理到生产质量控制，再到服务响应速度，我们力求实现企业内部各管理和业务流程的最优化与高效化。通过流程再造与持续改进，总体目标是消除流程上的资源浪费，提升运行效率，确保企业运营的顺畅与资源的合理配置。

价值：对于企业内部流程全链路的分析，可以有效提升内部各环节及各业务流的运营效率，是企业降低成本、提升市场竞争力的关键。它不仅可以显著降低企业运营成本，提高内部的生产效率，还可以帮助增强企业的市场服务灵活性与响应速度。在快速变化的市场环境中，有效利用数据分析，内部流程效率可以大幅提升，这将成为企业的一种优势，且可以让企业在面对外部环境发生变化时，迅速调整发展策略，并抓住市场机遇，最大限度地保有核心竞争力。

3.1.5　员工成长与文化建设视角

内容：在这一视角下，要重点分析企业员工的能力提升、企业的招聘，员工的技术创新与组织文化的培育。在 BSC 的管理理念中，企业的长期竞争力源于企业不断学习与成长的能力。因此，企业常常鼓励员工参与培训与发展计划，以此激发他们的创新和进步思维，以推动企业内部的技术革新。

价值：这一视角下所有的业务分析目的在于提升员工的核心创造力和创新能力，从而为企业的长期可持续发展注入动力。员工的能力水平直接关系到企业能否在激烈的市场竞争中保持领先地位，很多企业通过投入丰富的培训资源，包括了传统的技能培训和知识更新，还涵盖了领导力发展、团队协作能力提升及创新思维等培养。分析人员在这个过程中可以用数据来帮助企业管理者更好地管理员工的学习与能力成长，从而帮助企业更好地实现人才发展目标。

综上所述，这些战略视角共同构成了企业全面分析的框架与决策体系。它们相互关联、相互支撑，共同帮助企业实现可持续发展。在每个视角下，我们都可以找到企业核心的业务目标，以及目标实现过程中各种各样的业务痛点及难点，最终目标是为企业经营者提供全方位的决策支持，这也是接下来的内容的重点所在，我们将继续深入探讨这些视角下的具体工作与分析内容，帮助企业经营者更好地洞察运营状况，实现长远发展。

3.2 商业数据分析总体流程

商业数据分析可以细化为战略数据分析和业务数据分析两大类，前者包括行业分析和竞品分析，后者包括财务分析、客户分析、流程分析和人力资源分析，如图 3–3 所示。每种类型的数据分析都有其特定的分析方法和流程，这些内容会在第 4、5 章中详细讲解。本节讲解这些数据分析中具有共性的流程内容。

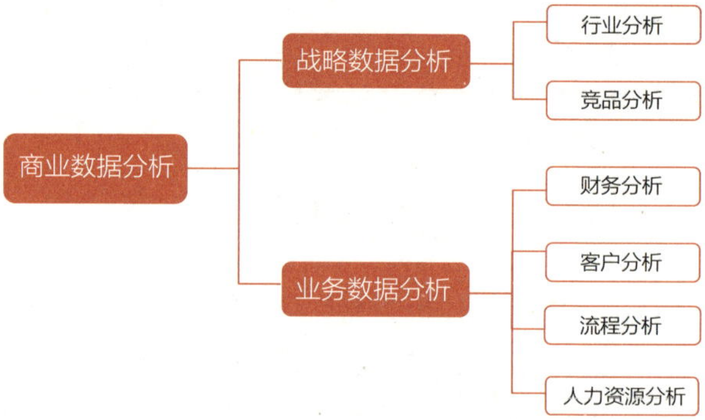

图 3–3　商业数据分析的类型

要实现这一目标，我们需要构建一套清晰的商业数据分析流程，这套流程能够指导我们在不同的场景中快速地开展数据分析。因为一套高效的分析流程能够确保我们在面对复杂的分析问题时，能够迅速地理清思路，快速开展数据分析，从数据中提取出有价值的见解。

这套流程由业务角度的商业数据分析的流程和技术角度的商业数据分析的流程组成。前者是供业务人员使用的分析流程，后者是数据分析人员使用的分析流程。这两个分析流程是配合的关系，其中有共通的部分，也有差异的部分。完成商业数据分析一般需要业务和技术这两个角色，这时候需要两者站在各自的视角相互配合和挑战对方才能产出合格的数据分析报告。如果想要独自一个人完成商业数据分析报告，那么就需要一个人分饰两角，自己挑战自己，这样的产出物才是合格的。

在后续章节中还会针对不同的分析场景进行细化，比如细化为第 4 章中的“战略数据分析关键步骤”和第 5 章中的“业务数据分析的步骤”。

3.2.1　业务角度的商业数据分析的流程

业务角度的商业数据分析的流程分三个步骤：明确分析重点、因果分析、验证想法。

这三个步骤相互联系，层层递进，缺一不可，是最基础的步骤。

（1）明确分析重点

商业数据分析的第一步是围绕目标确立分析的核心焦点，这是确保分析工作有效性和针对性的关键。在数据分析的起始阶段，我们常常面临着海量的数据和错综复杂的商业问题，很容易陷入细节的泥潭，从而忽视了分析的真正目标。因此，我们的首要任务是围绕目标识别和界定那些对绩效有重大影响的关键问题点。

为了明确分析重点，我们需要全面地理解项目目标和需求，并将这些知识转化为数据分析的问题定义，包括了解业务模型、目标客户群体、市场趋势、外部环境。同时使用数据探索手段对现有数据进行全面分析和评估，以识别出那些直接影响业务目标的核心因素。这可能涉及客户忠诚度的下降、运营效率的不足或市场竞争力的减弱等问题。通过这一过程，我们将复杂的分析问题简化为几个清晰的分析焦点，为后续的深入分析奠定基础。

在明确分析重点的过程中，与业务部门的紧密沟通是不可或缺的。通过与业务团队的协作，我们可以更好地理解他们的痛点和需求，从而确保分析工作与商业目标紧密对齐。这种沟通还有助于我们识别那些对决策者来说最为关键的数据指标和分析视角。

在实际工作中，明确分析重点还意味着分析人员的思考能力要具备灵活性和适应性。因为商业需求和问题，以及数据状况可能随时间随时变化，所以分析的重点也可能需要相应调整。这就要求分析人员能够快速响应变化，重新评估分析重点，并及时调整分析策略。

明确分析重点的价值在于它能够帮助我们集中资源和精力，避免在不必要的细节上浪费时间。通过聚焦关键问题，我们可以更高效地进行数据分析，更快地找到问题的根源，并为业务决策提供更有力的支持。这种以结果为导向的分析方法，不仅能够提升分析的效率，还能够增强分析的实用性和影响力，最终为企业带来更大的价值。

将目标拆解成可以实现的问题定义后，需要根据明确分析重点采集相关的数据。在战略分析中，通常需要结合外部宏观的数据，包括但不限于政策法律数据、总体市场数据、竞争对手数据、上下游产业数据等；在业务分析中，很多数据来源于企业内部经营数据，也需要结合外部的竞品及合作伙伴的数据。

在整理数据的环节，核心任务是将已拆解的、可实现的重点进一步转化为操作定义的数据要素目标。整理数据通常是个比较烦琐且耗时的过程，有时候受限于数据来源的可获取性，需要进行灵活的变通。比如在分析新产品未来的市场规模时，如果该品类产品的总体规模无法预测，则可以从材料供应量、目标人群相似产品的消费占比等数据来进行替换和假设。特别是在进行战略分析时，数据来源并不像企业内部经营数据一样精确，采集的数据来源通常是各种不同渠道，需要仔细甄别和整合。这部分内容会在后面第 4、5 章中详细介绍。

（2）因果分析

在数据分析的过程中，探究因果关系是找到分析问题的关键步骤。这一过程要求我们不仅要识别数据中的规律和趋势，还要深入理解这些现象背后的逻辑和动因。通过细致的分析，我们能够将复杂的数据简化为清晰的业务问题，这是数据分析工作的核心目标。

为了实现这一目标，我们需要采用系统化的分析方法，从宏观到微观，层层深入，逐步缩小问题的范围。这包括对市场环境的全面分析，对竞争对手的深入剖析，对产品属性的详细分析，以及对销售渠道的有效监控等。通过这种递进式的分析，我们能够将问题定位到具体的业务环节，从而为问题的解决提供精确的切入点。

在明确分析重点之后，我们将注意力转向对问题根因的探索。这一步骤要求我们将数据层面的发现转化为商业层面的洞察。这意味着我们需要将数据分析的结果与商业逻辑相结合，识别出那些真正影响绩效的关键因素。例如，如果发现某一产品线的销售额下降，则我们不仅要分析市场和销售数据，还要考虑产品定位、客户反馈、营销策略等多方面因素，以确保找到明确的归因问题点。

在这一过程中，与业务部门的沟通变得尤为重要。通过与业务团队的紧密合作，我们能够更好地理解业务背景，把握业务需求，从而确保数据分析工作与商业目标保持一致。这种跨部门的协作不仅能够提高分析的准确性，还能够提升分析结果的实用性和影响力。

此外，在实际的工作中，选择合适的数据分析工具和方法是实现有效分析的关键。不同的业务问题可能需要不同的分析技术和工具。因此，我们需要根据问题的（特点和分析）重点，选择最合适的分析方法和工具，以提高分析的效率和效果。

明确分析重点和探索问题根因是一个动态变化的过程。随着业务需求的变化和数据的更新，我们的分析重点和问题根因可能会发生变化。因此，需要不断根据实际情况调整分析策略，以确保我们的分析工作始终与商业需求保持一致。

总之，通过明确分析重点，深入探索业务根因，我们能够将数据分析工作与商业需求紧密结合，为企业决策提供有力的支持。这种以问题解决为导向的分析思路，是实现商业数据分析必要的原则。

（3）验证想法

完成因果关系的确定后，紧接着便是最后一个关键步骤——提出并验证解决方案。这一阶段不仅要求我们对发现的问题提出具体的应对措施，还需要通过实际的测试或深入的数据分析来验证这些措施的有效性。这样做的目的是确保我们基于数据分析提出的方案与现实中的情况是匹配的，从而避免误解或数据偏差而导致的无效甚至有偏的决策。

在制定解决方案的过程中，我们必须注重方案的可行性和可操作性，确保提出的建议能够切实地被业务团队采纳并在日常运营中落地。为了保证方案的有效性，我们可以采用一系列科学的方法来进行验证，例如 A/B 测试，这是一种常见的用于比较不同策略效果的分析方法，当然还可以利用统计学工具来分析数据，进一步确认解决方案的实际效果，方式可以多种多样。

但是需要注意的是，仅仅提出解决方案是不够的。更重要的是，我们需要确保这些方案能够在相关部门得以实施。因此，作为数据分析人员，最终的目标是设计一套系统化的方案及执行效果评估机制，这包括但不限于设立明确的效果验证的指标，还包括及时根据数据的情况迭代我们的数据分析过程和结果，并根据这些反馈调整策略。通过这样的持续改进，我们才能确保数据分析结果确实有助于实际问题的解决，而且使基于数据分析之上的方案可落地。

最终，我们的数据分析成果转化为实际的改进措施，并且这些措施经过验证确实带来了积极的变化，整个数据分析过程才算是圆满结束。这是一个循环往复的过程，每一次迭代都为我们提供了新的分析基础，让我们的数据分析更加贴近业务的需求。

3.2.2 技术角度的商业数据分析的流程

业务角度的分析流程形成了数据分析报告的三个大模块。其中每个阶段都有数据分析的痕迹，也就是说在明确重点、因果分析、验证想法的每个阶段，都要分别进行商业理解、数据理解等操作。在此，我们把技术角度的商业数据分析的流程明确地列出来，如图 3-4 所示。

图 3–4　技术角度的商业数据分析的流程

（1）商业理解

该初始阶段需要数据分析师从商业角度理解项目的目标和要求，通过理论分析将其转化为商业数据分析可操作的问题，并据此制订实现目标的初步计划。

（2）数据理解

数据理解阶段开始于原始数据的收集，然后是熟悉数据、标明数据质量问题、初步探索数据、发掘有趣的子集，以形成可供分析的数据关系的假设。

（3）数据准备

在此阶段，从原始的、未加工的数据集中构造出数据分析所需的数据，获取所需的信息。通常需要对数据进行转换和清洗。例如，对数据的缺失值进行填补、对重复样本进行删除。数据准备工作可能被实施多次，而且没有任何规定的顺序。

（4）分析数据

这里需要注意分析的结论需要还原到业务场景中，在业务场景中判断分析目标是否达成。在分析数据的阶段，有时候需要进行多个假设和验证，反复尝试，提炼数据中蕴含的规律，将不符合业务逻辑的假设和结论去掉，甚至可能需要重新回到获取数据的阶段，直到提炼的规律符合业务的实际价值。

（5）结果呈现

分析数据后使用数据可视化图表、BI 看板、数据分析报告等形式进行最终分析结果和业务决策建议的载体。

3.3　远景战略分析方法

远景战略分析方法的两大核心组成部分是外部能力分析和内部能力分析。这两个部分共同构成了企业战略规划的基础，如图 3–5 所示。

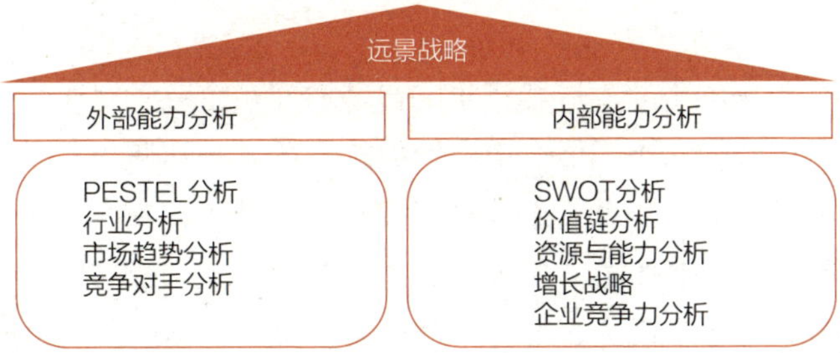

图 3-5　远景战略分析方法

（1）外部能力分析

外部能力分析主要分析企业所处的宏观环境和行业状况，包括PESTEL分析（政治、经济、社会、技术、环境、法律），通过对这些维度的分析，企业可以全面了解外部环境对其运营的影响。此外，还包括行业分析和竞争对手分析等，帮助企业在复杂的市场环境中找到合适自己的发展战略。通过这些分析，企业能够及时调整战略，并且抓住外部机遇。

（2）内部能力分析

内部能力分析侧重于分析企业的内在优势和弱点。通过SWOT分析（优势、劣势、机会、威胁），企业能够识别自身的优势与劣势，并结合外部的机会和威胁来制定战略。价值链分析则帮助企业理解其内部活动如何创造价值，并提升其竞争力。这些分析帮助企业管理层更好地认识自身的竞争优势，并制定有效的增长战略。通过这些分析，企业可以强化内部管理，优化资源配置，确保在竞争中立于不败之地。

通过综合运用这些分析内容，企业能够更全面地了解自身的内外部环境，从而制订出符合长远发展的战略计划。这种方法不仅能够帮助企业应对当前的挑战，还能为其未来的持续发展奠定坚实的基础。通过持续的战略调整和优化，企业可以在不断变化的市场环境中保持竞争优势。

企业 SWOT 分析示例

1. 背景介绍

某母婴用品生产销售企业专注于高品质婴儿尿布和湿巾的生产和销售。多年来，该企业一直致力于提供安全、舒适的产品，确保婴幼儿的健康和舒适。企业在原材料的选择、生产工艺、质量控制等方面均设立了高标准，确保每一件产品都能达到消费者的期望。这些努力在此之前为企业赢得了良好的市场口碑，产品在市场上享有较高的声誉。

然而，随着市场的不断发展和竞争的日益激烈，企业开始面临一些挑战。虽然产品质量得到了广泛的认可，但在市场份额的增长方面却遇到了瓶颈。一方面，市场上出现了越来越多的竞争者，尤其是国际品牌的进入，使得竞争更加激烈。另一方面，企业内部经营管理可能也存在问题。

现在企业感觉对未来的发展以及市场发展状况不太受控，发展遇到极大的瓶颈。

2. 分析需求

请对该企业做一个 SWOT 分析，帮助这家企业找到未来发展中可以优化及提升的方向，最好是可以找到更加具体可以发力解决的点。

说明：该分析方法属于一种分析框架，着重讲解分析思路，所以没有数据。

接下来，我们按照本节介绍的数据分析流程，对这家企业进行分析。

（1）明确分析重点

在 SWOT 分析中，企业要优化的点主要来自劣势和威胁。优势和机会虽然是企业当前比其他企业更具有竞争力的地方，但它们更多地为企业的现有战略提供了支持。因此，我们的分析及关注的重点应当放在劣势和威胁上，因为这些因素直接影响着企业的未来发展和市场竞争力。

具体来说，对于该母婴生产销售企业，我们拆解劣势和威胁，将涉及的分析点进行梳理，以找出需要重点改进和应对的具体方向。

对于该母婴生产销售企业的劣势，我们可以考虑以下几个方面（包括但不限于）：

- 销量与行业水平的差距：这可能是由于市场推广力度不够、品牌知名度较低或销售渠道受限等原因造成的。我们需要通过数据分析来找出具体的原因，并提出改进措施。
- 成本控制情况：企业在生产过程中使用了高品质的原材料，以确保产品的安全性与舒适度，但这同时也导致了较高的生产成本。成本控制成为了企业面临的一个关键问题。通过分析成本结构，我们可以找出成本高的原因，并探索降低成本的方法，从而提高产品的市场竞争力。
- 与竞品的差距：尽管企业在产品质量上有一定优势，但在品牌影响力、市场占有率和销售渠道方面仍有不足。特别是与一些已经建立起强大品牌效应的竞争对手相比，企业在吸引新客户方面存在一定的劣势。我们需要通过市场调研和竞品分析，明确这些差距，并制定相应的市场策略。

- 产品销量增长情况：企业在过去几年中的销量增长情况并不理想。尽管产品质量优异，但增长速度未能达到预期目标。这表明企业在市场扩展方面可能存在某些不足。通过分析历史销售数据，我们可以找出影响销量增长的因素，并制定相应的增长策略。

对于该母婴生产销售企业的威胁，我们可以考虑以下几个方面（包括但不限于）：

- 竞品的发展势头：市场上不断涌现的新竞争者和国际品牌的加入，使得竞争愈发激烈。这些竞品可能具有更强的品牌影响力、更广泛的销售渠道或更先进的技术。通过分析竞品的发展趋势，企业可以及时调整战略，应对潜在的竞争压力。
- 原材料成本：原材料价格的波动会对企业的生产成本产生直接影响。如果原材料价格上涨，则企业可能会面临成本上升的压力，进而影响产品的定价和市场竞争力。因此，企业需要密切关注原材料市场的动态，并采取相应的风险管理措施。
- 消费需求变化：消费者的需求和偏好会随着时间的推移而发生变化。例如，随着科技的进步和社会的发展，消费者对产品功能、环保性能等方面的要求越来越高。企业需要通过市场调研，及时捕捉这些变化，调整产品策略，以满足消费者的新需求。
- 市场竞争格局：市场的竞争格局也在不断变化。新的市场参与者、新的商业模式和技术的进步都可能改变原有的竞争格局。企业需要密切关注市场动态，及时调整自身的市场定位和战略方向，以适应不断变化的市场环境。

通过以上对劣势和威胁的详细分析，企业能够更全面地了解自身在市场中的位置，识别出需要改进和应对的具体的问题点。这种深入的分析不仅有助于企业制定出更有针对性的战略，还能帮助企业在未来的发展中保持竞争优势。通过持续的战略调整和优化，企业能够在不断变化的市场环境中实现持续增长和发展。

（2）整理数据

- 销量与行业水平的差距：除采集企业目前推广的渠道外，还可以调研市场上有竞争力的企业的推广渠道及市场推广费用。
- 成本控制情况：采集和产品相关的成本数据，比如材料成本、管理成本、销售成本等，以便后续做成本构成分析。

- 与竞品的差距：通过市场调研采集竞品市场占有率、海内外销量等数据，明确差距。
- 竞品的发展势头：及时采集并更新竞品数据，关注新进入竞品的销售增长数据；及时采集并更新国际品牌的海内外销售数据。
- 原材料成本：采集原材料的数据，包括但不限于从采购平台、供应商网站等途径，采集供应商数据，如供应商价格、规模等，并扩大供应商数据库。
- 消费需求变化：采集消费群体的数据，建立客户画像。特别是销售贡献大的群体的共同特征数据，如年龄范围、偏好的产品类型等。在采集消费者产品偏好数据时，可以通过对现有客户的问卷调查等方式进行。
- 市场竞争格局：及时采集并更新竞品的销量、产品类别等数据。

（3）因果分析

如上我们已经聚焦到了企业的劣势和威胁，而且对于劣势和威胁涉及的分析点也做了简单的梳理，我们接下来取其中的点并收集相关的数据进行数据统计分析，当然同时也可梳理当前企业拥有的优势和机会。这家母婴企业最终基于 SWOT 分析框架的分析结果归类，如图 3–6 所示。

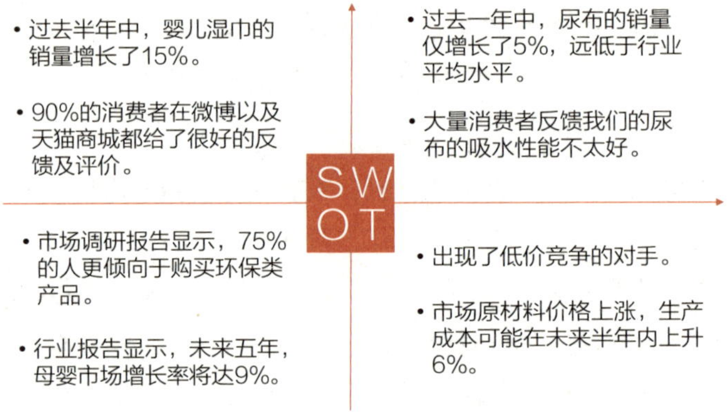

图 3–6　基于 SWOT 分析框架的分析结果归类

从 SWOT 分析图可以发现现在该母婴企业的劣势和面临的威胁已经非常清晰。

（4）验证想法

现在对我们分析的结果涉及的该母婴企业的劣势及面临的威胁的内容点梳理如下：

- 销量低于行业平均水平。

- 尿布吸水性能不佳。
- 竞品增加。
- 市场原材料采购成本增加。

以上几点已经从数据问题转到了战略问题，所以接下来要针对这些问题思考可行的解决方案，以避免企业陷入战略竞争的弱势中。

（1）改进产品

基于客户反馈，优化尿布的吸水性能。通过对客户反馈数据的深入分析，识别出当前产品存在的主要问题，并针对性地进行改进。例如，可以引入更先进的吸水材料或改进生产工艺，以提高产品的吸水性能。

增加环保材料的比例。随着消费者环保意识的增强，使用环保材料不仅能够满足市场需求，还能提升品牌形象。企业可以通过市场调研，了解消费者对环保材料的接受程度，并据此调整产品配方和材料选择。

（2）营销策略

针对环保意识强的消费者群体开展有针对性的营销活动。通过社交媒体、线上线下活动等方式，传递企业的环保理念和产品特性，吸引目标消费群体的关注。

在品牌宣传推广中强调产品的环保特性和健康益处。制作高质量的宣传材料，突出产品的绿色、健康属性，并通过各种渠道进行广泛传播，提升品牌知名度和美誉度。

（3）价格策略

调整商品的整体定价策略。通过对市场价格敏感度的分析，合理调整产品的定价，使之既能反映产品的价值，又能满足消费者的支付意愿。

对于不同的销售渠道采用不同的价格机制。例如，在线上平台可以采用促销策略，而在线下实体店则可以提供会员折扣或积分兑换等方式，以吸引不同类型的消费者。

（4）成本策略

挖掘更具性价比的潜在供应商。通过对供应链的全面评估，寻找成本更低、质量可靠的供应商，以优化生产成本。

优化产品生产研发成本。通过引入自动化生产线、改进工艺流程等方式，降低生产成本，提高生产效率。

3. 验证结果

制定解决方案后，接下来就是对方案的执行。作为数据分析人员，我们需要对方案执行后的效果进行跟踪和评估。

（1）销量提升情况

在 3~6 个月后，对当前销量情况进行重新分析，确认当前采取的解决方案是否有效。例如，分析销量与行业平均水平的差距是否有所缩小，销量是否有所增长。

分析不同渠道的销售表现，了解哪些渠道的销量增长更快，哪些渠道需要进一步优化。

（2）产品改进效果

通过客户满意度调查和市场反馈，评估产品改进的效果。例如，查看客户对吸水性能改进后的评价，了解客户满意度是否有显著提升。

收集并分析市场反馈数据，确认改进后的尿布是否受到消费者的欢迎，是否有希望提升市场占有率。

（3）营销活动效果

分析营销活动的 ROI（投资回报率），确认这一期间采取的营销策略是否带来了预期的销售增长。

通过社交媒体和线上平台的数据分析，了解营销活动的传播效果，评估品牌曝光度和用户互动情况。

（4）成本控制成效

对比改进前后的成本数据，确认成本优化策略是否有效。例如，分析原材料采购成本是否有所下降，生产成本是否得到有效控制。

评估成本优化措施对利润的影响，确认这些措施是否真的有效。

通过以上复盘分析，企业可以全面了解此前的数据分析及所采取的解决方案是否有效，当然还需要根据更新后的分析结果对方案做出进一步的调整。这种持续的优化过程不仅有助于解决当前已经找到的问题，还能为企业未来的长期发展找到更加稳定的发展策略。通过不断的数据分析和策略调整，使企业能够在激烈的市场竞争中保持竞争优势，实现持续健康的发展。

3.4 财务视角分析方法

在财务视角下，五大分析模块——三大表分析、成本分析、收入与利润分析、现金流分析和财务预算分析——构成了企业财务经营状况评估的全面框架。这些模块不仅相互独立，而且相互关联，共同构建了一个多维度的分析框架，使企业能够从不同角度分析及呈现其财务状况，如图 3–7 所示。

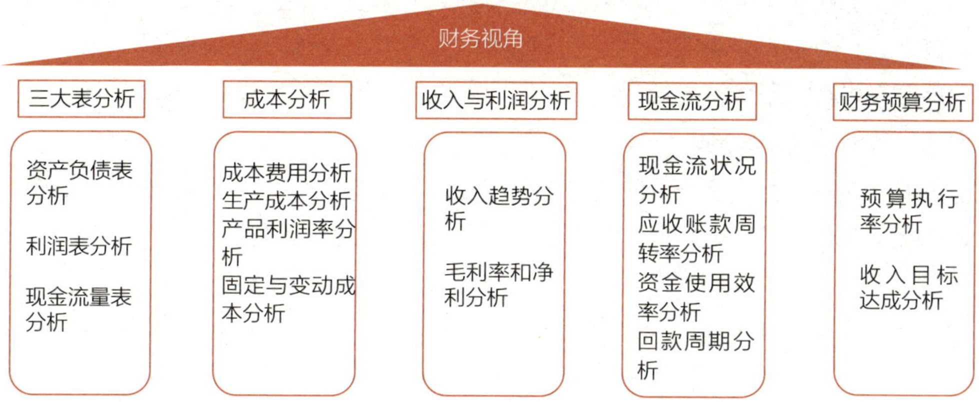

图 3–7　财务视角五大分析模块

三大表分析是整个财务分析的基础。资产负债表提供了企业资产、负债和所有者权益的内容，呈现了企业的资本结构和偿债能力。利润表则展示了企业在一定时期内的收益和费用，反映了企业的盈利能力和成本控制效果。现金流量表则追踪了企业现金流入和流出的动态，是评估企业现金流动状况和财务灵活性的关键。

成本分析深入到企业运营的微观层面，关注成本和费用的构成及其对企业盈利能力的影响。通过生产成本分析和产品利润率分析，企业能够识别成本节约的潜在领域，优化成本结构，从而提高整体的盈利能力。固定与变动成本分析则帮助企业理解不同成本对业务量变化的敏感性，为成本控制和定价策略提供依据。

收入与利润分析则聚焦于企业的收益来源和盈利质量。收入趋势分析帮助企业把握市场动态，了解未来收入变化，而毛利率和净利分析则深入到企业产品利润的构成，帮助评估企业的盈利模式和盈利效率。这些分析有助于企业经营者做出更明智的经营决策，以优化产品组合和市场策略。

现金流分析关注企业的血液——现金的流动。现金流状况分析确保企业有足够的现金来支持日常运营和长期投资。应收账款周转率分析和回款周期分析则关注现金的回收速度，而资金使用效率分析则评估企业如何有效地利用现有资金。这些分析对于保障企业的流动性和财务稳定性至关重要。

财务预算分析则是对企业财务目标的规划和监控。预算执行率分析和收入目标达成分析帮助企业评估预算的合理性和执行效率，确保企业的财务目标与实际业绩相匹配。通过财务预算，企业能够将战略目标转化为可量化的财务指标，为管理决策提供指导。

这些分析模块形成了一个紧密的分析框架，不仅为企业提供了一个全面的财务视角，而且为企业的决策提供了坚实的数据支持。通过对这些模块的深入分析，企业能够更好地理解自身的财务状况，识别风险和机遇，制定有效的财务策略，从而实现财务的可持续发展。

接下来通过两个案例介绍我们上面所提到的业务分析方法论是如何应用在实际工作案例中的。它们也是企业财务分析中最常遇见的业务场景。

3.4.1 企业收入趋势分析示例

1. 背景介绍

某线上超市平台自 2017 年启动运营以来，经过多年的精心耕耘和市场拓展，已经积累了丰富的销售数据。这些数据不仅记录了平台几年来业务增长的情况，也蕴含着市场动态和消费者行为的信息。然而，随着电子商务领域的竞争日趋白热化，平台的管理层逐渐认识到，仅仅依靠销售数据的简单汇总已无法满足当前的决策需求。为了在激烈的市场竞争中保持领先地位，他们想要对销售数据进行深入的分析，希望对平台的业务情况有更加客观的了解。

为此，管理层计划对 2017 年至 2020 年的各省份每月销售数据进行全面而细致的分析。

分析需求：请对该平台的收入趋势进行分析，找到收入增长的趋势情况，如果增长不理想，请找到问题点解决。

案例数据请参看本书附赠的案例源文件。

（1）明确分析重点

面对庞杂的数据，进行宏观分析可以帮助我们快速识别数据集中的主要趋势和异常点。这种分析通常涉及对关键指标的总体观察，比如总收入、客户数量或销售量等。

所以基于此案例的分析需求，我们拿到数据后可以先观察一下数据情况，找到可以切入的分析点，基于目前的案例数据，我们先来观察一下该超市平台的年度销售趋势分析，如图 3–8 所示。

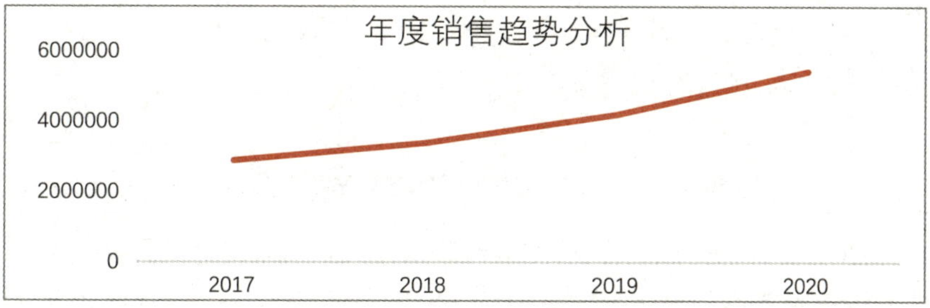

图 3–8　年度销售趋势分析

通过趋势分析图可以发现，该超市自 2017 年开始，每年销售增长情况还不错，发展势头良好。

基于此图，我们并未发现任何异常，所以要换个维度来对该超市的销售情况再作分析。我们可以切换到月度的分析中。因为前面几年时间已过去，我们需要关注 2020 年的数据（实际工作中，数据会比案例数据丰富，切换到哪个维度分析可以先观察一下已收集到的数据），如图 3–9 所示。

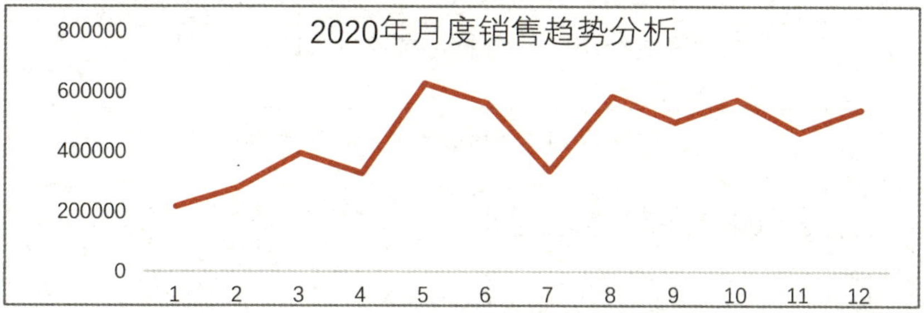

图 3–9　2020 年月度销售趋势分析

从 2020 年月度销售趋势分析图中可以发现 2020 年下半年月度销售的增长情况有所放缓，该超市下半年增长相比上半年的增长，情况不是很理想，我们可以将范围缩小到下半年的销售情况分析，尝试找到增长放缓的业务问题点。

增长不理想是对比的结果，上面是上半年与下半年的对比，接下来可以分析 2020 年和 2019 年各月的同比增长情况，如图 3–10 所示。

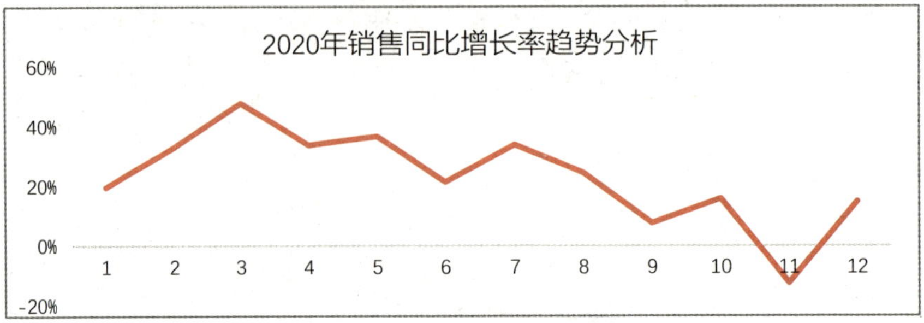

图 3-10　2020 年销售同比增长率趋势分析

在对 2020 年的月度同比增长情况进行分析之后，下半年尤其是 9 月至 11 月期间，整体的增长趋势不理想。特别是 11 月份，出现了负增长，表明可能 11 月有潜在的管理或业务层面的问题。

从分析结果来看，下半年各月份的同比表现都不太理想。但是我们要集中精力解决较为紧急的问题。因为企业的资源和时间都是有限的，所以，我们优先聚焦于 11 月份的数据进行详细分析，以便更有效地聚焦问题并制定解决方案。

作为案例，优先选取 11 月数据进行下一步分析，尝试找到 11 月出现负增长的问题点（在实际工作中，请根据实际情况做出判断）。

接下来我们要继续切换分析维度，但是很多时候，尤其数据维度很多的时候我们要评估下当前的数据还剩哪些维度可以进行进一步的分析，然后逐个进行分析，此案例中我们选取地域维度进行下一步分析，如图 3-11 所示。

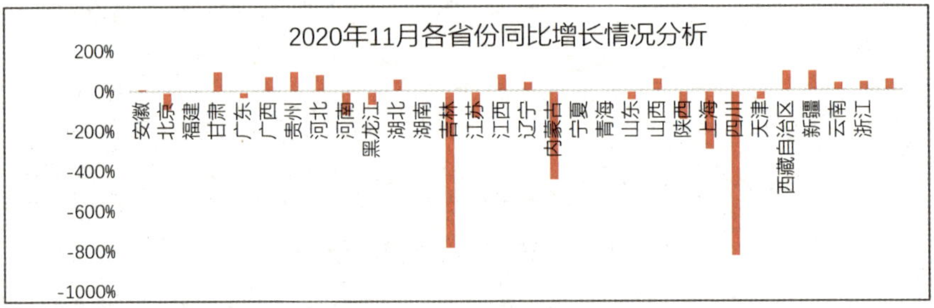

图 3-11　2020 年 11 月各省份同比增长情况分析

从 2020 年 11 月各省份同比分析来看，在 11 月期间，多个省份都出现了负增长，说明这些省份肯定存在一些业务问题，但是具体是什么问题从数据层面无法判断，这块归因工作会在下一个步骤里进行明确。

这里涉及省份较多，实际工作中需要逐个省份进行分析且归因，作为案例，我们选取其中一个省份作为重点分析焦点。

（2）因果分析

同比出现负增长的省份较多，我们这里选取四川省作为分析示例，如图 3–12 所示，但需要注意的是在实际的工作中要对所有出现问题的省份进行全面的分析。

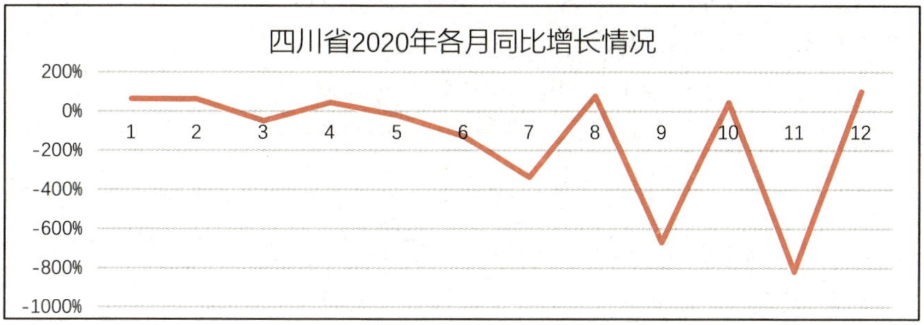

图 3–12 四川省 2020 年各月同比增长情况

从图 3–12 的分析结果发现四川省在 2020 年整个年度销售都不是很理想，每个月几乎都出现了负增长，尤其是 7 月、9 月和 11 月。

到这里，数据层面能做的分析已经结束，因为案例数据没有其他维度可以进行下一步分析，但是在实际工作中需要对其他维度评估是否进行分析。

通过数据分析找到问题定位，接下来要做的是还原到业务场景，从业务的角度理解并找到背后的逻辑。数据分析的目标是给业务决策提供参考，得出的数据结论需要还原到业务场景中，从业务角度去理解。那么这个案例中从业务角度理解，发生了什么，为什么会这样?

首先，我们可以找到该省份相关的销售负责人和一线销售人员进行调研访谈，以便进一步了解导致销量下滑的确切的业务问题是什么。

通过一系列的调研访谈和交流后，该省销量下滑的具体原因已经明确。

四川地区突然冒出一个本地的竞品，打破原来的稳定的市场竞争格局，且采取了一系列非常有效的营销活动，部分商品常年设有低价，且铺设了大量本地网点并提供线上配送服务。

需要注意的是，竞品这个问题每个地区都会存在，所以针对某地区突然增加的竞争对手，打破了原有的竞争格局，冲击的肯定不只是我们，也包括了其他竞争对手，所以此时我们需要对这个竞争对手进行充分的评估，比如竞品是否可持续，对我们生意的冲击是否是长期的。

通过调研、访谈后，四川省的销量的业务问题基本已经明确，现阶段的归因工作完成（在实际分析中，如果验证想法得到证实，那么围绕该案例目标的归因工作完成）。

（3）验证想法

四川省的销售情况不理想的原因已经得到了确认。经过四川团队的深入分析和对竞争对手的充分评估后，团队一致认为该竞争对手的市场竞争力较强，其对市场的冲击可能会长期持续。因此，团队决定着手寻找解决方案，以应对这一严峻的市场挑战。针对这一问题，我们可以从不同角度进行方案尝试：

- 针对竞争对手在渠道布局上的强势表现，我们可以选择与对方展开竞争。具体来说，我们可以同样加大对线下门店的投资力度，确保渠道布局与竞争对手保持在相同的水准。通过在关键市场中布局同等规模和数量的线下门店，我们能够有效避免市场份额被逐渐蚕食，并且保障我们在该地区的品牌曝光度和客户黏性。
- 在商品供应链和定价策略上，我们可以通过选取不同的供应商体系，实施多层次定价策略来应对竞争。针对同类商品，我们可以灵活引入不同档次和定位的供应商，形成多样化的商品组合。同时，通过制定合理的多层次定价体系，我们能够确保在各个价格区间内都有具备竞争力的商品进入市场。这样不仅可以与竞争对手在相同的价格段展开竞争，还能够保持我们品牌在区域内的市场占有率。

然而，尽管解决方案已经初步成型，我们的工作仍然未结束。在执行方案的过程中，市场的反馈、环境的变化、竞争对手的反应等因素都会对我们的策略产生影响。因此，解决方案的实施往往需要不断的摸索和迭代，以应对市场的不确定性。作为数据分析人员，我们的职责不仅是提供数据支持，还要在方案执行后对其效果进行持续跟踪和分析。

2. 验证结果

在方案执行两个月后，我们将重新分析四川的销量情况，并将其与之前的销售数据进行对比，评估此次解决方案的实际效果。如果分析结果表明销量显著回升，则方案可能是有效的；如果销量未达预期，则可能需要进一步调整优化方案。通过对解决方案执行效果的复盘，我们可以更好地理解市场的反应，并为未来的调整提供更为精确的数据支持和洞察。

3.4.2　财务费用趋势分析示例

1. 杜邦分析法介绍

杜邦分析法自从 20 世纪初由美国杜邦公司首次提出以来，已成为评估企业财务绩效的重要工具，尤其在衡量公司的净资产收益率（ROE）方面应用得较为广泛。该方法的核心优势在于其能够将 ROE 这一综合性财务指标细化为三个关键的组成部分：净利润率、总资产周转率和财务杠杆比率（权益乘数），从而为分析人员提供了一个多维度的视角来深入理解企业盈利能力的构成要素。

通过细化，杜邦分析揭示了企业盈利能力背后的多个关键因素，包括企业的盈利水平、资产的使用效率及资本结构的优化程度。这种方法使管理者能够从宏观的角度识别和评估影响公司财务表现的各个方面，从而更有针对性地制定策略，以提升公司的财务表现。

此外，杜邦分析法的应用不仅限于对历史数据的回顾，它还能够作为企业未来财务规划和决策的重要参考。通过对关键财务比率的分析，企业可以预测市场变化对财务表现的潜在影响，并据此调整经营策略，以实现财务目标和增强市场竞争力。

总体而言，杜邦分析法通过其独特的分解方式，为企业提供了一个深入理解财务绩效的宏观视角，帮助企业在复杂多变的市场环境中做出更明智的财务决策，从而实现长期的财务稳定和增长，如图 3-13 所示。

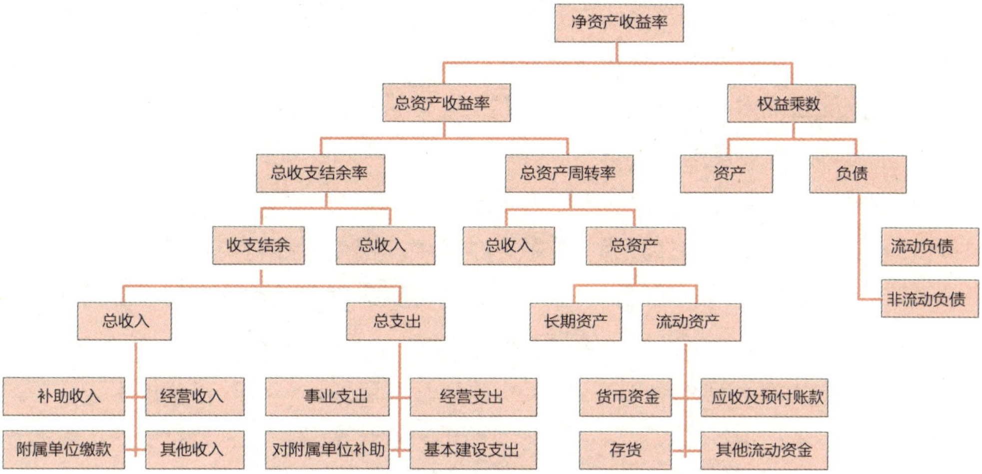

图 3-13　杜邦分析法帮助企业做出财务决策

杜邦分析的思路：层层拆解分析。

（1）净资产收益率（ROE）分解

ROE 是衡量公司盈利能力的重要指标之一，它反映了公司利用股东投入资本产生利润的能力。ROE 的计算公式为净利润除以股东权益。我们为了更好地理解和分析 ROE，通常会将其通过杜邦分析法进行分解，这不仅能够帮助我们识别出影响 ROE 的关键驱动因素，而且能揭示这些因素之间的相互作用关系。

净利润率：这是 ROE 分解的第一个指标，它反映了公司从每一单位销售收入中能够获得的净利润比率。净利润率越高，说明公司的成本控制能力越强，同时其产品或服务的定价策略也更为有效。

总资产周转率：在净利润率之后，ROE 被进一步分解为总资产周转率与权益乘数的乘积。总资产周转率衡量的是公司每单位资产所产生的销售收入，这一比率越高，说明公司资产管理效率越高，资产越被充分利用来创造收入。

财务杠杆比率：权益乘数是 ROE 分解中的最后指标，它表示公司总资产与股东权益的比率。这个比率揭示了公司使用的财务杠杆程度，即公司资本结构中负债相对于股东权益的比率。较高的权益乘数意味着更高的财务杠杆，这可能会带来更高的潜在回报，但也伴随着更大的财务风险。

（2）进一步细分

净利润率可以进一步细分为销售收入、销售成本及期间费用（如管理费用、销售费用和财务费用等）。销售收入代表了公司的主要业务活动所带来的总收入；销售成本则是生产这些商品或提供服务所需的成本；而期间费用则涵盖了公司日常运营中发生的固定成本和变动成本。通过精细化分析这些构成部分，我们可以找到哪些环节存在浪费或者是低效环节，进而采取相应的举措。

可以通过进一步细分总资产周转率来深入理解资产的各个组成部分。比如，存货周转率，它反映了存货转化为销售收入的速度；而应收账款周转率呈现了公司收回赊销款项的效率。通过这些细分指标，企业可以更加全面地评估其供应链管理、库存控制等工作，从而提升业务管理水平。

通过以上内容，我们可以看到 ROE 的分解不仅仅是一种财务分析手段，更是对企业经营战略、市场定位及风险管理策略的一次全面分析，它分析的核心就是逐层拆解。

我们将杜邦分析法的总体分析思路总结为图 3–14。

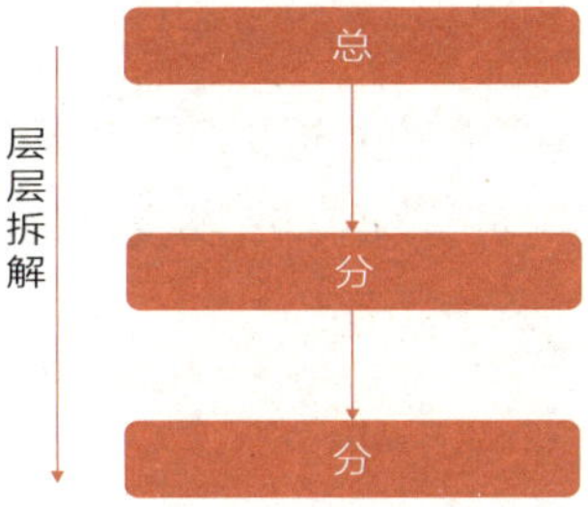

图 3-14　杜邦分析的总体分析思路

通过这样的层层拆解，企业的财务状况得以非常清晰、直观地呈现在企业管理者的面前。这种精细的分析方法不仅使财务数据变得更加易于理解，而且为管理者提供了具体的切入点来识别和解决影响公司绩效的关键因素。事实上，杜邦分析法的逻辑和框架并不仅限于财务分析领域，同样适用于其他领域的复杂问题分析，如营销效果评估、供应链管理优化等。接下来我们利用此分析方法解决财务费用案例。

2. 背景介绍

某零售消费企业是一家专注于快消品市场的全国连锁品牌，拥有数百家门店，分布在全国各大城市。最近几个季度的财务报告显示，财务状况有所下滑，尤其是财务费用时常出现波动，给企业的盈利能力带来了压力。

需求分析：针对 2020 年 6 月及 7 月的财务费用数据，分析当前财务费用状况，如果财务费用高涨，请找到具体的原因及解决办法。

案例数据请参看本书附赠的案例源文件。

（1）明确分析重点

面对庞杂的数据，我们需要通过数据分析一层层找到最终要深入分析的点。首先可以按照杜邦分析法的思路对财务费用进行拆解，然后开展具体的数据分析，如图 3-15 所示。

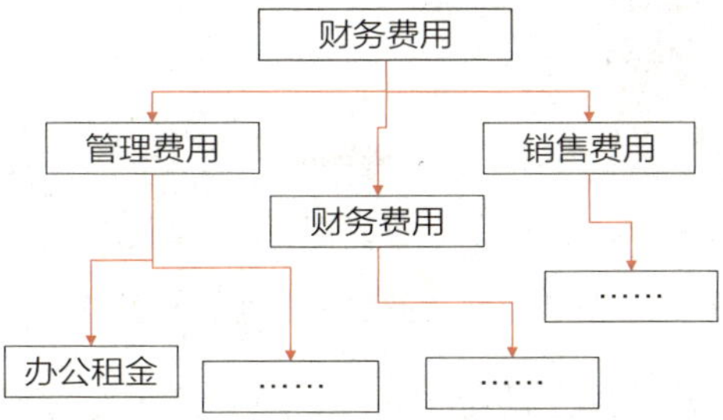

图 3-15　用杜邦分析法对财务费用进行拆解

正常企业财务费用包括了三项：管理费用、财务费用、销售费用，所以按照杜邦分析法的思路，我们将该企业的财务费用进行拆解，在第一层拆解之后，就到了每项费用里的明细项分析，所以要拆到最明细的颗粒度为止。

拆解财务费用之后，接下来我们就可以进行宏观层面的分析。

所有的分析都基于已经获取的数据，在本案例中，我们拥有的是 6 月和 7 月的财务费用数据，所以我们先做对比分析，看看两个月的总财务费用差距是否明显，如图 3–16 所示。

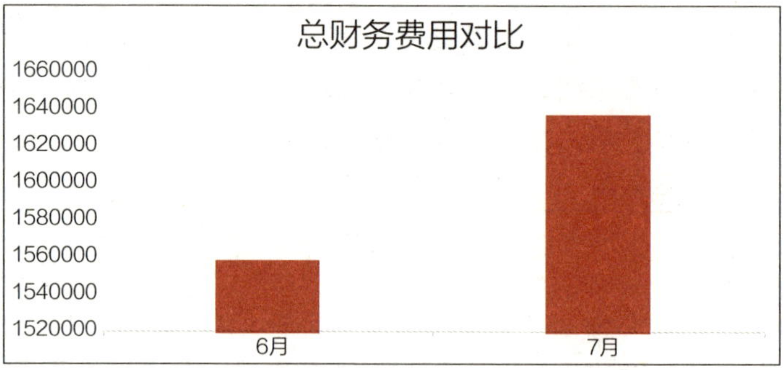

图 3–16　杜邦分析法总财务费用对比

通过月度对比分析，发现 7 月份的总财务费用比 6 月份高 5%，下一步的问题就是分析 7 月份的总财务费用比 6 月份高这么多，到底高在哪里？

接下来对期间三项费用进行对比，要将整体财务费用下钻到具体的费用项上，如图 3–17 所示。

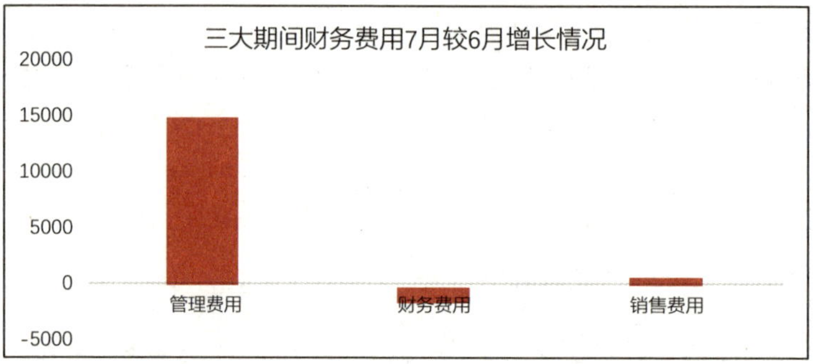

图 3–17　三大期间财务费用 7 月较 6 月增长情况

注意此时我们最好再对这三项费用进行同环比分析，找到最大的费用项。这个案例中因为前一年数据缺乏，并不具备同比分析的条件，所以这里忽略了同比分析。

通过对具体的三项费用的对比分析，可以看出管理费用的增长非常显著，销售费用虽然也有小幅增长，但相对于管理费用量非常少，财务费用小幅下降。所以最终的核心问题定位到管理费用显著增长这一具体的项目上。

接下来继续对管理费用的明细项进行下钻，这样我们才能实现按照杜邦分析的思路进行层层拆解，找到核心的影响因素，从而找到可以优化的具体方向。

（2）因果分析

获取管理费用里包含的具体明细项数据后，要对这些明细项数据再做一次对比分析，找到具体可以优化的费用项，如图 3–18 所示。

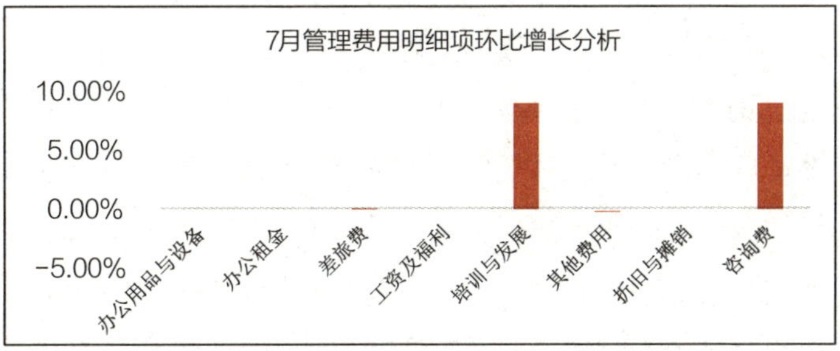

图 3–18　7 月管理费用明细项环比增长分析

通过对管理费用的明细项进行分析，发现培训与发展和咨询费两个费用项环比增长超过 5%（注意：在实际分析中，还需结合同比分析的数据结果，才能最终确认培训与发展和咨询费的增长异常高。因数据源缺乏前一年数据，不具备同比分析条件，故在此忽略同比分析）。

到这里，我们在数据分析层面定位到了培训与发展和咨询费。最后需要还原到业务场景中，从业务角度找到背后的逻辑，不能脱离业务直接下结论（注意：有些企业的培训与发展费用项具有一定的周期性，咨询费项有时候是临时的，在与业务部门的沟通访谈中，需要确认是临时性费用项还是长期费用项）。

在该案例中，我们通过和各业务部门的沟通和访谈，了解到培训与发展和咨询费的增长的异常，是业务上发生了如下事项导致的：

- 7 月培训与发展费用大幅增长，是因为各地培训需求激增且需要持续 1~2 年，购买外部培训讲师的费用增加，特别是高级的培训讲师费用增加。
- 7 月咨询费异常增长，是因为总部人力资源部业务及数字化项目，需要外采外部咨询项目，该需求属于 7 月临时需求，采购费用支出后，该项目完成交付即结束，不是长期性的需求。

到这里，培训与发展费用项是长期的影响因素，需要持续 1~2 年，这 2 年期间会导致企业的费用持续增长。所以我们要针对培训与发展费制定优化方案，咨询费虽然增长显著，但因为属于 7 月临时需求，所以在制定后续优化方案时可以忽略不计。

（3）验证想法

找到业务根因后，接下来就是有针对性地制定优化方案。从前面的分析中，定位到重点是要针对培训与发展费用的增长问题制定优化方案。可以尝试以下方案：

- 优化差旅政策，减少不必要的出差：重新评估出差的必要性和频率，对于非必要的出差，可以改为视频会议或用其他远程协作工具来替代；制定明确的出差审批流程，确保每次出差都能带来实质性的业务价值；优化差旅报销制度，鼓励员工选择性价比更高的交通和住宿方案。
- 采用在线培训方式，降低培训成本：开发或购买在线培训平台，通过网络课程、直播讲座等形式替代传统的面对面线下培训；利用大数据分析技术，根据员工的学习习惯和岗位需求制订个性化的培训计划。
- 与培训机构合作，获得批量折扣：寻找信誉良好的培训机构，通过批量采购的方式协商更优惠的价格；通过合作伙伴获得定制化的培训内容和服务。

3. 验证结果

到这一步，解决方案已经初步形成，但我们整体的工作尚未结束。在方案执行后，还需要持续跟踪，评估其效果。作为数据分析人员，我们需要对解决方案执行后的结果进行复盘：当方案执行后，很多时候业务解决方案都要不停地摸索及迭代，所以作为数据分析人员，我们要对解决方案执行后的结果进行复盘。

（1）效果评估

采用优化策略 3~6 个月后，要对该优化方案进行效果评估。评估时，分析的指标及维度应与实施前保持一致，这样进行数据对比后，策略是否有效会变得非常清晰：

- 比较优化前后培训费用的变化，看是否达到了预期的节省目标；
- 评估员工培训满意度和培训效果，确保成本节约没有牺牲培训质量；
- 分析培训后的业务绩效，如员工工作效率、客户服务满意度等，确保培训投入带来了实际的业务产出。

（2）持续迭代

基于效果评估的结果，对现有方案进行调整和优化。如果某些措施效果显著，可以考虑进一步推广；如果某些措施效果不佳，则需要重新评估其可行性，并寻找新的解决方案。

通过这样一个完整的工作流程，不仅可以及时发现和解决问题，还能不断优化改进。

3.5 客户与市场视角分析法

客户与市场视角分析法主要帮助企业深入了解它的客户群体、优化销售策略并洞悉市场动态。这个分析框架由三个相互关联的部分组成：客户分析、销售分析和市场分析。每个部分都包含一系列特定的分析内容，它们共同构建了一个完整的决策支持体系，如图 3–19 所示。

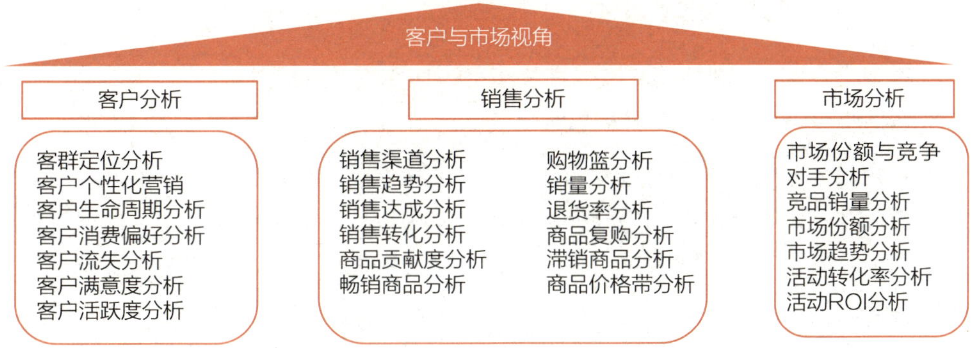

图 3–19　客户与市场视角分析法

客户分析：这部分分析的是客户的行为和偏好，包括客户定位分析、客户个性化营销、客户生命周期分析、客户消费偏好分析、客户流失分析等方面。通过这些分析，企业可以深入了解客户需求，提供定制化的产品和服务，建立忠诚的客户关系，从而提高客户满意度和留存率。

销售分析：销售分析侧重于分析销售过程和结果，包括销售渠道分析、销售趋势分析、销售达成分析、销售转化分析等。这些分析可以帮助企业监控销售表现，识别销售机会，优化销售流程，提高转化率和营收。此外，销售分析还有助于企业预测未来的销售趋势，提前规划资源分配，以适应市场需求的变化。

市场分析：市场分析着眼于行业环境和竞争态势，涵盖市场份额与竞争对手分析、市场趋势分析等多个方面。通过市场分析，企业能够了解自己在市场中的位置，洞察竞品动向，预测市场走势，从而制定有针对性的市场策略，提升市场份额和竞争优势。

通过整合上述三方面的分析，企业能够获得全面的客户与市场分析洞见，从而制定出符合市场需求的战略和战术。例如，在客户分析的基础上，企业可以设计更精准的营销活动；在销售分析的支持下，企业可以优化产品组合和定价策略；而在市场分析的指导下，企业可以调整市场定位，开发新产品或服务，以满足不断变化的市场需求。

总之，客户与市场视角分析需要持续优化，它要求企业不断地收集、整理和分析数据，以便及时响应市场变化，抓住机遇，规避风险。只有充分理解客户和市场，企业才能在竞争激烈的环境中保持领先，实现可持续发展。

3.5.1 用户细分分析

在客户视角下的业务分析中，最常使用的一种数据分析方法便是用户细分分析，它也是构建用户画像的核心分析思维之一。

用户细分分析，是指通过深入研究用户的属性、行为模式、需求偏好及其他相关特征，将庞大的用户群体划分为若干个具有相似特性的子群体。这一过程不仅能够帮助企业更深入地了解客户，还为制定更有效的市场策略和优化产品服务提供了坚实的基础。

用户细分分析的目的在于识别不同类型的用户群体，从而为每个群体提供更加个性化和针对性的产品或服务。例如，通过年龄、性别、地理位置、购买历史等维度进行划分，可以识别出“科技爱好者”“全职主妇”“商务精英”等不同的用户群体。对于每个细分市场，企业可以根据其特点制定专门的营销策略、产品设计或服务流程，以满足其独特的需求。

在实际工作中，我们所说的用户画像和用户标签实际上是用户细分的一种具体应用。用户画像通常包含了一系列描述用户的标签，这些标签可以是定量的数据（如年龄、性别、教育背景）也可以是定性的描述（如兴趣爱好、生活方式）。通过这些标签，企业能够构建出一个更加详细、全面的用户形象，进而实现更精准的营销服务。

例如，一家电商平台可能会利用用户细分分析来识别出那些频繁浏览但很少下单的用户，并针对这类用户推出特别优惠或试用活动，以提高其转化率。

总之，用户细分分析不仅是现代市场营销不可或缺的一部分，也是提升用户体验、增强市场竞争力的重要手段。通过不断地分析和优化用户细分策略，企业可以更好地理解客户需求，提升服务质量，最终实现更高的客户满意度和市场占有率，如图 3-20 所示。

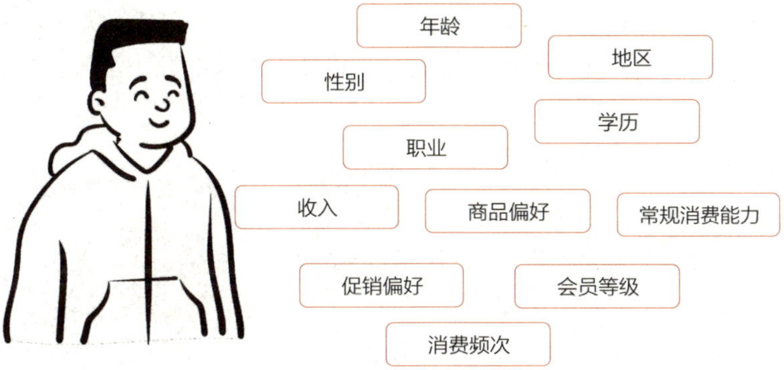

图 3-20　用户细分分析

在进行用户细分分析时，我们可以从多个维度入手，如人口属性（性别、年龄、学历、职业、收入、信仰、爱好、家庭状况等）和消费行为（消费金额、频次、最近一次消费时间、访问时长等），当然还有更多的维度，具体包括哪些，需要充分评估企业的业务情况和数据情况而定。

具体在分析应用时要选择哪些维度，这应围绕业务需求和目标展开，当然同时要考虑现有的数据情况。例如，互联网教育平台可能侧重于年龄和教育情况，而零售商则关注消费习惯和支付能力。我们在针对不同细分群体制定细分策略时还需根据业务发展情况和市场情况，持续优化迭代，以实现更精准的个性化营销。

接下来通过一个案例介绍上面所提到的业务分析方法论以及用户细分分析这个数据分析方法如何应用到客户个性化营销的业务分析场景。

3.5.2　电商平台的客户个性化营销示例

1. 背景介绍

某国外多品类电商销售平台计划下个月做一档大型促销活动，出于促销的活动流程及预算考虑，只计划面向男性群体或者女性群体中的一类人群来做，这样可以更集中，也更好评估。目前活动策划缺乏具体的营销人群及促销方向。

分析需求：要求通过数据分析帮助这个平台制定具体的促销策略，请使用数据分析帮助这家电商平台实现精准的营销服务。

案例数据请参看本书附赠的数据源文件。

（1）明确分析重点

该电商平台只计划面向一类人群，所以可以先对该平台的受众群体做一个分析，先帮助平台找到是对男性还是女性做促销，将庞大的人群缩小至一个特定的用户群体。

所以接下来要做的分析很明确，以正常逻辑来说，人群规模越大，可能潜在的客户越多，所以可以先找到规模大的性别群体，对该平台做客户性别的分布分析，如图 3–21 所示。

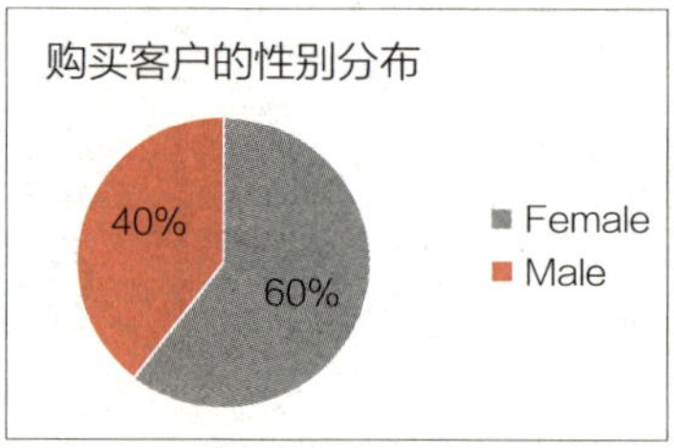

图 3–21 购买客户的性别分布

通过初步的分析发现，该平台有 60% 的受众群体都是女性，也就是女性消费群体规模较大，群体越庞大，转化的概率越高。当然这跟促销的选品也有关系，但是基于现在的人群占比，我们可以帮助平台定位到下个月的促销活动：面向女性消费群体。

到这里我们将最终的促销群体对象定位到了女性，那么如何对女性群体有更深的了解呢？最终我们需要的是细致的营销策略，不能靠拍脑袋，因此我们需要借助数据分析来实现。我们前文提到用户细分分析的核心分析思维是用户画像，即分析该人群的属性特征，从中找到我们制定策略的方向。

所以接下来我们要对女性消费群体的属性特征做进一步的分析。

（2）因果分析

要对女性消费群体的属性特征进行分析，先要分析现有数据有哪些属性是可以进行分析的：年龄、消费品类、支付方式。

接下来对这三个属性特征逐一进行分析，以明确该女性消费群体的具体特征。如图 3–22 所示，从女性年龄段分析来看，50 岁以上的人群占比为 36%，我们仍然选广泛群体，所以 50 岁以上可以作为我们下个月要进行活动的消费人群。接下来我们要对 50 岁以上这一群体进行其他属性的分析，如图 3–23 所示。

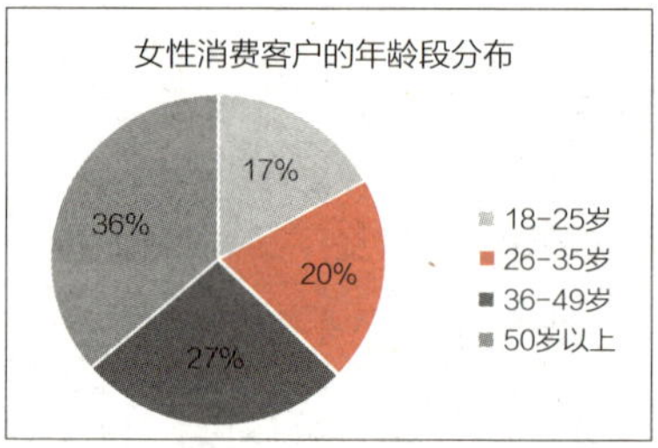

图 3–22 女性消费客户的年龄段分布

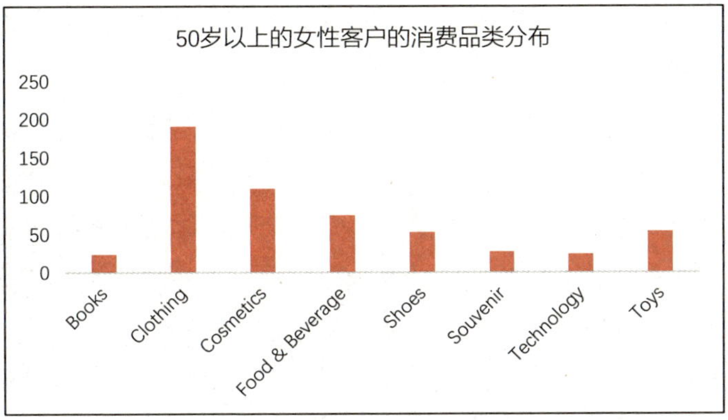

图 3-23　50 岁以上的女性客户的消费品类分布

从对 50 岁以上女性的消费品类分析，可以看出服饰（Clothing）和护肤品（Cosmetics）类是这一群体经常消费的品类，如图 3-24 所示。所以下个月的促销活动的品类可以在这两个品类中选择。

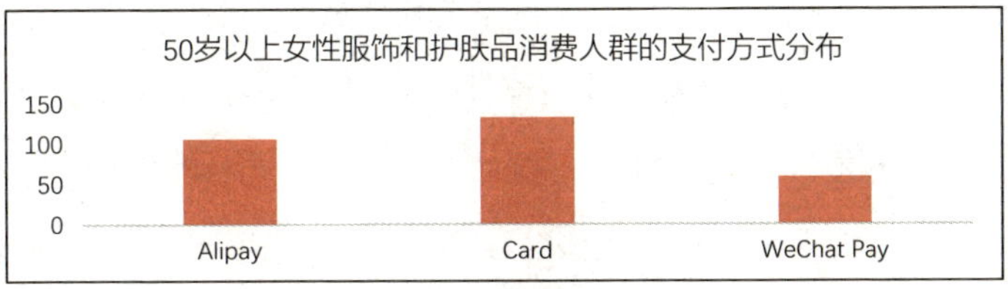

图 3-24　50 岁以上的女性客户的支付方式分布

定位完消费品类后，我们进一步对该群体的支付方式进行分析，因为届时我们可以与不同的支付商进行活动合作，以帮助我们实现更加精细化的运营。

从支付方式的属性分析来看，这一群体使用不同支付方式的人群比例很清晰，我们可以根据不同的支付方式制定不同的满减或者其他优惠活动。

到这里，我们依次通过对女性的年龄、消费品类及支付方式的分析，逐步聚焦，逐步缩小到更小范围的促销群体：女性、50 岁以上、服饰及护肤品这两个消费品类，而且对这些人群的支付习惯有了详细的了解。

至此，促销群体明确后，接下来要做的就是制定促销方案。

（3）验证想法

对于该电商平台的营销需求，我们已经明确了目标是面向男性或女性群体中的某一特定人群开展促销活动。接下来的任务是制定更为明确的营销策略并执行。

为了确保策略的有效性并验证我们的用户细分策略是否能带来预期的效果，我们将采用一种常用的营销测试方法——A/B 测试。

A/B 测试是一种通过对比两个或多个版本的设计、功能或营销方案，来评估它们对用户行为（如点击率、转化率、购买率等）影响的统计方法。这种方法可以帮助我们客观地衡量不同策略的实际表现，从而做出数据驱动的决策。

在本次营销活动中，我们将利用 A/B 测试来对活动及非活动人群的效果进行对比实验。具体来说，我们可以将目标用户群体随机分为两部分：一部分作为实验组，接受我们制定的促销策略；另一部分作为对照组，不接受任何促销策略。通过对比两组之间的指标，如点击率、转化率、注册率等，我们可以直观地评估此次营销活动的实际效果。

同时，A/B 测试还可以帮助我们发现潜在的问题和机会点。如果测试结果显示活动组的表现优于对照组，说明我们的细分策略是成功的；反之，则需要进一步分析原因，并调整策略。

接下来我们对于两组人群进行明确的定义和划分。

- 测试组：对 50 岁以上的女性消费群体，且消费品类为服饰、护肤品的人群。
- 对照组：对 50 岁以上的女性消费群体，且消费品类为非服饰、护肤品的人群。
- 注意：两组人群规模要一样大。

接下来设计具体的活动营销策略：

- 活动主题："50 岁优雅"
- 选品：西服 + 抗老面霜
- 活动策略：支付满减（设计示例：Alipay 满 150 减 30、Card 满 200 减 50、WeChat 满 300 享八折）

注意：此活动仅限推送给测试组。

营销策略明确制定后，接下来是活动的执行阶段。然而，我们的工作并未结束。活动执行结束后，作为数据分析人员，我们需要对活动进行全面的效果评估及复盘，以确认此次用户细分分析的思路是否有效，并从中学习经验教训，为未来的营销活动提供参考。

2. 验证结果

在活动结束后，我们使用活动评估指标对该活动效果进行分析评估，确认活动是否有效，人群细分是否有效。

为了客观地评估测试组和对照组人群的活动效果，我们需要设计一系列的活动复盘评估指标。这些指标不仅能够帮助我们衡量活动的整体表现，还能验证活动在不同维度上成功与否。以下是几个关键的评估指标示例（注意：以下需要同时面向测试组和对照组作分析）：

- 活动参与人数：实际参与活动的人数。
- 参与率：参与活动人数占测试组总人数比例。
- 转化人数：活动有消费的用户数量。
- 转化率：消费人数占参与活动人数的比例。
- 新增用户数：活动期间新注册的用户数量。
- 新增活跃用户数：活动期间新注册并且有浏览或购买的用户数量。

通过活动后的分析评估，我们可以全面了解活动的效果，并判断用户细分策略是否达到预期目标。如果测试组的表现明显优于对照组，则说明我们的细分思路是正确的；反之，则需要重新评估我们的细分分析。

3.6　内部流程视角分析方法

企业内部流程视角分析是企业战略分析的关键组成部分，它涉及企业内部各个方面的运行效率和质量控制。通过对内部流程的深入分析，企业能够有效地提升内部的运营效率，实现可持续发展，如图 3–25 所示。

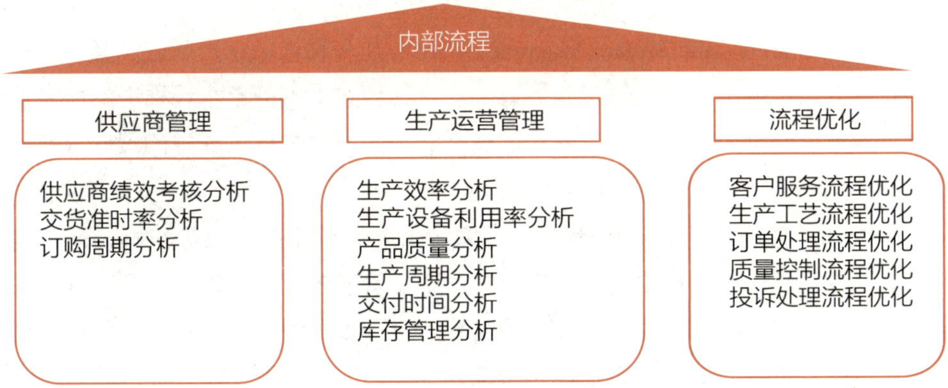

图 3–25　企业内部流程视角分析

以下是对图 3-25 中所示的供应商管理、生产运营管理及流程优化三方面内容的详细阐述。

（1）供应商管理

供应商管理是确保供应链稳定性的关键。我们可以通过供应商绩效考核分析，如交货准时率和订购周期分析，很好地评估供应商的表现，并确保供应链流程的顺畅运行。这不仅有助于维持生产活动的连续性，还能通过选择优质供应商来提升产品质量。

（2）生产运营管理

生产运营管理分析的是生产过程中的效率和质量。通过生产效率分析、生产设备利用率分析、产品质量分析及生产周期分析等，企业可以识别生产过程中的管理瓶颈，优化资源配置，提高生产效率，确保产品质量，确保按时交付。

（3）流程优化

流程优化的分析目的是通过改进企业内部的工作流程来提高整体运营效率。包括客户服务流程优化、生产工艺流程优化及订单处理流程优化等多个方面。通过不断优化这些流程，企业可以减少不必要的等待时间和成本，从而增强企业的市场竞争力。

通过对这几个方面的综合分析，企业能够发现更多的流程上的不足与问题，从而不断改进其内部流程，提高内部的运营效率。

3.6.1　VSM（价值流分析）

在流程分析中，我们会经常使用到价值流分析。

价值流分析（Value Stream Mapping, VSM）是一种精益生产管理工具，它通过图形化的方法呈现了产品从原材料到成品、再到客户手中的整个流程中的所有活动节点、消耗时间及主体对象。主要目的在于识别并消除生产过程中的资源浪费，从而帮助企业优化生产流程，提升效率。

VSM 不仅是一个静态的流程展示工具，还是一种动态的监控机制，通过绘制价值流动图记录现有流程中的每一环节，让企业管理者可以清晰地看到流程中哪些节点是有价值的，哪些节点是不必要的消耗，对于资源浪费的节点，我们可以对其做更深入的分析，评估是否可以优化、改善或终结，最终帮助企业深入了解该流程中的问题点，改善业务流程。

最终的目标是通过持续使用 VSM 进行系统化的分析和改进，使企业有效降低生产成本、缩短生产周期，当然本质是有效提升内部运营效率，最终提高企业的市场竞争力。

为了让大家更好地理解 VSM 在业务分析中的应用，下面给出 VSM 的图形应用，如图 3–26 所示。

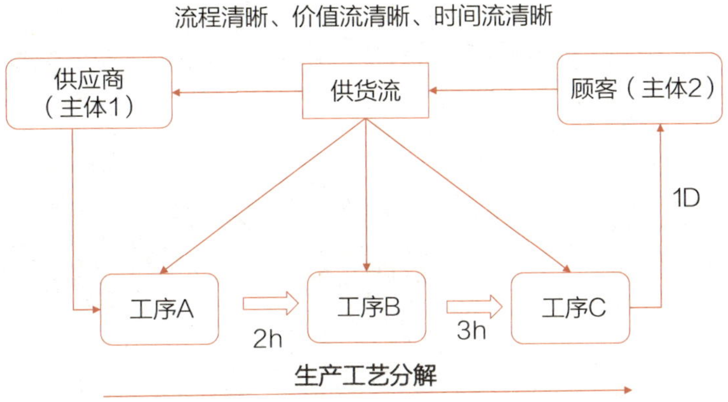

图 3–26　VSM 的图形应用

该分析方法的核心在于对整个流程进行逐一拆解，详细记录并计算各个节点之间所消耗的时间，包括有效时间和浪费的时间，从而帮助我们精准定位到可以优化的具体流程节点。

通过这样的方法，企业能够快速识别出生产或服务过程中的瓶颈点和浪费点，进而采取针对性的措施进行改进，以提升整体效率和质量。

接下来通过案例介绍上面所提到的业务分析方法论及 VSM 分析方法在实际工作案例中的应用。

3.6.2　银行贷款流程优化示例

1. 背景介绍

某商业银行提供客户贷款服务，但近期收到了不少客户的反馈，抱怨整个贷款审批流程耗时过长。客户还提到，在此期间需多次往返银行提交各种资料，这不仅给他们带来了极大的不便，而且由于一些小错误频繁发生，让他们在这件事上所花费的时间过多，最终只能投诉。收到客诉后，银行管理层很重视，希望尽快解决此问题。

分析需求：帮助该银行找到贷款流程上可以优化的问题点，以提高该银行的客户满意度，减少客诉。

（1）明确分析重点

首先，按照 VSM 的分析思路，对该银行的贷款服务流程进行工作流的一一拆解，并计算出不同节点之间所需要耗费的时间，以此来找出贷款流程中可能存在的可以优化的问题点。

将贷款服务流程拆解后绘制价值流图，该案例内容及诉求较为简单，绘制价值流图也很简单，如图 3–27 所示。

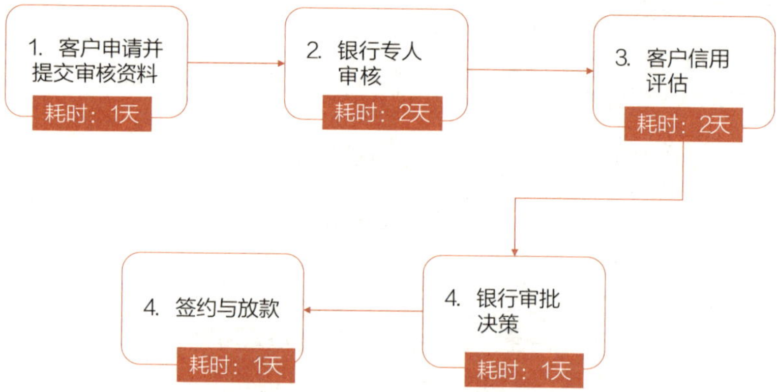

图 3–27　VSM 的价值流图

从图 3-27 可以看到，每个节点消耗的时间非常明显，但是各个节点所耗费的时间是否合理，银行内部无法评估，此时我们可以找到外部的市场调研公司，拿到同行 TOP 银行贷款服务流程所消耗的时间，这样我们便为评估银行流程是否合理这个问题找到一个可参照的标杆水平。

联系专业的市场调研公司后，他们反馈行业内业务做得比较好的几家大型银行，资料审核也就是第 2 个节点以及第 3 个节点的工作时间消耗基本都控制在 0.5 天，其他节点所消耗的时间没有很大的差异。

拿到这个市场数据后，我们会发现第 2 个节点银行审核以及第 3 个节点银行对客户信用评估的工作与行业领先水平是存在差距的，那么这两个节点就是可以进行优化的点。

到这里我们要优化的问题点已经明确：优化银行审核和信用评估的工作流程。

为什么银行审核及客户信用评估这两项工作耗费时间这么长？

在该 VSM 分析中，数据分析能做的工作是计算每个节点所消耗的时间，非常简单，所以在数据分析层面无须做更深入的因果分析，重点是接下来的业务根因分析。

我们通过与业务相关人员访谈并分析他们的工作流程，发现如下问题。

（2）银行审核工作

客户在提交资料时经常出现错误或资料不齐全的情况，这不仅增加了审核人员的工作负担，也延长了整个贷款审批流程的时间。

审核人员需要处理的任务繁重，涉及多项事务的同时处理，导致他们在每个任务上花费的时间较长，影响了整体的工作效率。

（3）客户信用评估工作

审核人员需要查阅和分析大量的客户信息，以做出准确的信用评估，这一过程耗时较长，且容易造成疲劳，影响信用评估的准确性。

部分信息需要手动录入系统，而且系统的操作流程较为烦琐，这不仅增加了审核人员的工作量，还消耗了大量宝贵的时间，降低了工作效率。

通过对业务人员的访谈，银行审核和信用评估工作的流程时间长的业务原因已经明确。

（4）验证想法

明确该银行贷款业务流程存在的问题后，接下来可以考虑具体的解决方案，以提升服务效率和客户体验。

针对问题 1：银行审核问题。该银行可以尝试引入 RPA 技术或者其他的系统自动化方式来辅助或替代人工审核，将传统的线下资料提交方式改为线上申请，这样客户能够便捷地上传所有必需的文件，并且系统对资料的完整性和准确性可以进行实时的评估并给与客户及时的反馈，这样客户可以一次性把贷款需要的资料及时上传，从而保证客户的良好体验，也有效缩短该项流程消耗的时间。

针对问题 2：客户信用评估问题。开发一套基于 AI 技术的客户信用评估自动化算法，并将其集成到现有的信息系统中或者开发一套独立的评估系统，使得系统能够在短时间内自动完成大多数客户的信用评估工作。只有在遇到复杂流程或异常情况时，才转由人工进行进一步的审核评估，这样可以直接将原本需要 2 天的评估时间缩短至几小时甚至几分钟。

2. 验证结果

最后，在这些问题措施实行后，我们需要对此措施是否有效进行复盘。

1 个月后应对贷款流程中关键节点的工作平均时间进行重新评估，并收集客户反馈，确认客诉情况是否得到有效改善。通过持续的监控和优化，确保银行优化改进的措施是有效的。至此整个工作流完整结束。

3.7 本章小结

本章对 5 个案例进行讲解，讲解时都采用了明确分析重点、因果分析、验证想法的流程，从而很好地解决了每个案例所面临的分析问题。这一套业务分析方法论是高复用的方法。同时，我们分析了企业管理分析体系的重要性，引入了平衡记分卡的战略分析框架，并且介绍了如何构建一个企业级的业务分析框架。通过这些案例可以看到，建立一个企业的业务分析框架并不是特别复杂，但最为关键且复杂的是在每个视角下的具体内容分析。这是将战略转化为实际操作的必经之路。

第 4 章　战略数据分析

战略层的数据需求是企业在制定和实施长期战略的过程中，对数据的具体要求和期望。这些数据不仅用于支持决策制定，还用于指导企业的资源配置、业务优化和竞争优势的构建。商业数据分析帮助企业在不同层面上理解和规划其战略方向。

本章将重点探究金字塔结构的顶层——战略层。在当今 VUCA 时代，外部环境和行业逻辑的快速变化使得固守一成不变的战略无法保证企业的持续成长。因此，本章将详细介绍战略咨询领域中经常应用的战略分析模型及其在调查研究中的定量方法应用。我们将主要依赖 WPS Excel 的功能——如公式运算、数据透视表和图形制作——来执行这些分析任务，使策略规划和决策过程更为精准和高效。

4.1 战略数据分析基础

商业数据科学由自然科学和社会科学发展而来，其目的是服务于企业不同层次的决策需求。图 4-1 中展示了企业决策金字塔，分为四个决策层级：战略层、管理层、运营层、操作层。金字塔的顶部是“战略层”，战略层通过分析市场和行业的外部数据，制定或修正战略分析报告，解答企业“做什么？为什么做？”的战略问题。金字塔的第二层是“管理层”，管理层根据战略层制定的战略进行执行和管理，分析企业内部业务、经营数据，解答“做得如何？”的问题。金字塔的第三层是“运营层”，运营层通过综合分析企业业务数据，以及横向分析外部数据，解答“如何做？”的问题。金字塔的底层是“操作层”，操作层搭建和使用数智系统，采用数据挖掘的方法，分析企业业务数据、外部数据、对象采集数据，解答“具体怎么做？”的问题。

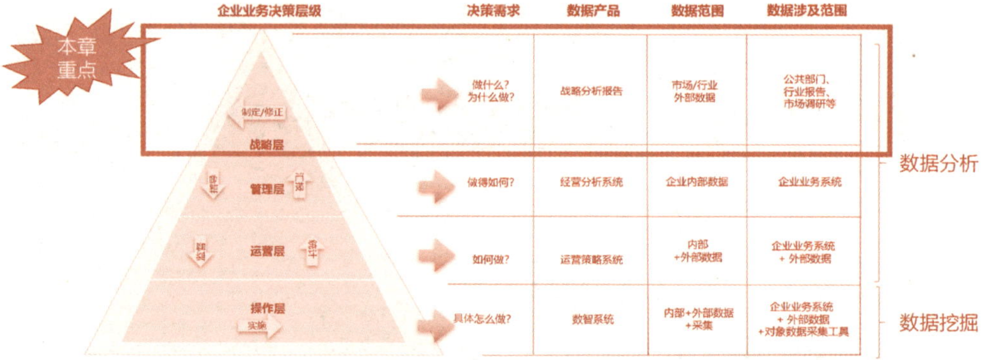

图 4–1　企业决策金字塔

本节将介绍企业在进行战略分析时可以采用的一系列结构化工具，以帮助企业在不同层面上理解和规划其战略方向，战略分析模型清单如图 4–2 所示。PEST 分析法（政治、经济、社会、技术因素分析）用于评估某行业的发展前景。接着是 SWOT 分析法（优势、劣势、机会、威胁分析），它帮助企业评估自身的优劣势。随后是波特五力分析法，评估本公司在行业内的竞争地位。最后是 BCG 矩阵分析法，通过考量产品的市场增长率和市场份额来帮助企业进行产品组合管理。

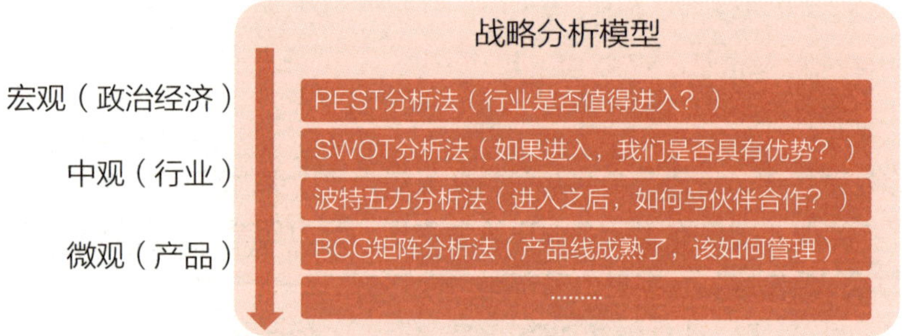

图 4–2　战略分析模型清单

4.1.1　表格结构数据操作说明

行业分析用到的数据一般都是从外部获取的，且以表格形式存储。在结构化数据中，表格结构数据和表结构数据是两种常见的数据形式。

表格结构数据通常指的是以电子表格形式存储的数据，可以使用 Excel、WPS

表格和 Apple Numbers 进行编辑和分析。表格结构数据适合进行单个数据集的变量生成、排序、筛选、统计分析和可视化操作。表格数据没有数据模型（详见第 12 章）的概念，难以进行多个数据集的联合操作。

表结构数据是以行和列的形式存储在数据库（MySQL、Oracle、DB2 等）或 BI 工具（Power BI 等）中的数据。数据库中的表结构数据的一个核心特点是数据是通过数据模型的形式组织起来的。表结构数据可以通过 SQL 查询语言进行复杂的查询和分析。ETL 过程（提取、转换、加载）通常用于处理表结构数据，将数据从源系统转移到数据仓库等目的地。

上述提到的两种数据虽然都有结构化的特征，但适用的工具和操作场景有所不同。表格结构数据更适用于需要直观操作和快速分析的场景，而表结构数据则适用于需要存储大量互相关联的数据的复杂系统。在本章中，我们将主要关注表格结构数据，特别是在使用 Excel、WPS 表格等工具时，这种数据格式便于进行各种计算和可视化操作。而在下一章“业务数据分析”中，将深入探讨表结构数据，它在数据库环境中更为常见，我们会了解如何在更复杂的业务场景中使用它们。

1. 表格结构数据的特征

表格结构数据具有明确的层次性和格式化特征，这些特点在 WPS 表格等电子表格软件中得到了充分体现。以下是表格结构数据的几个关键特征。

（1）父子级层级关系：表格结构数据的顶层是工作簿，它可以包含多个工作表；每个工作表由多个单元格区域组成，而每个单元格区域又由多个单元格构成。这种层级关系有助于数据的组织和管理，使用户可以在不同的层次上进行数据操作和分析。

（2）数字格式决定显示形式：在 WPS 表格中，用户可以为数字数据设置不同的格式，如货币、百分比、日期或自定义格式。这不仅影响数据的显示方式，还可能影响数据的计算结果。

（3）显示格式决定显示效果：用户可以调整字体、颜色、对齐方式、边框样式等，以提高表格的可读性和美观性。这些格式化选项增强了数据呈现的灵活性，使报表或数据分析结果更加符合用户需求和审美标准，如表 4–1 所示。

表 4-1　表格结构数据的显示格式决定显示效果

内容	显示结果	显示格式	备注
目标达成率	125%	字体 { 字形 – 粗体、色 – 绿色 ）	改变字体格式以强调关键值
销售额	3000	单元格填充色（红色）	常用红色填充色对过低指标值进行预警
毛利率 1	● 70%	图标集（三色红绿灯图标集中的绿色）	红绿灯图标集常用来描述优良差三种不同数值状态，绿色为优
毛利率 2	● 25%	图标集（三色红绿灯图标集中的红色）	红绿灯图标集常用来描述优良差三种不同数值状态，红色为差
毛利率 3	● 50%	图标集（三色红绿灯图标集中的黄色）	红绿灯图标集常用来描述优良差三种不同数值状态，黄色为良
产品号	000010	显示位置（居左）	改变数值的显示位置，一般文本值默认居左，数值值默认居右

注：因印刷色数限制，此处“显示结果”列仅为示意。

这些特征表明，表格结构数据不仅仅是数据存储的一种方式，还提供了丰富的数据展示和处理功能，使用户能够更有效地进行数据分析和信息传递。合理利用这些特征，可以大大提升数据处理的效率和质量。

2. 表格结构数据的使用

在 WPS 表格和 Excel 中，表格结构数据的使用涉及一系列高频且实用的功能，这些功能可以大幅提升数据处理的效率和分析的准确性。以下是一些常用的功能及其应用实例。

（1）函数计算：Excel 提供了丰富的函数库，如 SUM() 用于求和、AVERAGE() 用于计算平均值、IF() 用于条件判断等。例如，财务分析师可能会使用 SUMIF() 函数来求特定条件下的销售总额。

（2）查询函数 VLOOKUP()：该函数可以在数据表中查找并返回匹配的数据。例如，HR 部门可以使用 VLOOKUP() 函数来根据员工 ID 查找并返回其薪资信息。

（3）条件格式：可以设置规则，当单元格数据符合特定条件时自动改变其显示格式，如字体、颜色或背景填充。例如，市场分析师可能会使用条件格式来高亮显示超过目标销售额的数据。

（4）数据验证：通过设定规则限制数据输入，保证数据的准确性和一致性。

例如，在创建数据录入表时，可以设置下拉菜单以限制输入的选项，确保只有预设的值可以被录入。

（5）定位：允许用户根据特定条件选择单元格或区域，以便进行批量操作。例如，可以快速找到所有空白单元格并填充默认值。

（6）数据分列：将一个单元格中的数据基于特定的分隔符分散到多个单元格中。例如，将全名分列为姓和名两个独立的单元格。

（7）数据透视表：强大的数据汇总工具，可以从大量数据中快速创建报表，并根据需要对数据进行分组、过滤和排序。例如，销售经理可以用数据透视表来分析不同产品的销售数据。

这些功能在日常工作中的应用极为广泛，无论是简单的数据管理任务还是复杂的数据分析项目，WPS 表格和 Excel 的这些高级功能都能提供重要支持。鉴于篇幅有限，这些功能的详细使用方法和更多高级技巧不在本书讨论范围内。如果需要深入学习和掌握 WPS 表格和 Excel 的全面应用，可以查阅专门讲授 WPS 表格和 Excel 的专业书籍。

4.1.2 输入数据和资源需求

1. 输入数据

内部数据：包括企业的销售记录、财务报告、客户数据库、库存管理系统等，这些数据通常详尽记录了企业的日常运营情况。

外部数据：行业报告、市场研究、政府发布的经济统计数据、社会媒体和新闻出版物等，这些数据提供了关于行业趋势、竞争环境和市场需求的宝贵信息。

第三方数据：专业数据公司提供的市场数据、消费者行为数据等，可以购买或订阅这些服务来获得高质量的行业相关数据。

2. 资源需求

软件工具：数据分析软件（如 WPS 表格、Excel、SPSS 等）用于数据清洗、处理、分析和可视化。

人力资源：数据分析师、行业专家、IT 支持团队等，这些人员有专业知识和技能，可以支持数据分析工作。

财务资源：可能需要预算来购买外部数据、软件许可证、员工培训及可能的咨询服务。

4.2 战略数据分析关键步骤 1：桌面研究

战略数据分析是一项系统的任务，通常包括桌面研究、调查研究及最终的结果呈现三个关键步骤。在本节中，我们将深入探讨行业数据分析的第一个步骤：桌面研究。

桌面研究作为分析的基础，利用可获取的二手数据来构建对行业的初步理解，包括行业报告、公共数据库、新闻发布及竞争对手信息的搜集。我们将介绍桌面研究的方法和流程，并探讨如何有效地进行竞品分析，以识别行业内的关键参与者和他们的战略定位。

而关于数据分析后的结果呈现，包括如何解释分析结果并将其转化为行动指南，将在 4.4 节中详细展开。通过学习，读者将能够掌握行业数据分析的核心步骤，并为下一步的结果解读和应用打下坚实的基础。

4.2.1 桌面研究概述

桌面研究涉及两个关键领域：行业研究和竞品研究。在行业研究部分，我们将阐述一套完整的行业研究流程，从调研准备到资料收集，再到筛选整理、总结归纳，最后到持续研究的各个步骤。在此过程中将深入探讨 5W1H 分析法、PEST 分析法、SWOT 分析法、波特五力分析法、BCG 矩阵分析法等战略性模型。

竞品研究则聚焦于理解市场上竞争对手的商业价值、用户体验、产品参数和政策、业务流程等多个内容。这一部分也将提供一个系统的研究流程，包括明确研究目标、收集相关资料、进行筛选和分析、归纳总结，以及进行持续的竞品监测和分析。通过对这些领域的研究，我们可以获得对关于行业动态和竞争态势的深刻见解。

4.2.2 行业分析方法和流程

1. 调研准备

在行业分析的“调研准备”阶段，明确研究目标和确定研究范围是至关重要的。

首先，研究团队需要集中讨论并明确研究目标，这可能包括了解行业趋势、评估市场机会、识别潜在的风险或竞争态势。

确立明确的研究目标之后，接下来是确定研究的范围，包括研究所涉及的地理区域、时间跨度、行业细分市场以及相关的市场参与者。

研究目标和研究范围将指导后续的资料收集和分析工作，确保研究活动保持专注和高效。此外，设定清晰的目标和范围有助于选择合适的研究框架，这对于后续步骤如资料收集、筛选整理及总结归纳等都是必不可少的。在这个阶段，也需要考虑研究资源、预算和时间表，以确保研究工作能够在既定的时间内完成，并符合预期的研究质量标准。

2. 资料收集

在行业分析的“资料收集”阶段，研究者的任务是聚合和整理广泛的信息，为深入分析奠定坚实的基础。这涉及从各种渠道获取数据，如公开的行业报告、公司财报、市场研究、专业论坛、政府统计，以及新闻媒体报道。

（1）界定信息的范围和类型：确定哪些信息是必需的，哪些信息是次要的或不相关的。信息的范围可能涵盖宏观经济因素、产业变迁规律、未来趋势、技术创新，以及政府政策、法规的变化等，如图 4–3 所示。

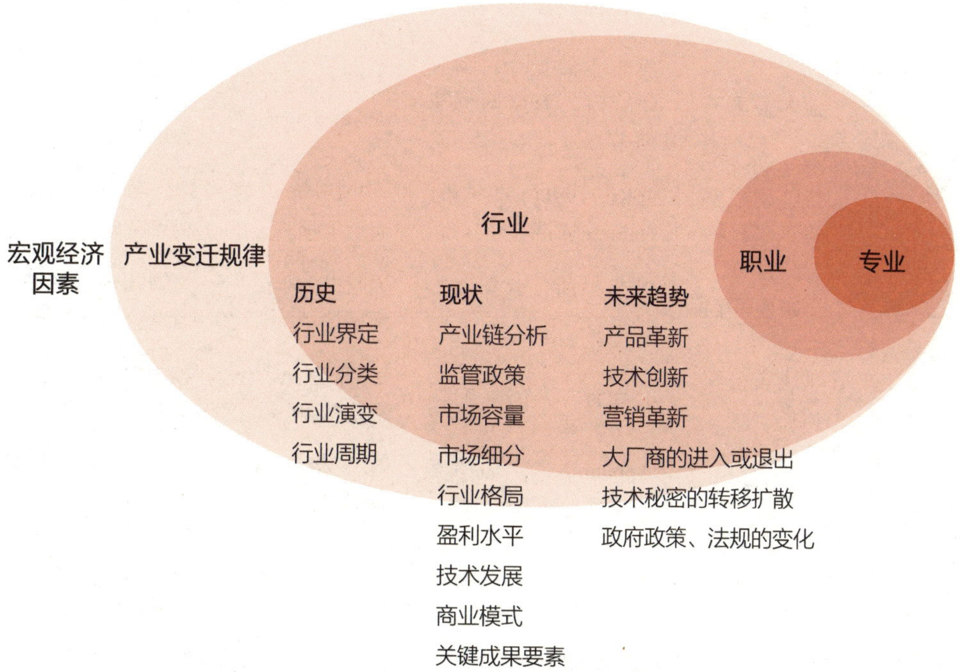

图 4–3　商业数据信息收集的层次结构

（2）确定信息的来源：行业信息可能包括官方统计数据、权威咨询报告、投资银行的市场分析、行业协会的统计数据，以及媒体网站市场调研数据等。公司 / 产品信息，可以从上市公司年报、非上市公司网站、产品数据公司获取，示例如表 4–2 所示。

表 4–2　行业分析中的资料来源与应用示例

信息类型	途径	渠道	示例	评价
行业信息	官方统计数据	国家统计局、中国人民银行、教育部	《中国互联网发展状况统计报告》	数据权威、偏宏观、不够精细
	权威咨询报告	德勤、BCG、易观、艾瑞等	《德勤教育白皮书》	较全面、需要注意数据真实性
	投资银行的市场分析	KPCB、招商证券等	《彩票行业风云录》	面向实战、价值较高
	行业协会的统计数据	中国汽车流通协会、茶叶协会等	《中国汽车行业发展报告》	数据翔实、较为全面
	业内公司	腾讯企鹅智库、阿里研究院、百度数据研究中心	《千亿美元市场"掘金指南"》	一手数据，但数据源不全面且观点带有片面性
	媒体网站市场调研数据	36Kr、199IT、芥末堆、Gamelook 等	《2019 年中国信用卡报告》	较为综合、及时、观点突出
公司 / 产品信息	上市公司年报	各交易所、公司官方投资者	招股书、年报、季报等	关键数据价值高、信息较为碎片化
	非上市公司网站	公司官方、企查查等	工商信息、投融资数据等	数据不全面、供参考
	产品数据公司	Appannie、友盟等第三方数据公司	各产品注册用户、日活等数据	部分收费、数据需验证

（3）评估资料的质量：区分主要和次要信息源，确保数据的准确性和相关性。在这个阶段，研究人员会结合一手数据和二手数据的搜集。通常建议从二手数据搜集开始，但如果研究人员缺乏背景知识，不清楚应收集何种二手数据，可以先通过访谈的方式搜集一手数据快速获取经验，然后结合二手数据，逐步深化理解，最后使用问卷调查等方式收集一手数据以验证结论是否有普适性。一手数据搜集，如组

织行业专家访谈、编写问卷等，虽成本较高，但能提供独到见解；而二手数据搜集，涉及整理和分析已公开的数据，成本较低，但信息渠道繁多。高质量的资料收集工作不仅包括量的积累，更重视质的甄选，研究者应当批判性地审视每一项数据和信息。

（4）整合所收集的数据：这一步骤为后续的筛选整理、总结归纳、持续研究打下坚实的基础。在这个过程中，研究者可能会使用各种数据管理工具和软件，如 WPS、Excel 等，以高效地组织和管理数据。

3. 筛选整理

（1）5W1H 方法：在行业分析的“筛选整理”阶段，分析人员使用 5W1H 方法来系统化地审视收集到的信息，这有助于确定分析的方向并提出关键问题。通过这个框架，分析人员应能够回答：

- Who（谁）：报告研究对象是谁？相关利益人是谁？
- What（什么）：需求本身是什么？
- Where（哪里）：资源与渠道有哪些？
- When（何时）：过去的演进路径及未来的发展趋势是怎样的？
- Why（为什么）：需求背后的影响因素是什么？
- How（如何）：如何影响？如何实施？

【案例背景】

假设一家新兴的健康饮品公司希望进入市场并拓宽其顾客基础。

- Who：目标顾客是健身爱好者和寻求健康生活方式的年轻专业人士。
- What：产品是一系列低糖、高营养的有机健康饮品，旨在满足健康意识强的消费者对于营养又方便的饮品的需求。
- Where：初步目标市场为城市地区，尤其是健身中心、有机食品商店和专业健康食品市场。
- When：考虑到健康意识的提高和有机食品市场的增长，当前是进入市场的好时机。
- Why：市场调研显示，目标群体对于健康饮品的需求日益增长，但市场上缺乏创新和差异化的产品。此外，越来越多的消费者倾向于快速、便携的营养解决方案。

- How：通过与健身中心合作提供样品、参加健康和有机食品展会，以及在社交媒体上与健康博客和意见领袖合作进行市场营销。产品将强调其独特的健康优势和方便性，用以区分竞争对手。

【实施案例】

在实施策略时，该公司执行了以下步骤：

- Who：与健身中心和瑜伽工作室合作，直接接触目标顾客群体。
- What：开发了三种口味的饮品，每种都包含特定的健康优势，比如增强能量、促进消化和补充电解质。
- Where：在健身中心设置试饮摊位，在线上建立电子商务平台，并在有机食品商店设立专柜。
- When：选择在春季，人们更加关注身体健康的时候启动产品营销。
- Why：通过市场调研和焦点小组讨论，确保产品概念和配方满足目标市场的需求。
- How：利用社交媒体广告、健康博客合作和地面推广活动来提高品牌知名度。

通过细致的市场策略和 5W1H 方法的指导，该公司成功地在健康饮品市场中定位自身，吸引了目标顾客，建立了品牌的市场地位。

（2）PEST（政治、经济、社会、技术）分析法：评估宏观环境对行业的影响，回答“行业是否值得进入？”的问题。

PEST 分析法是一种宏观环境分析工具，用于识别影响组织的政治、经济、社会和技术因素。这种分析法有助于组织了解外部环境的变化对企业战略和业务运营可能产生的影响，如图 4–4 所示。

- P：政治因素（Politics）。包括政治政策、法律法规、政治稳定性、贸易限制等。例如，一家跨国公司想要进入新市场，政治因素分析将考虑当地政府对外国直接投资的开放度、潜在的政治风险，以及商业操作可能受到的政治干预。
- E：经济因素（Economy）。关注经济环境，如 GDP 增长率、通货膨胀率、利率 / 汇率稳定性、失业率等。如果一家公司正在考虑扩大生产线，经济因素分析将帮助评估消费者购买力的变化或成本结构可能受到的宏观经济变动的影响。
- S：社会因素（Society）。社会文化趋势、人口统计、消费者态度和意识形态都是此类因素。一家服装零售商可能通过社会因素分析来预测时尚趋势的变化或是消费者对可持续生产的需求。

- T：技术因素（Technology）。涵盖创新速度、技术发展、生命周期，以及知识产权保护等。一家科技公司可能通过技术因素分析来确定其产品开发策略或在新兴技术上的投资。

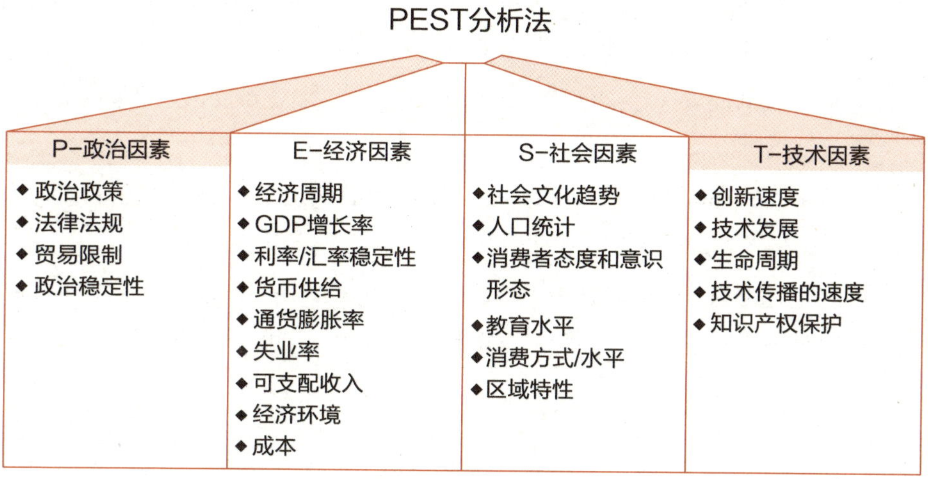

图 4–4　PEST 分析法

【案例】

假设有一家电动汽车制造商正在考虑在某个国家建立新的制造工厂。该公司可以采用 PEST 分析法来评估决策环境。

- 政治因素：分析当地政府是否支持清洁能源汽车的生产，是否有利于电动车的政策，如税收减免或补贴。
- 经济因素：考察目标市场的经济状况，包括消费者对高价电动汽车的支付能力和信贷可得性。
- 社会因素：评估该国消费者对电动汽车的接受程度、环保意识的普及程度，以及对新能源车的总体态度。
- 技术因素：分析该地区的技术基础设施，例如充电站的可用性，以及本地供应链对高科技汽车组件的生产能力。

通过这样的分析，电动汽车制造商能够更好地理解在特定国家建厂的外部环境风险和机会，从而做出更好的决策。

（3）SWOT（优势、劣势、机会、威胁）分析法：识别内部能力、外部机会及威胁，回答“如果进入，我们是否具有优势？”的问题。

SWOT 分析法是一种策略规划工具，用于评估一个组织或项目的优势、劣势、机会和威胁。这种分析框架帮助决策者从内部和外部两个维度来评估情况，如图 4–5 所示。

- 优势（Strengths）：组织内部的资源和能力，如专有技术、专利、良好的品牌形象、强大的销售网络、健全的财务状况等。
- 劣势（Weaknesses）：组织内部的限制或不足，如资源受限、研发能力不足、财务问题等。
- 机会（Opportunities）：组织外部环境中的有利因素，如市场需求增加、竞争对手撤退、政策支持、技术进步等。
- 威胁（Threats）：外部环境中可能对组织构成威胁的因素，包括新进入者、竞争对手的战略变动、不利的政策或法律变更、市场需求下降等。

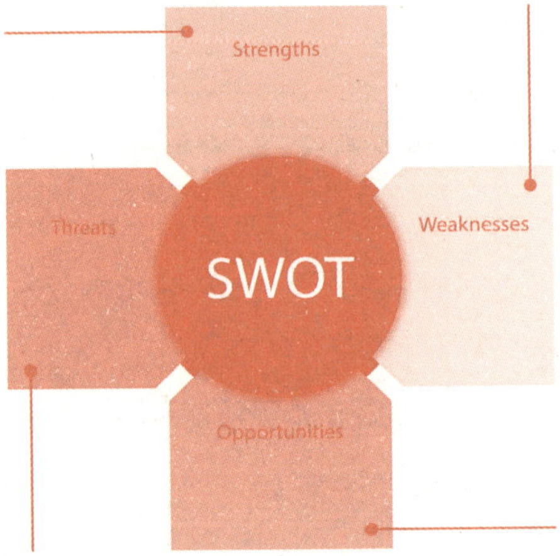

图 4–5　SWOT 分析法

【案例】

假设一家中型软件开发公司想要扩展其业务范围，可以通过 SWOT 分析来评估其战略决策：

- 优势：公司拥有一支经验丰富的开发团队和多个成功的软件产品；拥有良好的客户基础。
- 劣势：与大型竞争对手相比，公司在市场推广和资源分配上受限；缺乏国际市场的经验。

- 机会：市场上对创新软件解决方案的需求不断增长；企业数字化转型的趋势为公司提供了新的服务领域。
- 威胁：新兴的小型竞争者可能采用更具成本效益的解决方案来吸引客户；经济衰退可能减少企业对软件产品的投资。

通过 SWOT 分析，该公司可以利用其优势（如专业团队和产品线）来开拓新的市场，同时制定策略来弥补劣势（如资源不足）和对抗威胁（如市场竞争和经济环境的不确定性）。

- **利用优势：**
  - 使用其经验丰富的开发团队来创新和开发新的软件产品，特别是那些能够满足市场上未被充分服务的需求的产品。
  - 利用现有的良好客户基础进行市场测试，以此来收集反馈并改进产品。
- **弥补劣势：**
  - 针对市场推广能力有限的问题，公司可以与有影响力的行业合作伙伴建立关系，例如通过联合营销活动或合作协议来提高品牌曝光率。
  - 为了解决资源分配的问题，可以考虑外包非核心活动，如行政支持或某些开发任务，以便将资源集中在关键的业务领域。
- **抓住机会：**
  - 对于市场需求增长的机会，公司可以瞄准新兴市场，如云计算或人工智能，并开发相关的软件产品。
  - 可以利用企业数字化转型的大趋势，为企业提供定制化的软件解决方案。
- **对抗威胁：**
  - 对于来自新兴小型竞争者的威胁，公司可以通过提供更优质的客户服务来巩固其市场地位。
  - 对于可能的经济衰退的威胁，公司可以通过多元化的产品和市场来降低风险，比如开发适合不同预算的软件版本或进入更多的地域市场。

通过这样的策略，公司不仅可以充分利用其现有优势，还可以积极应对外部环境的变化，同时在内部进行必要的调整，以确保长期的可持续发展。

（4）波特五力分析法：分析行业竞争结构和盈利潜力，回答“进入之后，如何与伙伴合作？”的问题。

波特五力分析法由迈克尔・波特（Michael Porter）提出，用于分析行业结构和企业竞争强度，如图 4–6 所示。波特五力分析法主要包括以下 5 个方面。

- 行业内竞争者的竞争程度：行业内现有企业之间的竞争强度和动态。
- 潜在的新进入者威胁：新公司进入行业的难易程度以及可能带来的影响。
- 替代品和服务的威胁：可替代产品或服务对行业的挑战。
- 供应商的议价能力：供应商对行业的影响力，包括价格、质量和供应条件。
- 买家的议价能力：消费者对价格和质量的谈判能力。

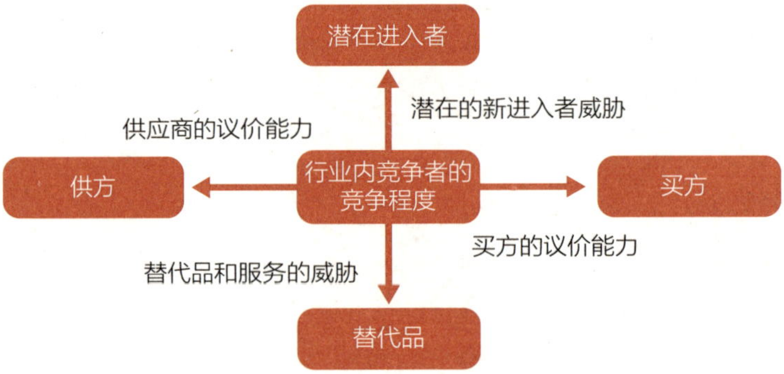

图 4–6　波特五力分析法

【案例】

假设有一家中型咖啡连锁品牌，想要评估其市场地位和未来的战略方向，可以通过波特五力模型进行分析。

- 行业内竞争者：咖啡连锁行业竞争激烈，有星巴克、Costa 等国际大品牌以及大量的小型咖啡店。价格战和产品差异化是主要的竞争手段。
- 潜在的新进入者威胁：市场看似饱和，但由于创业成本相对较低，新的咖啡店仍然不断涌现，威胁着现有企业的市场份额。
- 替代品威胁：茶、果汁等饮料是咖啡的潜在替代品。随着健康饮食趋势的兴起，这些替代品的威胁日益增加。
- 供应商的议价能力：高品质的咖啡豆供应商相对集中，对价格有一定的控制力。但是，由于咖啡豆是商品交易品，市场价格波动影响所有竞争者。
- 买家议价能力：消费者对价格敏感，但品牌忠诚度较高，愿意为高品质的咖啡支付溢价。

通过这一分析，该咖啡连锁品牌可能决定采取如下策略：加强品牌忠诚度计划，提高产品质量和服务水平以区别于竞争对手；扩大产品线，引入健康饮品选项以抵御替代品威胁；在供应链管理上寻求更优惠的采购合同，以减轻供应商议价能力的影响；关注市场动态，灵活应对新进入者的挑战。

（5）BCG 矩阵（波士顿咨询集团矩阵）分析法：帮助企业在产品组合管理方面做出战略决策，回答“产品线成熟了，该如何管理？”的问题。

BCG 矩阵分析法是一种用于企业战略规划的工具，它通过考虑市场增长率和市场份额来帮助公司分析其产品组合，如图 4-7 所示。BCG 矩阵分析法将产品划分为四个类别。

- 问题产品（Question Marks）：高市场增长率，低市场份额。需要决定是投资以期市场份额的增长，还是撤资。
- 明星（Stars）：高市场增长率，高市场份额。通常需要大量投资以保持领先地位。
- 现金牛（Cash Cows）：低市场增长率，高市场份额。产生稳定现金流，通常是公司利润的主要来源。
- 瘦狗（Dogs）：低市场增长率，低市场份额。通常不产生显著现金流，可能是撤资的对象。

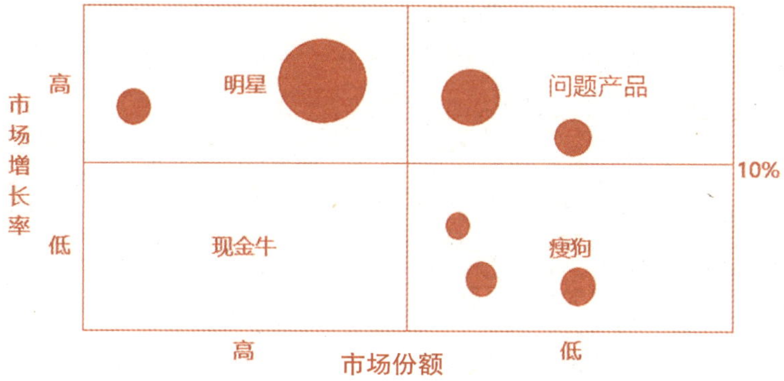

图 4-7 BCG 矩阵分析法

【案例】

设想一家大型电子产品制造商，其产品组合包括智能手机、平板电脑、个人电脑和可穿戴设备。使用 BCG 矩阵分析法进行分析。

- 问题产品：可穿戴设备市场增长迅速，但公司在这一领域的市场份额较小。

公司需要决定是否大力投资以增加市场份额。

- 明星：智能手机业务处于快速增长的市场中，并且公司在这一领域有很高的市场份额。该公司将继续投资智能手机业务，以保持市场领先地位。
- 现金牛：个人计算机业务增长缓慢，但公司在这一领域有很大的市场份额，是稳定的收入来源。公司可能会维持当前投资水平，利用这一业务产生的现金支持其他产品。
- 瘦狗：平板电脑业务处于成熟市场，且公司市场份额低。可能需要考虑撤资或重新定位该产品线。

通过使用 BCG 矩阵分析法，该电子产品制造商可以对其产品线进行战略规划，专注于有潜力成为明星或现金牛的产品，对问题产品的资源投入进行决策，同时管理或剥离瘦狗类产品。这样的分析有助于公司优化资源分配，提高整体的市场竞争力和盈利能力。

结合这些工具，分析人员能够从大量数据中提炼有价值的信息，形成对行业的深入理解，并为制定策略决策提供支持。这个过程需要分析人员的专业知识、批判性思维和逻辑推理能力，以确保从宏观和微观角度都能把握行业动态。

4. 总结归纳

在行业分析的“总结归纳”阶段，我们介绍金字塔原理（Pyramid Principle）。金字塔原理是一种组织思考和沟通的技巧，它要求我们从最重要的思想开始，并按逻辑顺序排列支持的观点。这种方法帮助分析人员在“总结归纳”阶段构建结构化的思维模式，并形成独特的、有说服力的观点。

金字塔原理是由前麦肯锡（McKinsey & Company）咨询公司的顾问芭芭拉·明托（Barbara Minto）在 20 世纪 70 年代初期提出的。明托在其著作《金字塔原理：思考、表达和解决问题的逻辑》中详细阐述了这一原理，并说明如何清晰地组织思考和有效地沟通信息。

她提出这一原理的初衷是帮助咨询公司的顾问更有效地向客户汇报，并呈现复杂的业务问题和解决方案。金字塔原理自提出以来，不仅在咨询业被广泛使用，也被众多商业领域和学术领域所采纳，帮助人们在撰写报告、准备演讲和进行商务沟通时，能够更具逻辑性和说服力地表达自己的观点。

在行业数据分析中，金字塔原理可以帮助分析师整理和呈现复杂数据的核心要素。它通常从最广泛的结论开始，逐步展开支持这些结论的子论点，如图 4–8 所示。

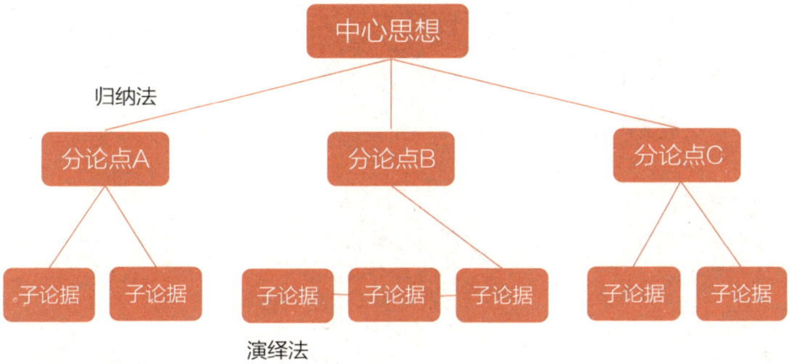

图 4–8　金字塔原理

- 中心论点（金字塔顶部）：这是核心观点或结论，应该清晰、简洁，并直接回应分析目标或问题。
- 关键支点（金字塔中层）：这些是支撑中心论点的主要论据或分类。在行业分析中，这可能包括不同的市场端、产品线或业务单位。
- 支撑细节（金字塔底层）：在每一个关键支点下面，都有进一步支持的数据、事实或论据，这些是更具体的信息，用以验证关键支点的有效性。

使用金字塔原理，分析人员在“总结归纳”阶段可以：

- 明确概述行业的整体趋势和关键驱动因素。
- 从宏观到微观提出具体的分析点，确保每一点都有充分的数据支持。
- 创建一个逻辑上连贯的论点框架，使观点易于理解和记忆。

【案例】

- 定义中心论点：例如“移动支付市场增长迅速，预计未来五年将翻倍。”
- 识别关键支点：可能包括“用户增长率”、“技术创新”和“政策环境”。
- 收集支撑细节：为每个关键支点提供数据支持，比如市场调研数据、用户调查结果或政策分析报告。

通过这种方式，分析人员不仅能够清晰地呈现复杂的数据，还能确保其分析具有说服力和影响力。

5. 持续研究

在桌面研究的“持续研究”阶段，产品的每个生命周期都需要不同的研究重点和方法，如图 4–9 所示。例如，在产品概念期，研究可能专注于市场需求挖掘、竞品分析以及用户需求挖掘。在设计开发期，研究将转向用户体验和功能测试，确保产品设计符合目标市场的期望。在宣传推广期，重点可能是对营销策略的优化。到了平稳发展期，研究的焦点是市场份额的维护和增长策略，而在产品衰退期，研究可能集中在新产品创新和转型策略上。

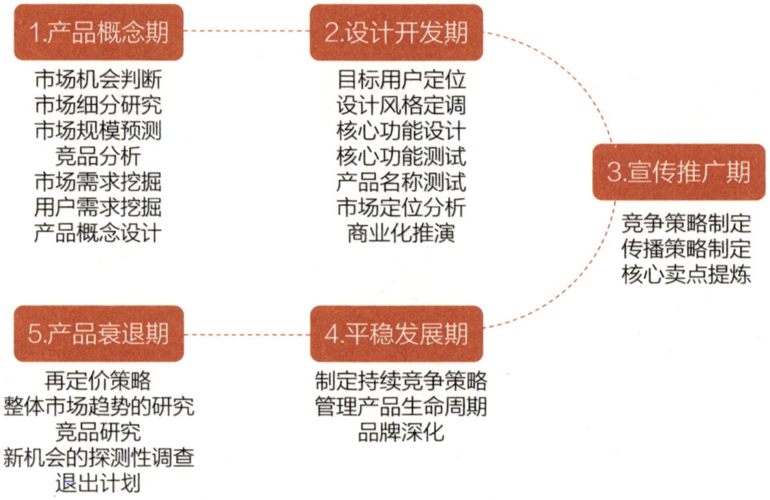

图 4–9　持续研究中不同阶段的重点

在智能手机市场的研究案例中，每个产品生命周期阶段的桌面研究都扮演着关键角色。在产品概念期，研究人员会深入了解消费者对新技术的接受程度，分析竞争对手的市场动向，以及技术创新的最新趋势，例如，通过分析消费者对折叠屏手机的讨论量来评估市场潜力。进入设计开发期，研究重点转向原型的用户体验反馈、用户界面设计的可用性测试，以及确定产品的核心功能。例如，测试不同屏幕尺寸对用户操作的影响。

在宣传推广期，研究关注的是营销渠道分析，例如通过对比不同社交媒体平台上的广告投放效果，来评估宣传策略的成功率。进入平稳发展期，研究将专注于如何通过增加用户忠诚度和开拓新的市场来维持销量，例如，评估一个新兴市场的入门策略。最终，在产品衰退期，研究帮助企业决策是否淘汰老旧产品、更新产品线，或采用价格策略延长产品生命周期，例如，分析价格调整对老产品销售的短期和长期影响。

4.2.3　竞品分析方法和流程

1. 明确目的

竞品分析是行业分析的深化，在这个阶段企业已经在某个产品领域开展了实际业务。在进行竞品分析时，首先需要明确分析的目的，这包括识别直接竞争对手、间接竞争对手和潜在竞争对手，如图 4–10 所示。

图 4–10　竞争对手分析层级

直接竞争对手是指那些满足相同消费需求并且市场定位相似的产品。例如，可口可乐在碳酸饮料市场的直接竞争对手包括百事可乐、芬达等，它们同样提供碳酸软饮，针对的消费群体相同。这些竞争对手的市场表现直接影响到公司的市场份额和营销策略，因此需要进行持续的监控和分析。

间接竞争对手的目标客群或产品方向虽然存在差异，但在某些功能或属性上与直接竞争对手有所重叠。在可口可乐的案例中，功能性饮料如能量饮料、牛奶或橙汁等虽然市场定位与可乐不完全相同，但它们在消费者的饮品选择中仍然构成选择上的竞争。因此，对这类竞争对手的关注可能集中在产品创新或市场动向上，特别是当它们发布重大的版本更新或市场活动时。

潜在竞争对手则是那些目前尚未直接与公司产品竞争，但有可能在未来形成威胁的产品或服务。对于可口可乐来说，像星巴克这样的咖啡品牌虽然目前在销售渠道和消费场合上与传统的碳酸饮料市场不同，但由于消费者越来越偏向于选择健康、定制化的饮品，这些品牌就有可能成为未来的潜在竞争对手。虽然对这类对手的监控不必如直接竞争对手那样频繁，但了解它们的市场动态和潜在策略对于长远规划和风险管理同样重要。

2. 资料收集

在竞品分析的“资料收集”阶段，主要任务是聚合关于直接竞争对手、间接竞争对手及潜在竞争对手的信息。这一阶段的关键在于获取尽可能全面的数据，以构建一个详尽的竞争环境图景。

- 直接竞争对手：对于直接竞争对手，资料收集的焦点在于产品或服务的特性、价格、市场份额、销售策略、客户反馈等。这包括竞争对手的年报、市场分析报告、客户评价及新闻发布。
- 间接竞争对手：这类对手可能提供不同类型的产品或服务，但在某些功能上与直接竞争对手有重叠。收集的资料可能涵盖市场趋势报告、消费者行为研究及技术发展预测。
- 潜在竞争对手：对于潜在的竞争对手，重点关注的是行业的新入者和可能通过新技术或商业模式变革来改变市场格局的公司。信息来源可能包括创业公司的资金流向、专利申请及行业前景预测等。

通过这些信息，分析人员可以对竞争对手的战略、操作和业绩有基本的了解，为后续的筛选整理、总结归纳、持续研究提供支持。实际操作中，可以通过多种渠道来收集这些信息，包括：

- 公开财报和公告：收集直接竞争对手的年度报告、季度财报、投资者关系公告等，来了解其财务状况、盈利模式和业务动态。
- 市场研究报告：通过购买或订阅行业研究报告，获取对行业趋势、市场份额、消费者偏好等的专业分析。
- 新闻媒体和专业论坛：关注行业新闻、专业论坛和博客，从业内观点和消费者反馈中洞察竞争对手的品牌形象和市场表现。
- 社交媒体分析：分析竞争对手的社交媒体账户，关注其营销活动、用户互动和公众讨论，把握品牌声誉和消费者情绪。
- 消费者反馈和产品评价：通过电子商务平台、应用商店等渠道收集用户对竞品的评价和反馈，分析产品的市场接受度和用户满意度。
- 专利和技术资料：通过专利数据库和技术白皮书等途径，了解竞争对手的技术创新和知识产权布局。
- 一手数据搜集：可以组织对行业专家的访谈、编写定量问卷对用户进行调研分析，获取独到的第一手市场信息。

这个阶段的目标是构建一个全面、多角度的竞品信息库，为后续的分析工作提供丰富的资料。通过这些信息，分析人员可以更深入地理解竞争对手的策略和动态，以及它们在市场中的表现和潜力。

3. 筛选整理

在竞品分析的“筛选整理”阶段，主要任务是从众多收集到的资料中筛选出关于产品定位、商业模式、运营思路、盈利模式和市场推广的关键信息。这需要分析师具备对数据的敏感性和深度理解能力，以及应用合适的分析工具来帮助提炼信息。有人在做竞品分析时使用 SWOT 分析法、BCG 矩阵分析法、波特五力分析法等方法，这有利于获得更全面的竞争分析视角。但是仅使用这些方法就导致竞品分析流于表面，甚至写出的报告和行业分析很类似，没有达到深入分析竞争对手的目的。

为了帮助大家把竞品分析做得深入，以下列出了关于企业产品最核心的 6 种模型，这些模型本来是企业内部做产品设计时使用的。在做竞品分析时，研究人员应该像竞品公司内部人员一样思考，这样形成的竞品分析报告才有意义。在学习本节的 6 种模型时，需要假定自己是竞品的产品经理。

首先，产品定位的分析将集中在如何区分自己的产品与竞品，并理解目标市场中消费者的需求与偏好。这里可以借助 STP（市场细分、目标市场、产品定位）模型、电梯演讲来进一步明确。

（1）STP（市场细分、目标市场选择、产品定位）模型

STP 模型代表了市场细分（Segmentation）、目标市场选择（Targeting）和产品定位（Positioning）三个过程。这个模型帮助公司识别并优先关注最有可能购买其产品的客户群体，并针对这些客户制定有效的营销策略。

- 市场细分：在市场细分阶段，公司将广泛的市场拆分成较小的、具有共同需求或愿望的消费者群体。这种细分可以基于多种因素，包括地理位置、人口统计、生活方式、行为等。
- 目标市场选择：一旦市场细分完成，公司需要评估每个细分市场的吸引力，并选择一个或多个细分市场作为其市场的目标。目标市场选择将基于细分市场的规模、成长性、竞争程度、公司资源和细分市场的契合度等因素。
- 产品定位：最后，公司将决定如何在目标消费者的心智中定位其产品，以区别于竞争对手。定位通常涉及创建一个明确、独特且吸引人的产品形象，这可以通过广告、服务、产品特性、价格策略等来实现。

【案例】

假设一个智能手机制造商想要应用 STP 模型：

- 市场细分：制造商可能会根据年龄、收入、技术熟练度等因素细分市场。例如，他们可能识别出年轻消费者、科技爱好者、商务人士和价值寻求者等不同细分市场。
- 目标市场选择：在评估各个细分市场后，该制造商可能决定将科技爱好者和商务人士作为目标市场。这些群体可能更愿意为最新技术和高效能的设备支付更高的价格。
- 产品定位：对于科技爱好者，制造商可能会强调其智能手机的先进功能、高性能和独特的操作系统。对于商务人士，他们可能会突出设备的安全性、耐用性和集成的商务应用程序。

在这个过程中，该制造商可以更有效地分配其营销资源，确保营销信息针对性强，并以此提高转化率和市场份额。

（2）电梯演讲（Elevator Pitch）

电梯演讲是一种简洁的介绍方式，用来在非常短的时间内（通常假设在电梯行程中）清晰而有效地传达一个想法或产品的核心价值。它的关键在于高度浓缩的信息量和吸引听众的能力。

一个好的电梯演讲通常包括以下要素：

- 目的：你为何发起这次演讲？你想要的结果是什么？
- 问题：你解决了什么问题？这个问题对听众有何重要性？
- 解决方案：你的产品、服务或想法是如何解决这个问题的？
- 差异化：你与竞争者相比有什么独特之处？你的优势在哪里？
- 行动号召：听完你的演讲后，你希望听众采取什么行动？

【案例】

假设你是一家初创公司的创始人，你的产品是一个使用人工智能来辅助学习的教育应用程序。以下是你可能使用的电梯演讲：

“大家好，我是 ××× 公司的创始人兼 CEO，我们开发了一款革命性的教育应用程序。我们注意到，尽管学习方式有很多，但学生们往往难以找到完全适合自己学习风格的资源。我们的应用程序使用人工智能来分析用户的学习行为，并提供完全个性化的学习体验，从而提高学习效率和成果。与市场上的其他教育工具相比，我们的 AI 驱动引擎可以实时适应学生的变化，并且已经在初期测试中显示出比传统方法高出 50% 的学习效果。现在，我们正在寻找合作伙伴和投资者来扩大我们的影响力。如果你对教育创新感兴趣，那么我很愿意和你分享更多我们产品的信息。”

这个电梯演讲迅速揭示了该公司的目的，解释了产品如何解决一个明确的问题，强调了其独特之处，并以一个行动号召结束，邀请听众进行进一步的对话。

接下来，商业模式的探讨需要揭示竞品如何创造价值、传递价值以及他们的收益来源。精益画布和价值主张画布可以在这个阶段被用来更细致地理解竞品的价值创造和交付。

（3）精益画布（Lean Canvas）

精益画布是一种创业工具，旨在帮助创业者快速理解和沟通他们的商业主张。它是由 Ash Maurya 根据亚历山大・奥斯特瓦尔德（Alexander Osterwalder）的商业模式画布（Business Model Canvas）改进而来的，以适应更加精益的初创企业环境。

精益画布主要包括以下几部分：

- 问题：列出目标客户面临的前三个主要问题。
- 客户细分：确定理想客户群体，描述他们的特点。
- 独特价值主张：一个清晰的、吸引人的口号，解释产品为什么与众不同。
- 解决方案：描述计划如何解决这些问题。
- 渠道：如何与客户接触和传递产品。
- 收入流：收入模型，怎样从客户那里赚钱。
- 成本结构：商业活动需要哪些重要成本。
- 关键指标：将如何衡量成功。
- 竞争优势：描述核心竞争力壁垒，解释为什么解决方案难以被复制或买断。

精益画布的设计使得创业者可以快速地调整和测试他们的商业假设，而不是写一份传统的详细商业计划。这使得创业者能够更快地迭代和改进他们的商业模型。

【案例】

假设有一家初创公司打算推出一个新的健康跟踪应用程序。他们可能会使用精益画布来概述如下：

- 问题：用户难以跟踪日常健康指标，缺乏动力保持健康习惯。

- 客户细分：年轻的健康意识型消费者，对技术接受度高。
- 独特价值主张：一站式健康管理和提升动力的简易应用。
- 解决方案：提供易于使用的界面和游戏化的元素来促进用户参与。
- 渠道：通过社交媒体和健康博客推广。
- 收入流：应用内购买和合作推广健康产品。
- 成本结构：应用开发和市场营销。
- 关键指标：用户增长率、日活跃用户数、用户留存率。
- 竞争优势：先进的数据分析功能和与专业健康教练的合作。

这样的精益画布能够帮助这家公司快速识别其商业模型的核心要素，并为进一步的开发和迭代提供清晰的指导。

（4）价值主张画布（Value Proposition Canvas）

价值主张画布是由亚历山大·奥斯特瓦尔德和伊夫·皮格内尔设计的工具，旨在帮助企业家和公司准确地为目标客户创造价值。它是商业模式画布的衍生工具，特别关注商业模式中的价值主张和客户细分两部分。

客户细分（Customer Profile）：

- 客户工作：客户在工作或生活中试图完成的任务。
- 客户痛点：客户在尝试完成这些任务时遇到的挑战和问题。
- 客户收益：客户希望通过完成这些任务获得的好处和愿望。

价值主张（Value Proposition）：

- 产品与服务：企业提供的产品或服务。
- 痛点缓解：产品如何减轻或解决客户的痛点。
- 收益创造：产品如何增强客户期望的收益。

价值主张画布的目的是确保产品或服务的价值主张与客户的期望、需求和问题紧密对应，从而创造出真正的客户价值。通过这个工具，企业可以更清晰地理解目标市场，并设计出更好地满足这些需求的产品或服务。

【案例】

设想一个在线学习平台正在设计一门新的在线课程。

- 客户工作：用户想要在家提升个人技能，希望能够通过灵活的学习时间来充实自己。

- 客户痛点：用户可能没有时间去实体学校学习，或者对现有在线课程的互动性和个性化不满意。
- 客户收益：用户期望获得高质量的教育资源，提升职业技能，以便获得更好的工作机会。
- 产品与服务：提供包含视频教程、互动作业和在线支持的综合在线课程。
- 痛点缓解：课程设计灵活，随时随地可学，互动性强，提供一对一辅导。
- 收益创造：课程能够帮助用户快速掌握新技能，提供证书以证明其技能提升，从而提高就业竞争力。

通过价值主张画布，这个在线学习平台能够更深入地理解目标客户群的具体需求，确保所开发的在线课程能够满足这些需求，从而使产品更具吸引力。

（5）业务流程图（Business Process Diagram）

在运营思路方面，分析师需要探究竞品的内部运营管理方式、流程优化情况以及如何保持运营效率。业务流程图可以帮助分析师理解竞品的运营结构和流程瓶颈。

业务流程图是表示企业内部工作流程的一种图表，用于说明任务执行的顺序、涉及的部门及决策点。业务流程图通常用于分析和设计流程的优化，帮助组织明确流程中的每个步骤，发现并解决效率低下或有质量问题的环节。主要组成元素包括：

- 事件：流程的起点和终点，通常用圆形表示。
- 活动：流程中的具体任务或工作，用矩形表示。
- 决策点：流程中的选择点，如“是”或“否”的决策，通常用菱形表示。
- 连接线：表示流程中活动之间的流向或顺序，通常用箭头表示。
- 泳道：可用来表示流程中的不同组织单位或部门，每个泳道代表一个特定的参与者。

业务流程图可以用于任何需要流程化管理的场合，包括销售流程、订单处理流程、客户服务流程等。

【案例】

考虑一个简单的订单处理流程，如图 4–11 所示。

- 客户提交订单（事件）。
- 订单部门接收订单（活动），并检查库存（决策点）。

- 如果库存足够（决策点的一条路径），则进入订单确认（活动），然后是发货（活动）。
- 如果库存不足（决策点的另一条路径），则需要进行库存补充（活动），再回到订单确认。
- 最后，客户收到商品（事件），结束流程。

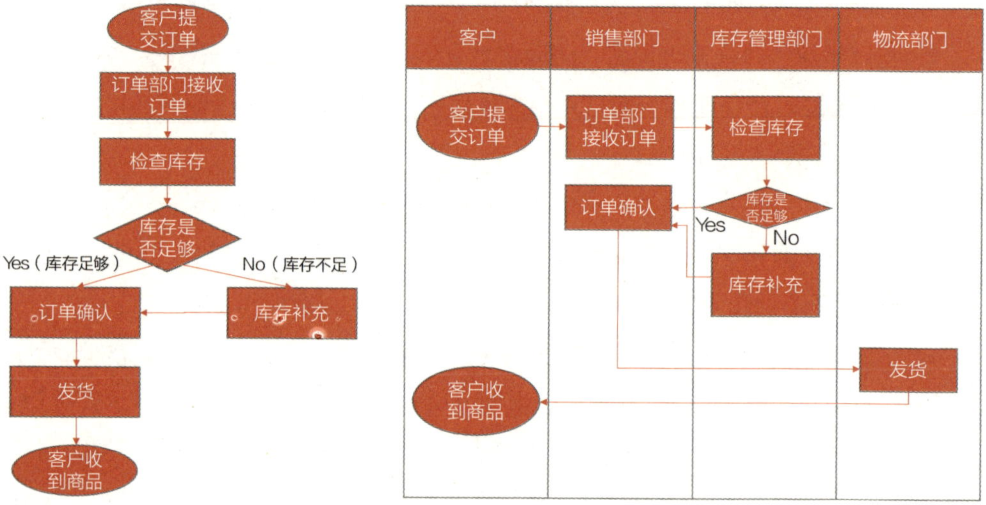

图 4–11　业务流程图示意图

在此案例中，业务流程图清晰地展示了从客户下单到收货的整个流程，包括了决策点（库存是否足够）和可能的分支（库存补充）。这样，组织可以很容易地识别流程中可能的瓶颈或改进点，比如库存管理的自动化或是加快补货的速度，以提高整体的效率和客户满意度。

（6）用户体验地图

用户体验地图是一种设计工具，用于描绘用户在使用产品或服务过程中的体验。它帮助设计师和产品团队从用户的角度出发，理解用户的需求、感受和行为模式，从而设计出更加人性化和满足用户需求的产品或服务。用户体验地图通常包括以下关键组成部分。

- 阶段（Stages）：用户体验旅程可以分为几个阶段，比如汽车到 4S 维修涉及电话预约、到店排队、损害检测、费用报价等阶段。
- 接触点（Touchpoints）：用户与产品或服务接触的所有点，包括直接接触（如使用产品、访问网站）和间接接触（如看到广告、听到口碑）。

- 情感曲线（Emotional Curve）：展示用户在旅程的每个阶段可能经历的情感变化，如快乐、沮丧、满意等。
- 机会点（Opportunities）：通过分析用户旅程，可以发现改善用户体验和增强用户满意度的机会点。

【案例】

考虑一个在找兼职工作的用户体验旅程，如图 4–12 所示。

- 寻找岗位阶段：用户通过搜索引擎、社交媒体或朋友推荐了解兼职信息。
- 做兼职阶段：接受工作并提交验收。
- 获取收入阶段：评价反馈和收款。

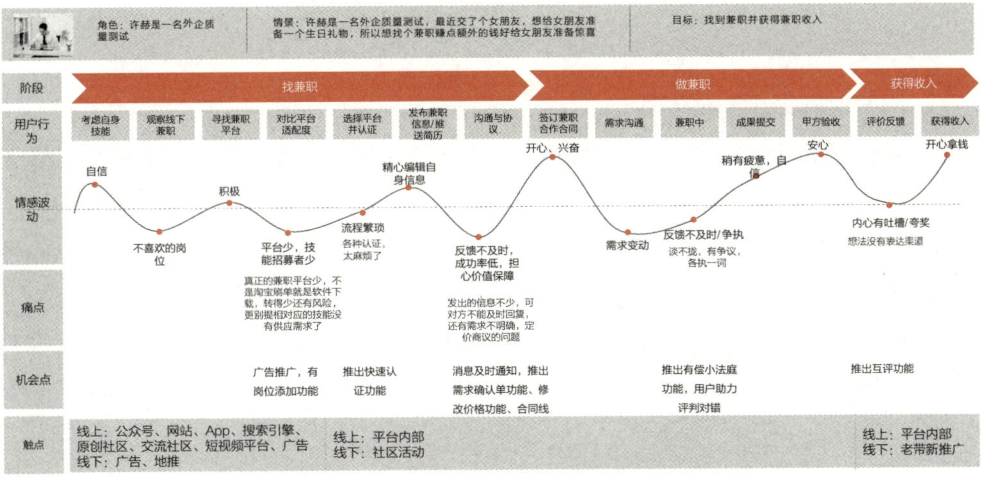

图 4–12 寻找兼职的用户体验地图

通过细致地分析用户体验旅程，团队可以更准确地识别和解决用户当前使用产品或服务过程中遇到的问题，针对客户痛点寻求更好的解决方案，从而设计出更符合用户需求和提升用户满意度的产品或服务。

4. 总结归纳

在竞品分析的“总结归纳”阶段，使用适当的可视化工具可以更清晰地进行对比和分析数据，从而形成有力的洞察，如图 4–13 所示。

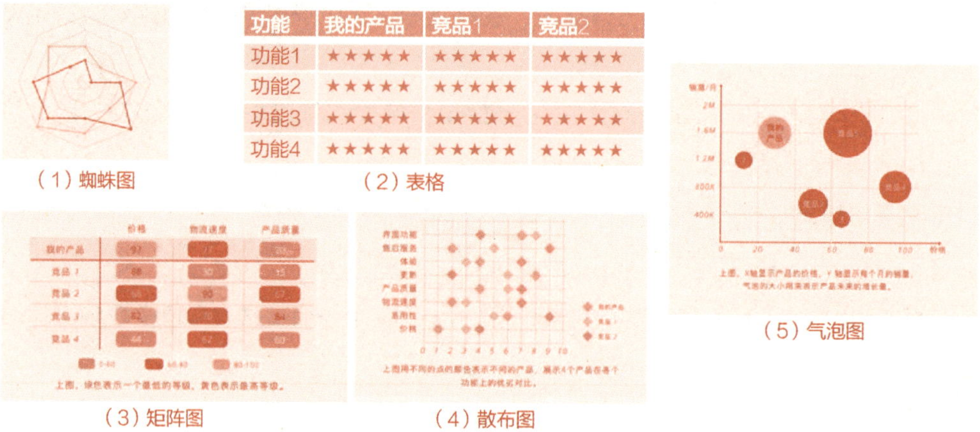

图 4–13　竞品分析常用可视化工具

以下是对常用工具的说明：

（1）蜘蛛图（Spider Chart）

蜘蛛图适合用于多个产品或服务在多个维度（通常是 3~8 个）上的性能对比。它通过在多轴上展示数据点，然后将这些点连接成一个多边形，来直观地比较各个产品的强项和弱点。例如，可以用来比较几款智能手机在续航、屏幕尺寸、相机性能等方面的表现。

（2）表格（Comparison Table）

表格是一种非常基础且传统的数据对比工具，它通过行和列的结构展现不同产品的特性或性能指标。表格适合用来呈现详细的数据和直接的对比，如价格、规格、用户评分等。

（3）矩阵图（Matrix Chart）

矩阵图通过颜色、符号或其他视觉元素的差异来展现数据点在二维空间中的位置和属性。这种图表特别适合展示项目或产品在两个主要维度上的分类及其相对地位，如市场成熟度与竞争力分析。颜色的深浅可以用来表示第三个维度，如市场占有率。

（4）散布图（Scatter Chart）

散布图通过在二维空间中用点表示数据集，来展现两个变量之间的关系。它适合用来分析两个连续变量之间是否存在某种相关性或趋势。例如，可以用来分析产品价格与消费者满意度之间的关系。

（5）气泡图（Bubble Chart）

气泡图是散布图的扩展，通过气泡的大小来展示第三个维度的数据。这种图表非常适合同时展示三个数据维度的关系，例如，产品的市场占有率（X轴）、增长率（Y轴）和盈利能力（气泡大小）。

使用这些可视化工具进行“总结归纳”，可以帮助团队和决策者从不同角度理解竞品的表现，识别自身产品的优势和改进点，从而制定更加有针对性的策略。

5. 持续研究

在竞品分析的“持续研究”阶段，重点是建立一个动态的监控系统，以持续追踪市场变化、竞品动态以及消费者趋势。这个阶段的目的是确保企业能够及时响应外部环境的变化，保持竞争优势，并不断优化和调整自己的策略。以下是进行持续研究的几个关键步骤：

（1）建立监控机制

使用自动化工具和软件跟踪关键词、提及品牌和行业动态。这包括社交媒体监听、网站流量分析、在线评论和评分监控等。

（2）定期评估市场和竞品

设定定期（如季度、半年或年度）的市场和竞品评估周期，更新竞品数据库，包括新的产品发布、市场份额变化、营销策略调整等。

（3）消费者和市场趋势分析

通过调查、焦点小组和市场研究报告，持续追踪消费者需求、偏好和行为的变化，以及新兴的市场趋势和技术创新。

（4）内部反馈循环

建立一个机制，让销售、客户服务和产品开发团队能够定期提供一线的反馈和见解，帮助深化对市场和竞品的理解。

（5）策略调整和迭代

根据持续研究的发现，定期评估和调整公司的产品开发、营销和战略规划，确保快速适应市场变化。

（6）学习和培训

组织定期的内部分享会和培训，更新团队成员关于市场和竞争环境的知识，提高整个组织的市场敏感性和应对能力。

【案例】

假设一家电子商务公司正在销售智能家居设备。在“持续研究”阶段，该公司可能会：

- 使用社交媒体监听工具跟踪消费者对智能家居产品的讨论和反馈。
- 每季度评估主要竞品的新产品发布、价格调整和促销活动。
- 关注行业报告和研究，了解智能家居技术的最新发展和消费者趋势。
- 设立一个内部反馈系统，收集销售团队和客户服务部门的见解，了解客户的实际需求和产品使用体验。
- 根据这些持续研究的结果，调整自己的产品线、营销策略和客户服务流程，以保持竞争力。

通过这样的持续研究和反馈循环，公司能够保持对市场动态的敏锐洞察，及时调整策略，从而在竞争激烈的市场中保持领先。

4.3 战略数据分析关键步骤 2：调查研究

调查研究是获取行业洞察、用户偏好、产品反馈等关键一手信息的过程，它对于指导产品开发、市场定位和策略制定至关重要。本节将概述调查研究的基本内容，主要讲解定性调研的方法，定量调研方法在 CDA 二级教材中讲解。在调查研究中，以定性调研为主，定量调研为辅。

4.3.1 调查研究流程

（1）目标设定

在启动调查研究之前，首先要明确研究的目的和目标。这一阶段涉及对相关领域的深入理解，包括研究报告、行业分析等，以全面掌握研究背景和现状。此过程有助于精确定义研究范围和关键问题，确保研究方向的准确性和有效性。

（2）调研前的准备

在实际调研之前，需要进行细致的准备工作，以确保调研的顺利进行和数据的准确性。

- 目标群体定位：根据研究目标确定调研对象，比如目标产品用户、领域专家、一线业务人员等。

- 选择调研方式：根据研究目的和资源条件，选择最合适的调研方法，如焦点小组、深度访谈、实验市场、产品试销、定点拦截访问、中心定点访问、网上调查问卷、电话调查等。
- 调查问卷设计：分为开放问卷、半结构化问卷和结构化问卷。开放问卷仅列出调研人员最关心的一些问题。半结构化问卷根据从宏观到微观、从整体到细节、从结果到原因的结构列出问题。结构化问卷仅包括选择题供被调研人员填写。

（3）调研

根据准备阶段的规划，执行调研活动。这一阶段要确保调研的质量，按照既定的方法和流程收集数据。

（4）数据处理与分析

收集到的数据需要经过系统的处理和分析。这包括数据清洗、分类、统计分析等，以提取有价值的信息和洞察。这一过程往往需要专业的统计知识和数据分析工具。

（5）撰写调查报告

基于数据分析结果，撰写调查报告。报告应包含研究背景、方法、主要发现、结论和建议等部分。报告的撰写应注重逻辑清晰、表述准确，旨在为业务决策和策略调整提供可靠依据。

4.3.2　定性方法和定量方法

调查研究通常分为定性方法和定量方法，两者各有优缺点，并且适用于不同的研究目的和情境，如表 4–3 所示。

表 4–3　定性方法和定量方法的对比

区别项目	定性研究	定量研究
开展研究的情境	不加控制的自然环境	加以控制的量化环境
研究的理论基础	人文主义和自然主义	科学主义和时政主义
结果表达的形式	文字表达	数据表达
收集资料的方式	观察、访谈、查阅文献、收集实物等	测试、问卷调查、实验等

续表

区别项目	定性研究	定量研究
分析资料的方法	归纳 + 演绎	归纳
研究效度的保证	研究者素质	研究工具的结构

（1）定性方法

包含内容：

- 深度访谈：一对一访谈，深入探讨被访者对某一问题的看法和感受。
- 焦点小组：邀请一组用户共同讨论，以收集他们对产品或服务的意见。
- 任务场景或用户测试：通过具体的使用场景测试，收集用户的反馈。

优点：

- 提供深入、细致的见解，能够揭示被调查者的真实想法和动机。
- 有助于理解用户行为背后的深层次原因和情感。
- 能够发现新的见解和机会，适用于探索性研究。

缺点：

- 时间和成本较高，样本数量有限，难以泛化到整个市场。
- 结果难以量化，分析和解释依赖研究者的主观判断。
- 可能受到参与者偏见的影响。

（2）定量方法

包含内容：

- 线下或电话问卷调查：通过设计问卷并采取问答形式进行调查。
- 网上问卷调查：在特定网站上发布问卷，让目标群体自由回答。
- A/B 测试：比较两个或多个版本的产品或服务，以确定哪个更有效。
- 实验市场（产品试销）：在选定的小范围市场内进行产品的模拟销售。

优点：

- 能够处理大量样本，结果易于量化，便于统计分析。
- 结果具有较高的代表性，可以推广到更广泛的群体。
- 成本相对较低，收集速度快。

缺点：

- 可能缺乏深度和细节，难以完全理解用户行为背后的动机。
- 问题设计和问卷设计的质量直接影响数据的准确性。

4.4 战略数据分析报告呈现

战略数据分析报告通过系统化的数据分析，全面揭示行业的整体环境、竞争格局和市场动态，帮助企业管理层洞察外部市场形势，识别潜在机遇和风险，从而制定合理的战略决策。这类报告为企业提供了进入市场或扩展业务的关键情报，包括市场规模、客户需求、技术趋势和政策法规等要素。通过数据驱动的行业分析，企业能够更加科学地评估市场进入策略、资源配置和产品定位，以提升市场竞争力和可持续发展能力。同时，这些分析结果也可作为与外部利益相关者（如投资者、合作伙伴）沟通的参考依据，强化企业在行业中的战略地位。战略数据分析报告一般包括如下内容。

1. 报告目标和背景

- 说明行业分析的目的，例如支持市场进入策略、产品定位或趋势判断。
- 背景介绍，包括数据来源（如市场研究报告、政府统计、公开信息等）。

2. 市场规模和增长趋势

- 行业的市场规模、历史增长率和未来预测。
- 使用图表展示收入增长、市场份额等趋势。

3. 行业结构和主要参与者

- 介绍行业内的关键参与者、市场占有率和竞争格局。
- 可用波士顿矩阵、五力模型或市场结构图表展示竞争者分布。

4. 客户和需求分析

- 行业的目标客户群特征和需求变化。
- 使用市场细分分析、用户画像和需求偏好等来描绘目标用户特征。

5. 技术和政策环境

- 技术创新对行业的影响，包括当前技术趋势和未来技术变化的预测。
- 使用 PEST 方法等分析相关政策法规及其对市场发展的影响。

6. 行业机会和风险

- 分析行业潜在的增长机会和主要风险因素。
- 使用 SWOT 方法等总结行业的优劣势、机会和威胁。

7. 结论和建议

- 总结关键发现，并对企业在该行业的战略提出建议。

4.5 本章小结

在本章中，我们深入探讨了战略数据分析的各个方面，这对于公司战略层的决策制定至关重要。通过对行业报告、公共部门的数据及其他外部数据的细致分析，我们可以形成全面的行业数据分析报告。

通过本章的学习，读者应能够掌握如何从大量数据中提取有价值的信息，如何系统地分析这些信息，并且能够撰写出既专业又易于理解的行业分析报告，以支持公司的战略决策。

第 5 章　业务数据分析 ●●●

业务数据分析是满足企业内部经营管理、运营管理需求的分析，包括财务、客户、流程分析等内容。由于这类数据一般保存在企业的数据库中，因此需要数据分析师了解企业的 IT 系统、数据仓库，能够读懂数据字典，并且可以使用 SQL 工具进行取数并通过 BI 工具进行可视化的展现。

5.1 业务数据分析基础

本章将介绍位于企业决策金字塔第二层和第三层的业务数据分析，如图 5–1 所示。业务数据分析是企业决策的关键支持系统，它不仅帮助管理层回答“做得如何？”的问题，而且辅助运营层面解答“如何做？”的问题。

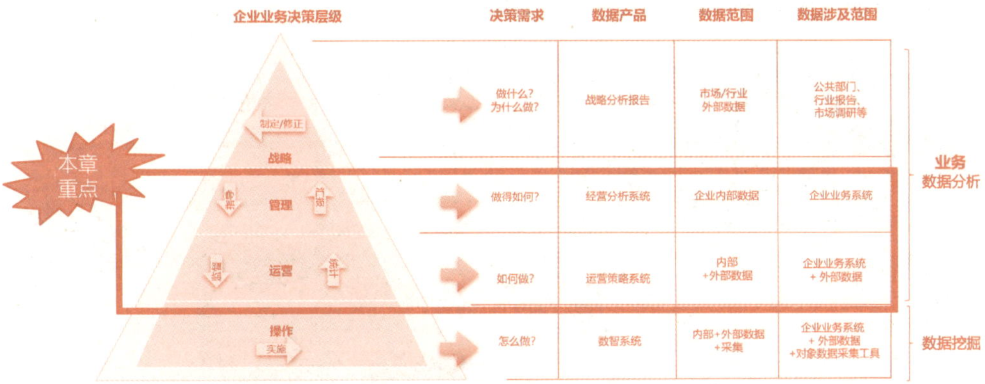

图 5–1　业务数据分析在企业决策金字塔中的位置

在管理层面，业务数据分析的目的是量化绩效，评估策略的有效性，并识别潜在的改进领域。它依托企业内部的经营分析系统和丰富的业务数据，通过精确的数据驱动管理，优化业务流程，提升执行效率。而在运营层面，业务数据分析更加注重实用性和即时性。通过结合内部与市场的数据，运用先进的分析策略，企业能够确定最有效的操作方案，提高业务效率、降低成本、增强客户满意度，从而在竞争激烈的市场中获得优势。

5.1.1 业务数据分析产出物

业务数据分析的产出物是支撑企业决策金字塔不同层级的关键，本章重点讲解面向管理层和运营层的产出物，如图 5-2 所示。

对于管理层，数据看板和仪表盘提供了高层次的概览和监控手段。数据看板深入展示了业务的绩效和趋势，而仪表盘则通过可视化手段实时反映关键性能指标（KPIs），为快速决策提供支持。

对于运营层，业务归因分析揭示了业绩变化背后的深层因素，这可能涉及市场环境、内部流程或顾客行为的多维度考量。策略优化报告则建立在这些分析之上，提出具体的操作步骤和战略调整，以实现业务流程的改进和市场竞争力的增强。

在整个决策金字塔结构中，这些分析产出物不仅要求准确捕捉数据，还要能够以适合决策者消化的形式呈现。管理层的数据看板和仪表盘侧重于直观的数据汇总和稳态的数据分析，而运营层的分析报告侧重于具体问题的诊断和策略调整，属于敏态的数据分析。这样的分层化产出物能够确保各决策层级能够接收到他们需要的信息，从而在企业内部形成协同和高效的决策过程。

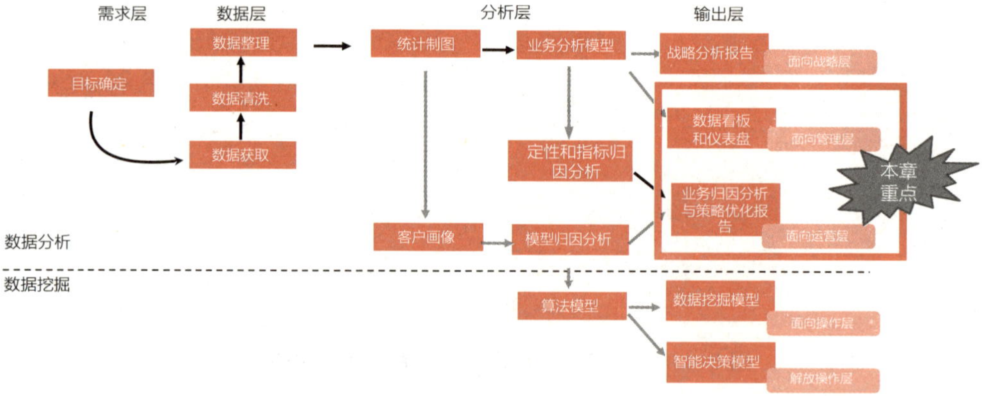

图 5-2 业务数据分析产出物

5.1.2　业务数据分析中的关键术语

在做业务数据分析时，会涉及各种数据库、BI 工具，以下做简要介绍。

1. 数据库相关知识

企业中的数据通常存放在各类数据库中。

（1）数据库

数据库是一个组织和存储数据的集合。它是一个结构化的数据存储系统，用于存储、管理和检索数据。数据库可以包含多个表，每个表都由行和列组成，用于存储特定类型的数据。用户通过数据库管理系统（DBMS）对数据库进行操作，包括插入、更新、删除和查询数据。

数据库提供了一种有效和可靠地组织与管理大量数据的方式，被广泛应用于各种应用程序和领域，如企业管理系统、电子商务、科学研究等。

（2）数据仓库

数据仓库（Data Warehouse）是用于集中存储和管理大量数据的系统，旨在支持数据分析、决策和业务智能等应用。数据仓库通常包含了来自多个系统的数据，它们经过 ETL 等过程处理后，被存储在一个统一的、结构化的数据库中，以供后续的数据分析和报告使用。数据仓库的设计和建设是一个复杂的过程，需要考虑业务需求、数据模型设计、ETL 流程设计、性能优化等方面。它是企业数据驱动决策和业务智能的关键基础设施之一。

（3）数据集市

数据集市（Data Mart）是一个小型的、专门化的数据仓库，用于存储特定业务部门或业务功能领域的数据。与整个企业范围内的数据仓库相比，数据集市更加局部化，聚焦于特定的业务需求或分析目的。它可以是独立的、自治的数据存储系统，也可以是数据仓库的一个子集，根据业务需求和组织结构的不同而有所变化。数据集市通常被用于支持特定的业务分析、报告和决策需求，为业务部门提供了一个专门化的数据存储和管理平台，以满足其特定的数据分析和业务需求。

（4）数据湖

数据湖（Data Lake）是存储大规模、多样化数据的中心化存储系统，旨在为数据分析、数据科学和机器学习等应用提供数据存储和访问的平台。数据湖接收来自各种来源的原始数据，包括结构化数据、半结构化数据和非结构化数据，其以原始式存储在数据湖中，而不需要事先进行数据模式定义或转换。数据湖为企业提供了一个灵活、高效的数据存储和管理平台，能够满足不断增长和变化的数据需求，支持各种数据分析和应用场景的实现。

（5）ETL

ETL（Extract, Transform, Load，抽取、转换、加载）是指将数据从来源系统提取出来，经过一系列的转换操作，加载到目标系统的过程。这个过程通常用于数据仓库和数据湖等大数据系统中，以支持数据分析和报告等需求。

ETL 过程的设计和实现是数据管道中的关键环节，它影响了数据的质量、效率和可用性。ETL 工具和平台通常提供了一系列功能和工具，用于简化和自动化 ETL 过程，提高数据处理的效率和准确性，示例如图 5–3 所示。

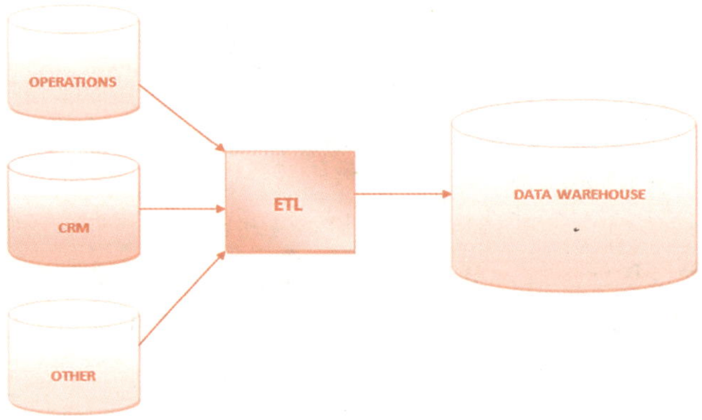

图 5–3　ETL 示例

（6）数据字典

数据字典（Data Dictionary）是一种用于描述数据结构的文档，属于元数据（Metadata）。它记录了数据库、数据仓库或数据湖中使用的所有表、字段的定义、属性、规范和关系，以及表和数据之间的关联和依赖关系，示例如表 5–1 所示。

表 5–1　数据字典示例

ID	Name	Type	Null	Remark
1	id	varchar（12）	PK	券号
2	user_id	Int（10）	NO	
3	partner_id	Int（10）	NO	

续表

ID	Name	Type	Null	Remark
4	team_id	Int（10）	NO	
5	order_id	Int（10）	NO	
6	type	enum（‘consume’，‘credit’）	NO	
7	credit	Int（10）	NO	
8	secret	varchar（10）	YES	券密码
9	consume	Enum（‘Y’，‘N’）	NO	是否消费
10	ip	varchar（16）	YES	消费 IP
11	sms	Int（10）	NO	短信发送次数
12	expire_time	Int（10）	NO	过期日期
13	consume_time	Int（10）	NO	消费日期
14	create_time	Int（10）	NO	创建日期
15	sms_time	Int（10）	NO	短信发送日期

在阅读数据字典时，最主要的是识别每张表的主键和外键，表 5-1 中的券号（id）字段就是该表的主键（PK），user_id、partner_id 等含有“id”标识的字段是外键。识别主键和外键的目的是建立表与表之间的关联关系，为编写多表合并的 SQL 语句提供依据。

数据字典在数据管理和数据治理中扮演着重要的角色，它为数据分析、数据开发和数据使用提供了重要的参考和文档支持。数据字典的建立和维护有助于提高数据的可理解性、可信度和可用性，促进数据资源的共享和重用。

2. 表结构数据特征

数据库中的数据是以表结构的形式存储的，本节仅介绍表结构数据的特征，表结构数据的操作详见“第 8 章 SQL 语言基础与 MySQL 入门”。

（1）以字段或记录作为数据的引用、操作及计算的基本单位的数据。

表结构的第一行通常称为标题行（Header Row），包含了表中的字段名称。标题行用于定义每个字段的名称。这些名称应该清晰、唯一地描述对应字段的含义，且不能重名。从第二行开始的每一行称为记录（Record），记录了实际的数据。每个记录都对应一个数据项，其中每个字段的值与该记录对应的数据关联。每一列对应一个字段，记录了实际的数据。每个字段只能有一种数据类型。数据类型决定了字段可以存储的数据种类和范围，例如整数、字符、日期等。字段的数据类型应根据实际需求设定。

（2）所有字段记录行数相同。

表结构的每一列（字段）都有相同数量的数据值，具有方形的结构。这种结构带来了一些良好的性质。

- 数据结构一致性：所有字段行数相同意味着表中的每个字段都具有相同数量的数据值，确保了数据结构的一致性和完整性。这种一致性有助于数据的处理和分析，使对不同字段的操作更加方便和高效。
- 数据记录对齐：每行数据记录的字段值都在相同位置，保持了数据的对齐性。这种对齐性有助于数据的可读性和理解，使数据在展示和分析时更具有条理性和清晰度。
- 数据的可靠性和准确性：所有字段行数相同有助于确保数据的完整性和准确性。如果某些字段的行数不同，则可能导致数据的不一致和混乱。
- 数据处理的便利性：在进行数据处理和分析时，所有字段行数相同使对数据的操作更加简单和方便。这种一致性有助于避免数据处理过程中的不匹配和错误，提高了数据处理的效率和准确性。
- 表结构的稳定性：所有字段行数相同意味着表结构的稳定性更强，不会因为某些字段的行数变化而导致表结构的变化。这种稳定性有助于系统的维护和管理，减少了表结构变更所带来的影响和风险。

（3）一个表中有且只有一个主键。

主键的作用为唯一标识表中的每一条记录。一个表中有且只有一个主键具有保证数据唯一性、加速数据检索、建立数据关联、维护数据完整性等重要意义，是数据库设计中的基本原则之一。

主键是表的业务记录单位。在一个数据表中的所有非主键字段都要围绕主键展开。主键的两种常见形态为单字段主键和多字段联合主键。其中单字段主键是表中的一个字段，多字段联合主键是由表中的多个字段组合而成的主键。为保证唯一性，字段能成为主键的必要条件为非空且不重复。主键多以“××ID”“××No”“××编号”等名称命名。在检索、更新或删除特定的数据记录时，通常使用定位记录行、字段名＋主键值来定位具体数值。

要确认表结构中的主键字段，通常可采用以下方法。

（1）SQL 语句查询：通过 SQL 语句直接查询数据库中的表结构，使用描述表结构的命令（如 DESCRIBE tablename 或 SHOW CREATE TABLE tablename），确认主键字段及其他字段的信息。

（2）查看文档：查看数据库中导出的文档或设计文档，间接了解表结构数据，包括主键字段和其他字段的定义和属性。这些文档通常由数据库管理员或数据表设计者编写，提供了关于表结构的详细描述。

（3）咨询 DBA：向数据库管理员或数据表设计者咨询，确认主键字段及其他字段的定义和属性。DBA 可以提供有关数据库表的详细信息，并解答相关问题。

（4）推测：通过对数据表的业务意义进行分析，推测可能作为主键字段的候选项。然后通过物理手段（如查看数据记录或使用统计分析工具）确认推测的主键字段是否满足"非空不重复"的要求，从而最终确认主键字段。

3. 多维数据分析与 BI 工具

多维数据分析是现代企业决策支持系统的关键组成部分，它通过多维模型对数据进行上钻和下钻等操作，便于数据分析师快速地展现分析结果。

（1）OLTP。

OLTP（Online Transaction Processing，联机事务处理）是一种数据库处理方式，用于支持实时的、交互式的事务处理，例如订单处理、账户管理、库存管理等。其具备实时性，高并发性，能够快速插入、更新和查询数据的特点，以支持日常业务运营中的实时处理需求。

（2）OLAP。

OLAP（Online Analytical Processing，联机分析处理）是一种用于多维数据分析的技术和工具，通过提供灵活的、交互式的分析功能，帮助用户理解和探索数据，发现隐藏在数据背后的模式和趋势。OLAP 系统通常建立在数据仓库之上，连接信息孤岛，创建多维信息模型。OLAP 通过连接到数据仓库并利用其中的多维数据结构，为用户提供多维分析、切片和钻取等功能，以便他们可以从不同的角度和维度分析数据，并得出有意义的结论。OLAP 技术在数据系统中的位置如图 5-4 所示。

（3）数据立方体。

数据立方体（Data Cube）是多维数据模型中的核心概念，它是一个多维数组，包含了各种维度的交叉组合下的度量值。通过对数据立方体进行切片（Slice）、钻取（Drill Down）、旋转（Pivot）等操作，用户可以对数据进行多维度的分析和探索。

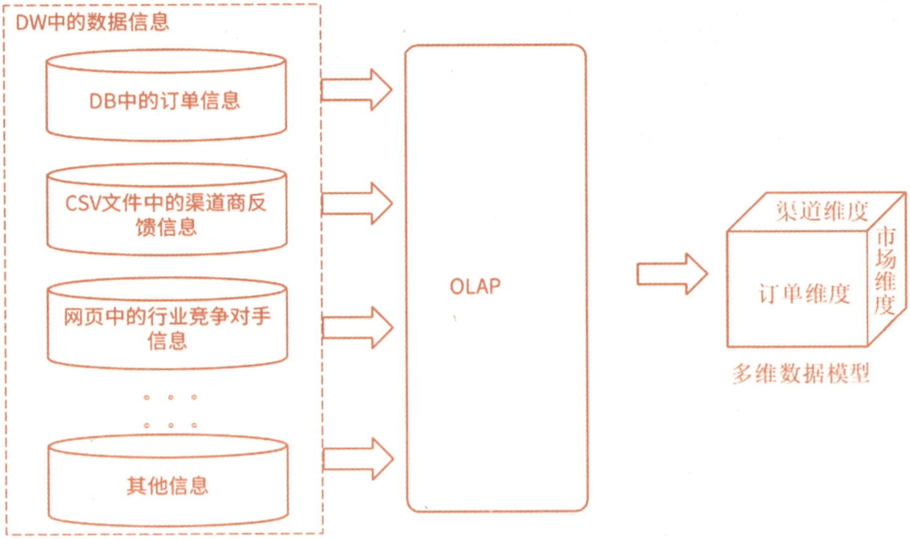

图 5-4 OLAP 技术在数据系统中的位置

数据立方体广泛应用于数据分析和决策支持领域。它可以用于销售分析、市场营销分析、客户行为分析等各种业务场景。通过对数据立方体进行分析，用户可以发现隐藏在数据中的模式和趋势，从而做出更准确的决策。

现代多维分析系统一般以数据仓库为基础，即从数据仓库中抽取详细数据的一个子集并经过必要的聚集存储到数据立方体存储器，示例如图 5-5 所示。

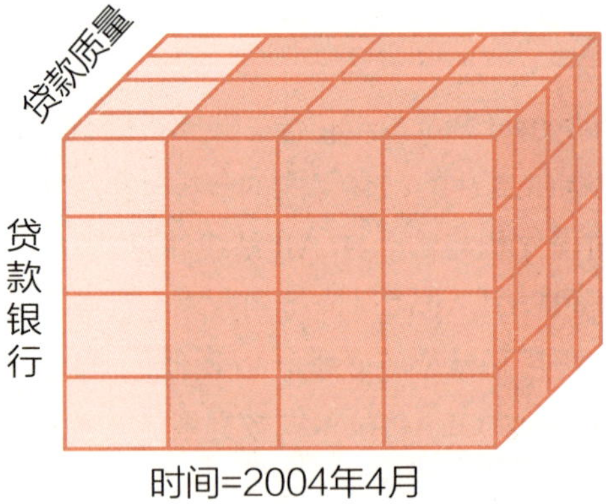

图 5-5 数据立方体示例

（4）上钻和下钻。

上钻（Drill Up）和下钻（Drill Down）是 OLAP 工具中常见的操作，用于在多维数据立方体中导航和探索数据的不同层次。

- 上钻（Drill Up）：上钻是指从一个较低层次的摘要向上导航到更高层次的摘要。在多维数据模型中，数据通常被组织成多层次的结构，如年、季度、月份等，用户可以通过上钻操作将数据从更详细的层次聚合到更高层次的总体视图中。上钻操作使用户能够查看数据的总体趋势和概要信息，从而更好地理解数据的全局情况。
- 下钻（Drill Down）：下钻是指从一个较高层次的摘要向下导航到更低层次的摘要。在多维数据模型中，用户可以通过下钻操作将数据从总体视图中进一步细分和分解，查看更详细的数据信息。例如，从年度销售额的总体视图下钻到季度、月份或产品类别的更详细的数据视图中，以深入了解数据的细节和分布情况。

上钻和下钻操作使用户能够根据自己的分析需求和兴趣逐步导航到和探索数据的不同层次和细节，从而更全面地理解数据的结构、关系和趋势。这些操作是 OLAP 工具提供的核心功能之一，支持用户进行交互式的数据分析和探索，示例如图 5-6 所示。

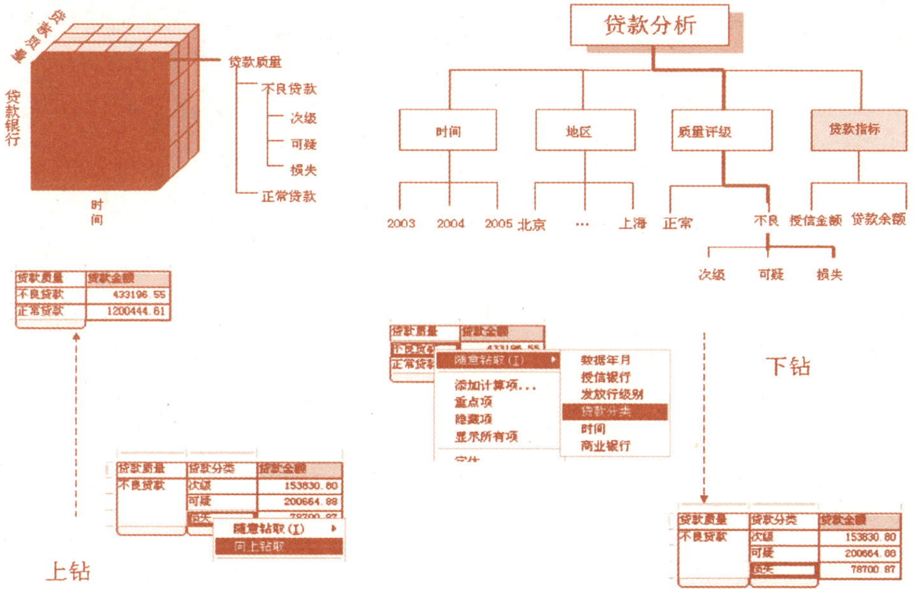

图 5-6　进行交互式的数据分析和探索

（5）BI 工具。

BI 是商业智能（Business Intelligence）的英文名称首字母缩写，是一种用于支持企业决策和业务分析的技术和方法。它通过收集、整理、分析和报告数据，帮助企业管理者和决策者更好地理解企业运营情况、发现业务趋势、识别机会和挑战，将其转化为可操作的见解，并做出基于数据的明智决策。

BI 技术的应用范围涵盖了各个行业和领域，包括销售、市场营销、客户服务、财务、人力资源等。通过 BI 系统，企业可以更好地利用数据资源，提高业务运营效率、优化业务流程，并实现持续的业务增长和竞争优势，BT 工具示例如图 5-7 所示。

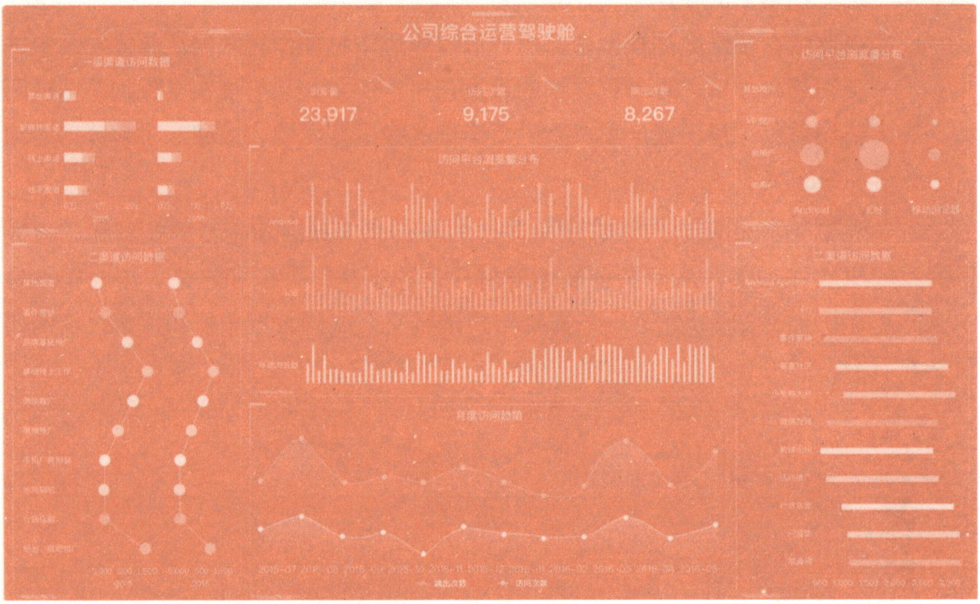

图 5-7　BI 工具示例

5.2 输入和资源需求

5.2.1 输入需求

1. 经营管理知识

了解企业的经营战略、目标和业务构成，以及行业的竞争环境和市场趋势，可以更好地理解业务数据分析的背景和目标，从而更准确地解读和分析数据。

2. 业务流程

深入了解企业的各个业务流程，包括销售、采购、生产、物流等，可以把握业务数据的来源和流向，有助于确定需要分析的关键指标和数据集。

3. 客户管理知识

了解客户行为、需求和满意度等方面的知识，以及客户关系管理（CRM）的原理和方法。掌握客户管理知识可以分析客户数据、洞察客户特征和行为，为客户关系和市场营销决策提供支持。

4. 财务管理知识

了解财务指标和财务报表的含义，如利润表、资产负债表和现金流量表等。掌握财务管理知识可以理解企业的财务状况和绩效，从财务数据中提取有价值的信息。

5. 产品管理知识

了解产品的特点、生命周期和市场需求，以及产品定价、推广和销售策略等方面的知识。掌握产品管理知识可以分析产品销售和市场表现，评估产品的竞争力和市场潜力。

5.2.2　资源需求

为了深入进行业务数据分析，除 Excel 等基础工具外，我们还需借助更专业的分析工具。这一过程通常以通过 SQL 语句获取数据作为起点，包括以下几个关键步骤。首先，利用 WPS 表格或 Excel 完成初步的数据处理与初级可视化工作；其次，运用 BI 工具进行更为复杂的数据可视化；最后，若需进行高级数据分析与建模，则可选用 Python 或 R 语言。在上一章关于行业数据分析的讨论中，我们集中讨论了 WPS 表格和 Excel 的应用。本章将转向 BI 工具的高级应用，提供对数据的深层次洞察。至于算法建模，本章不做详细探讨。

5.3　业务数据分析的步骤

业务数据分析的步骤如图 5-8 所示。每个步骤环环相扣，我们不能越过任何一个步骤。业务数据分析需要多个角色参与，当某个数据分析师对分配到的任务感到手足无措时，首先不应该认为是自己能力不足，而是要明确是不是输入不足的问题。比如数据分析师写的数据分析报告经常被批评没有价值，其实是提出数据分析要求的人根本没有指明业务关注的事项。

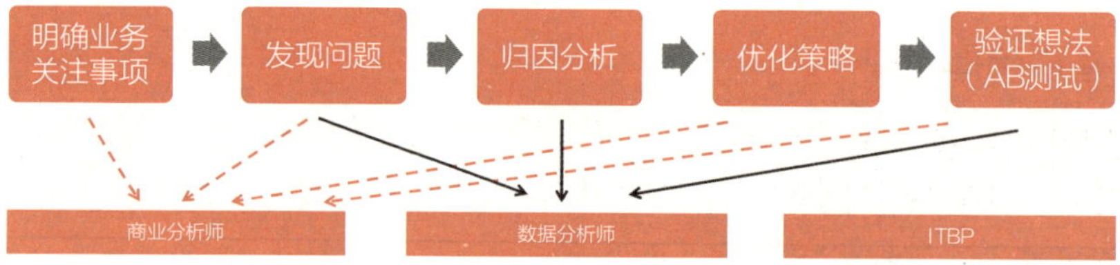

图 5-8　业务数据分析的步骤

商业分析师是讲故事的人，他的日常工作是在各个部门获取资源。在业务执行团队中，他们最了解业务，很有可能是项目的发起人，因为他们能够发现可以尝试的营销机会，也许是直播带货，也许是社群营销。项目开始后，他们需要定义项目各个阶段的商业化目标，在关键节点整合公司内外部资源、推进项目、梳理核心业务流程，并在项目成功时将其转化为标准业务流程（SOP）。

数据分析师是负责发现问题、找到根因和提供算法支持的人，日常需要对营销整体的数据报表进行监控。当数据分析师新加入业务执行团队时，需要在项目开始前梳理数据回传与归因的机制、搭建数据指标体系，并对数据可视化报表进行建模。使用的工具可以是 SQL、Excel、Tableau、Power BI、Python 等。

ITBP 是业务执行团队的“军火库”管理员，他们提供营销技术栈支持，对数据提取要求第一时间进行响应，对外采的软件和数据进行可行性和可拓展性评估。在数据层面，他们需要了解数据模型设计、数据库搭建和 SQL 速度优化。在 IT 和软件层面，他们需要将业务的需求表达给自研或者外部 IT 供应商，并找到两方的契合点。一个优秀的 ITBP 不只是程序员，还是大型 IT 项目和整体业务之间的黏合剂。

5.3.1　明确业务关注事项

明确业务关注事项是商业分析师的本职工作。在敏捷组织中，商业分析师负责构建业务敏捷看板，如图 5-9 中的左图所示，指明业务目标、策略、方法等，同时提出业务关系的核心指标。其中选取核心关注指标是非常重要的事情，如果核心指标选择错误，那么整体业务会受到严重影响。

比如某国际知名互联网企业在新的国家开立子公司，本该选取客户黏性指标作为核心指标，却错误地选择和总公司一样的营收指标作为核心指标，这就导致在没有客户积累的情况下力图做营收，子公司倒闭。数据分析师在接收到明确的核心指标之后，运用第 7 章讲到的指标体系构建技术，设计满足业务运营使用的业务数据看板，如图 5-9 中的右图所示。

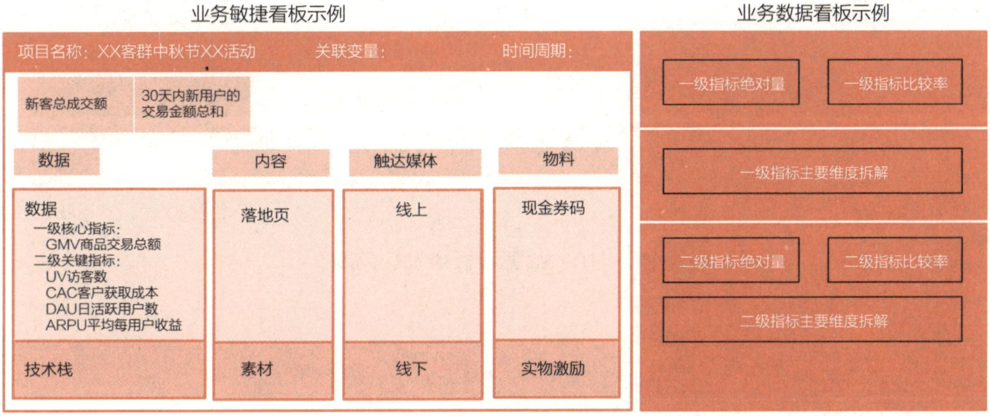

图 5-9 明确业务关注事项

业务数据看板设计的基本原则是先展示一级指标的绝对值，进而是其变化率，之后是展现重要维度的下钻数据，再往后是二级指标的相关数据和下钻。数据看板一般不需要设置指标间的联动分析，因为这是多维分析的工作，多维分析是第三步——归因分析的三个分析工具之一。

5.3.2 发现问题

商业分析师和数据分析师如果在数据看板中发现以下三种现象，则预示着业务可能出现了问题：

（1）正向指标下降严重，如利润率。

（2）负向指标上升严重，如获客成本。

（3）波动性指标严重越界，如某渠道广告点击量。

如图 5-10 中的左图所示，成交额作为正向指标出现了明显下滑，表明业务运营出现了问题。但是有问题并不一定要启动后续的归因分析，还要看下浮是否是严重且经常性的。这就用到了图 5-10 中右图所示的问题事件严重度评估准则（SAC）。

在图中，颜色越深（偏左上方），表明越应该启动问题归因分析。

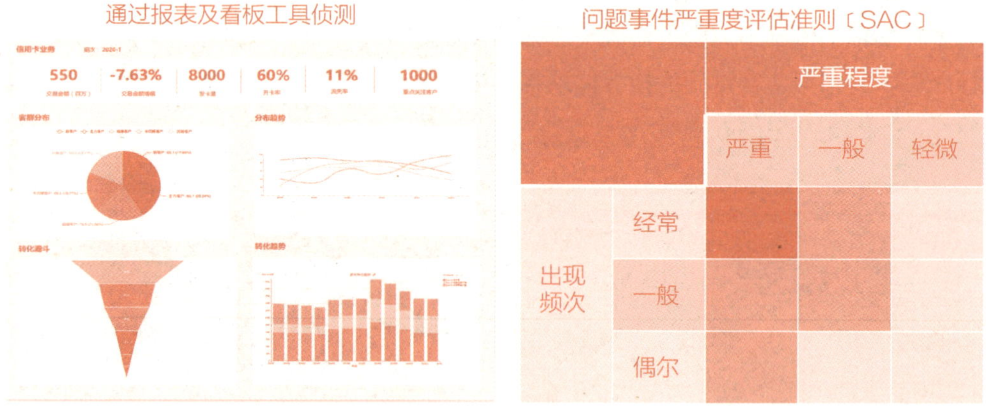

图 5-10　数据看板中发现问题

5.3.3　归因分析

归因分析（Attribution Analysis）也称为根本原因分析（Root Cause Analysis，RCA），是一种评估不同因素对结果影响大小的方法。其目的在于识别和评估影响结果的各个因素，以便更好地理解这些因素的作用，并据此做出决策。这种分析方法在市场营销、社会科学、心理学等领域有广泛的应用，尤其在评估营销渠道效果、广告投放优化、用户行为分析等方面发挥着重要作用。根据分析技术的复杂度，归因分析法分为定性归因法、指标归因法、模型归因法，如表 5-2 所示。

表 5-2　归因分析法分类

类型	方法	示例	使用场景	优点	缺点
定性归因法（CDA 一级内容）	调查研究头脑风暴	最近基金销售数量明显下滑，可能是我司在产品创新上存在不足，也可能是客户可支配现金流减少导致的	所有归因分析的初期，用于寻找研究方向和思路	• 大胆猜测，提供新的分析思路	• 无法提供确定的数据结论 • 结论的可靠性不易评估

续表

类型	方法	示例	使用场景	优点	缺点
指标归因法（CDA 一级内容）	指标树拆解多维分析	通过杜邦指标体系发现，年营收下降了 10%，是因为存货周转率下降了 6% 导致的	有成熟的指标体系，用于分析业务宏观因素指标间的传导机制和细分维度的影响因素	• 可解释性最高 • 计算逻辑易于理解	• 仅是传导关系，不能代表因果关系
模型归因法（CDA 二级内容）	统计建模机器学习拟合	通过建立线性回归模型发现复商商品价格降低 1 个百分点我司产品销量降低 6 个百分点	研究宏观业务指标之间或者微观个体行为之间的相关性影响。	• 可以综合考虑多种因素 • 合理的方法可以建立因果关系	• 可解释性一般 • 计算效果取决于所选方法

1. 定性归因法：头脑风暴

在日常生活中，我们遇到的一些问题很少有容易发现的原因。发现它们的根原因需要创造性。头脑风暴是一种运用创造性思维解决困难问题的小组活动。其目的是诱发一些新奇的想法，从中找出解决问题的宝贵思想或创意。

头脑风暴是指一群人发散性地思考问题，围绕一个特定的兴趣领域产生新观点，这种情境就叫作头脑风暴。头脑风暴的核心是发挥人的创造性思维能力，针对一个给定的问题，产生尽可能多的好想法。在归因分析中，头脑风暴不是一个单一的、定义明确的活动，往往根据个人经验或风格做调整。

开展头脑风暴的目的如图 5-11 所示。

图 5-11 开展头脑风暴的目的

头脑风暴有两类不同的形式：结构化的头脑风暴和非结构化的头脑风暴。除提出问题的顺序不一致外，这两类形式完全相同，具体如图 5-12 所示。

结构化的头脑风暴

每位参与者轮流提出一个想法，是非常结构化的，这样可以确保平等参与，但是缺乏自发性，在某种程度上束缚提出更多的想法。这类方法称为轮圈式（round-robin）头脑风暴法。

非结构化的头脑风暴

每位参与者自由提出想法，是非常随意的，但是经常会更混乱，也会导致一人或更多人主导讨论活动。对于想法很多的人来说，使用这种方法是很好的，有时也称这种方法为自由轮式头脑风暴法。

图 5-12　头脑风暴的两类不同的形式

2. 指标归因法：价值树分析和多维分析

指标归因法分析是通过指标间的相互作用关系定位业务问题点的方法。指标归因法效率高、计算简单，在实际分析中几乎都会使用到。有时候也会用指标归因法来做前期分析基础，为其他归因法分析提供切入点。

（1）指标归因法的优点和限制

指标归因法可以实现快速的问题分析和定位，在业务数据分析中，或多或少都会使用到它，其优点如下：

- 算法简单、计算规则清晰明确，通常由加减乘除等简单计算规则构成。
- 效率高、可解释性强。指标归因法计算效率极高，指标的计算逻辑、影响程度都围绕着业务目标进行，具有很强的可解释性。
- 可以计算每个指标影响目标指标的贡献度。量化指标影响程度，有利于快速定位到核心关键的影响指标。

指标归因法在使用时也是受限的，该分析方法要求数据指标体现出波动性，如果某个业务的销售额一直很差，就无法使用指标归因法。

指标归因法用在定位根因的分析中，通常需要借助业务价值树来对指标进行拆解，形成指标树，如图 5-13 所示。

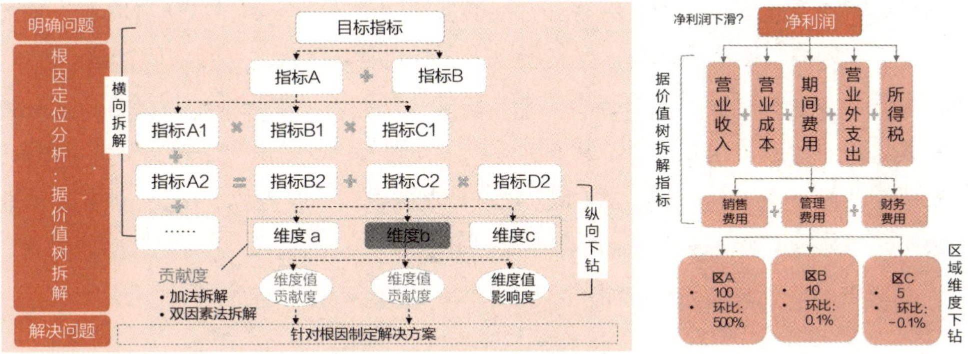

图 5-13　指标树的形成过程

例如，发现某企业净利润下滑，明确目标指标为净利润。为了找到造成这种结果的原因，就可以通过如图 5-13 所示的指标拆解形成指标树来展开。

根据净利润的价值树梳理，可以了解到影响净利润的主要指标是净利润下层的营业收入、营业成本、期间费用、营业外支出、所得税这 5 个指标。通过计算各个指标值并对比各个指标值的同环比变化情况，可以进一步确定期间费用发生显著的增长。

继续按照价值流梳理拆解指标，期间费用由销售费用、管理费用、财务费用构成，其中管理费用环比增长显著增加，其他费用基本持平；对管理费用进行下钻，从区域维度来统计各个地区的管理费用，发现区域 A 的管理费用环比增长了 500%，其他区域持平，所以区域 A 的管理费用就是造成净利润下滑的“主因”。找到“因”后就将管理费用激增带入区域 A 的业务场景中，从业务视角理解该项费用激增的业务逻辑，并制定针对性方案。

（2）指标归因法的关键环节

能否根据价值树正确梳理出完整的树状指标体系，即将目标指标拆解成解释指标的树状体系。

计算各解释指标的贡献度。在指标拆解和维度下钻的过程中，都可能涉及计算指标贡献度。

指标拆解和计算指标的贡献度，根据业务计算逻辑包含以下几种：加 / 减法、乘 / 除法、双因素法。

加 / 减法拆解指标和计算指标的贡献度。

加法是从业务计算逻辑和数据上，可以将总指标拆解为多个指标之和，对应 7.5.2 节中“因子分解式”指标拆解法。加法从形式上分为两种，一种是解决变化量的问题，另一种是解决变化率的问题。减法和加法其实可以看作同一类，减法可以看作是加了一个负向的值，处理逻辑也一样，所以下面都用加法来表述，减法同加法。

解决变化量的问题，也是静态的加法拆解。比如在上面的示例中，净利润 = 营业收入 – 营业成本 – 期间费用 – 营业外支出 – 所得税。这里的“净利润”为总指标，拆解成了“营业收入 + 营业成本（取负数）+ 期间费用（取负数）+ 营业外支出（取负数）+ 所得税（取负数）”，五个指标之和。

用数学表达式可以写成如下形式：

$$X= x_1+x_2+\cdots+x_n$$

$$\Delta X= \Delta x_1+\Delta x_2+\cdots+\Delta x_n$$

其中 X 表示总指标值，ΔX 表示总指标的变化量，也叫增量；$\{x_1,x_2,\cdots,x_n\}$ 是拆解的各个指标值，$\{\Delta x_1, \Delta x_2,\cdots,\Delta x_n\}$ 是拆解的各指标的增量。

用 $\{C_1 ,C_2,\cdots,C_n\}$ 表示各个拆解指标的贡献度，则计算公式如下：

$$C_n=\frac{\Delta x_n}{\Delta X}$$

其中 C_n 为第 n 个指标值的贡献度。

下面举个示例，用 X^1 表示当期值，X^0 表示上期值，则增量 $\Delta X=X^1-X^0$，如图 5–14 所示，指标 A 可以拆解为 A1，A2，A3，A4 四个指标之和。

	指标 A	=	指标 A1	+	指标 A2	+	指标 A3	+	指标 A4
	100%		影响度 0%		影响度 80%		影响度 10%		影响度 10%
上期值 X^0	12000		2000		5600		1200		1200
本期值 X^1	10000		2000		4000		1000		1000
增量 ΔX	– 2000		0		-1600		-200		-200
贡献度 C_n	-		0% (0/2000)		80% (1600/2000)		10%(200/2000)		10%(200/2000)

图 5–14　加法计算指标贡献度的示例

总指标 A 的增量为当期值 10000 减去上期值 12000，值为 –2000。指标 A1 的贡献度 = 增量 / 总增量 =0/2000=0，即指标 A1 与上期值相同，增量为 0，总指标下降 2000 不是受到 A1 的影响；A2 的增量 = 当期值 – 上期值 =4000–5600=–1600，A2 贡献度 =A2 的增量 / 总增量值 =1600/2000=80%；另外两个以此类推，贡献度分别为 10%，10%。

由以上示例可以看出，加法模型不仅可以快速定位到 A 指标下降的主要影响因素是由 A2 引起的，而且能计算出影响程度占了 80%。下一步再分析，可以重点从 A2 切入。

（3）解决变化率的加法计算，动态的单因素拆解法（例如同比、环比指标）

变化率的指标因为涉及分子 / 分母，如环比 =（当期值 – 上期值）/ 上期值，所以不能直接相加，需要保证在分母一致的情况下对分子进行加减运算。如图 5–15 所示，总指标 A 环比 –16.7%，A1 环比 0，A2 环比 –28.6%，A3、A4 环比 –16.7%。变化率指标不能直接使用静态的加法拆解，需要使用动态的拆解法。

指标 A		=	指标 A1	+	指标 A2	+	指标 A3	+	指标 A4
环比-16.7%			影响度 0%		影响度 -13.3%		影响度 -1.67%		影响度 -1.67%
上期值 X^0	12000		2000		5600		1200		1200
本期值 X^1	10000		2000		4000		1000		1000
增量 ΔX	− 2000		0		-1600		-200		-200
贡献度 C_n	环比下降 16.7%		0% (0/12000)		-13.3% (-1600/12000)		-1.67%(-200/12000)		-1.67%(-200/12000)

图 5–15　加法计算指标贡献度的示例

正确的算法是在分母一致的情况下计算。数学表达公式如下：

$$C_n=\frac{\Delta x_n}{X^0},$$

其中 C_n 为第 n 个指标值的贡献度，X^0 表示总指标上期值。

计算的值如下：

总指标 A 环比 =–2000/12000 = –16.7%

A1 环比 =0/12000 = 0%

A2 环比 =–1600/12000=–13.3%

A3 环比 =–200/12000=–1.67%

A4 环比 =–200/12000=–1.67%

A 环比 = A1 环比值 +A2 环比值 +A3 环比值 +A4 环比值，其中值少量差异是由四舍五入引起的，理论上应该完全相等。

贡献度 A2 最大，贡献度大小用绝对值，正负号表示影响方向。总指标环比下降了 16.7%，其中 A2 的影响导致下降了 13.3%。

（4）乘除法拆解指标和计算指标的贡献度

乘法拆解指标是指从业务计算逻辑和数据上，可以将总指标拆解为多个指标之积，对应7.5.2 节中“全链漏斗式”指标拆解法。例如，某产品营收 = 订单数量 × 单价；GMV= 流量 × 转化率 × 客单价。除法和乘法处理相同，下面统一称为乘法计算逻辑。

乘法的计算逻辑有两种形式，分别为：替换法、乘积因子拆解法 LMDI。依然用 X^1、Y^1 表示当期值，X^0、Y^0 表示上期值，下面来逐一看这三种计算方法的应用。

- 替换法：替换法计算的逻辑是，为了考查总指标 Y 的变化是怎样由各分指标影响及影响程度的，对分指标逐个进行假设计算，假设除被考查的分指标值外，在其他分指标和上期值相同的情况下，计算由被考查分指标当期值的变化计算出来的总指标的变化。数学表达公式如下：

$$Y=x_1 \times x_2 \times \cdots \times x_n$$

$$C_n=x_n^1 \times \prod_{i=1,i\neq n}^{N} x_i^0 \times Y^0$$

理论有些抽象，我们通过具体数值计算来说明，如图 5-16 所示。

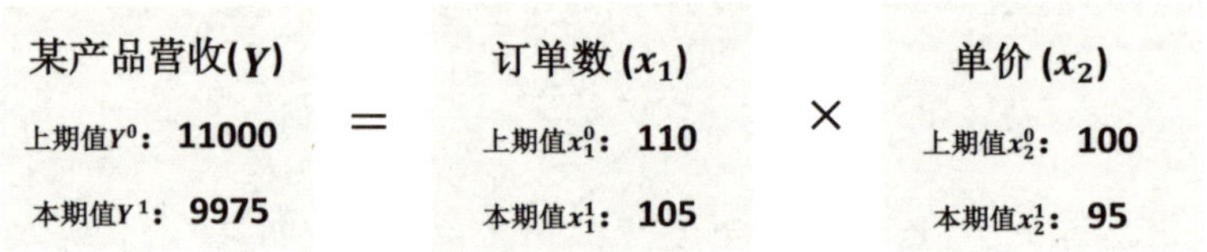

图 5-16　具体数值计算

对订单数 (x_1) 计算贡献度，将单价 (x_2) 替换为上期值计算：

$C_1=x_1^1 \times x_2^0-Y_0=105 \times 100-11000=-500$

对单价 (x_2) 计算贡献度，将订单数 (x_1) 替换为上期值计算：

$C_2=x_1^0 \times x_2^1-Y_0=95 \times 110-11000=-550$

可以看出，替换法逐个对分项指标进行分析，被分析的指标项的数值用当期值，其他分项指标都用上期值，相乘得总指标的值与总指标上期值的差，当作被分析指标项的影响。形式上类似于实验设计中，控制其他变量保持不变（上期值），研究单个变量（被研究的用当期值）。

替换法使用了假设条件，而这种假设条件与已发生的现实是存在差异的，目标指标发生了变化是已发生的现实，每个分项指标共同参与影响，现实中无法控制单个变量回到初始状态，只能基于假设前提下来计算影响。因此替换法只能计算各分指标影响目标指标的程度大小，贡献度只能作为影响程度大小的参考值，无法作为精确的结果。如果需要计算精确的贡献度，用乘积因子拆解法。

- 乘积因子拆解法（Logarithmic Mean Index Method，LMDI）：计算思路是将上期和当期的所有值取对数，将乘法公式转化为加法计算，数学表达式如下：

$$C_n=\frac{\ln(x_n^1)-\ln(x_n^0)}{\ln(Y^1)-\ln(Y^0)}$$

C_n 代表分指标的贡献度，上角标 1 代表当期值，上角标 0 代表上期值。

拿上面的示例计算如下：

对订单数 (x_1) 计算贡献度

$$C_1=\frac{\ln(x_n^1)-\ln(x_n^0)}{\ln(Y^1)-\ln(Y^0)}=\frac{\ln(x_1^1)-\ln(x_1^0)}{\ln(Y^1)-\ln(Y^0)}=\frac{\ln(105)-\ln(110)}{\ln(9975)-\ln(11000)}=47.56\%$$

对单价 (x_2) 计算贡献度

$$C_2=\frac{\ln(x_n^1)-\ln(x_n^0)}{\ln(Y^1)-\ln(Y^0)}=\frac{\ln(x_2^1)-\ln(x_2^0)}{\ln(Y^1)-\ln(Y^0)}=\frac{\ln(95)-\ln(100)}{\ln(9975)-\ln(11000)}=52.44\%$$

（5）双因素法计算指标的贡献度

在上面的指标拆解中，涉及对单因素的拆解，在很多场景中需要对相对指标进行拆解，比如转化率等类型的比率指标，对应 7.5.2 节中“全链漏斗式”指标拆解法。双因素法能够解决这类指标的拆解及贡献度的计算，双因素法将各分指标按以下两个方面来计算对整体指标的贡献度：

- 分指标波动贡献度。
- 分指标在整体中所占比例的结构贡献度。

设 X 为比率指标，$x=\frac{X}{P}$由两部分构成，比如：下单成功率 = 下单成功人数 / 下单总人数，大写字母 X 作为分子，为下单成功人数，大写字母 P 作为分母，为下单总人数，小写字母 x 表示下单成功率。

比率指标按业务的维度下钻，由 n 个分指标用 $x_n=\frac{X_n}{P_n}$，比如第 n 个产品的下单

成功率用 x_n 表示。

p_n 表示 P_n 在总量中的占比，即 $p_n=\frac{P_n}{\sum_{i=1}^{n}+P_n}$。比如，假设一共有两个产品，其中产品 1 的下单人数占比，$p_1=\frac{P_1}{P_1+P_2}$，即产品 1 的下单人数 / 总下单人数，总下单人数 = 产品 1 下单人数 + 产品 2 下单人数。

在利用双因素法分析分项指标的影响时，是将指标拆解成了两个部分，波动贡献度和结构贡献度。波动贡献代表指标本身的变化的影响；结构贡献反映的是占比结构的变化导致的影响。

用上角标 1 代表当期值，上角标 0 代表上期值，数学表达式如下：

$$\begin{cases} A_n=(x_n^1-x_n^0)\times p_n^0 \\ B_n=(p_n^1-p_n^0)\times(x_n^1-x^0) \\ C_n=A_n+B_n \end{cases}$$

A_n 为波动贡献度，代表的含义为：分指标值 (比率值) 与上期相比的波动值 × 分指标上期值中的结构占比；

B_n 为结构贡献度，代表的含义为：分指标的结构占比与上期相比的差值 × 分指标与总体指标的差值；

C_n 为分指标对总体的贡献度，包含波动贡献和结构贡献。

举个示例，发现下单转化率与上期比下降了 23%，根据业务场景现有两个产品，需要定位是哪个产品的下单转化率波动导致了总体下单转化率的下降，并且各自的影响程度是怎样的。用 x 表示下单转化率，且下单转化率 (x)= 下单成功的人数 (X)/ 下单人数 (P)。

根据业务逻辑，下单转化率在产品维度上可以拆分为两个分指标：产品 1 下单转化率、产品 2 下单转化率，原始数据如表 5-3 所示。

表 5-3　在产品维度上拆分为两个分指标

产品类别	下单转化率		下单成功人数		下单人数	
	上期	本期	上期	本期	上期	本期
总体	50%	27%	500	400	1000	1500
产品 1	40%	20%	200	200	500	1000
产品 2	60%	40%	300	200	500	500

需要计算两个产品的转化率对整体转化率下降了 23% 的影响情况及影响程度占比，即计算贡献度，计算结果如表 5-4 所示。

表 5-4　个产品的转化率

产品类别	下单转化率 X_n			下单成功人数 P_n			贡献度计算		
	上期	本期	转化率同比差值 $X_n^1-X_n^0$	上期	本期	占比同比差值 ($P_n^1-P_n^0$)	An 波动贡献度	Bn 结构贡献度	Cn 整体贡献度
总体	50%	27%	-23%	100%	100%	0%	–	–	–
产品 1	40%	20%	-20%	50%	66.7%	16.7%	-10.0%	-5.0%	-15.0%
产品 2	60%	40%	-20%	50%	33.3%	-16.7%	-10.0%	1.7%	-8.3%

计算过程如下：

产品 1 的波动贡献度 $A_1=(x_1^1)-(x_1^0)\times=p_1^0$ $-20\%\times50\%=-10\%$，说明产品 1 本身转化率波动导致的整体转化率下降了 10%；同理产品 2 的波动贡献度 A_2=−10%。

产品 1 的结构贡献度 $B_1=(p_1^1)-(p_1^0)\times(x_1^1)-(x^0)=(66.7\%-50\%)\times(20\%-50\%)=-5\%$；同理产品 2 的结构占比贡献度 B_2=1.7%。

最后产品 1 的整体贡献度为 −15%，产品 2 为 −8%。说明产品 1 影响整体转化率下降了 15%，产品 2 影响整体转化率下降了 8%。

3. 模型归因法

模型归因法主要通过算法建立数据统计模型来做归因分析，即以解释指标为自变量，目标指标为因变量做回归预测，并计算每个解释变量的影响程度。如在统计建模和机器学习的模型中，常见的方法有：线性回归法、逻辑回归法、决策树法等。这部分内容在 CDA 二级、三级认证教材中讲解。

4. 归因案例展示

下面通过一个具体案例来演示完整的归因分析过程。

2019 年前后，某东部沿海省份银行通过代发薪业务获取了大量的 C 端客群，但是发现其资产留存情况不容乐观。银行希望找到客户资产流失的原因，并通过营销本行存款产品和理财产品的方式赢回流失客群。

从宏观和微观两个角度展开分析。宏观部分用到指标归因分析，微观部分用到定性归因分析和模型归因分析。

宏观分析部分：指标归因分析，其拆解过程如图 5-17 所示。

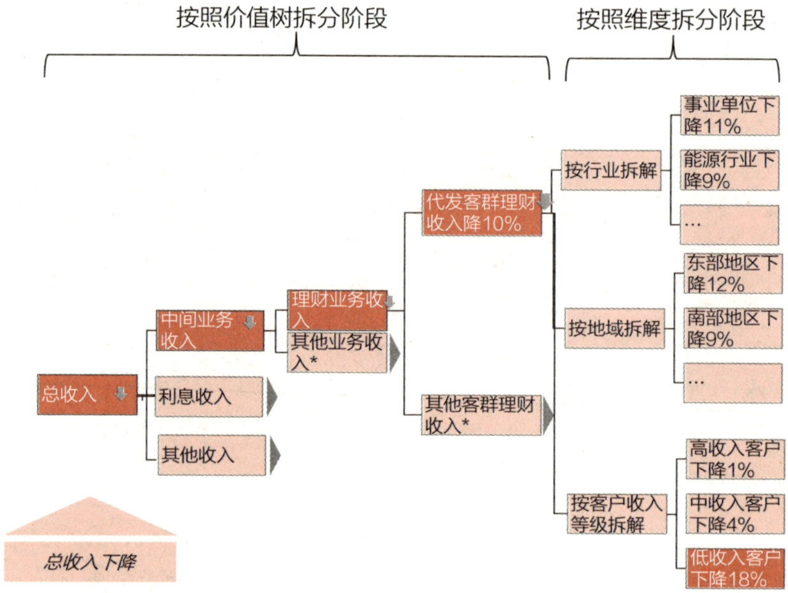

注：两个阶段没有明显的分界线，第一个阶段主要基于企业内部已有的价值树指标体系，第二个阶段更依赖于分析师的数据分析素养。

图 5-17　宏观分析之指标归因分析的拆解过程

微观分析部分：定性归因分析、定量归因分析、模型归因分析。

- 定性归因分析：通过对业务人员和客户调研，了解客户资金转出的原因。在这个案例中通过结合业务、客户的调研分析，发现其资产流向主要为他行或金融机构小额货币基金类产品投资。
- 定量归因分析：通过对重点客户资金流向的分析，了解同名转出客户的资产流失的原因。
- 模型归因分析：发现登录手机银行的次数、客户的学历、开通理财产品的年数、是否有 ×× 银行的储蓄卡都会影响客户流失的概率。

在归因分析中，有可能发现出现问题的地方很多，或者引起问题的原因也很多，这时候就需要明确关注重点。

在明确关注重点时，经常利用一个普遍存在的规律：二八法则。即百分之八十的问题是由百分之二十的原因造成的。在项目管理中，二八法则主要用于找出核心问题，快速地抓住重点，聚焦资源先解决最重要的问题。

如图 5-18 所示，直观地展示了帕累托图在问题分析中的应用。

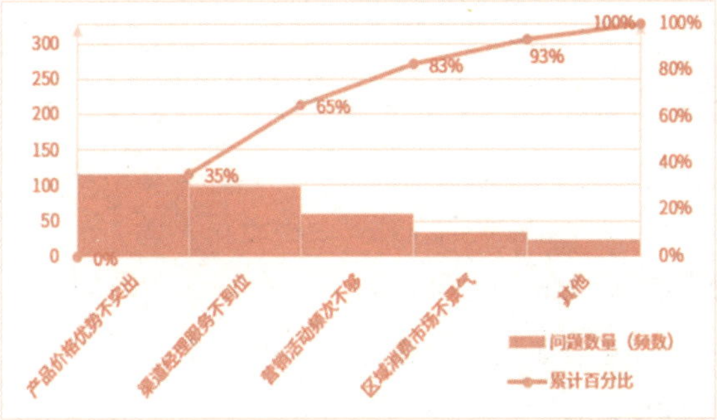

主要特点：

1、柱形图的数据按数值的降序排列，折线图上的数据有累积百分比数据，并在次坐标轴显示；

2、折线图的起点数值为0%，并且位于柱形图第一个柱子的左下角；

3、折线图的第二个点位于柱形图第一个柱子的右上角；

4、折线图最后一个点数值为100%，位于整张图形的右上角

图 5-18　帕累托图在问题分析中的应用

5.3.4　优化策略

解决问题时非常重要的一点是要把得到的归因分析结论和实际的商业逻辑进行结合，这样才能明白当前所面临的问题的本质是什么，找到对应的解决方案。比如，通过分析发现收入下降主要是竞品的降价行为带动的，因为竞品的价格策略左右了广告客户的预算分配，那么会考虑是否可以在产品上增加一些亮点，来争取客户的预算。

制定优化策略需要具备较高的业务知识，这已经超出了数据分析师的业务范围，以下提供三个主要的业务优化方向。

（1）优化运营策略：使得策略与业务目标更贴合。比如某企业原本运营模式是粗放式拓业模式，当发现销售量下降是新的客户流量不足导致的，而且获客难度越来越大时，则可以考虑采用增长黑客的 AARRR 运营模式，注重老客户的复购和口碑宣传，考虑完善客户积分体系等。

（2）完善操作流程：使得流程更高效、智能。比如某电商发现客户流失是售后服务不到位导致的，可以考虑缩短售后服务流程，并且在人力不足的情况下，通过模型识别高价值且易流失的客户，为其提供简便流程服务，以提高客户满意度，进而降低流失率。

（3）修改产品参数：使得产品性能和参数更满足客户需求。比如某理财产品过去的投资门槛是 5 万元，但是通过归因分析发现，竞品的起投额度只有 1 万元，这导致客户转投他行产品。此时可以降低起投额度，并且通过模型识别高概率赢回客户，并做精准触达。

5.3.5 验证想法

在产品投放、广告投放、产品研发、客户转化等诸多业务场景下，业务负责人总会面对各种不同的业务行为方式方法的选择问题，是 A 方案好还是 B 方案好？当面对重大选择决策时，如果企业仅凭借业务决策者的主观经验进行判断，有可能因为业务负责人的经验不足或判断依据过于武断而将业务行为引向错误的方向。

为了客观地反映不同方案的可行性，做出真正符合市场、客户需求的正确决策，可以在做决策之前进行 A/B 测试（A/B testing），再通过收集到的客观测试结果进行对比分析，做出稳妥的决策判断。A/B 测试的方法是先为一个业务目的选择两种或多种较为可行的业务方案，然后将参与测试的对象人群分为两组或多组。以分为两组为例，让一组人群使用 A 方案，另一组人群使用 B 方案，最终根据不同人群的测试结果选择更合适的方案。

例如，某电商店铺为提高客户活跃度进行店铺页面的美化。美工人员为页面设计了 A 与 B 两套美化方案。分析人员将两套不同的方案提供给两组不同测试对象人群，在确保测试环境及条件相同的情况下进行测试，最终通过对测试结果进行分析，该店铺选择了反馈结果更理想的 A 方案进行页面美化，最终有效提高了客户的整体活跃度。

A/B 测试的完整流程可以分为以下 4 个步骤。

步骤 1：明确测试目的，根据测试要达到的效果、决策者的业务决策内容等对业务目的进行精准定义。

步骤 2：明确测试内容和测试项。

步骤 3：实验设计，明确测试对象，决定测试人群及人群的分组条件，测试结果收集方案、测试周期、测试有效性评判标准等内容。

步骤 4：测试执行和结果分析，如果是较为简单、直接的 A/B 测试，可以制作简单的评分表，通过评分表得分的高低来进行比较分析。如果进行较为复杂的 A/B 测试，则会用到 CDA 二级认证教材中的统计学假设检验的方法。

以下是一个 A/B 测试的案例。如图 5-19 所示为两个提交申请的版本，左侧的版本采集的数据项多，便于后续的业务人员跟进，但是从历史数据上看，很多用户放弃了注册。右侧的数据项少，加大了后续业务人员跟进的难度，而且无效注册量较多。哪个版本的总体转换率更高呢？需要通过实验进行判定。

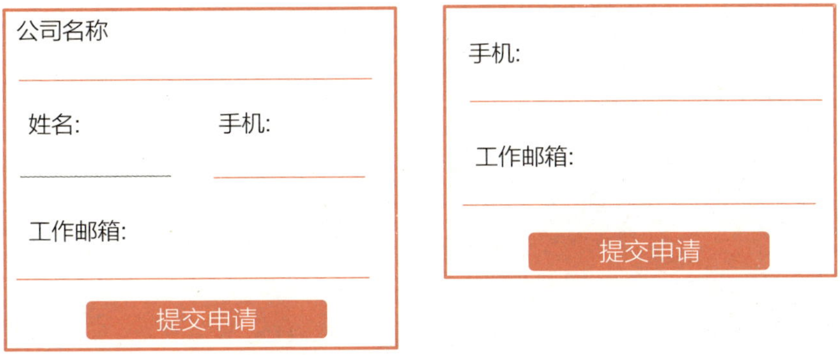

图 5-19　注册提交申请的两个版本界面

本案例的 A/B 测试流程如下：

（1）确定目标：提升整体有效率（用户注册转化率）

确定好核心指标后，还需要根据业务流程拆解过程指标。该业务的申请流程是信息准入制的，用户需要先填写申请信息，提交审核，这个流程的审核是需要人工介入的，而且必不可少，通过后用户才能购物付款。该流程如图 5-20 所示。基于流程，把整体有效率（用户注册转化率）拆解为提交转化率、有效转化率、购买转化率这三个过程指标。

图 5-20　业务流程拆解和整体有效率的计算

以提高整体有效率为目标，如图 5-20 所示，但是也要兼顾每个步骤的指标，重点关注各版本最终带来的有效线索转化情况。

（2）明确测试内容

为了验证方案的全面性，测试内容不仅对之前提到的两个方案进行测试，还另外增加了两个测试版本，一共是四个测试版本，如图 5-21 所示。

图 5-21　四个测试版本

其中，按照阿拉伯数字的顺序依次表示原始版本、邮箱版本、电话 + 邮箱版本、电话版本。

（3）实验设计

选取注册网站的全部人群作为实验对象，对每个测试版本分配一定比例的流量。分三个阶段迭代进行。

（4）试验执行过程和数据分析

第一阶段试验：

- 原始版本、邮箱版本、电话版本；
- 每个版本分配给试验流量的 33%；
- 试运行 3 周。
- 两个试验版本点击提交的用户数远高于原始版本。
- 电话版本的提交用户数最多，但经运营核实后，无效申请数量多。
- 邮箱版本筛除了大量个人用户，一旦用户回复，则表明试用意愿很强，而问题在于通过邮件交流等待用户回复的周期较长（甚至有时收不到回复）。

第二阶段试验：

- 电话 + 邮箱版本、原始版本、邮箱版本；
- 每个版本分配给试验流量的 33%；
- 试运行 12 天。

邮箱版本的提交按钮点击率明显占优，提交率比原始版本高出 90%，但经运营审核后的有效转化率却最低。

第三阶段试验：

- 原始版本和电话 + 邮箱版本；
- 各分配 50% 的试验流量；
- 试运行 10 天。

原始版本和电话 + 邮箱版本的转化率分别如表 5-5 所示，漏斗图分别如图 5-22、图 5-23 所示。

表 5-5　两种版本下的转化率

转化率	原始版本	电话 + 邮箱版本
提交转化率	15.00%	31.60%
有效转化率	89.33%	82.28%
购买转化率	26.87%	26.92%
整体有效率	3.60%	7.00%

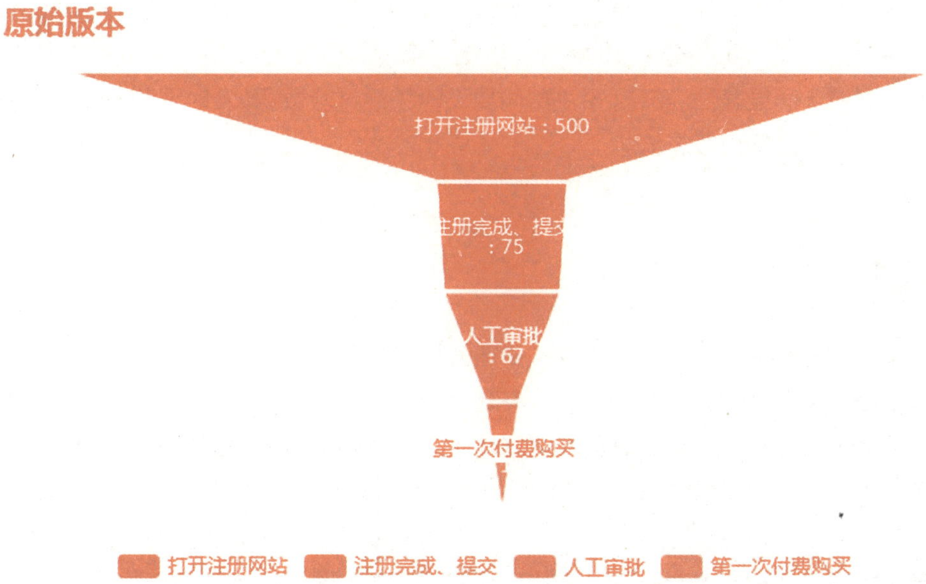

图 5-22　原始版本的漏斗图

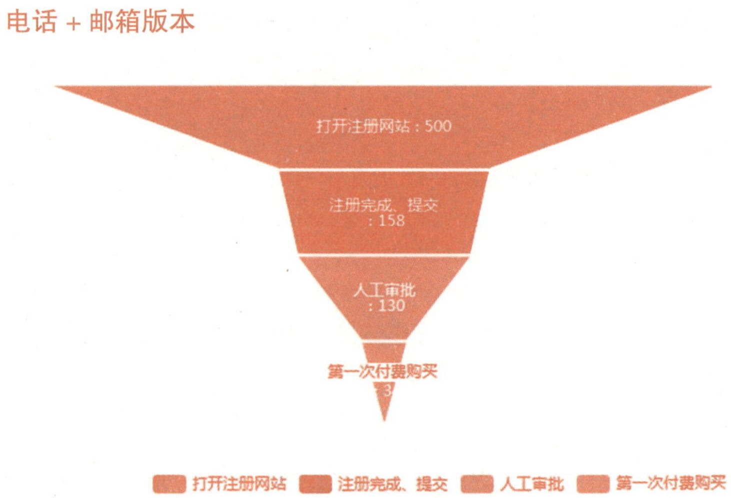

图 5-23　电话 + 邮箱版本的漏斗图

从最终数据来看，“电话 + 邮箱”版本的整体有效率（用户注册转化率）最高，因此可以建议最终采用该版本。如果有人质疑结果的有效性，则可以使用多轮实验和统计假设检验配合的方法。不过一般在商业运营中这种高成本的 A/B 测试方法不多见，而在科学和医学领域比较常见。

需要注意的是，第一，试验流量会影响试验周期，若分配流量过小（一般来说建议每个版本单日至少分配 1000UV），会导致试验周期整体拉长，同时数据结果很难得到统计学显著性；第二，相关部门要及时关注试验数据，及时调整各版本流量，保证试验进度处于积极态势。

5.4 报告呈现

业务数据分析的产物主要是业务归因分析报告，其核心目的是通过系统化分析，明确不同业务活动对公司整体业绩的实际贡献，帮助管理层识别高效的业务驱动因素，从而进行更精准的资源分配和策略优化。这类报告通过归因模型和数据分析，揭示出各部门、渠道或市场活动如何影响关键绩效指标（KPI），例如收入增长、客户获取、留存率等。业务归因报告不仅有助于发现表现优异的业务环节，还能识别影响效率的瓶颈或低效投入，支持企业实现资源的最优配置和运营的持续优化。借助业务归因分析，管理层可以采取数据驱动的决策措施，从而推动业务的全面提升，并确保未来资源投放的合理性和回报率。业务数据分析报告一般包括如下内容。

1. 报告目标和背景

说明业务归因的背景及其重要性，例如提高营销效果、优化产品开发策略等。

设定分析范围和 KPI。

2. 数据源和分析方法

介绍数据来源（如内部销售数据、客户反馈、广告点击率等）。

简要说明使用的归因模型的业务类型（如渠道归因、多触点归因等）和技术方法（定性归因法、指标归因法和模型归因法）。

3. 业务活动分解与结果展现

展示业务活动的细化分类，按部门、渠道或客户群体划分，识别其对公司业务的影响。

使用表格或流程图列出各业务活动及其关联的 KPI。

对比不同业务活动的绩效，展示其对整体收入、客户获取或客户留存的贡献。

4. 关键驱动因素分析

阐述影响各业务活动的关键因素（例如产品特性、市场需求、竞争策略等）。

使用归因分析法，明确影响业绩的核心要素。

5. 优化建议

根据归因分析结果提出优化业务活动的建议，例如资源重新分配、活动调整等。

列出优先级较高的优化措施和潜在效益。

5.5 本章小结

本章延续了上一章关于战略数据分析的讨论，并进一步深入企业决策金字塔的中观管理层面。在战略数据分析主要使用 Excel 等工具进行宏观战略分析。本章介绍了偏向执行层面的业务数据分析，特别强调了 SQL 和 BI 等高级数据分析和可视化工具的应用。

首先，本章解释了业务数据分析的关键概念，强调数据分析是一种通过探索大量数据来揭示模式、趋势和关联性的过程。这一过程不仅帮助企业洞察市场需求，还优化了运营效率，提升了决策质量，从而在激烈的市场竞争中获得优势。

本章还详细介绍了业务数据分析的六个步骤。这一流程确保了数据分析的有效性和相关性，使企业能够有效地从数据中提取有价值的业务洞察。

通过本章的学习，读者应能充分理解业务数据分析的重要性和应用，认识到它是现代企业决策和战略制定中不可或缺的工具。正确的数据分析不仅能够揭示隐藏的市场和业务机会，还能帮助企业在竞争中保持领先。

第二篇

技术篇

第 6 章　描述性统计分析

本章开始学习描述性统计分析。关于这部分内容，一般教科书的编写方式是先介绍随机事件，再讲解随机变量，进而讲解随机变量的数字特征。这种方式的体系性很强，不过不便于理解。本章从商业数据分析的实用角度出发，先讲变量的度量类型和其分布的参数（统计量），目的是深入了解统计制图的原理。同时，本书为了简化概念，除“6.2 总体参数和样本统计量”外，均不区分参数和统计量这两个概念。

6.1　变量度量类型与统计量

数据分析中使用的指标、标签都是某个变量的某些统计量，而统计量的计算是和变量的度量类型密不可分的。

6.1.1　变量度量类型与分布类型

在进行数据分析之前，要先明确变量的度量类型（名义、等级、连续、离散型）。

名义变量（无序分类变量）：包含类别信息的变量，且类别间没有大小、高低、次序之分。比如人口统计学中的“性别”“民族”“居住城市”等变量。

等级变量（有序分类变量）：有序型变量是一种分类变量，但类别有大小、高低、次序之分，比如问卷调查中的“消费者满意度”，人口统计学中的“年龄段”等变量。

连续变量：连续变量在规定范围区间内可以被任意取值，比如人口统计学中的收入变量，只要不低于 0，其他的数字都可能出现，类似的变量还有互联网领域的网站流量、宏观经济数据中的 GDP 等。

离散变量：取值是有限个或可列个孤立的数值，如某地区家庭子女数。这种变量在数据分析中和连续变量的差异不大。在学术上有区分价值，在商业数据分析中不用区分，因此本书将这种变量归为连续变量。

名义变量和等级变量又统称为分类变量，分类变量是相对于连续（含离散）变量而言的。连续（含离散）变量的取值是数值，可进行数学运算。读者需要注意，变量的度量类型是统计学上的概念，与数据分析软件中的数据存储类型是两码事。比如民族是名义变量，但是在数据存储时为了节约空间，并不会存储“汉族、回族”等汉字，而是存储其编码，比如“1、2”，其中 1 代表汉族，2 代表回族，等等。这时在做数据分析时要倍加小心，因为大部分数据分析软件在统计功能上并不完善，如果不特别声明，会把所有存储为数值的变量当作连续变量来处理。比如对以数值存储的“民族”变量求均值是没有意义的。

变量的分布类型是对实际变量分布的一个概括和抽象。我们经常说某个变量服从某个分布，这都是从简化分析的角度做的假设，并基于该假设进行后续的分析。比如经常遇到的分布有二项分布、正态分布、均匀分布和对数正态分布等。这里探查变量的分布的意义在于：只要知道某个变量服从某个分布（根据人为判断），就可以很快地了解变量在相应取值时的概率（分布是从无数个变量频率得到的，对其统计特性有了深入的分析），并且结合相应的业务场景做出解释。常见的分布介绍如下：

（1）离散数据的概率分布

离散数据的概率分布描述了离散变量可能取到的每个值的概率，以下是几种常见的离散概率分布及其特点：

- 二项分布：用于描述在固定次数的独立实验中，成功发生特定次数的概率。每次实验只有两种可能的结果，比如成功或失败，二项分布通过成功的概率（p）和实验次数（n）来定义。
- 伯努利分布：伯努利分布是二项分布的一个特例，其中试验次数 n 为 1，即它描述了单次试验成功或失败的概率。因此，伯努利分布只有两个可能的结果，其概率由单个试验的成功概率 p 来决定。
- 泊松分布：适用于描述在一定时间或空间内随机事件发生的次数，如某时间段内接到的电话数量。泊松分布仅由一个参数（λ，事件的平均发生率）定义，并假设这些事件是独立的。

（2）连续数据的概率分布

在统计学中，变量的分布是理解数据特性的关键。以下是几种常见的连续变量分布类型及其特点：

- 均匀分布：在均匀分布中，变量的每个值都具有相同的出现概率，这种分布是完全随机的，没有明显的集中趋势，其概率密度函数在定义域内是恒定的。

- 正态分布：也称为高斯分布，是最著名的概率分布之一，其概率密度函数呈钟形曲线，对称且中心集中在均值（μ）处，如图 6-1 所示。正态分布的标准形式具有均值 0 和标准差 1，是许多统计方法的基础假设。
- 对数正态分布：变量取对数后呈正态分布的分布形态，用于描述原始数据呈指数增长的情况。对数正态分布在统计分析中运用最为广泛，因为其具有取对数之后服从正态分布的良好属性，在精确度要求并不严格的统计分析中，经常对偏态分布首先进行对数转换。
- 伽马分布：描述等待时间直到事件发生一定次数的情况，例如等待多次地震或事故发生。伽马分布由形状参数（shape parameter）和尺度参数（scale parameter）定义，广泛用于各种领域。
- 指数分布：是伽马分布的特例，用于描述独立随机事件之间的等待时间，或者生存时间数据的分析。

下面以正态分布曲线为例介绍对变量的分布形态的解读，如图 6-1 所示。首先，正态分布是关于均值左右对称的，呈钟形；其次，正态分布的均值和标准差具有代表性，只要知道其均值和标准差，这个变量的分布情况就完全知道了；再次，在正态分布中，均值 = 中位数 = 众数。

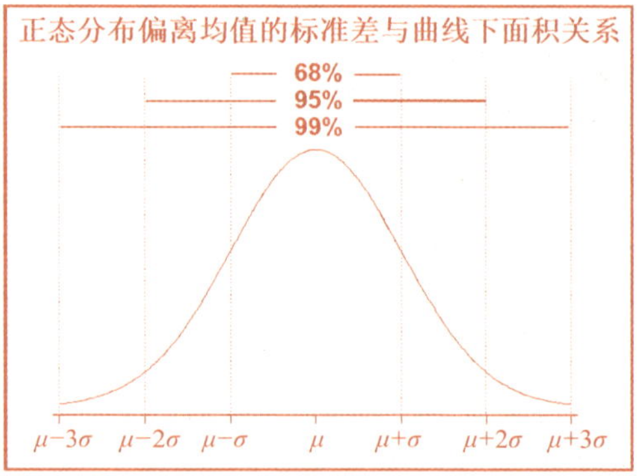

图 6–1　正态分布曲线

正态分布的标准差和曲线下面积有比较好记忆的关系。比如，变量取值距离均值两倍标准差内出现的概率为 95%。这表明该变量出现大于均值加两倍标准差的概率为 2.5%，小于均值减两倍标准差的概率也为 2.5%。

图 6-2 提供了其他常见分布的曲线形态。依照偏度由低到高分别是正态分布、

伽马分布和对数正态分布。这里需要提一下对数正态分布，其在统计分析中运用最为广泛。顾名思义，这种类型的分布在取对数之后服从正态分布。因为具有这样的良好属性，所以只要是右偏较大的变量，在精确度要求并不严格（如营销、管理领域的分析精度要求都不高，而金融、生物等领域的分析精度要求高）的统计分析中，通常先对右偏分布进行对数转换。而对于精确度要求较高的统计分析领域，我们则采用有针对性的分析方式，比如伽马分布分析方式。

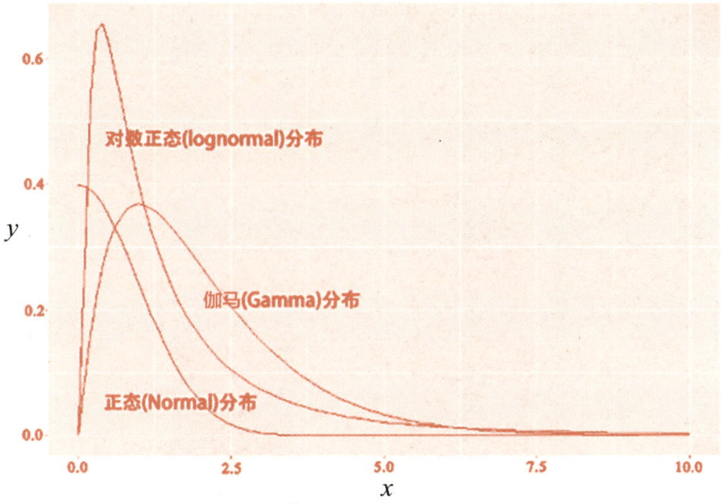

图 6–2 其他常见分布的曲线形态

一个变量的分布有有限个参数，只要明确这些参数的取值，该变量分布的具体形态和性质就可以确定了。比如二项分布的参数为任意一个类别的概率，正态分布的参数有两个，分别是均值和方差。

6.1.2 分类变量的参数（统计量）

名义变量和等级变量统称为分类变量，其中名义变量是指变量值不能比较大小的分类变量，因此是没有方向的，例如性别（男 / 女），我们既不能说女性高于男性，也不能说男性高于女性。这类变量还有民族（汉 / 回 / 满等）、职业（教师 / 工人 / 服务员等）、行业（采掘业 / 制造业等）。等级变量是指变量值之间有等级关系，可以比较大小 / 高低的分类变量，因此是有方向的，如教育程度（小学 < 初中 < 高中 < 大学）、产品质量（低 < 中 < 高）等。

其中名义变量有两类参数（统计量），分别是频次、百分比。等级变量有四类参数（统计量），分别是频次、百分比、累积频次、累积百分比。这里以“是否有出险”变量为例，计算其在相应类别下的频次与百分比，如表 6-1 所示。

表 6–1　名义变量的统计量

是否有出险	频次	百分比
否	3028	71.5
是	1205	28.5

名义变量的柱形图，如图 6-3 所示。柱形图以柱子的高度代表分类变量的统计量，既可以代表频次，也可以代表百分比。

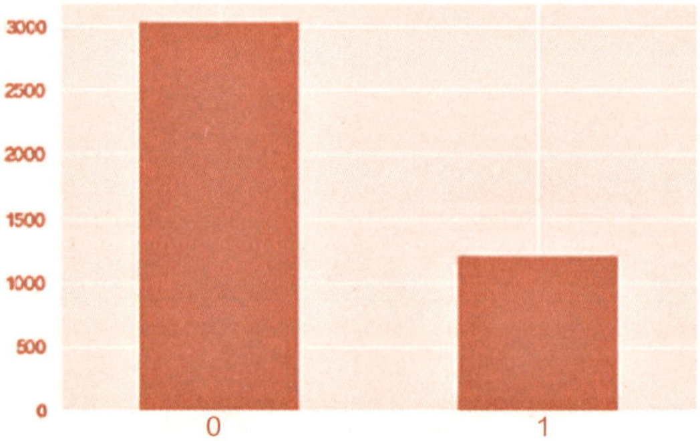

图 6–3　名义变量的柱形图

在柱形图中 0 代表没有出险，1 代表有出险。

6.1.3　连续变量的集中趋势参数（统计量）

描述连续变量的统计量主要有四类参数，如图 6-4 所示，分别用于描述数据的集中趋势、离中趋势、偏态程度与尖峰程度，其中第一类统计量常常作为整个变量的代表，因此非常重要。

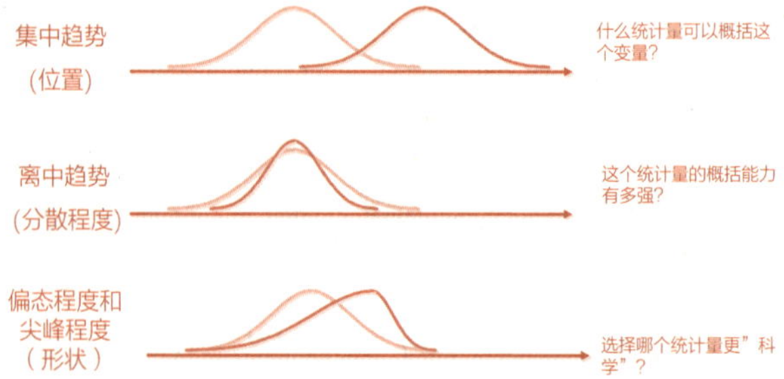

图 6–4　描述连续变量的统计量

数据的集中趋势：使用某个参数代表数据的位置水平，常见的参数（统计量）有平均数、中位数与众数。

（1）平均数：即用变量求总和的取值除以变量的个数，反映了数据的集中水平。例如使用人均 GDP 体现某国家或地区的人民生活水平。计算公式是：$\bar{x}=\frac{\sum_{i=1}^{n}+x_i}{n}$（此处需要强调，虽然我们希望得到的是总体均值参数 μ，但是计算公式是样本均值统计量 $\bar{x}$，这个知识点在 6.2 节讲解）。当存在极端值的时候，平均值的代表性下降，比如看到平均工资，很多人感觉自己“被平均了”，是因为高收入人群数量少，但比正常人高出太多。比如一个公司的管理层的年收入可能是千万元级，普通员工可能是几万元到几十万元。这时候我们可以通过数据处理截取百分位数后再取平均值，或者使用中位数。

（2）中位数 / 四分位数 / 百分位数：首先将数据从小到大排列，再选取中间位置的数字作为数据的集中水平，这个数字就是中位数。当选取其他位置时，比如四分之一水平与四分之三水平位置时，就变成了四分位数。与之类似的还有百分位数。

中位数使用了数据的次序信息而非取值，这是其与均值的不同之处，当数据是偏态的时候，中位数比均值更能反映数据的集中水平，即中位数不会受到极端值的影响。

上述两种参数对于连续变量都有实际意义，但对于分类变量则毫无意义，例如性别的平均数或中位数难以展现数据集中水平，而众数能够很好地体现分类变量的数据集中水平。

（3）众数：即数据中出现次数最多的值，在分类变量中即出现次数最多的一类数据，当然对于连续变量在分箱后也能够计算众数，只是不常用。

图 6-5 描述了不同的分布情况下的均值、中位数、众数的差异。

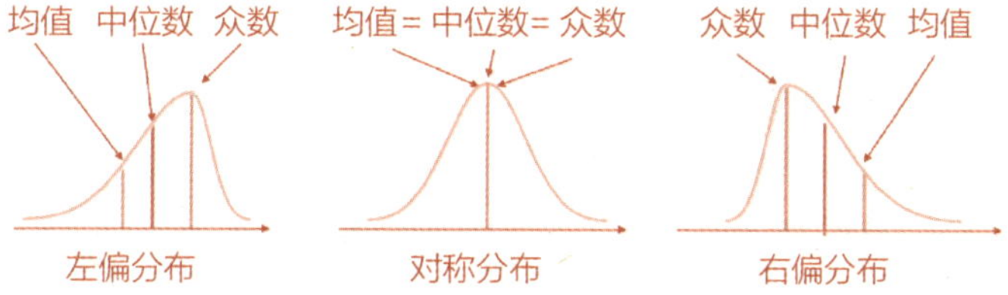

图 6-5 不同的分布情况下的均值、中位数、众数的差异

可以看到，当数据分布对称时，三者数值大小是一致的。在这种情况下，三者都可以很好地反映数据的集中趋势。但是当数据不对称的时候，三者会有明显区别，描述数据集中水平的能力也会有所差异。例如收入是一个典型的右偏分布的变量，高收入的人数量极少，但收入极高，这样就会影响数据的分布拉偏，平均值就会被极大收入的人拉高，此时中位数更能反映数据的集中趋势。

直方图是观察连续变量分布的最直观的工具。它与图表中的柱形图看起来有点类似，实际完全不同。由于连续变量取任意一个值的概率趋于零，因此需要将连续变量分段（称为分箱），然后统计每段数据中的频次，如图 6-6 所示。

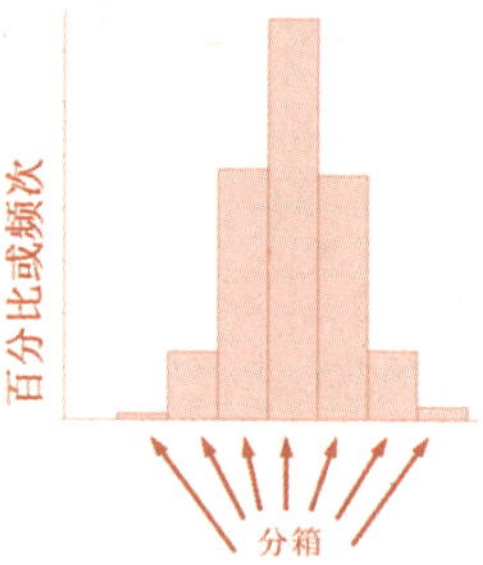

图 6–6　直方图中的分箱

6.1.4　连续变量的离散程度参数（统计量）

只描述数据的集中水平是不够的，因为这样会忽视数据的差异情况。这里需要引入另一种参数用以描述数据的离散程度。

描述数据离散程度的常见参数（统计量）有极差、方差和标准差。

极差：变量的最大值与最小值之差，其差值越大，代表该变量的离散程度越高。

方差：是每个变量与均值之差的平方的均值，方差越大，代表该变量偏离均值的程度越大、离散程度越大。

标准差：是方差的平方根。

方差和标准差的公式如下：

方差（Variance）：$S^2=\frac{1}{n-1}\ \Sigma_{i=1}^{n}(x_i-\bar{x})^2$，

标准差（Standard Deviation）：$S=\sqrt{\frac{1}{n-1}\Sigma_{i=1}^{n}(x_i-\bar{x})^2}$

上式中的 x_i 代表一个随机变量的某个取值；$\bar{x}$ 代表该随机变量的均值；$n-1$ 代表自由度，其中 n 是样本量。以下是一个计算方差和标准差的示例，随机变量 X 为{1、2、4、5、6}，其均值为 $\bar{x}$=(1+2+4+5+6)/5=3.6，自由度为 n−1=5−1=4，则方差的计算公式为 [（1−3.6）2+（2−3.6）2+（4−3.6）2+（5−3.6）2+（6−3.6）2]/4=4.3，标准差为方差的开平方，即 2.07。在其他教科书中会强调总体方差和样本方差，两者的差别在自由度上，计算总体方差的自由度就是样本量（n），计算样本方差的自由度就是 n−1。在大数据时代，没必要强调两者的区别，因此本书统一使用 n−1。

三个参数都能够反映数据的离散程度，但方差和标准差以其优秀的数学性质（可求导）得到广泛使用。

6.1.5　数据分布的对称与高矮

在数据集中水平中，数据分布的对称与否会影响到平均数是否能够代表数据的集中水平。那么在描述数据分布的对称与高矮时，引入偏度和峰度的概念。

偏度即数据分布的偏斜程度，峰度即数据分布的高矮程度。对于标准正态分布（均值为 0，标准差为 1）的变量，其偏度与峰度都为 0，如图 6-7 所示（下面的数据因样本量的原因偏度与峰度不为 0）。

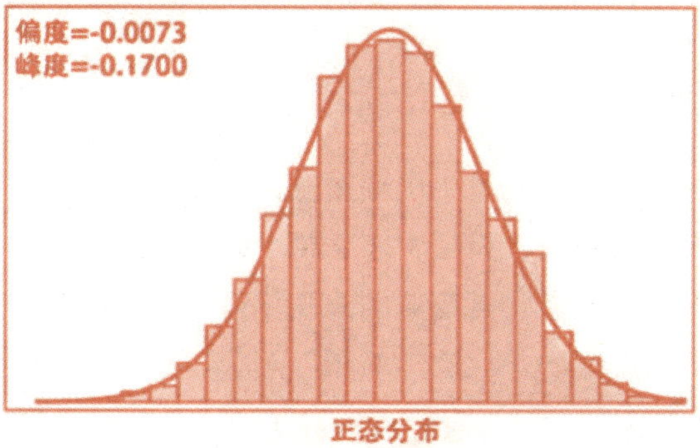

图 6–7　正态样本的偏度 / 峰度示意

偏度大小及正负取决于分布偏移的方向及程度，如图 6-8 所示。

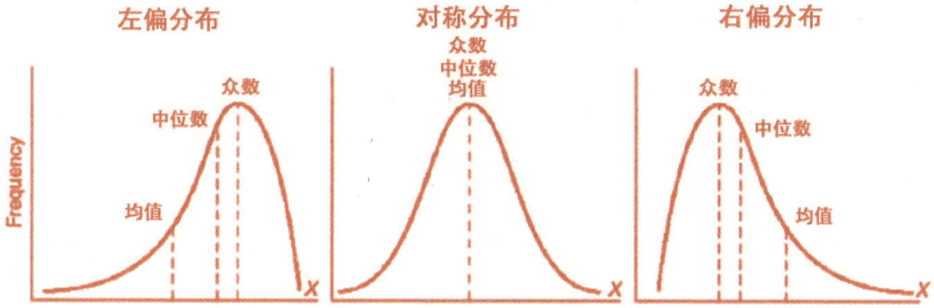

图 6–8　偏度与变量形态

左偏分布时，偏度小于 0；对称分布时，偏度为 0；右偏分布时，偏度大于 0。

峰度大小与正负取决于分布相较标准正态分布的高矮，如图 6-9 所示。

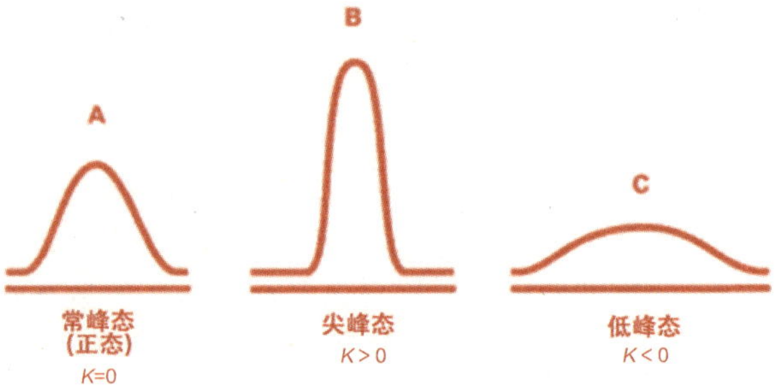

图 6–9　峰度与变量形态

峰度大于 0，说明变量的分布相比较于标准正态分布要更加集中。同理，峰度小于 0 则较为分散。

6.1.6　统计量与报表和统计制图的关系

报表展现数据的主要信息，其中的变量分为维度（分类）变量和度量（连续）变量。仅含有维度变量的报表称为频次表（单个分类变量）和交叉表（两个及以上分类变量），含有维度和度量两类变量的报表称为汇总表，其中度量总是以某个统计量的形式出现，最常出现的是均值、总和、频次。图形作为数据信息输出的一种方式，被广泛应用于数据展示、交流等各个方面，是最为形象的一种数据输出方式。

条形图是应用非常广泛的一种数据展示图，便于分类变量之间的数据对比。条形图和报表有一一对应的关系。其中“要绘图的列”是汇总表中的分类变量，如果有一个分类变量，条形图就是一维的；如果有两个分类变量，条形图就是二维的。条的长度对应频次或度量（某个连续变量的某个统计量），如图 6-10 所示。

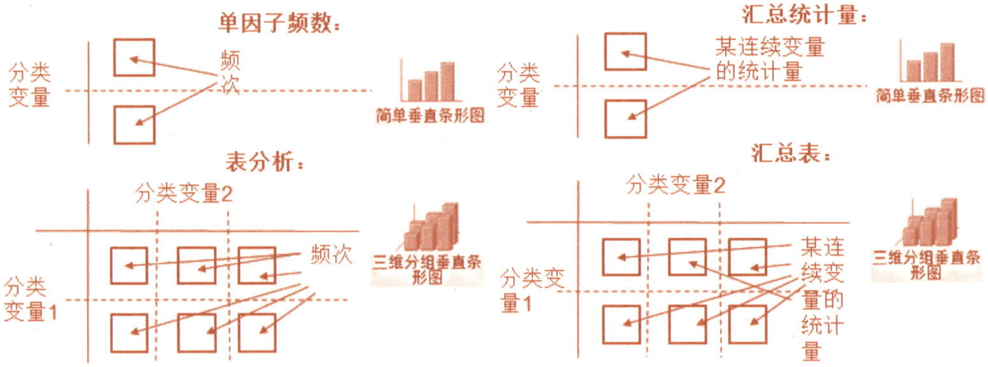

图 6–10　报表与统计图形

盒须图也称为箱线图，能够提供某变量分布及异常值的信息，其通过分位数来概括某变量的分布信息，如图 6-11 所示。

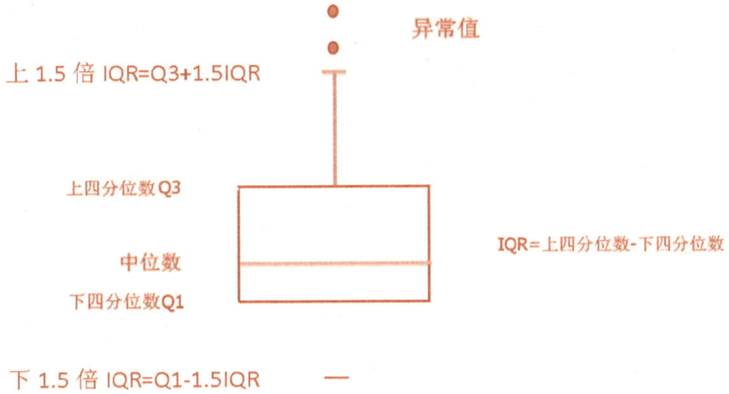

图 6-11　箱线图示意

箱线图的基本元素如下。

（1）IQR：变量上下四分位数之间的数据，这个范围代表了数据中间 50% 的数据。

（2）中位数：中位数的位置代表变量中位数在总体分布中的位置。

（3）1.5 倍 IQR：上下 1.5 倍 IQR 表示上下 1.5 倍 IQR 范围的数据，超出这个区间范围的数据，即异常值。

（4）多个箱线图的比较：在进行不同变量的箱线图比较时，可以通过中位数位置来比较不同变量数据的中位数差异状况。

图 6-12 对比了直方图与箱线图，可以看出两者具有一致性。

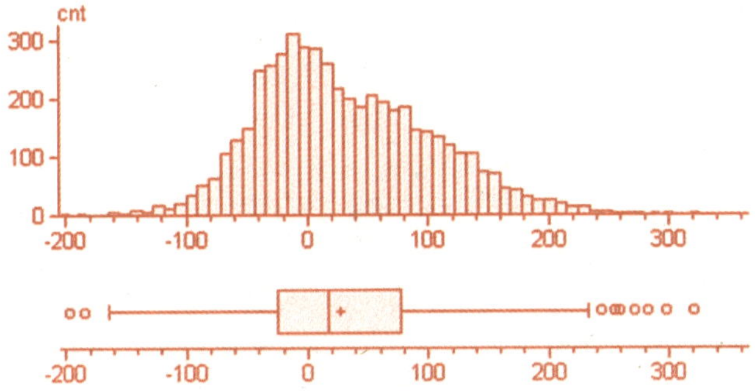

图 6-12　直方图与箱线图对比

6.2 总体参数和样本统计量

基础的统计分析方法分为两大类：描述性统计分析方法和推断性统计分析方法。描述性统计分析方法主要是结合数据，对实际问题进行分布特征的描述，也称数据分布特征的描述性分析方法；推断性统计分析方法主要是根据掌握的样本数据对总体进行估计或检验，侧重于对总体特征的估计或检验推断，包括参数估计、假设检验两个主要方法。CDA 一级认证教材中用到的知识点只有参数估计，假设检验在 CDA 二级认证教材中进行讲解。

参数估计是指用样本统计量来估计总体参数。曾经有人片面地认为在大数据时代不需要做参数估计，比如直接用现有全部数据计算得到的统计量就是参数。这个问题的症结所在就是没有理解总体和样本的定义。

假设领导交给我们一个任务，调查北京市房屋价格同比增长率是否超过 10%。简单粗暴，不需要做统计推断的方法是把北京市所有房屋价格的同比增长率都拿到手，直接计算均值就可以了。但是这种方法太耗时耗力。省力的方法是采取抽样，选择一些样本，根据少量样本推断全体北京市房屋价格的变化。根据经验，几千个样本就可以得到较为精确的总体推断，可以节省大量的人力物力成本。

首先需要明确总体和样本的概念。总体指研究所感兴趣的所有个体组成的集合，上文的示例中的总体自然是北京市全部的房屋。样本指从总体抽取的部分个体的集合，样本用于对总体的某些参数作推断使用。样本需要对总体有代表性，而且样本具有随机性。

其次要明确总体参数和样本统计量的概念。“参数”（parameter）是指总体的某个特征，而“统计量”（statistics）是指样本的某个特征。参数和统计量两个概念分别对应总体和样本。需要强调的是，说到参数均是指总体的，说到统计量均是指样本的，即总体没有统计量，而样本没有参数。参数和统计量两个概念的引入，刚好回应了前面提出的“用样本的什么来推断总体的什么”，答案就是“用样本的统计量来推断总体的参数”，意思就是用样本的某个特征来推断总体的某个特征。

在实际中，总体有哪些特征是值得我们推断研究的呢？常见的数据特征有：比例、均值、方差（或标准差）。掌握了数据的这三个特征，就相当于掌握了数据大部分信息。如某课程考试后，如何来衡量某班的考试情况好坏呢？如果掌握了各个分数段学生的比例情况（如及格率、优秀率、良好率等），我们就掌握了该班学生考试成绩的大概分布情况。如果有两个班，假如及格率均为 100%，那么是否意味着这两个班的考试情况是一样的呢？当然不能如此判断，这需要我们进一步引入平均分来衡量（“均值”）。我们一般认为平均分高的班考试成绩会好一些；如果这两个班的及格率一样，平均分也一样呢？我们仍然不能说这两个班的考试成绩是一模一样的，因为两个班的成绩分布情况还有可能不一样（“方差（标准差）”）。

以上三个特征是我们研究的主要特征，在实际中，还有一些相对次要的特征，如个体数量（容量）、变异系数等。由于样本是为了推断总体，故总体有总体比例、总体均值、总体方差（标准差）、总体容量这些特征，那么样本也对应有样本比例、样本均值、样本方差（标准差）、样本容量等特征，为了便于研究，我们引入一些符号对特征值进行表述，如表 6-2 所示。

表 6–2　总体参数和样本统计量的常见符号表

总体参数	符号	样本统计量	符号
总体比例	π	样本比例	p
总体均值	μ	样本均值	$\bar{x}$
总体方差（标准差）	$\sigma^2\ (\sigma)$	样本方差（标准差）	$s^2(s)$
总体容量	N	样本容量	n

需要强调一下，总体参数，比如总体均值、方差和标准差都是常数。样本统计量都是随机变量。

由于样本来自随机抽样，因此样本具有随机性，样本统计量是随机变量。如图 6-13 所示，当抽样中的房屋样本更多地来自发展较缓慢的区域时，得到的房价增长率就不怎么高，而当更多地来自发展快速的区域时，得到的房价增长率就会高。这是由抽样的随机性决定的，也是变异的根源。

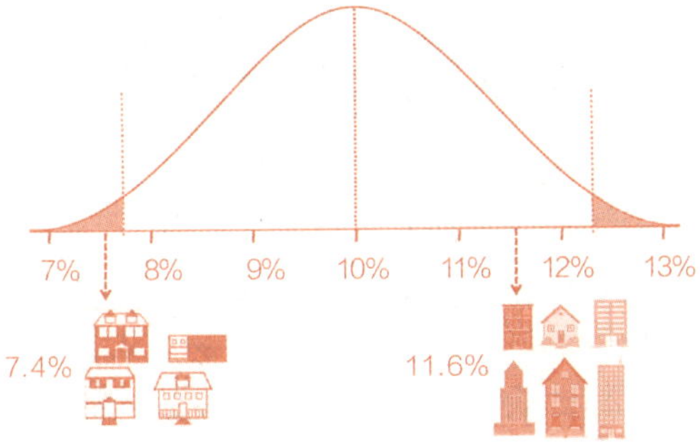

图 6–13　样本随机性导致的统计量变异

6.3 参数估计方法

点估计与区间估计是通过样本统计量估计总体参数的两种方法，前者直接以样本统计量替代总体参数，后者能够确定围绕样本统计量的涵盖上下限的区间。

虽然上一节讲了总体参数和样本统计量的概念，但是 CDA 一级认证考试中和商业数据分析实务中对两者不做区分。因为商业数据分析实务中绝大部分只使用点估计法，本着尽量从简的原则，CDA 一级认证考试也不强调参数和统计量的差异。

6.3.1 点估计

点估计是最直接的一种估计方式，即使用样本统计量去估计总体参数，如图 6-14 所示。以北京住宅价格为例，假定 20×× 年 × 月随机抽取 1000 个房屋样本，计算出样本中的北京市房屋价格增长率为 10%，那么通过点估计，推断北京市房屋总体的价格增长率为 10%。

$\bar{\chi}$ 估计 μ

S 估计 σ

图 6-14　点估计示意

点估计用起来虽然简单，但有时难以保证结论的准确性。例如随机抽样刚好抽到的房屋价格增长得都比较高（尽管可能性不大，但仍旧有这种可能），统计其增长率为 12.8%，那么用这种点估计确定总体价格增长率均值就不准确，推断也不可靠。

这种“刚好抽到房屋价格增长率都比较高”的情况就是抽样的偏差，这种偏差是因样本缺乏总体代表性导致的系统性误差，并非计算失误，若该结果是随机抽样中偶然出现的极端情况（如极小概率集中抽到高增长样本），则属于抽样误差中的偶然现象，可视为小概率事件。

6.3.2 区间估计和中心极限定理

区间估计不同于点估计，其能够提供待估计参数的置信区间和保证程度（置信度）。例如，有 95% 的可能性可以确定总体增长率均值在 3% 到 10% 之间，其中 3%

到 10% 就是置信区间，95% 是置信度。

相较于点估计，区间估计虽然不能给出精确的估计值，但能够提供保证程度，代表了有多大把握总体参数会在相应的置信区间中。那么区间估计是如何做到的呢？

样本均值本身是近似服从正态分布的，具体表现为如果抽样多次，每次抽样都可以得到一个均值，产生的多个均值服从正态分布。而中心极限定理描述了这种情况。

中心极限定理阐述了一个规律：若样本的数据量足够大，则样本均值是近似符合正态分布的。以下是相关案例。

如图 6-15 所示，第一个分布是总体分布（a），可以看到其右偏严重；当抽样的样本量为 5（b）时，抽样多次，其均值的分布向正态分布靠拢；当样本量逐渐增大，例如为 10（c）和 30（d）时，均值的分布更加趋于正态分布。

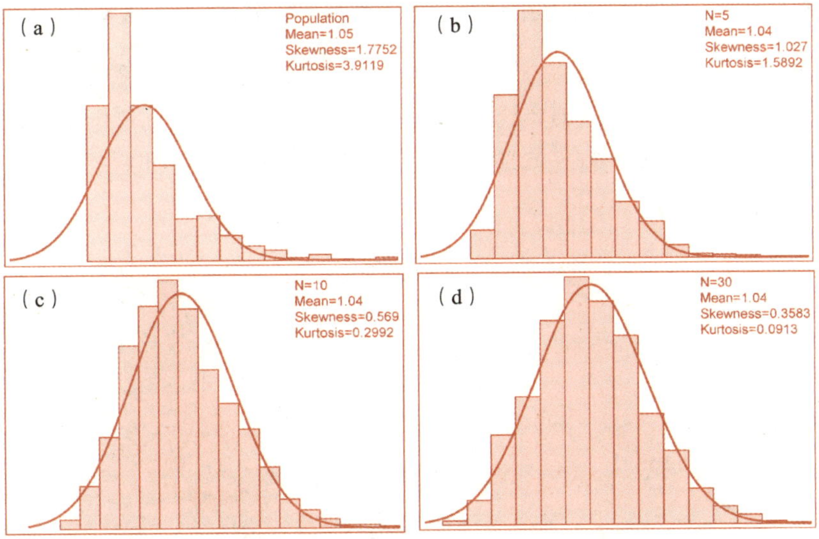

图 6–15 中心极限定理示意图

以北京市房屋价格增长率均值为例，根据中心极限定理，样本均值服从正态分布。假定总体均值为 10%，那么由于抽样误差的存在，实际一次抽样（样本量 n 足够大）的均值是个服从正态分布的随机变量（即有可能是 7.4%，也有可能是 11.6%，离 10% 越近的可能性越高）。如图 6-16 所示，可以看到，7.4% 的增长率均值处于数轴左边缘，离中心较远，而 11.6% 则相对较近。

反过来看，如果实际进行了一次抽样，并计算得到均值（假定为 $\bar{x}$），那么如果再抽样一次的均值最有可能也是 $\bar{x}$（也有可能大于或小于 $\bar{x}$，离 $\bar{x}$ 越近的可能性越高）。既然知道了样本均值服从正态分布，利用正态分布的性质，可以推断样本均值出现在某区间范围的概率，样本均值出现在 $\bar{x}$ 上下一倍、两倍、三倍标准差范围内的概率分别是 68%、95%、99%，如图 6-17 所示。

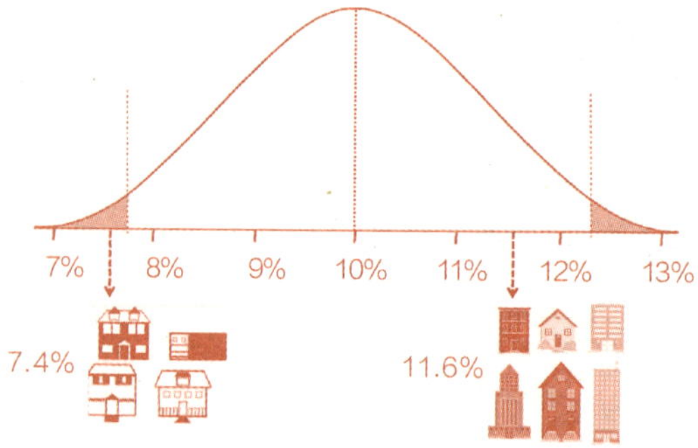

图 6-16　北京房价抽样均值分布

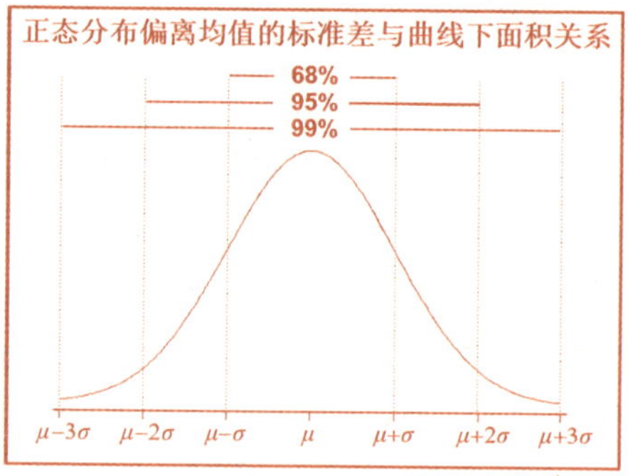

图 6-17　正态分布标准差与区间概率关系

按照这个思路，我们可以从理论上计算样本均值有大概率（置信度）可能出现的区间范围，而总体均值大概率会落在这个范围之内。例如置信度指定为 95%，可以使用样本均值加减两倍标准误差（简称标准误）范围内的区间对总体均值进行估计，如图 6-18 所示。

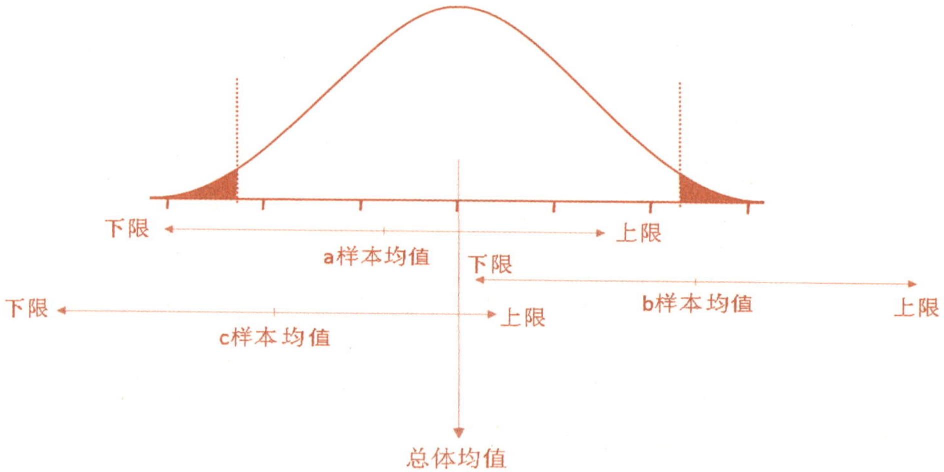

图 6-18　总体均值的区间估计

图 6-18 演示了三个抽样结果均值的置信区间与总体均值的关系。以 b 样本为例：假如总体分布是已知的（均值为 μ），那么 b 样本的均值落在小概率区间内（曲

线下阴影范围），说明 b 不太可能会出现；反过来，如果实际抽样的是结果是 b，那么 μ 是总体均值的可能性也就很小，此时完全有理由怀疑总体的均值不为 μ。

样本均值分布的标准差计算公式如下：

$$样本均值分布的标准差 = \frac{s}{\sqrt{n}}$$

其中，S 代表样本标准差（因为总体标准差是未知的，所以以样本的标准差作为总体标准差的估计值），置信区间就可以随之确定：

$$\bar{x} \pm t \cdot S_{\bar{x}} \text{ 或 } (\bar{x} - t \cdot S_{\bar{x}},\ \bar{x} + t \cdot S_{\bar{x}})$$

其中，$\bar{x}$ 表示样本均值；t 随着置信区间的范围而变化，比如 95% 的置信区间对应 t=2，99% 的置信区间对应 t=3；$S_{\bar{x}}$ 表示样本均值分布的标准差。

6.4 本章小结

本章讲解了描述性统计分析的核心知识。这些知识是计算业务指标、制作客户标签的基础。掌握了描述性统计分析中的概念，你在使用电子表格、BI 工具和写 SQL 语句时会得心应手，会发现所有的数据分析工具都用于实现计算变量统计量的功能。

第 7 章　指标体系构建方法

在企业经营和业务运营管理过程中，往往需要企业建立起完备的 KPI 体系，即指标体系。理解和创建指标体系是商业数据分析师的必备技能。

7.1 指标概述

本节讲解指标和指标值的基本概念。

7.1.1 指标的基本概念

对于指标的定义，业界目前是混乱的，尤其是经常把它和标签的概念混淆。本节参考了业界比较权威的金融领域对指标管理的标准《银行经营管理指标数据元》（JR-T 0137-2017）标准中的定义，并做了适当调整。

指标：反映企业经营管理在一定时间和条件下的规模、程度、比例、结构等的概念。指标反映衡量主体总体状况，且具备业务含义，且可以定量计算，不含反映特定对象个体某一具体特征的描述。指标分为单一指标和复合指标，这与下一节的度量的类型相对应。

维度：对企业在业务经营过程中所涉及对象的属性进行划分的方式。维度是数据分析的视角，只有分类变量或者基于某个连续变量生成的分组变量可以充当维度变量。维度可以细分指标数据集，维度越多，指标数据集的细分程度越高，包含的数据值越多。比如对公贷款余额，可划分机构维度统计分支行对公贷款余额。如表 7-1 所示，是《银行经营管理指标数据元（JR-T 0137-2017）》标准给出的银行业常用分析维度。

表 7-1　银行业常用分析维度

维度中文名称	维度描述
机构	参见 JR/T 0124-2014 或银行内部标准管理机构清单
日期	统计数据的实际日期 指标数据日期由数据元“统计周期”决定，统计周期为日时，数据为每日数据；统计周期为月时，数据为每月末数据，以此类推
币种	参见 GB/T 12406 中的三位字母型代码
行业分类、对公信贷投向	参见 GB/T 4754
行政区划	参见 GB/T 2260
企业规模	参见工业和信息化部、国家统计局、国家发展和改革委员会、财政部《关于印发中小企业划型标准规定的通知》（工信部联企业〔2011〕300 号），金融业企业依据《金融业企业划型标准规定》（银发〔2015〕309 号文印发）
存款合同期限	参见 JR/T 0134 中的存款合同期限
贷款合同期限	参见 JR/T 0135 中的贷款合同期限
贷款质量分类	参见 JR/T 0135 中的贷款质量分类
贷款、信用卡逾期期限	参见 JR/T 0135 中的贷款逾期期限
剩余期限、重定价期限分段	一年(含一年)以内/一年至三年(含三年)/三年至五年(含五年)/五年至七年（含七年）/七年至十年（含十年）/十年以上
发行方式	公开发行债券/定向承销债券
利率浮动水平	上浮 15%（含 15%）以内/上浮 15% 至 30%（含 30%）/上浮 30% 以上
境内外	境内/境外

维度项：是维度细化到某个粒度上的取值，比如地区维度的第一层级有“东部地区”“西部地区”等取值，在“东部地区”内第二层级有“上海”“江苏”等取值。

指标值：是指标的具象化数值，是对事物量的规定性，是统计数据数量特征的体现。指标是概念层面的，指标值是指标的具象化。在汇报中只能汇报指标值，指标值必须和某个维度项共同出现。比如在某个月份中，GDP 的增长率（一个宏观经济指标）为 5%，这里的 5% 就是 GDP 增长率的指标值，且必须与月份这个时间维度项同时汇报才有意义。

指标体系：由一系列有逻辑关联的指标构成的体系，是指标的架构。比如财务分析中使用的杜邦分析指标体系。

指标数据：由指标值构成的数据集合，综合反映企业的经营管理状况和业务运营状况，是数据管理工作的重要管理对象。指标体系是概念层面的，指标数据是指标体系的具象化。

7.1.2 指标值的计算

指标值是指标的具象化，每个指标值都是可以通过实际计算得到的数值，由维度项的粒度、基础度量、汇总规则、汇总字段组成。

维度项的粒度：是指维度项的层级，比如时间维度项中的日度粒度、月度粒度，机构维度中的省行粒度、分行粒度。

基础度量：对企业业务的规模、程度等的衡量方式。根据度量对应的指标类型，分为单一度量和复合度量。当一个指标概念可以使用一个数值表示时，称之为单一度量，比如销售金额是单一度量、销售数量是单一度量。当一个指标概念需要使用多个数值表示时，称之为组合度量，比如业务量是组合度量，含笔数和余额两个度量。

汇总规则：汇总字段的统计规则，如求和、求平均值、计数等。

汇总字段：对可参与汇总计算的基础数据字段，除计数之外，必须为连续变量。比如某个账号的账户余额。

口径：参与计算的样本准入条件。在计算指标值时，口径往往是非常重要的，比如当月合格线索量这个指标值，业务部门需要明确达到什么要求的记录属于合格线索，比如只有提供手机号的记录才算合格线索，仅提供微信名称的不算合格线索。

一个单一指标值的计算对应 SQL 中的基础汇总语句，如图 7-1 所示。

```
                         某个单一基础度量
                        ┌───────┴───────┐
Select 维度项-粒度, 汇总方式(汇总字段)
  From 表名
  Where 口径
  Group by 维度项-粒度
```

图 7-1 单一指标值基础汇总语句

另外，还有一类指标值对应的是衍生度量，指标度量值自身根据一定规则计算产生的新度量，往往反映比例、结构、变化率，比如月日均余额、同比。衍生度量的计算方式会更为丰富，比如不良率这个衍生度量对应两种类型的计算方式，分别是横截面不良率、同期群不良率。这类指标值是在基础度量的基础上计算的。

7.2 通用指标介绍

本节介绍在大多数业务场景下都可以使用的三类通用的指标计算方法，分别是求和类指标计算方法、计数类指标计算方法及比较类指标计算方法。

7.2.1　求和类指标计算方法

求和类指标计算方法很常用，主要包括常规求和计算方法及累计求和计算方法。

常规求和计算方法用来计算维度项下包含的所有汇总变量的合计值。比如某个客户购买了 100 元的某产品，把这些客户的购买金额汇总便得到该产品的总销售额。

累计求和计算方法经常在有前后顺序逻辑关系的维度项下使用，目的是帮助阅读者了解截止到当前维度项的所有前序维度项下业务行为结果的整体情况。阅读者还可以通过进一步对比不同阶段维度项下的累计合计值的差异情况，了解不同阶段业务行为的进度特征。比如要想得到截止到当日的本周销售额，就需要对当日和当周前几日的销售数据做汇总。

7.2.2　计数类指标计算方法

计数类指标计算方法主要用于统计业务行为出现的次数，主要包含两种细分方法，分别是常规计数方法及非重复计数方法。

常规计数方法统计维度项下的总个数。其计算方法虽然简单，但是需要注意汇总字段是否存在缺失值的情况，在有些软件模型中空值不参与计数，但是在有些软件模型中，空值也参与计数。

非重复计数方法的计算逻辑是统计维度项下不重复的汇总字段的个数。比如性别的汇总字段的数值为“男、男、女、男、女、女”，则常规计数方法得到“6”，而用非重复计数方法得到“2”。

7.2.3 比较类指标计算方法

通用性强的比较类指标计算方法主要包括均比计算方法、定基比计算方法、同环比计算方法三种，它们的使用目的是帮助理解不同维度项间业务行为结果的好坏差异程度。

1. 均比计算方法

（1）计算逻辑：将某个维度各个不同维度项下的汇总值与所有维度项的总平均值进行对比。

（2）平均值：在一般情况下为总体汇总值的算术平均值。

（3）使用目的：描述各个维度项的表现水平与整体平均水平的差异程度。通过均比指标值，可帮助识别表现突出或不足的维度项个体。

（4）均比指标值。

均比差异值：汇总值 − 总平均值。

均比差异百分比：$\dfrac{\text{汇总值}-\text{总平均值}}{\text{总平均值}}\times 100\%$

2. 定基比计算方法

（1）计算逻辑：各个维度项当期的汇总值与某基期汇总值对比。

（2）基期值：可以是固定的某个时期的数值，也可以是定期更换的某个时期的数值。前者比如上证综合指数的基日为 1990 年 12 月 19 日，基准值为在上海证券交易所上市的股票（ST、*ST 证券除外）和红筹企业发行的存托凭证的加权总市值。后者比如从 2000 年开始，CPI 计算由每月变动对比基期改为固定对比基期，居民消费价格首轮对比基期定为 2000 年，即以 2000 年平均价格为基期价格。考虑到消费市场的发展变化、居民消费的升级换代，为更准确地反映居民消费结构的新变化和物价的实际变动，规定每 5 年进行一次基期轮换。

（3）使用目的：用以描述当期值的发展水平，展示其随时间发展状况与未来趋势。比如居民消费价格指数（CPI）是一个重要的宏观经济指标，CPI 能够反映全国各地消费价格变动的基本情况，该指标是用于宏观经济分析和决策、价格总水平监测和调控以及国民经济核算的重要指标。

（4）定基比指标值。

定基比差异值：当期汇总值 − 基期汇总值。

定基比差异百分比：$\frac{当期汇总值 - 基期汇总值}{基期汇总值} \times 100\%$

3. 同环比计算方法

（1）计算逻辑：各个时间维度项当期的汇总值与各自以往同期的汇总值或上期的汇总值间的对比计算。

（2）同期值：一般指维度项在去年同期的汇总值。

（3）上期值：一般指维度项在上一个时间周期内的汇总值，在没有明确说明时间周期的间隔时，一般以一个月为一个时间周期。

例如，某公司 2022 年 3 月销售额的同期值为该公司 2021 年 3 月销售额，而上期值为该公司 2022 年 2 月销售额。

（4）使用目的：同环比是维度项自己与自己比，即将当前自己的表现水平与过去自己的表现水平之间进行时间维度下的对比，目的是帮助了解维度项表现水平有没有随着时间的推移而发生变化。

（5）同环比指标值。

同环比差异值：当期汇总值 − 同期（上期）汇总值。

同比增长率：$\frac{当期汇总值 - 同期汇总值}{同期汇总值} \times 100\%$

环比增长率：$\frac{当期汇总值 - 上期汇总值}{上期汇总值} \times 100\%$

7.3 场景指标介绍

场景指标指在某个业务分析主题中常见的指标。这些指标基于通用指标的计算方法，结合业务需求做了一定的定制化。场景指标可以按照企业产品类型和部门职能划分。

7.3.1 按企业产品类型划分

企业的不同产品类型和该产品所处的不同展业阶段，决定了管理者应该关注哪些指标，如图 7-2 所示是按照行业分类的场景指标。

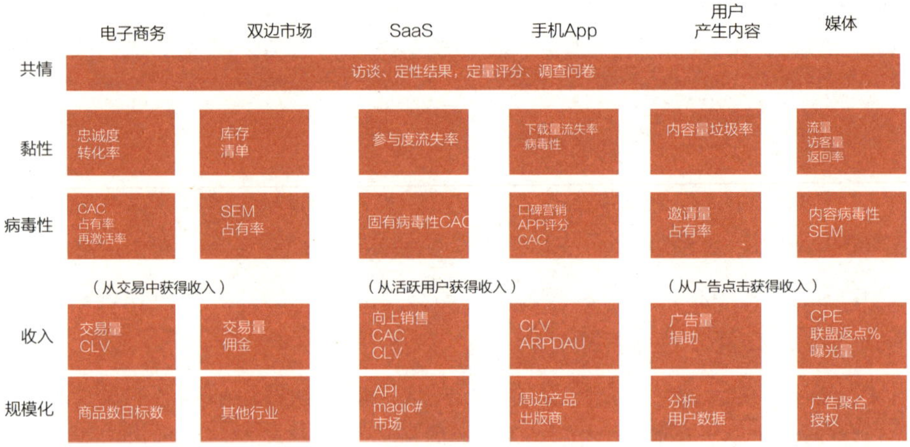

选自《精益数据分析》

图 7–2 按照行业分类的场景指标

图 7-2 所列的指标对于企业管理者和产品负责人具有重要的参考意义。比如某车企为了提高用户黏性而在自营的手机 App 中加入了内容分享模块，该模块属于“用户内容生成”类产品。该模块在业务初创期建议使用考核内容质量的“内容量、垃圾率”等指标，而不建议选择反映用户留存的“流失率”指标。

7.3.2 按部门职能划分

指标按照部门职能划分，主要分为财务分析、用户分析、产品与生产运营分析。这些指标多达几千个，本节仅列举少量核心的指标。

1. 财务分析必知指标

投入产出比（Return on Investment，ROI）：收入总额 / 投入总成本。该指标主要用于对资产的投资效果进行量化。投入产出比越高，说明投资产生的收益越高，被投资的资产的盈利效率越高。当投入产出比大于 1 时，企业才能创造利润。

资产回报率（Return On Assets，ROA）：（净利润 / 总资产）× 100%，用于衡量企业利用其总资产（即股东权益和负债）获取净利润的能力。

净资产收益率（Return on Equity，ROE）：（净利润 / 平均股东权益）× 100%，用于衡量企业利用其自有资本（即股东权益）获取净利润的能力。

2. 用户分析常见指标

《精益数据分析》一书中提供了增长黑客的海盗模型各阶段的参考指标，如表 7-2 所示。

表 7-2　《精益数据分析》一书中各阶段的参考指标

要素	功用	相关指标
获取用户	通过各种各样的手段博取眼球，无论是免费还是付费的方式	流量、提及量、CPC（Cost Per Click，每次点击费用）、搜索结果、用户获取成本、点开率
提高活跃度	将获取的“过客”式访客转化为产品的真正参与者	注册人数、注册量、新手教程完成量、至少用过一次产品的人数、订阅量
提高留存率	说服用户再次光临，反复使用，表现出黏性行为	用户参与度、距上次登录的时间、日 / 月活跃使用量、流失率
获取营收	商业活动的产出（不同的商业模式看重不同的产出，如购买量、广告点击量、内容产生量、订阅量等）	用户终生价值、（免费到付费）转化率、平均购物车大小、广告点入营收
自传播	已有用户对潜在用户的病毒式传播及口碑传播	邀请发送量、病毒式传播、病毒传播周期

常用指标的定义如下：

访客数（UV）：非重复用户的访问人数。

浏览量（PV）：浏览页面的总次数。

商品交易总额（Gross Merchandise Volume，GMV）：反映整体的销售情况。

用户获取成本（Customer Acquisition Cost，CAC）：企业为了获得一名新用户所需要花费的成本。

平均每位用户收益（Average Revenue Per User，ARPU）：总收入 ÷ 活跃用户数，用于衡量特定时间段内，企业从每个活跃用户处获得的平均收益。

用户生命周期终身价值（Life Time Value，LTV）：综合了用户在整个生命周期内的购买行为、使用频率、付费金额及推荐新用户等多方面因素，是衡量用户对企业长期贡献的重要指标。

月活跃用户数（Monthly Active Users，MAU）：指的是在一个月内至少活跃一次的用户数量。

资产管理规模（Asset Under Management，AUM）：主要用来衡量基金管理公司、投资银行、商业银行或金融控股公司的资产管理业务规模的指标。

7.4 指标体系介绍

指标体系是相互之间有逻辑联系的指标构成的整体。与用单个指标来量化某一个业务行为的好坏情况相比，完整的指标体系可以用来描述业务框架的整体构成情况、业务流程的完整脉络线索及业务结果的具体产生原因。如果我们将业务整体比作放在暗室里的一幅画作，那么分析人员为了看到这幅画作，就需要在暗室墙上开窗，每开一扇窗就可以看到画作的一部分内容，当开的窗足够多时，分析人员就能够观测到画作的完整情况。在这个比喻中，开的每一扇窗就是每一个不同的指标，所有窗的集合就是完整的指标体系，指标是观测业务行为的窗口，而指标体系就是观测业务整体的窗口的集合。

指标体系的作用主要体现在以下三个方面。

（1）为分析人员提供全局视角审视业务整体的好坏情况。

（2）为分析人员快速定位业务问题、确立分析主体提供参考依据。

（3）为决策层优化业务流程、制定业务发展方向提供参考依据。

7.4.1 指标技术加工角度分类

指标体系中按照指标间衍生关系分类，包含根指标（基础指标）、组合指标和派生指标。

一般业务方最关心的指标会被认为是根指标（也称为基础指标）。比如贷款余额，是贷款部门最关心的，即贷款部门指标体系中的根指标。

“根指标”与常用的维度取值相结合，生成组合指标。比如个人消费的贷款余额、个人消费维度与贷款余额根指标结合构成组合指标。

通过根指标和组合指标之间的运算得到派生指标。比如不良贷款率，即不良贷款余额除以贷款余额得到的派生指标，如图 7-3 所示。

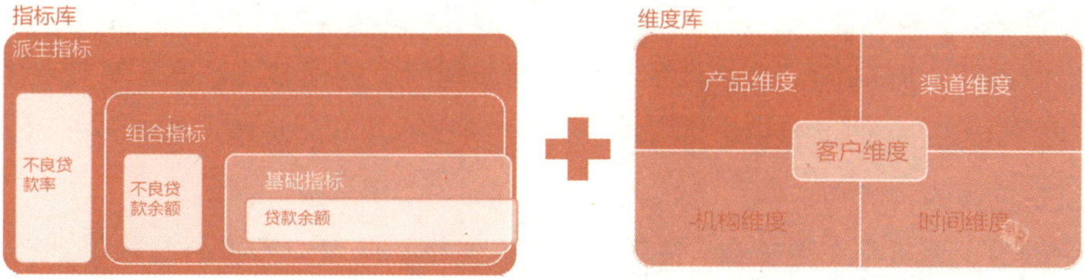

图 7–3　派生指标

派生指标包括比率、占比、变化率三类，需要结合图 7-4 进行理解。

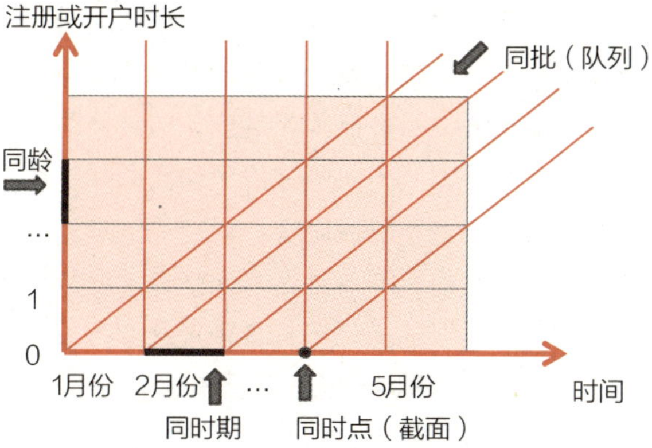

图 7–4　队列和截面数据计算示意图

用户是按照时间依次办理业务的，按照人为规定的时间段划分（比如一周内、一个月内），就产生了同批和队列的概念，也随之产生了队列数据和横截面数据的概念。

队列数据（金融行业称为 Vintage 数据、酒窖数据或同账龄数据）：是指将具有相似特征的一组个体（如同一年出生的人、同一年进入公司的员工、同一年发放的贷款等）作为一个队列进行观测和记录的数据。这种数据类型通常用于分析某一特定群体随时间的变化情况。本书 2.1.1 节中的“同期群分析模型”就是采用队列数据做分析的一个示例。

横截面数据：不同对象在同一个时间点的数据，如 A，B，C，D 等不同年份入职的员工在 2015 年的工资。

理解了队列数据和横截面数据，再来看看这三类派生指标的计算方法。

（1）比率：即比值，两个相关数值相比所得的值。分子分母不是总体和部分的关系，也不是来自一个总体的两个部分。比如拨备覆盖率（拨备金额/不良金额）、贷款拨备率（拨备金额 / 贷款余额）、存贷款比率（各项贷款总额 / 各项存款总额）、总资产收益率（ROA）。这类派生指标是基于同时点的横截面数据计算得到的。

（2）占比（包括率、比例）：是一个总体中各个部分的数量占总体数量的比重，通常反映总体的构成和结构。比如通过率（通过数 / 申请数）、不良率（不良贷款 / 贷款余额）、退货率（退货量 / 销售量）。这类指标既可以用横截面数据计算，也可以用队列数据计算，前者计算方式简单，但是只有在业务稳定时才能反映业务运营状况，后者计算方式复杂，但是能准确反映业务运营状况。

基于横截面数据计算的占比（率）：分子和分母都是同时点的数值，这种指标在学术界没有规范的定义，因此本书中称其为“率”。这类指标计算简便，但是难以发现真正的业务运行情况。比如某企业的退货率是用横截面数据计算的，当销售业务平稳时，该指标可以反映客户对产品的满意度。但是当前期大张旗鼓地做一场营销活动后，由于其销量猛增，因此当时的分母猛增而前期销售出现的退货数量不变，导致退货率指标明显下降，这不能说明客户对商品的满意度上升了。同理，营销活动过后产品销量下滑，而之前买商品的客户退货量上升，导致退货率升高，也不能说明客户满意度下降了。类似的指标还有金融贷款业务关注的横截面不良率指标，当业务量出现明显波动时，该指标不能真正反映当前的贷款业务风险暴露情况。

基于队列数据计算的占比（比例）：分子和分母都是来自同一时期或批次的数值，这种指标名称中虽然也带有“率”，但其实是比例的概念。比如金融行业常用的酒窖逾期率、M1 回正率，电商常用的同批次流失率。比如酒窖逾期率，其计入分子和分母的样本都是来自同一批申请贷款的客户，经过若干月，其中有部分客户出现了违约，则用该批客户的违约金额 / 总的贷款金额。

（3）变化率：同一个事物的两个不同时间点的数值的比较。比如放款量同比增长率（当前时点值 / 去年时点值）、放款量环比增长率（当前时点值 / 上月同期时点值）。

7.4.2 指标业务层级角度分类

结果指标：重要的结果指标也称为北极星指标，它们反映企业生产和运营最终的效果，比如企业全年总利润、总销售额等。

过程指标：为达成结果指标而制定的、用于过程监管的指标。比如行为监管类的外呼中心每天外呼次数、有效接通次数、有效通话时长。

过程指标是根据结果指标拆解出来的，在 7.5.2 节中介绍的指标拆解方法是发现过程指标的方法。

7.4.3　指标库

指标库是指标体系的规范化记录，并按照指标间衍生关系展现出来。简单的指标库仅需要记录指标类型、指标名称、指标业务定义等信息，复杂的指标库需要记录完整指标数据元（指标数据标准）信息，并且还要建立起指标的血缘关系。表 7-3 所示为指标库示例（部分）。

表 7–3　指标库示例（部分）

指标类型	原指标名称	标准化指标名称	指标业务定义	指标业务口径
根指标	客户数量	客户数量	截至统计时点或统计期间内，银行客户数量	截至统计时点或统计期间内的客户数量，按照客户编号去重，根据对应筛选条件对客户进行归集
组合指标	个人网上银行客户数量	个人网上银行客户数量	截至统计时点，个人网上银行客户的数量	根指标：客户数量；原子筛选条件：个人网上银行客户
组合指标	个人网上银行普通客户数量	个人网上银行普通客户数量	截至统计时点，个人网上银行普通客户的数量	根指标：客户数量；原子筛选条件：个人网上银行普通客户
组合指标	个人网上银行活动客户数量	个人网上银行活动客户数量	统计期间内，个人网上银行活动客户的数量	根指标：客户数量；原子筛选条件：个人网上银行活动客户
派生指标	使用一代网银盾的个人网上银行高级客户覆盖度	使用一代网银盾的个人网上银行高级客户覆盖度	截至统计时间点，使用一代网银盾的个人网上银行高级客户覆盖度	使用一代网银盾的个人网上银行高级客户覆盖度 = 使用一代网银盾的个人网上银行高级客户数量 / 个人客户数量

续表

指标类型	原指标名称	标准化指标名称	指标业务定义	指标业务口径
派生指标	使用二代网银盾的个人网上银行高级客户覆盖度	使用二代网银盾的个人网上银行高级客户覆盖度	截至统计时间点，使用二代网银盾的个人网上银行高级客户覆盖度	使用二代网银盾的个人网上银行高级客户覆盖度 = 使用二代网银盾的个人网上银行高级客户数量 / 个人客户数量
派生指标	使用动态令牌的个人网上银行高级客户覆盖度	使用动态令牌的个人网上银行高级客户覆盖度	截至统计时间点，使用动态令牌的个人网上银行高级客户覆盖度	使用动态令牌的个人网上银行高级客户覆盖度 = 使用动态令牌的个人网上银行高级客户数量 / 个人客户数量
派生指标	使用文件证书的个人网上银行高级客户覆盖度	使用文件证书的个人网上银行高级客户覆盖度	截至统计时间点，使用文件证书的个人网上银行高级客户覆盖度	使用文件证书的个人网上银行高级客户覆盖度 = 使用文件证书的个人网上银行高级客户数量 / 个人客户数量

7.4.4 维度库

维度库以树形图的形式存储数据分析中常用维度的不同细化粒度的取值。如图 7-5 所示，是一个客户维度的示例，比如三级维度是按照“渠道客户类型”划分的，四级维度的第一个小类是“个人网上银行客户等级”。有些行业通用的维度树是有标准可循的，比如地域维度，会按最大的地域，先按国别划分，国别再往下是省，更细的是市。但很多行业特有属性的维度树的划分形式就欠缺统一的标准，机构或企业内部可以自行定义分类标准，并严格按照这个分类标准划分。维度库中还需要对每个维度分类做明确的业务定义。

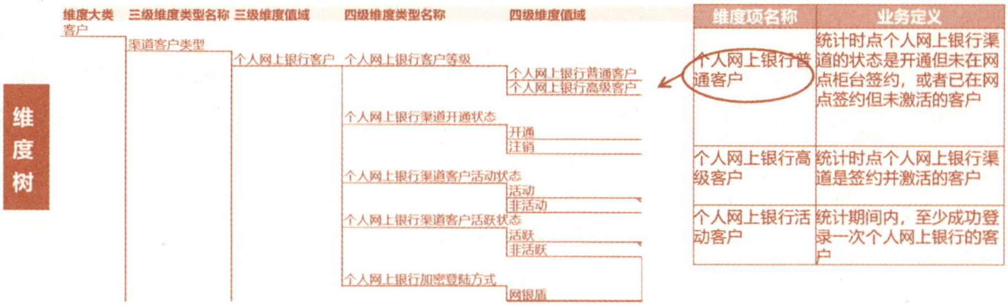

图 7-5　维度库示例

维度库的建立便于维度数据模型的构建，规范化数据仓库和数据集市的建设，使得多维分析工具更便于使用，提高数据分析师的工作效率。基于维度库可以更好地做 OLAP 分析，便于快速进行下钻分析。比如查看河北省的“贷余”，只需要在常用的 BI 工具中，把河北省拖曳出来，将指标设置为贷款余额。通常这个过程可以通过灵活取数平台自动实现。比如用日常使用的 PowerBI 等工具，只要把度量、指标和维度做好，可视化就水到渠成了。

7.5 指标体系自上而下搭建方法

指标体系的构建方法分为自上而下法（Top-Down）与自下而上法（Bottom-Up）法。这是构建企业指标体系时的两种不同策略，前者适用于从无到有地建立指标体系，后者适用于基于历史上的杂乱报表梳理指标体系。本节讲解自上而下法，在第 13 章中会讲解自下而上法。

7.5.1 设计框架

搭建指标体系是收集及分析指标内容的前提，只有根据业务分析需求搭建完整的指标体系，才能根据指标体系内容收集完整数据进行分析，得到的分析结果才能全面、深入地描述业务的整体情况。业务指标体系设计框架采用“OSM 模型”，如图 7-6 所示，其中，“O”是指业务目标（Objective），也就是企业的目标，公司、业务、产品或功能等存在的目的是什么；“S”是指策略（Strategy），即为达成上述企业目标而采取的策略；“M”是指度量（Measurement），即提出策略之后需要进行度量，因为没有考核就没有评价，合理的度量指标可以衡量策略的有效性，反映业务目标达成情况。

而在度量过程中，会产生一些 KPI（Key Performance Indicator），将这些 KPI 与预先给定的目标值（Target）对比，则可以衡量业务目标是否达成，KPI 直接度量策略有效性，反映目标的达成情况。这块内容我们不展开讲，感兴趣的小伙伴可以参考“KPI”“平衡记分卡”“OKR”相关内容的专业书籍。

图 7–6　OSM 模型

7.5.2　核心术语和主要技术

1. 北极星指标

北极星指标（North Star Metric），也称为第一关键指标（One Metric That Matters），是互联网公司和敏捷团队常用的业务指标。北极星指标是产品成功的关键指标，是指在产品的当前阶段与业务或者战略相关的绝对核心指标。北极星指标是企业为用户和客户带来的核心价值的体现，是指引公司提升长期价值的方法，一旦制定，北极星指标如同北极星般闪耀在高空中，指引整个团队朝同一个方向前进。

北极星指标的价值是提升公司的文化和价值观，明确公司长期优先级，凝聚团队精神。如图 7-7 所示，不同企业依据其经营特点不同，制定的北极星指标也有差异。例如 Facebook 制定的北极星指标是月活跃用户数（MAU）；LinkedIn 制定的北极星指标是高质量注册人数（Quality Sign-ups）；Pinterest 制定的北极星指标是每周重复使用 Pinterest 的用户数据量；Slack 制定的北极星指标是发送超过 2000 条信息的团队数量，等等。

图 7–7　企业北极星指标示例

2. 指标拆解方法

北极星指标是企业的最高目标，需要各个部门协助配合完成，因此，在制定北极星指标后，需要将其进行拆解，使每个部门都能够各司其职，各尽其力。关键要素是通过用户所处的状态和业务想要达成的目标拆解而来的。关键要素拆解之后的展现形式主要是产品关键节点展示和活动运营。

常用的拆解方式有两大类，一类是“全链漏斗式”拆解，一类是“因子分解式”拆解，这也反映了数据分析的分类思维和链式思维。所谓“全链漏斗式”拆解，是指当业务在按照若干个步骤进行时，可以按照其步骤将北极星指标进行拆解。例如将“信用卡网申量”作为北极星指标时，用户网上申请信用卡大致步骤为：“登录银行信用卡官网”→“选择信用卡类型”→“填写资料并提交”→“等待审核”→“网点办理 / 上门办理”，可以按照用户线上申请信用卡的步骤将北极星指标“信用卡网申量”拆解为“浏览人数（UV）”“网申页打开率”“网申提交表单率”“成功申请率”四个指标，如图 7-8 所示。

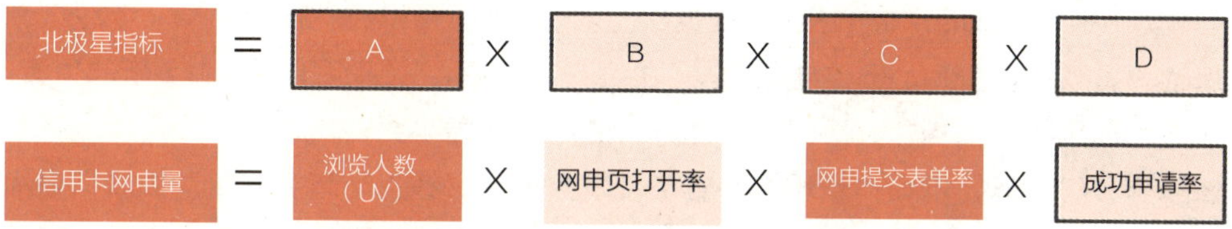

图 7–8　“全链漏斗式”拆解“信用卡网申量”北极星指标

“因子分解式”拆解是指当业务由不同模块通过加总关系构成时，可以分别根据每个模块的影响因素进行拆解。例如在企业会员运营中，常将“企业会员营收”作为北极星指标，而“企业会员营收”主要由“新会员付费”与“老会员付费”两部分构成，因此我们可以将其北极星指标先拆解为“新会员付费”与“老会员付费”两类，然后重复前面的步骤进行进一步拆解，“新会员付费”拆解为“页面浏览人数”“留资率”“转化率”和“单价”四个指标，“老会员付费”拆解为“会员数”“转化率”和“单价”三个指标，如图 7-9 所示。

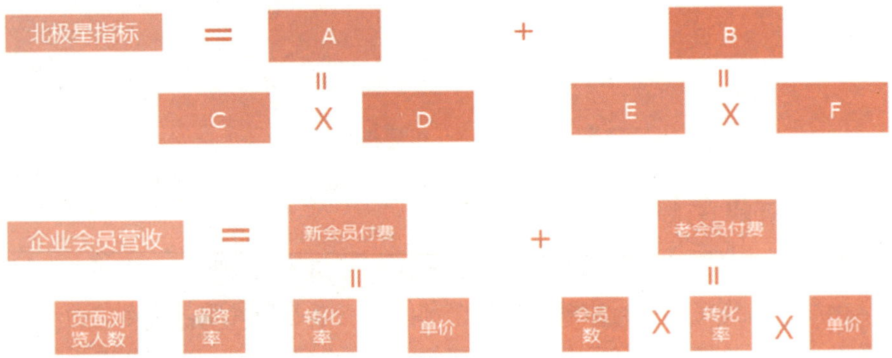

图 7-9 “因子分解式”拆解“企业会员营收”北极星指标

3. 业务指标的分层方式

接着看业务指标的分层方式。根据以上拆解方式可以将北极星指标逐级进行拆解，通常可以拆解至四个层级。第一层级的北极星指标是战略层面的指标，是整个公司共同奋斗的目标；第二层级的指标是管理层面的指标，可按照部门职能进行划分；第三层级的指标是运营层面的指标，每个部门下划分不同小组负责相应的运营指标；第四层级是操作层面的指标，细化到每位员工所需负责的工作。

举个简单的示例，如图 7-10 所示，指定“销售收入”为北极星指标，那么“销售收入”是公司战略层面的指标；根据部门职能划分，可以将“销售收入”拆分为“新增客户量”由渠道部负责，“老客户量”由客户部负责，“预期客单价”由创新部负责，这是管理层面的指标；然后，每个部分下的不同运营小组对前面的一级指标进行拆解得到二级指标，例如“新增客户量”可以拆解为“线上新增客户量”由新渠道组负责以及“线下新增客户量”由传统渠道组负责，“预期客单价”可以拆分为“购买率”由市场组负责以及“客单价”由产品组负责，这些二级指标都是基于运营层面的；最后在操作层面再将二级指标根据不同活动拆分细化到每位员工负责的三级指标上。

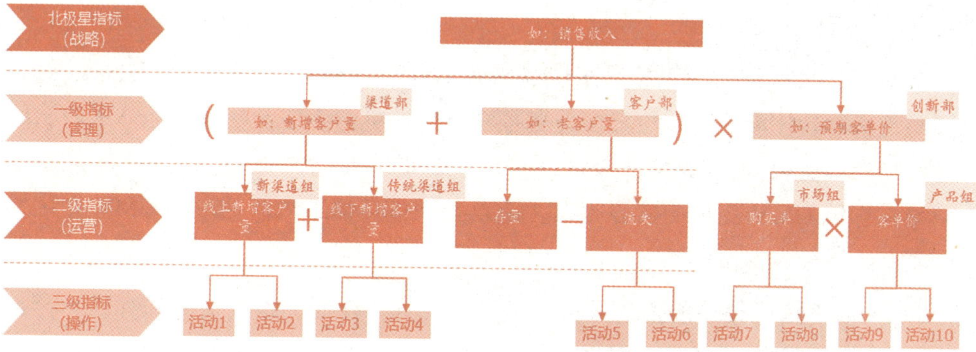

图 7–10 业务指标的分层示例

7.5.3 设计方法

1. 明确问题

搭建指标体系前要先明确以下三个问题。

（1）明确指标体系服务对象是谁。在搭建指标体系前要与指标体系使用者进行多次深入的访谈，了解使用者的业务需求、业务框架、业务流程、业务行为、业务痛点等情况，根据访谈结果进行指标的选取及设计。

（2）明确指标体系的使用目的。指标体系主要有三类不同的使用目的，第 1 类是通过指标体系完整描述某个业务框架下各个不同业务节点的具体情况，第 2 类是通过指标体系完整描述某个业务流程各个不同业务阶段的具体情况，第 3 类是通过指标体系详细描述产生某个业务结果的多方面影响因素的具体情况。如果指标体系描述对象是业务框架，就需要从业务框架中各参与主体的行为特征出发来搭建指标体系；如果指标体系描述对象是业务流程，就需要从业务流程中各阶段的行为特征及各阶段间的衔接、流转方式出发来搭建指标体系；如果指标体系描述对象是某个业务结果，就需要从影响业务结果的多方面不同因素的变化情况、元素与元素间的相互作用情况出发来搭建指标体系。

例如，要搭建描述人货场业务框架整体情况的指标体系，就要将客户、产品、店铺这三个业务框架内的参与主体的指标内容装入该指标体系内使用。该指标体系内应该包含客户行为指标、产品销售情况指标及店铺的经营行为指标等。

如果指标体系描述的对象是产品进销存完整的业务流程，就要包含进货、库存及销售环节中量化产品数量及金额的指标，以及描述产品在进、存、销三个阶段中周转情况的指标内容。

如果指标体系描述的对象是某电商平台 GMV（商品交易总额）的由来，此时就要将流量、转化率及客单价三个业务模块下的指标内容包含在该指标体系内。因为通过电商黄金公式“GMV = 流量 × 转化率 × 客单价”可知，流量、转化率及客单价是影响 GMV 变化的核心因素，所以要在指标体系内囊括影响 GMV 变化的各因素下的指标内容。

（3）明确指标体系所处的维度环境。与指标不能脱离维度而单独存在一样，指标体系也不能独立于维度环境之外而单独使用。所以在设计指标体系之前，我们先要明确指标体系依附的维度场景有哪些。在为指标体系设计或选取指标的同时，将维度信息一起加进指标体系的设计文档内，为指标体系搭建一个完整的维度库是很多咨询公司在梳理指标体系时常用的方法。如图 7-11 所示，为某咨询公司梳理的描述银行对公客户收入情况的维度及指标对应图。

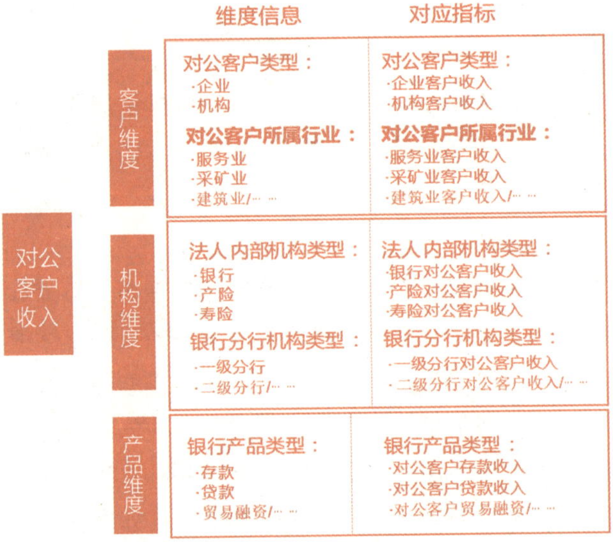

图 7-11　银行对公客户收入情况的维度及指标对应图

2. 区分逻辑关系

了解了搭建指标体系前需要明确的内容之后，接下来为大家介绍搭建指标体系时使用的具体方法。在搭建指标体系过程中使用的核心思维方法是树状分类法。按照此种思维方法梳理、搭建的指标体系，称为树状指标体系。树状分类法是将父节点拆解成多个子节点，再将子节点继续拆解成多个孙节点，以此类推，直到无法再拆为止的思维方法。一般我们可以使用树状结构图来展现树状分类法得到的结果。将树状分类法应用到梳理、搭建指标体系过程中时，主要可以根据以下三种逻辑关系进行指标体系的树状层级拆解。

第 1 种逻辑关系是根据指标所依附维度中不同维度项间的层级关系进行指标拆解。因为指标体系需要依附于维度而存在，所以在搭建某个特定维度下的指标体系时，可以依据该维度下各个不同维度项之间的层级关系进行树状层级的指标拆解。

例如，某零售企业想用指标体系来描述公司全年的总销售额的构成情况，该公司在国内多个不同区域设立了不同事业部，每个事业部下又设有多家地区分公司，那么我们就可以按照总公司、事业部、分公司的维度项层级关系搭建树状指标体系，如图 7-12 所示。

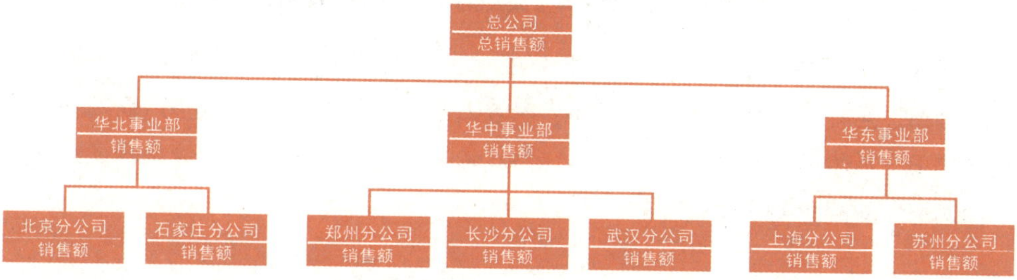

图 7-12　依据指标依附维度项层级关系搭建树状指标体系

第 2 种逻辑关系是根据各指标间逻辑意义上的层级关系搭建树状指标体系。例如，我们可以将企业的决策过程按照重要程度由高至低划分为战略决策、战术决策及行为决策三个层级。一个战略决策影响多个战术决策，一个战术决策影响多个行为决策。反之，多个行为决策决定一个战术决策的成败，多个战术决策决定一个战略决策的成败。如果我们要为一个战略决策提供指标参考依据，那么就可以按照战略指标、战术指标及行为指标的层级顺序搭建指标体系。

例如，某公司要根据全年新客户创造的业绩增量水平制订第二年的发展计划，那么公司全年新客户带来的总销售额就是一个战略指标。该公司为了得到理想的新客户销售业绩，需要在市场端制订正确的产品推广宣传计划以增加新客户数、在销售端做好客户成交转化，以及产品连带宣传以提高成交率及客单价，那么新客户总数、总成交率及客单价平均值就是战术指标。

为了进行产品推广，市场部门选择在自媒体平台、小视频平台、行业大会等不同渠道投放广告。为了了解销售情况，销售管理部门需要及时关注每一个销售团队的商机成交情况及客单价情况，那么描述各渠道广告投放效果的指标、描述各销售团队销售行为效果的指标就是最后的行为指标。依据指标间逻辑意义上的层级关系搭建的指标体系，如图 7-13 所示。

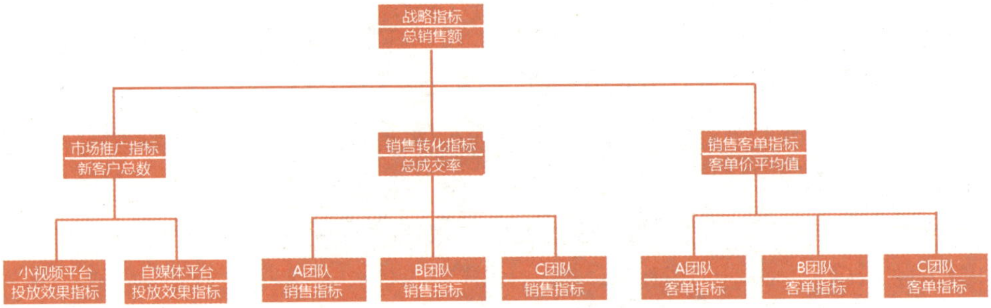

图 7-13　依据指标间逻辑意义上的层级关系搭建的指标体系

第 3 种逻辑关系是根据指标所量化的业务行为间的层级关系搭建树状指标体系。例如，用指标体系描述某银行净利息收入的构成关系，就可以按照获取净利息收入的不同行为方式来搭建树状指标体系。依据业务行为间的层级关系搭建的树状指标体系，如图 7-14 所示。

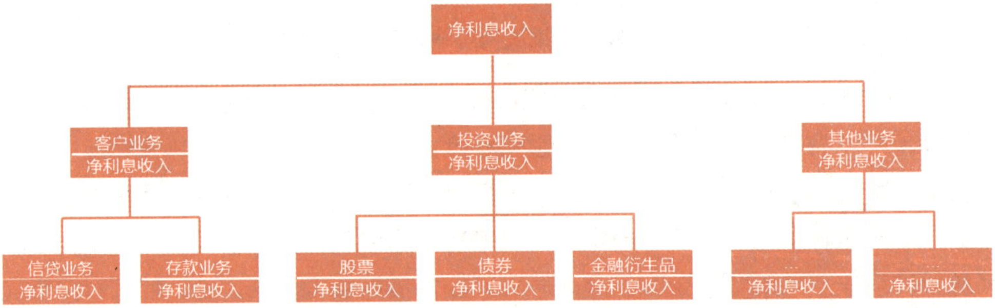

图 7-14　依据业务行为间的层级关系搭建的树状指标体系

以上三类树状指标体系的搭建逻辑往往不是单独使用的，在某些复杂场景下，要将这三类搭建逻辑组合起来，以搭建能够描述整体业务情况的完整指标体系。例如，如果要用指标体系描述某电商 GMV 的构成情况，那么首先使用第 2 种逻辑关系，也就是指标间逻辑意义上的层级关系将 GMV 拆解为“流量”指标、“转化率”指标及“客单价”指标三类，然后根据该电商使用的具体获取及转化流量的方法，按照第 3 种逻辑关系，也就是根据指标所量化的业务行为间的层级关系进一步进行指标拆解。

例如，流量可以分为域内流量及域外流量两部分，域内流量又可以分为首焦广告位、频道页等域内推广渠道的流量，域外流量也可以继续分为微信公众号、百度搜索竞价等域外推广渠道的流量。与流量相对应，转化率也可以继续拆解为域内、域外各渠道流量对应的转化率。某电商 GMV 树状指标体系如图 7-15 所示。

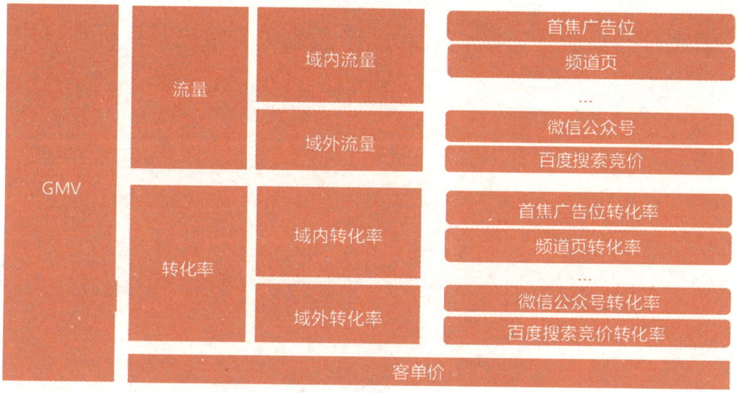

图 7-15 某电商 GMV 树状指标体系

搭建树状指标体系的前提条件是指标体系背后的逻辑关系具备树状层级拓展的条件。当我们面对的是类似进销存业务分析这样不是按照树状层级关系，而是按照业务流程的先后顺序关系，或者其他非树状层级关系的指标体系搭建需求的情况时，需要根据具体业务需求特征来选取恰当的指标内容使用。

7.5.4 实践方案

设计指标体系是一个复杂的工程，需要灵活使用前面讲解的各种方法。本节根据业界实践，提出了如图 7-16 所示的建立指标体系的三个步骤。

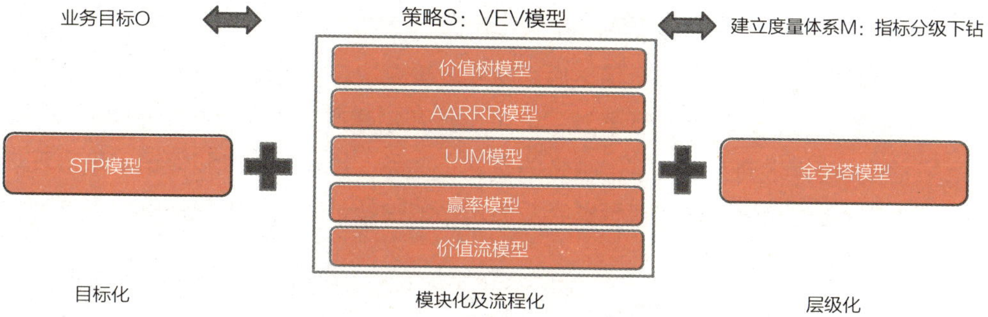

图 7-16 建立指标体系的三个步骤

1. 业务目标 O：STP 模型

数据分析师在建立数据指标体系之前，一定要清晰地了解业务目标，也就是 OSM 模型中的 O（Object）。设定目标时使用如图 7-17 所示的 STP 模型。STP 模型最早用于企业战略定位，S 代表市场细分（Segmentation），T 代表目标市场（Targeting），P 代表产品定位（Positioning）。这个模型帮助企业在一定的市场细分基础上，确定自己的目标市场，最后把产品或服务定位在目标市场中的确定位置上，如图 7-17 所示。

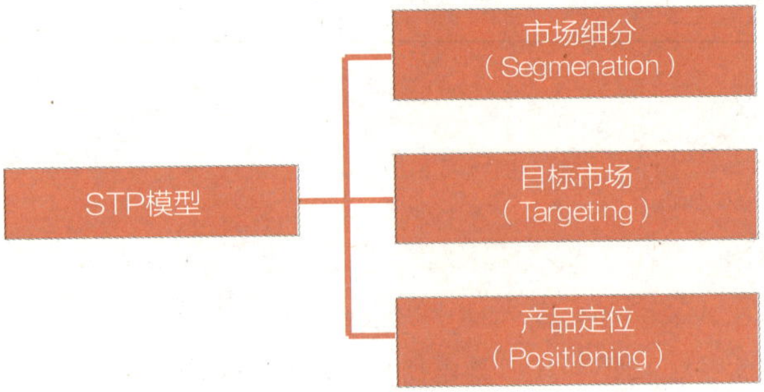

图 7-17　STP 模型

以下详细解读一下 STP 模型的各个组成部分：

- 市场细分：这是 STP 模型的第一步，涉及将市场划分成具有相似需求、偏好或消费行为的不同群体。这可以根据地理位置、人口统计、心理特征、行为方式和生活方式来进行。细分市场是为了更好地理解消费者，并对他们的特定需求进行定制化的营销。
- 目标市场：在市场细分的基础上，企业需要确定哪一个（或哪几个）市场细分是其目标市场。目标市场的选择取决于细分市场的吸引力和企业的竞争优势。目标市场策略可能是集中型（专注于一个小市场）、差异型（针对多个细分市场的不同需求）或未差异化（全市场统一策略）。
- 产品定位：确定目标市场之后，企业就需要决定如何在消费者心中定位其产品或品牌，以区别于竞争对手。定位涉及创建产品的独特卖点（USP）和竞争优势，这通常通过营销组合的元素（产品、价格、地点和促销）来实现。好的定位策略会确保目标顾客明白产品的独特价值，并在他们的心中留下深刻印象。

随着实践的深入，STP 模型不仅可以用于企业战略定位，也可以用于财务分析、流程分析等各个领域。在企业管理中，选取合适的竞对并根据与竞对之间的差距制定目标是常用的方法。

2. 策略 S：VEV 模型

构建策略时使用 VEV 模型。VEV 模型通常涉及三个概念——价值树（Value Tree）、高效用户运营（Efficient Customer Operations），以及价值流图（Value Stream Mapping），它们中的每一个都是一个独立的分析框架，在企业的战略规划和运营管理中发挥着重要作用。

- 价值树：价值树是一个树状图的分析工具，这一点在 7.5.3 节中讨论过。它帮助管理者识别和理解创建价值的不同因素。通过价值树，企业可以将一个复杂的商业目标分解成多个相关的子目标。这种层次化的分析帮助企业了解不同业务活动如何贡献整体价值，以及如何分配资源和优先级以实现最大化的商业成果。目前业界常用的经营分析的价值树有 EVA 分析法和杜邦分析法，如图 7-18 所示。
- 高效用户运营：高效用户运营涉及优化用户体验和服务流程，以提高用户满意度和忠诚度。它通过提高流程效率，确保用户与企业的每次互动都能产生正面的影响。它包括流程改进、服务设计优化和技术支持等方面，以确保快速响应用户需求，并提供高质量的服务，如图 7-19 所示。其中适用于个人客户（C 端）的策略有用户生命周期法和用户旅程法，前者适合企业级或产品级的客户运营策略的制定，后者适合针对某个营销项目和活动页面的分析策略；赢率模型适合对公客户（B 端）的运营策略制定，如图 7-19 所示。

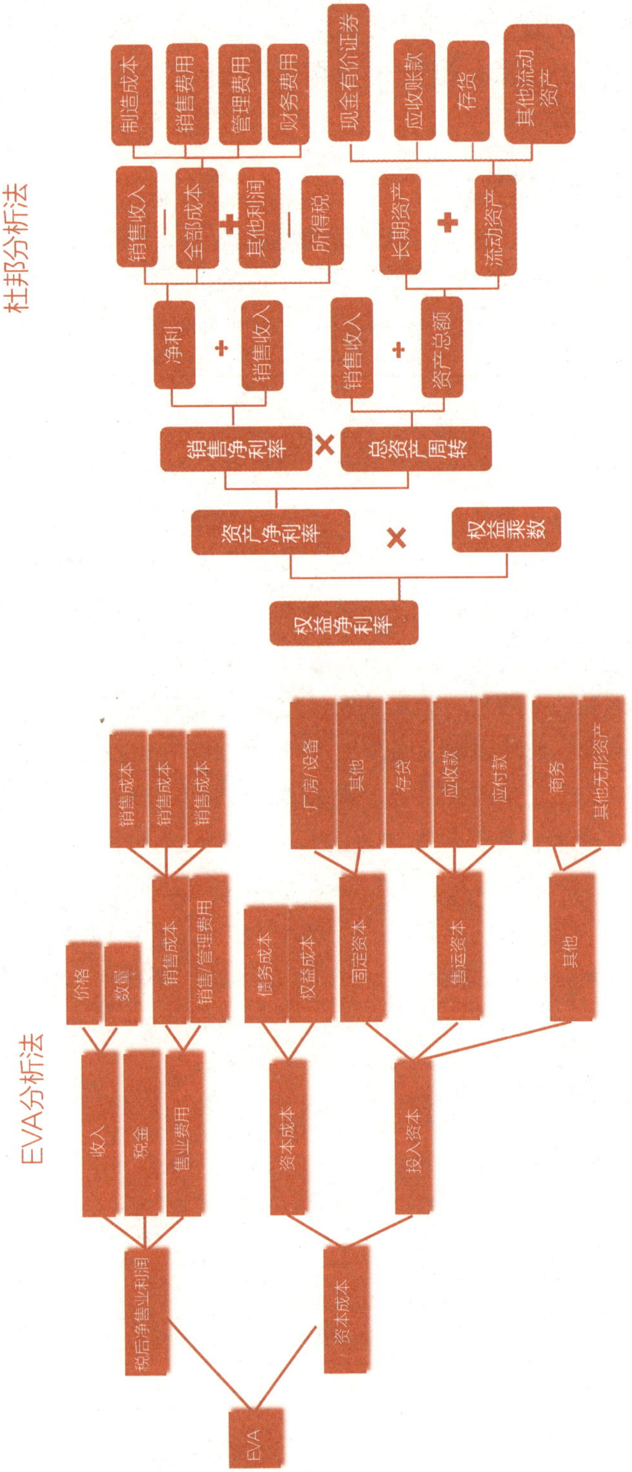
杜邦分析法
权益净利率
资产净利率
权益乘数
销售净利率
总资产周转
净利
销售收入
销售收入
资产总额
销售收入
全部成本
其他利润
所得税
长期资产
流动资产
制造成本
销售费用
管理费用
财务费用
现金有价证券
应收账款
存货
其他流动资产
EVA分析法
EVA
税后净营业利润
资本成本
收入
税金
营业费用
资本成本
投入资本
价格
数量
销售成本
销售/管理费用
债务成本
权益成本
固定资本
营运资本
其他
销售成本
销售成本
销售成本
厂房/设备
其他
存货
应收款
应付款
商务
其他无形资产

图 7-18 价值树

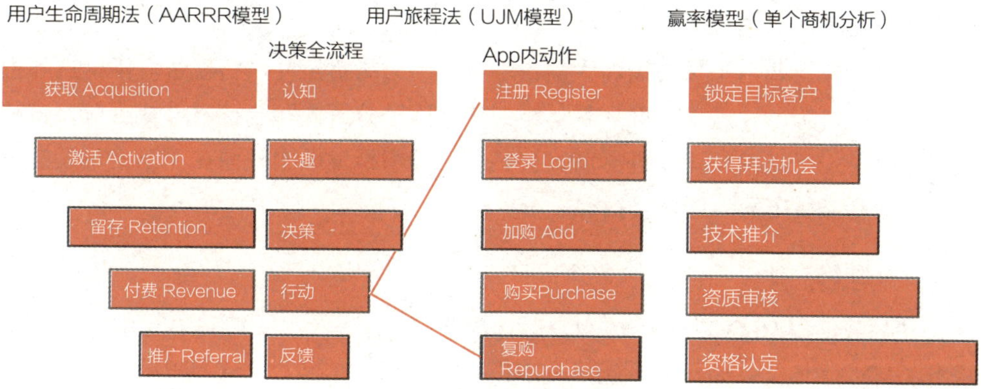

图 7–19 高效用户运营

- 价值流图：价值流图是一种用于可视化产品从初始阶段到最终顾客手中的整个流程的工具。价值流图可以帮助企业发现流程中的浪费、瓶颈和非增值活动，以便去除这些不必要的步骤，实现流程的精益化。这种图展示了物料和信息流动的全过程，允许企业从更高的角度优化生产力和客户价值。图 7-20 详细地记录了某个生产流程的各个环节及每个环节消耗时间、人力、物资的情况，可以用于监控业务运营状况，寻找优化点。

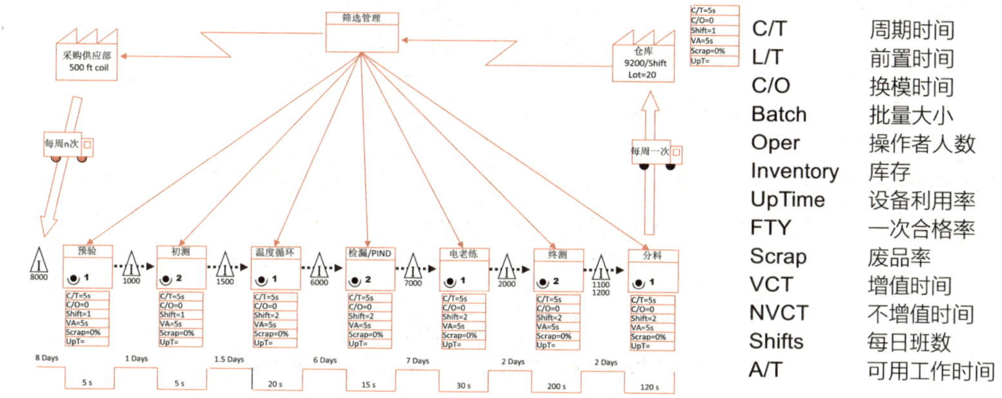

图 7–20 价值流图

3. 建立度量体系 M：指标分级下钻

建立二级至四级指标时通常使用金字塔模型，该模型的特征就是针对一个目标进行拆分，其通常与 MECE 原则（Mutually Exclusive, Collectively Exhaustive）紧密相关。MECE 代表“相互排斥、完全穷尽”。这意味着在分析一个问题或表述一个概念时，我们应该将信息划分成不重叠的部分（相互排斥），并且这些部分在一起应当能够完整地覆盖主题（完全穷尽）。

应用在指标体系上体现为将大的指标进行了分级拆解并进行度量。指标拆解主要有两大类：第一种是确定性拆解，比如使用因子分解式和全链漏斗式拆解，在前文已经讲过；第二种是可能性拆解，会基于目标指标发散出一些认为与之相关的一些指标，比如员工行为监管类指标。

4. 实践案例

最后我们以 GMV 为例搭建用户运营数据指标体系。如图 7-21 所示，该示例以提升 GMV 为北极星指标，采用 AARRR 模型作为核心策略，AARRR 的每个核心步骤（获取、激活、留存、付费和推广）分别对应其子目标，每个子目标对应一个二级指标，比如“获取用户”阶段对应的子目标是“新用户数量”。之后针对每个二级指标使用金字塔原则进行拆解。比如“新用户数量”的拆分指标为“各渠道曝光量”“各渠道跳转率”。

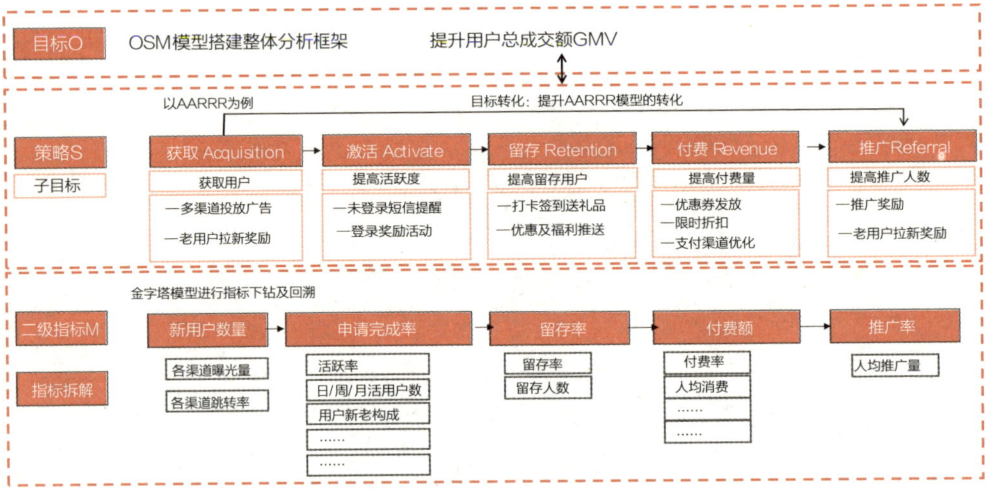

图 7-21　基于 GMV 指标的个人客户运营业务的指标体系设计

7.6 本章小结

指标体系是业务数据分析的重要基础，在进行业务状况展现和业务问题归因分析时必须依赖于现有的指标体系。数据分析师在工作时往往遇到指标体系不完备的情况，这时就需要运用本章的知识自己动手建立指标体系，以满足业务数据分析的要求。

第 8 章　SQL 语言基础与 MySQL 入门

商业数据分析工具就是“SQL+ 电子表格或多维分析工具”，这是很多数据分析师的亲身体会，只要学会了 SQL 语言，整个公司的数据宝库就向分析人员打开了。虽然公司的数据可能保存在 Oracle、DB2、MySQL、SQLServer 和大数据平台等不同的数据库系统中，但是对数据分析人员而言，需要掌握的 SQL 语言是一致的。本章以 MySQL 为例讲解 SQL 的语言基础，内容并不全面，但是学习完本章内容，读者可以胜任数据分析师 99% 的工作。

8.1 SQL 语言概况

Structured Query Language，即结构化查询语言，以下简称为 SQL，它类似于英语的自然语言，简洁易用。它是一种非过程语言，即用户只要提出“干什么”即可，不必管具体操作过程，也不必了解数据的物理存储路径，只要指明所需的数据即可。它是一种面向集合的语言，每个命令的操作对象是一个或多个关系，结果也是一个关系表。它既是自含式语言，又是嵌入式语言，可独立使用，也可嵌入宿主语言中，比如嵌入 Python 语句中。

使用者通过 SQL 语句中的动词进行操作。绝大部分版本的 SQL 均支持四类 SQL 动词，如表 8-1 所示。

表 8-1　SQL 的四类动词

数据定义（DDL）	CREATE，DROP，ALTER
数据查询（DQL）	SELECT
数据操纵（DML）	INSERT，UPDATE，DELETE
数据控制（DCL）	GRANT，REVOTE

（1）数据定义：包括用于创建表（CREATE）、删除表（DROP）和修改表结构（ALTER）的动词。该类动词是针对表这一级别的操作。

（2）数据查询：只包括查询动词（SELECT），但是该动词是 SQL 的灵魂，数据分析师在数据库中 99.9% 的工作使用该动词完成。

（3）数据操纵：包括插入观测（INSERT）、更新观测（UPDATE）、删除观测（DELETE）。该类动词是针对表中行这一级别操作的。

（4）数据控制：包括给用户授权（GRANT）和收回授权（REVOTE）。数据分析师一般不接触该类动词。

数据是以列和行的形式存储在数据库的表中的，每一列代表一个属性或变量，每一行代表一条记录或观测。列在存储的时候分为三个常见的类型，分别是数字类型（int、float 等）、字符类型（char、varchar 等）和时间类型（date、time 等），某些数据库还有一些其他的存储类型，比如 MySQL 中的"大对象"用于存储大文本、图片或声音内容。

8.2 SQL 查询语句

数据分析师主要需要掌握的就是数据查询（SELECT）语句。该语句分为单表操作和多表操作。单表操作是基于一张表选择需要展现的列、根据需求筛选符合条件的行观测、做分组汇总等操作；多表操作是基于多张表进行横向连接和纵向连接等操作，如图 8-1 所示。

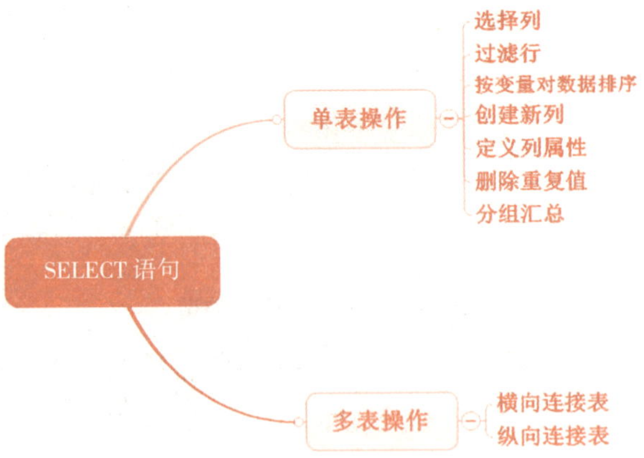

图 8-1　SELECT 语句的核心内容

下面列出了标准的 SELECT 语句的内容。

```
SELECT [ALL|DISTINCT]<目标列表达式>[列别名][,<目标列表达式>[列别名]]...
FROM <表名或视图名 [as 表别名]>[ inner|left|Right <表名或视图名 [as 表别名]> on 连接条件]...
[WHERE <条件表达式>]
[GROUP BY <列名 1 或序号> [,<列名 2 或序号>]]...
[HAVING <条件表达式>]
[ORDER BY <列名 1>[ASC|DESC][,<列名 2>[ASC|DESC]]]
[limit 行数];
```

其中“<>”代表该内容是必须要填写的内容，“[]”代表该内容是可选的内容，“|”代表该内容是可以替换的选项，“...”代表省略的同类型的内容。语句中的每部分内容之间用空格键或回车键分开，为了让代码更便于阅读，可以用多个空格键或回车键；同类型的内容用逗号分开，比如多个目标列表达式之间用逗号分开；列别名是为了便于阅读理解，可以用英文和中文，不过中文列别名不便于数据库处理，建议避免用中文列别名，列别名内部不要出现空格，列别名前可以加“as”；表别名是为了写连接条件时更简洁，表别名前可以加“as”；SQL 语句之间必须以“;”结尾，代表一段 SQL 语句的结束。在书写 SQL 的时候，所有的符号必须是英文（半角）格式的，使用中文（全角）格式的符号是 SQL 使用者最容易出现的语法错误；SQL 的关键词、列名、表名不区分大小写，比如 SELECT、select 和 Select 的效果是一样的，但是字符常量是区分大小写的，这一点会在后续示例中演示。如表 8-2 所示，列出了 SQL 中常用的子句关键词及功能、说明。

表 8–2　SQL 中常用的子句关键词及功能、说明

关键词	功能	说明
SELECT	要返回的字段或表达式	查询语句必须包含的关键词，主要用来对查询的字段进行筛选
FROM	从中检索数据的表	用于限定数据查询的范围
WHERE	行级过滤	对记录进行筛选
GROUP BY	分组字段	
HAVING	组级过滤	对分组进行筛选
ORDER BY	输出排序	对查询结果进行排序
LIMIT	限制输出	限制查询结果的输出数量

8.2.1 简单查询并对数据过滤与排序

从单表中选取需要的列、筛选符合条件的行并按照某个排序要求进行列示，是最基本的操作。以下以示例的形式进行语句的讲解。

1. 在 SELECT 语句后指定需要输出的列

示例：展示销售数据中的年份、市场、销售和利润。

```
Select year,market,sale,profit
from kdd99.sale;
```

其中 SELECT 子句后面跟随着需要输出的“目标列表达式”，由于不需要对目标列进行任何操作，因此仅列出列名就可以了。列名之间用逗号分隔。FROM 子句后面是表名，由于 MySQL 中会存在多个数据库（即 Schema），因此需要指明是哪个数据库中的哪张表。数据库和表名之间用英文的句号（“.”）分开。以下语句演示了 SQL 对关键词大小写不敏感。

```
Select YEAR,Market,sAle,profit
   from kdd99.sale;
```

如果觉得每次都需要列出数据库的库名比较麻烦，则可以使用“use”语句指明以后使用的表都来自这个数据库，就像下面程序语句中的“use kdd99”。切记该语句是一个独立的 SQL 语句，必须用“;”结束。

```
  use kdd99;
  Select year,market,sale,profit
from sale;
```

如果需要展示某张表中的所有列，则可以使用“*”代替写出所有列的名称，如以下语句所示。不过当一张表有非常多的列时，不建议使用“*”，因为那样会导致因为数据量太大而降低执行效率。

```
      select *
            from kdd99.sale;
```

当某张表的行数据量巨大，比如有上亿条记录时，查看数据经常会配合 LIMIT 使用，防止因数据量过大而耗时漫长，如下面的代码所示。LIMIT 后面跟的数字代表了需要展示的行数。LIMIT 子句放在所有的 SQL 子句最后面。

```
  select *
      from kdd99.sale
```

```
        limit 2;
```

2. 使用 DISTINCT 关键字过滤查询结果中重复的行

在进行数据分析时，经常需要查看某些列有哪些不重复的取值，这就需用到“DISTINCT”关键字。在标准的 SQL 语句中，第一个变量前可以加“ALL”或“DISTINCT”关键字。“ALL”关键字是默认省略的，如果什么都不写，则代表使用了“ALL”关键字，即不进行重复值筛选处理。

示例：展示销售数据中的不同年份。

```
select DISTINCT year
from kdd99.sale;
```

如果需要列出多个变量不重复的取值组合，则可以在第一个变量前加“DISTINCT”关键字，如下面的语句所示。

```
    select DISTINCT YEAR, market
        from kdd99.sale;
```

3. 使用 WHERE 子句查询结果中满足条件的行

在标准 SQL 语句中，WHERE < 条件表达式 > 用于对行进行条件筛选。条件表达式由变量和常量组成。条件表达式包括算术运算、比较运算和逻辑运算，表达式的运算优先级依次递减。表 8-3 所示列出了 SQL 中常用的运算符。

表 8–3　SQL 中常用的运算符

类别	写法	作用
算术运算符	+	加法运算
	-	减法运算
	*	乘法运算
	/	除法运算
比较运算符	=	判断左右两边的两个值是否相等
	>/>=	判断左边的值是否大于 / 大于或等于右边的值
	</<=	判断左边的值是否小于 / 小于或等于右边的值

续表

类别	写法	作用
比较运算符	!=/<>	判断左边的值是否不等于右边的值
	between …and	判断值是否在某个连续区间范围内
	in/not in	判断左值等于 / 不等于右边列表中任意一个值
	like	用于字符串型字段的匹配
	is null/is not null	判断一个值是 / 不是 null
逻辑运算符	and	且，如果同时为“真”则返回“真”（在 MySQL 中用数字“1”代表“真”），如果不同时为“真”则返回“假”（在 MySQL 中用数字“0”代表“假”）
	or	或，如果有一个为“真”则返回“真”（在 MySQL 中用数字“1”代表“真”），如果都为“假”则返回“假”（在 MySQL 中用数字“0”代表“假”）
	not	非，如果原本是“真”则返回“假”（在 MySQL 中用数字“0”代表假），反之亦然。

示例：展示 2012 年的销售数据。

```
select *
    from kdd99.sale
    where year=2012;
```

以上语句中的 WHERE 子句后面是一个比较表达式，其中“year”是变量，“2012”是常量。MySQL 中有三种常量，分别是数值常量、字符常量和日期常量。上例中演示了数值常量的使用，下面演示字符常量的使用。

```
select *
    from kdd99.kdd99_clients
    where sex=" 女 ";
```

从上例中可以看到，字符常量必须用单引号或双引号括起来，而且必须是英文（半角）的符号。下面演示日期常量的使用。

```
select *
    from kdd99.kdd99_clients
    where birth_date="1970-12-13";
```

上例中，变量“birth_date”是一个时间类型变量，“1970-12-13”是一个日期常量。读者不要因为它带双引号就把它和字符串混淆。MySQL 自动地把“%Y-%m-

%d %H：%M：%S”格式的内容识别为日期时间常量，其中见到“%Y-%m-%d”格式的内容会自动将其识别为日期，见到“%H：%M：%S”格式的内容会自动将其识别为时间。

在 MySQL 中提供了大量的函数帮助我们便捷地进行运算，这些函数可以嵌入表达式中。下面的代码示例了函数和表达式的综合运用。

```
select *
   from kdd99.kdd99_clients
   where year(birth_date)=1971-1 and sex='女' and district_id
in (1,18);
```

以上代码演示了如何选取在 1970 年出生，居住在“1”和“18”地区的女性客户。其中“1971-1”是一个算术运算，“in（1,18）”是一个比较运算，“sex='女' and district_id in（1,18）”是一个逻辑运算，“year（birth_date）”是一个函数运算。由于不同的数据库管理软件提供的函数运算并不一致，因此在使用不同的数据库管理软件时需要阅读其函数说明文档。在 CDA 认证考试中并不会考 MySQL 中函数的使用。

4. 使用 ORDER BY 子句按照指定列排序

在进行数据分析时，经常需要按照某个排序规则展示数据，这就需用到 ORDER BY 子句。该子句后面可以跟变量名，也可以跟这个变量在 SELECT 子句中所在的位置序号。同时可以用“ASC”或“DESC”来设置排序的方向，其中“ASC”标识升序，是默认的，不写的时候代表升序排列，“DESC”代表降序排列。

示例：按年份排序。

```
select year,market,sale,profit
   from kdd99.sale
   order by year;
```

上面的程序代码演示了按照年份（year）对列出的数据进行升序排列。下面的程序代码演示了按照年份（year）对列出的数据进行降序排列，其中“1”是年份（year）在 SELECT 子句中出现的顺序。

```
select year,market,sale,profit
   from kdd99.sale
   order by 1 DESC;
```

如果需要按照年份（year）升序且按照销售额（sale）降序排列数据，则可以在每个变量后面分别加 ASC 和 DESC 关键字。

```
select year,market,sale,profit
   from kdd99.sale
   order by 1 ASC,sale desc;
```

上面的程序代码中有意用了序号和列名，并且 ASC 和 DESC 用了不同的大小写，主要目的是为读者展现不同的写法都是正确的。

【应用示例】

Bank 公司的领导希望得到 1998 年 12 月发生的“房屋贷款”交易数据，包括账户号、交易日期、对方银行和金额，按照交易日期和交易序号进行升序排序。如图 8-2 所示。

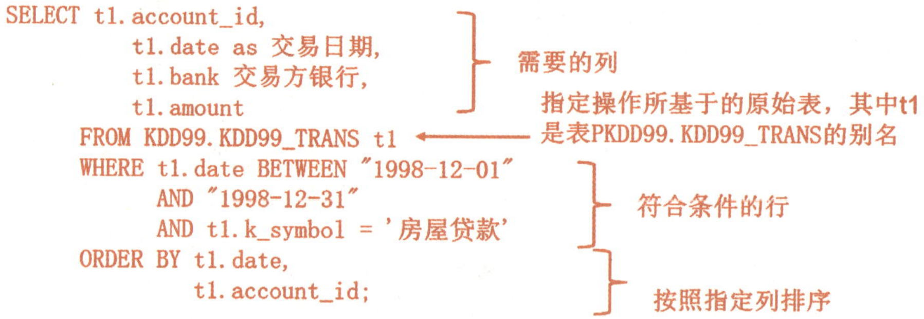

图 8–2　1998 年 12 月发生的“房屋贷款”交易数据

在以上的代码中演示了对表和列起别名的用法。“FROM KDD99.KDD99_TRANS t1”语句中对表“KDD99_TRANS”起了“t1”这个别名，则之后的语句就可以使用“t1”代表这个表了。不过在单表查询时一般不需要对表取别名，而在多表查询和子查询操作中经常要对表取别名。“t1.date as 交易日期”和“t1.bank 交易方银行”都对变量取了别名，其中的“as”关键字可以省略。

8.2.2　创建新列

在进行数据分析时，经常需要根据已有的列创建新列。创建新列有两种方式，分别是用表达式创建新列和对列重编码创建新列。

1. 用表达式创建新列

在 SELECT 子句中创建新列用到的表达式和 WHERE 子句中的条件表达式内容是完全相同的，此处不再赘述。

示例：列出表中全部的列，且在最后创建销售利润率这个新列（rate）。代码示意如下：

```
        select *,profit/sale as rate
      from kdd99.sale;
```

以上语句中的“*”号代表列出“sale”表中原本所有的列，“profit/sale as rate”代表新创建的列名为“rate”，运算为“profit/sale”，其中的“as”关键字可以省略。

需要注意的是，计算产生的新列的别名不能在 WHERE 语句出现。比如要筛选出销售利润率低于 7% 的观测数据，在 WHERE 子句中直接使用新列的别名“rate”是不可以的。如下面的程序代码所示，MySQL 会报“Unknown column ‘rate’ in ‘where clause’”的错误提示。

```
select *,profit/sale as rate
          from kdd99.sale
          where rate <0.07;
```

如果想实现这个筛选，必须把创建新列的表达式写出来，如以下代码所示。

```
select *,profit/sale as rate
      from kdd99.sale
      where profit/sale <0.07;
```

【应用示例】

Bank 公司的领导希望得到 1998 年 12 月发生的“房屋贷款”交易数据，包括账户号、交易日期、对方银行和金额，按照交易日期和交易序号进行升序排序。且需要新生成一个代表交易日星期的变量，如图 8-3 所示。

```
SELECT t1.account_id,
       t1.date,
       t1.bank,
       t1.amount,
       weekday(t1.date) as  weekday

FROM PKDD99.KDD99_TRANS t1
     WHERE t1.date BETWEEN '1998-12-01'
          AND '1998-12-31'd
          AND t1.k_symbol = '房屋贷款'
     ORDER BY t1.date,
              t1.account_id;
```

新创建的列，需要指定一个别名

符合条件的行

按照指定列排序

图 8-3　代表交易日星期的变量

图 8-3 中的“weekday（t1.date） as weekday”是使用日期函数创建该交易发生在“星期几”的表达式。“weekday()”函数会根据日期变量生成 0 到 6 的数值，其中 0 代表星期一，6 代表星期日，以此类推。需要注意的是，不同的数据库管理语言的“weekday()”函数返回值含义不一样，有的用 0 代表星期日，用 1 代表星期一。需要看具体的文档，这也是函数不被纳入 CDA 认证考试范围的原因之一。

2. 对列重编码创建新列

上面介绍了如何用表达式创建新列，接下来介绍如何通过对列重编码创建新列。在 SELECT 语句中可以使用 CASE 和 IF 语句来创建新列。不过 IF 语句的可读性较差，建议掌握 CASE 语句。在 SELECT 语句中使用 CASE 语句的一般形式为：

```
SELECT column-1[,...column-n]
 CASE [case-operand]
    WHEN <when-condition> THEN <result-expression>
    [WHEN when-condition THEN result-expression]
    [ELSE result-expression]
   END <as column>
 FROM table;
```

其中“[case-operand]”代表判断依据，是可以省略的。“<when-condition>”代表判断条件，“<result-expression>”代表当判断条件满足时的赋值。“[ELSE result-expression]”代表该行不满足所有上面的“when”条件时的赋值。“<as column>”代表生成新列的名字。

示例：列出表中全部的列，且在最后创建“地区全称”的新列。代码示意如下：

```
select *,
      case market
         when "东" then "东部地区"
         when "西" then "西部地区"
         when "南" then "南部地区"
         when "北" then "北部地区"
      end as 地区全称
from kdd99.sale;
```

其中“case”关键字后面跟着“market”作为判断依据，“when”关键字后面跟着“东”代表判断条件，即 market=“东”满足时，“when”关键字后面跟着的满足条件后的取值。上面的代码也可以使用下面的语句实现。下面的语句省去了“case”关键字后面的判断依据，而是把判断条件直接放到了“when”关键字后面。

```
select *,
       case
         when market="东" then "东部地区"
         when market="西" then "西部地区"
         when market="南" then "南部地区"
         else "北部地区"
       end as 地区全称
from kdd99.sale;
```

【应用示例】

Bank 公司的领导希望得到 1998 年 12 月发生的“房屋贷款”交易数据，包括账户号、交易日期、对方银行和金额，按照交易日期和交易序号进行升序排序。且需要新生成一个代表交易日星期的变量，并且根据交易日星期的信息生成是否为工作日的新变量。周一至周五为工作日，周六、周日为非工作日。这里用到了 weekday 函数，其返回值 0 代表星期一，5,6 分别表示星期六和星期日。代码如下。

```
SELECT t1.account_id,
          t1.date,
          t1.bank,
          t1.amount,
          weekday(t1.date) as  weekday,
           (CASE
               WHEN 5 = weekday(t1.date) THEN '非工作日'
               WHEN 6 = weekday(t1.date) THEN '非工作日'
               WHEN weekday(t1.date) >= 0 AND weekday(t1.
date) <= 4 THEN '是工作日'
          end) AS 是否工作日
      FROM KDD99.KDD99_TRANS t1
      WHERE t1.date BETWEEN '1998-12-01'
            AND '1998-12-31'
            AND t1.k_symbol = '房屋贷款'
      ORDER BY t1.date,
               t1.account_id;
```

注意：CASE 语句在处理数据分类时数据逻辑保持互斥不交叉，如果数据上有交叉，则该语法将不能达到预期效果。

8.2.3 在查询中实现汇总和分组汇总

数据汇总是计算指标和标签的常用方法。有时还要基于分组汇总的结果进行筛选，这就要用到汇总函数、GROUP BY 子句、HAVING 子句。

1. 常见汇总函数的使用

对数据进行汇总是常见的分析任务。汇总即计算某个列的统计量。表 8-4 列出了常见汇总函数。

表 8-4 常见汇总函数

函数名	描述
count()	对一个或多个任意类型的字段计数
sum()	对一个数值字段求和
avg()	对一个数值字段求平均值
max()	对一个数值或日期时间字段求最大值
min()	对一个数值或日期时间字段求最小值
std()	对一个数值字段求标准差

示例：获得交易表（KDD99.TRANS）中的总交易次数。

可以使用 COUNT（*）语句或 COUNT（任意列名）。如以下代码所示，放入“account_id”等任意字段得到的总交易数量都是一样的。

```
select count(*) from KDD99.KDD99_TRANS;
```

或者

```
select count(account_id) from KDD99.kdd99_TRANS;
```

如果要获取有多少不同的账户产生了交易，则可以加入“distinct”关键字，如以下代码所示。

```
select count(distinct account_id) from KDD99.kdd99_TRANS;
```

2. 分组汇总

在 SQL 中做分组汇总需要 GROUP BY 子语句和汇总函数配合完成。GROUP BY 子语句跟的是汇总变量，在进行指标计算时也称为维度变量，分组变量必须出现在 SELECT 语句的最前面，在标准的分组汇总 SQL 语句中，不允许 SELECT 子语句中出现既没有在 GROUP BY 子语句中出现，也不参与汇总的变量。

示例：要求汇总每个交易日的交易次数、日均交易额、日总交易额。代码如下。

```
SELECT t1.date,
        /* COUNT_of_trans_id */
        (COUNT(t1.trans_id))    AS COUNT_of_trans_id,
        /* MEAN_of_amount */
      (AVG(t1.amount)) AS MEAN_of_amount,
        /* SUM_of_amount */
      (SUM(t1.amount))  AS SUM_of_amount
    FROM KDD99.KDD99_TRANS t1
    GROUP BY t1.date
```

3. 基于分组汇总的筛选

HAVING 子语句和 WHERE 子语句的使用方法看似差不多，但是该子句是针对生成的汇总变量进行筛选的。与 WHERE 子语句一个明显的区别是，HAVING 子语句后面可以跟新创建的列别名。

示例：继续上一个需求，筛选出交易频次大于 300 的交易日记录。代码如下。

```
SELECT t1.date,
        /* COUNT_of_trans_id */
      (COUNT(t1.trans_id))    AS COUNT_of_trans_id,
        /* MEAN_of_amount */
      (AVG(t1.amount)) AS MEAN_of_amount,
        /* SUM_of_amount */
      (SUM(t1.amount))  AS SUM_of_amount
    FROM KDD99.KDD99_TRANS t1
    GROUP BY t1.date
   HAVING COUNT_of_trans_id > 300;
```

8.2.4 表的横向连接

1. 基本概念

表的横向连接是基于共同列的行取值把多张表连接起来，其主要作用是将不同表中的字段信息合并到同一个表中使用。这种合并方式通常适用于需要合并多个数据源的记录并进行比较、分析或集成的场景，如图 8-4 所示。

横向合并前

订单表

订单ID	销售人员ID	订单金额
1	a	100
2	a	100
3	a	100
4	b	100
5	b	100
6	c	100

销售人员业务表

销售人员ID	销售人员姓名	销售业绩
a	赵大	300
b	王二	200
c	张三	100
d	李四	0

横向合并后

宽表

订单ID	销售人员ID	订单金额	销售人员ID	销售人员姓名	销售业绩
1	a	100	a	赵大	300
2	a	100	a	赵大	300
3	a	100	a	赵大	300
4	b	100	b	王二	200
5	b	100	b	王二	200
6	c	100	c	张三	100

图 8–4　横向合并

（1）合并依据

表横向合并的依据通常是公共字段，它也被称为连接键或合并键。公共字段是指在要合并的两个或多个数据集中拥有相同记录值的字段，通过这些字段的取值对数据集进行对齐和合并。公共字段具有以下几个方面的特点。

- 拥有相同记录值：公共字段在不同数据集中拥有相同的记录值。这意味着在进行合并操作时，可以通过比较公共字段的取值来对不同数据集中的记录进行对齐，并最终将其合并为一个新的数据集。
- 业务意义相同：公共字段在不同数据集中具有相同的业务意义，即它们用于描述相同的实体或概念，并在业务操作中扮演着相似的角色。例如，在合并销售订单数据时，订单编号字段在两个数据集中都代表着同一个概念，即订单的唯一标识符。

- 字段名称可不相同：公共字段在不同数据集中的字段名称可以不相同，只要它们在业务意义上对应相同的数据即可。例如，一个数据集中的订单编号字段可能命名为“OrderID”，而另一个数据集中的相同概念的字段可能命名为“OrderNo”，但它们都表示同一个含义，可以作为合并依据使用。

公共字段优先从主键和外键中选取。

（2）影响因素

横向合并主要受到三个因素的影响：左表与右表、连接方向、对应关系。简单来说，左表与右表是参与合并操作的两个数据集，它们的内容和结构将直接影响到合并结果。连接命令左侧的表为左表，右侧的表为右表。连接方向决定表的主副关系，即哪一个数据集是作为基准来进行合并的。通常使用内连接、左连接和右连接。对应关系决定连接结果行数，连接后行数是对应项记录行数的乘积。常见的关系有一对一、一对多和多对多。

为了考查不同方式的横向合并的结果，首先介绍如何确认一表和多表（有些分析工具中，也称为一端和多端）。判断一张表是一表还是多表，依据是公共字段是否有重复值，公共字段没有重复项的表为一表，公共字段有重复项的表为多表，如图 8-5 所示。

订单表

订单ID	销售人员ID	订单金额
1	a	100
2	a	100
3	a	100
4	b	100
5	b	100
6	c	100

公共字段有重复项，为多表

销售业绩表

销售人员ID	销售人员姓名	销售业绩
a	赵大	300
b	王二	200
c	张三	100
d	李四	0

公共字段没有重复项，为一表

图 8-5　一表与多表

接下来将上面介绍的两个表分别作为左表和右表，考查内连接、左连接和右连接下横向合并的结果，如表 8-5 所示。

- 内连接（Inner Join）：内连接会返回两个表中满足连接条件的记录，并且仅返回满足条件的交集部分。在内连接中，只有那些在连接条件下能够匹配到另一个表中的记录才会被保留。如果某个表中的记录在另一个表中找不到匹配的记录，则该记录将被过滤掉。如表 8-5 所示，由于“销售业绩表”中的取值为“d”的“销售人员 ID”在“订单表”中没有被匹配，因此结果表中没有出现该记录。

表 8–5　内连接

订单 ID	销售人员 ID	订单金额	销售人员 ID	销售人员姓名	销售业绩
1	a	100	a	赵大	300
2	a	100	a	赵大	300
3	a	100	a	赵大	300
4	b	100	b	王二	200
5	b	100	b	王二	200
6	c	100	c	张三	100

- 左连接（Left Join）：左连接会返回左表中的所有记录，以及右表中与左表满足连接条件的记录。如果某个左表的记录在右表中找不到匹配的记录，则会在结果中保留该记录，并用 NULL 值填充右表中的列。左连接保留了左表中所有记录，即使无法与右表中的记录匹配，也不会被过滤掉，如表 8-6 所示。

表 8–6　左连接

订单 ID	销售人员 ID	订单金额	销售人员 ID	销售人员姓名	销售业绩
1	a	100	a	赵大	300
2	a	100	a	赵大	300
3	a	100	a	赵大	300
4	b	100	b	王二	200
5	b	100	b	王二	200
6	c	100	c	张三	100

- 右连接（Right Join）：右连接与左连接相反，它会返回右表中的所有记录，以及左表中与右表满足连接条件的记录。如果某个右表的记录在左表中找不到匹配的记录，则会在结果中保留该记录，并用 NULL 值填充左表中的列。

右连接保留了右表中所有记录，即使左表中的匹配记录不存在，也不会被过滤掉，如表 8-7 所示。

表 8–7　右连接

订单 ID	销售人员 ID	订单金额	销售人员 ID	销售人员姓名	销售业绩
1	a	100	a	赵大	300
2	a	100	a	赵大	300
3	a	100	a	赵大	300
4	b	100	b	王二	200
5	b	100	b	王二	200
6	c	100	c	张三	100
null	null	null	d	李四	0

2. SQL 语法和执行原理

表的横向连接有三种技术实现方式：交叉连接、内连接、外连接，如图 8-6 所示。

交叉连接：

```
SELECT 列1 <, ...列n>
    FROM 表-1 ,表-2
        <其他语句>;
```

内连接：

```
SELECT 列1 <, ...列n>
    FROM 表-1 ,表-2
    Where 连接条件
        <其他语句>;
```

或

```
SELECT 列1 <, ...列n>
    FROM 表-1  INNER JOIN 表-2
    ON 连接条件
        <其他语句>;
```

外连接：

```
SELECT 列1 <, ...列n>
    FROM 表-1  LEFT|RIGHT|FULL JOIN 表-2
    ON 连接条件
        <其他语句>;
```

图 8–6　表的横向连接的三种技术实现方式

（1）交叉连接（Cross Join，笛卡儿积）：查询结果包括两张表观测的所有组合情况，这是 SQL 实现两表合并的基础，但是我们极少单独做这种操作。笛卡儿积是横向连接的基础，它将返回两张表内所有观测的组合，令 Table1 的观测数为 n（n=3），Table2 的观测数为 m（m=2），则结果表的观测为 n*m（3*2=6）。交叉连接的语法及数据整合方式分别如图 8-7、图 8-8 所示。

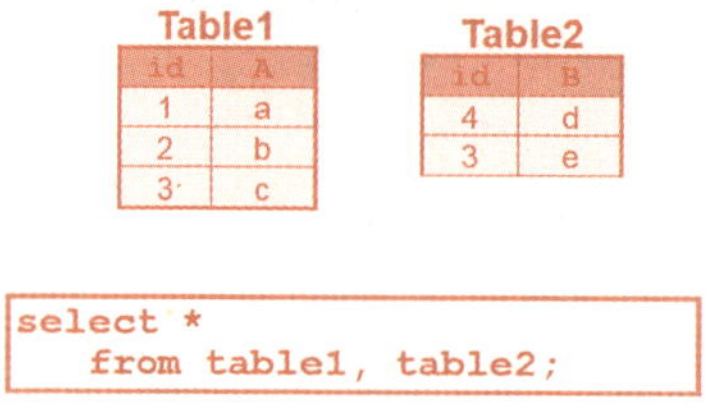

图 8–7　交叉连接的语法

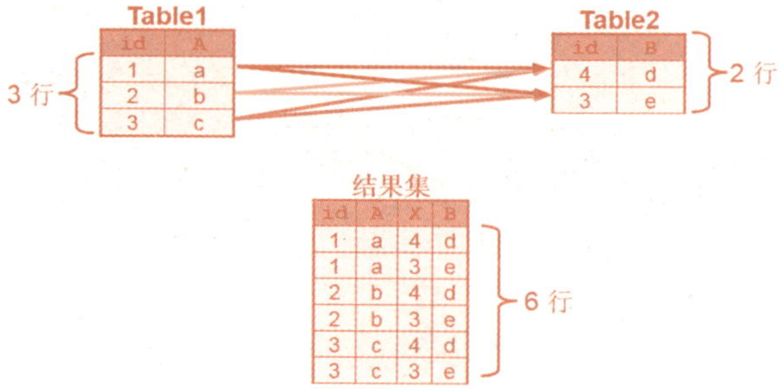

图 8–8　交叉连接的数据整合方式

（2）内连接（Inner Join）：查询结果只返回两张表相匹配的观测，用法简单，但是在数据分析中谨慎使用，因为会造成样本的缺失。内连接的集合运算示意如图 8-9 所示。

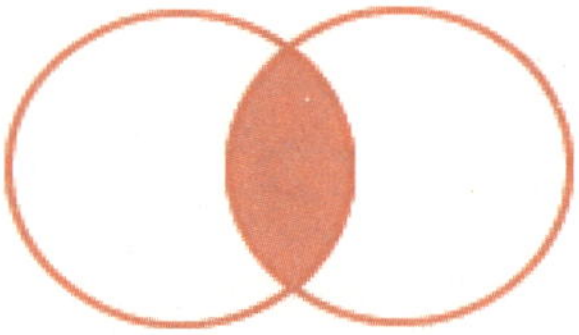

图 8–9　内连接的集合运算示意

内连接在笛卡儿积基础之上加入了连接条件，其实就是限制条件，这类似于单表操作中对观测进行筛选。内连接的语法和数据整合方式如图 8-10 所示。

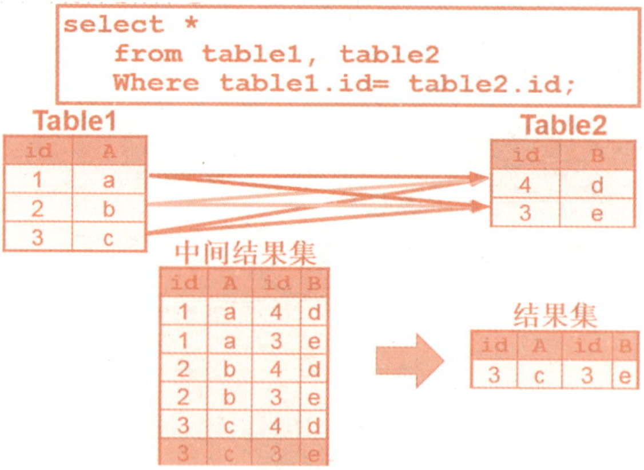

图 8–10　内连接的语法和数据整合方式

（3）外连接（Outer Join）：包括左连接、右连接、全连接，如图 8-11 所示。

图 8-11　三种外连接的集合运算示意

- 左连接等价于两部分的叠加：内连接＋左表中没有匹配的观测。左连接的语法和数据整合方式如图 8-12 所示。

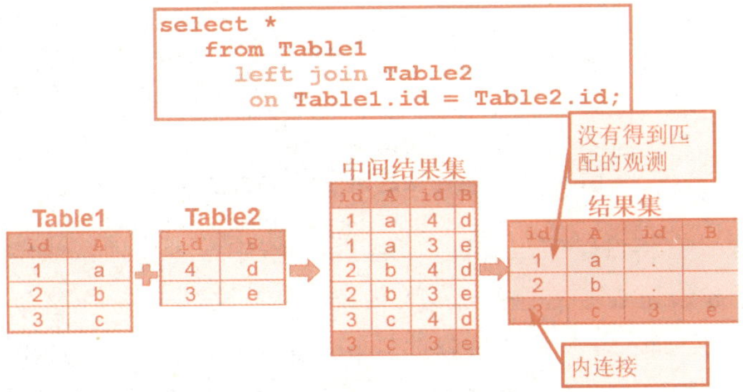

图 8-12　左连接的语法和数据整合方式

- 右连接等价于两部分的叠加：内连接＋右表中没有得到匹配的观测。右连接的语法和数据整合方式如图 8-13 所示。

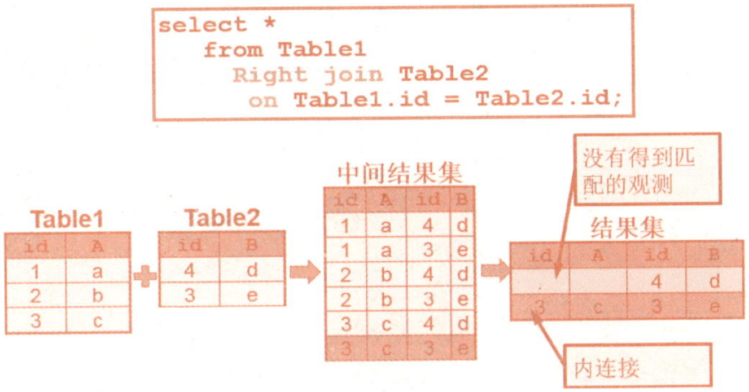

图 8-13　右连接的语法和数据整合方式

- 全连接等价于三部分的叠加：内连接＋左表中没有得到匹配的观测＋右表中没有匹配的观测。MySQL 目前没有实现全连接的功能，如有必要，可以使用 8.2.6 节中的纵向连接（union 关键字）实现。全连接的语法和数据整合方式如图 8-14 所示。

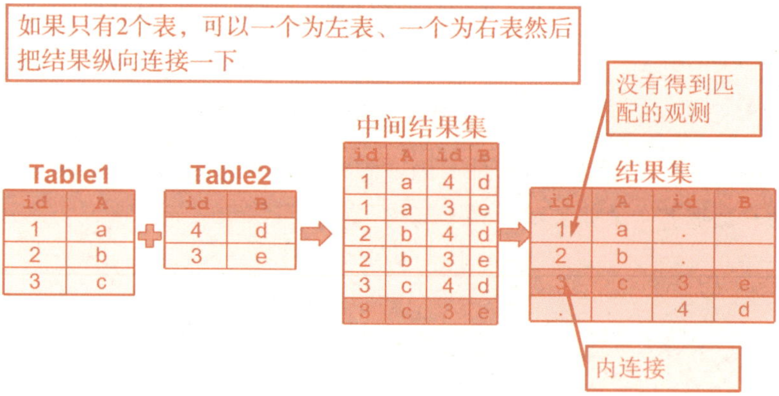

图 8-14　全连接的语法和数据整合方式

笛卡儿积只在测试题中出现过，在实际工作中很少出现，使用后会生成 n*m 行观测，对于 n 和 m 都存在上万条观测的表而言，结果会有上亿条，资源消耗很大。内连接的第一种连接形式将连接条件和筛选条件都放在 WHERE 语句后面，容易造成混淆，而且如果忘记写 WHERE 语句，会成为笛卡儿积运算，后果很严重。建议使用内连接的第二种实现方式，将连接条件写在 ON 语句内，将筛选条件写在 WHERE 语句内，避免混淆。在一般的数据分析工作中，基本上都使用左连接，左表被称为主表，该表内包括最主要的分析变量，右表被称为从表。

在进行多表横向合并时指定想要的列。如果希望通过查询语句生成一张新表，则因为表中不能有名称一样的变量，所以程序会自动地用右表的变量把左表同名变量覆盖，如图 8-15 所示。

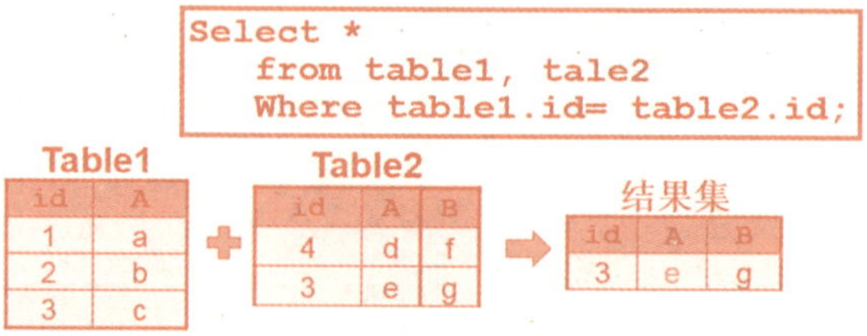

图 8-15　多表横向合并时指定想要的列

如果希望仅展示 Table1 的 A 变量，则需要指明所选变量的所在表，查询语句应该如下面这样写：

```
select table1.id, table1.A, table2.B
   from table1,tale2
   Where table1.id= table2.id;
```

如果希望展示两张表中的 A 变量，则其中一个变量需要另起一个名字，称为别名，如图 8-16 所示。

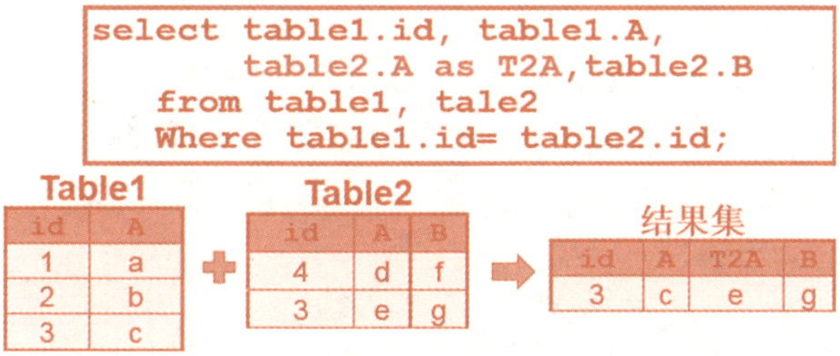

图 8–16　两张表中列的别名

除上述三种方式外，还存在左反连接、右反连接、全反连接的方式，具体如图 8-17 所示。

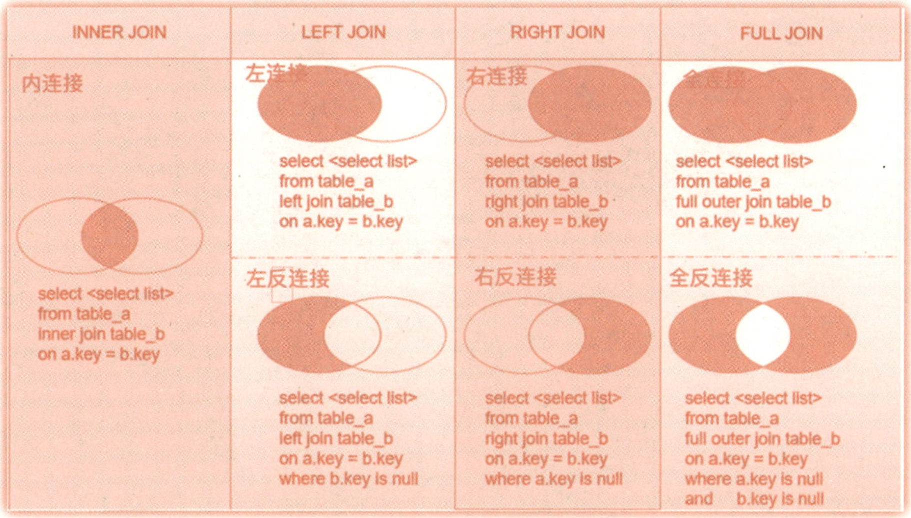

图 8–17　连接方向拓展

3. 应用示例

【示例 1】

分析师希望得到信用卡持卡人的人口学信息，预想的输出结果如图 8-18 所示。

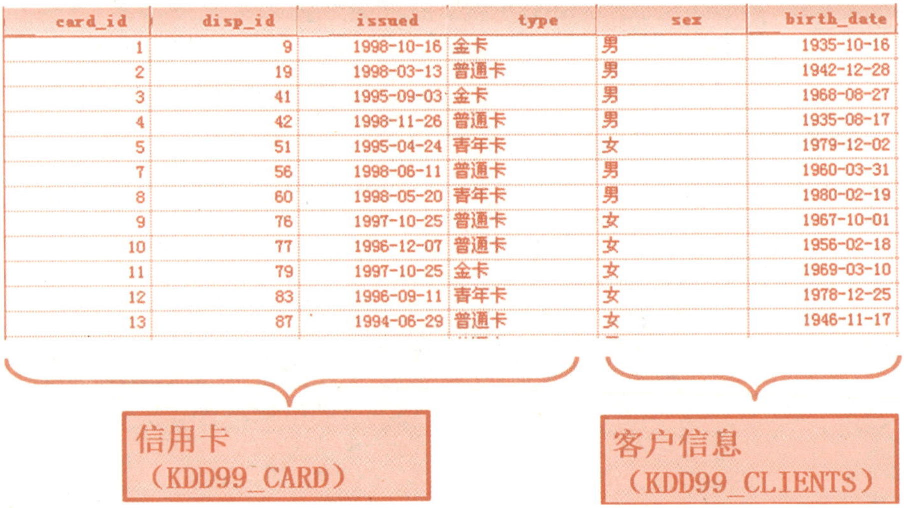

card_id	disp_id	issued	type	sex	birth_date
1	9	1998-10-16	金卡	男	1935-10-16
2	19	1998-03-13	普通卡	男	1942-12-28
3	41	1995-09-03	金卡	男	1968-08-27
4	42	1998-11-26	普通卡	男	1935-08-17
5	51	1995-04-24	青年卡	女	1979-12-02
7	56	1998-06-11	普通卡	男	1960-03-31
8	60	1998-05-20	青年卡	男	1980-02-19
9	76	1997-10-25	普通卡	女	1967-10-01
10	77	1996-12-07	普通卡	女	1956-02-18
11	79	1997-10-25	金卡	女	1969-03-10
12	83	1996-09-11	青年卡	女	1978-12-25
13	87	1994-06-29	普通卡	女	1946-11-17

图 8–18　预想的输出结果

要得到这张表，需要通过 Disposition 表将 Credit Card 表和 Clients 表连接。三张表之间的连接路径如图 8-19 所示。

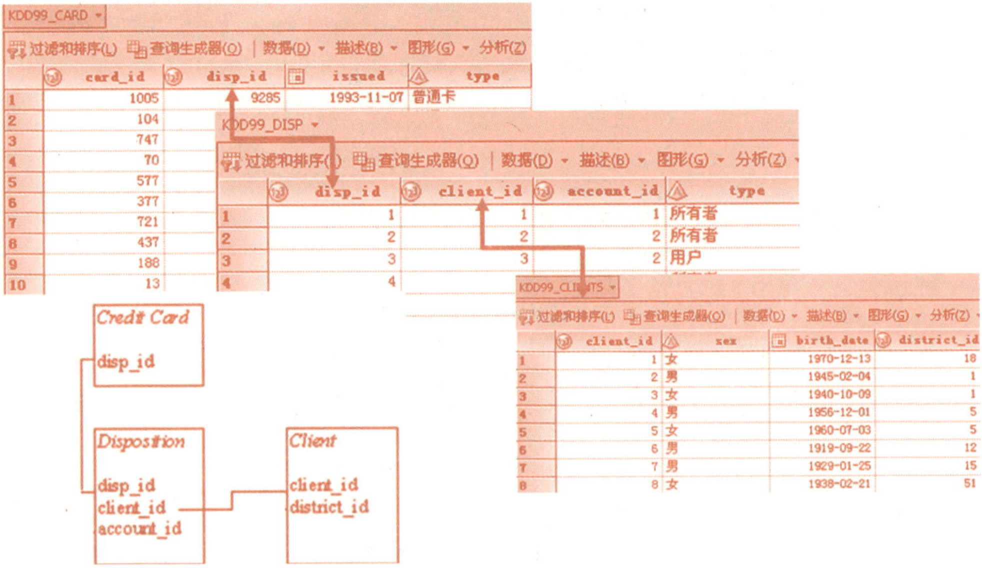

图 8–19　表连接路径示意

从图 8-19 中可知，Credit Card 表和 Disposition 表的公共字段是“disp_id”，Disposition 表和 Client 表的公共字段是“client_id”。可以以 Credit Card 表作为主表，

依次连接 Disposition 表和 Client 表。代码如下：

```
SELECT t1.card_id,
       t1.disp_id,
       t1.issued,
       t1.type,
       t3.sex,
       t3.birth_date,
       t3.district_id
FROM KDD99.KDD99_CARD t1
LEFT JOIN KDD99.KDD99_DISP t2 ON (t1.disp_id = t2.disp_id)
LEFT JOIN KDD99.KDD99_CLIENTS t3 ON (t2.client_id = t3.client_id);
```

【示例 2】

Bank 公司的贷款风险分析人员希望得到贷款客户在发放贷款前一年的交易数据。

由于每个贷款客户都需要选取交易表（Transactions）中的一段时间的数据，因此需要用到不等值连接方法，如图 8-20 所示。

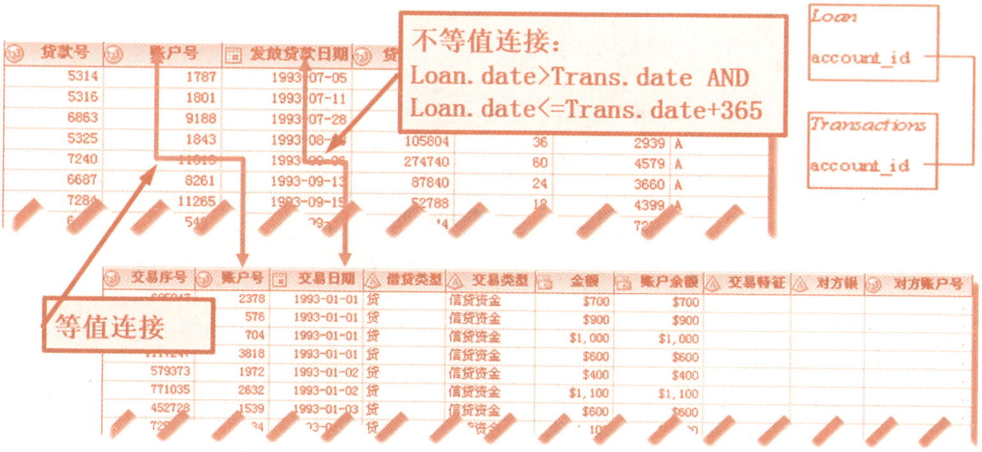

图 8-20　表连接路径示意

如图 8-20 所示，在“on”关键字后面不但需要 account_id 对应相等，还需要根据贷款表（Loan）中的放款时间（date）与交易表（Transactions）中的交易时间（date）进行不等值连接。代码如下。

```
    SELECT tl.loan_id, tl.account_id, tl.date,tl.amount,
tl.duration,
       tl.payments, tl.status, t2.trans id, t2.date AS datel,
       t2.type, t2.operation,t2.amount AS amountl, t2.balance,
       t2.k symbol,t2.bank,t2.account
    FROM KDD99.KDD99_LOANS t1
       LEFT JOIN KDD99.KDD99_TRANS t2 ON
        (tl.account_id =t2.account_id AND (tl.date>t2.date AND
       t1.date<=t2.date+365))
    ORDER BY tl.loan_id,tl.account_id,t1.date,t2.date,
```

8.2.5 子查询

子查询（SELECT 语句）是在外查询（主 SELECT 语句）内部的查询。子查询必须比主查询先得到结果。

子查询返回值并用于外查询的 WHERE 或 HAVING 子句，如图 8-21 所示。

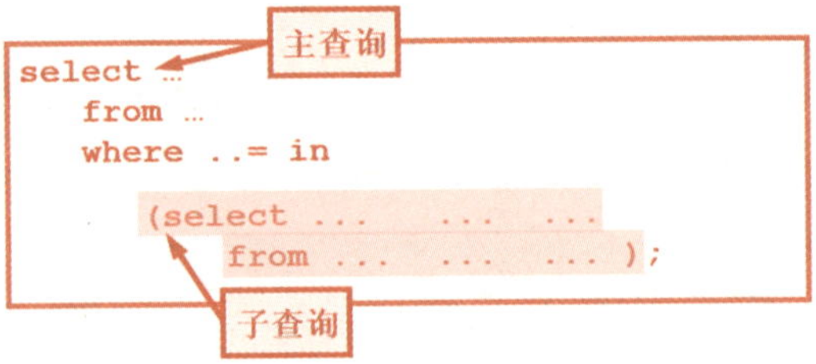

图 8-21 子查询返回值

子查询分为如下两类。

1. 非关联的子查询

在非关联的子查询中，值从内查询传递到外查询，如图 8-22 所示。

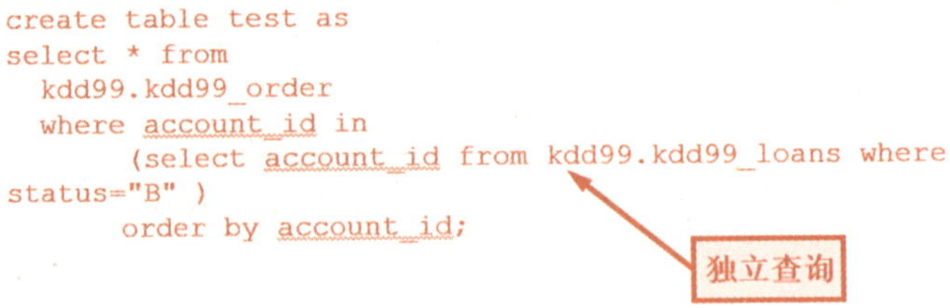

图 8-22 非关联的子查询

2. 关联的子查询

在关联的子查询中，在子查询成功执行前，外查询必须给子查询提供信息，如图 8-23 所示。

```
create table before_loan as
select * from
  kdd99.kdd99_trans as b
  where account_id in
        (select account_id from kdd99.kdd99_loans as a where
status="B" and b.date< a.date)
       order by account_id;
```

关联查询

图 8–23　关联的子查询

当子查询返回多个值，并且使用了“=”运算符时，会生成错误信息。“=”运算符不接受任何针对多个值的表达式。如果子查询返回多个值，则必须使用 IN 运算符或带有 ANY 或 ALL 关键字的比较运算符。

8.2.6　表纵向合并和集合操作语句

1. 基本概念

纵向合并是指将两个或多个具有相同数据结构（对应字段的列名可以不一样，但是业务含义和字段类型必须一样）的数据集按照列进行合并，生成一个新的数据集。这种合并方式也被称为列合并或集合操作。纵向合并的主要特点是将不同数据集中相同的列按顺序连接在一起，增加行观测数量，形成一个新的数据集。这种合并方式通常适用于需要将多个数据源的同类数据进行整合和合并的场景，以便进行进一步的分析和处理，如图 8-24 所示。

纵向合并条件通常包括以下几个方面。

（1）字段个数相同：纵向合并的条件之一是参与合并的数据集中的字段个数必须相同。这是因为在纵向合并中，要将两个或多个数据集中的相同位置的列连接在一起，如果数据集中的字段个数不同，则无法准确地对列进行合并。

（2）相同位置字段的数据类型相同：在纵向合并中，要求参与合并的数据集中相同位置的字段的数据类型必须相同。这是因为如果相同位置的字段的数据类型不同，合并后的数据集可能会出现数据类型不一致的情况，导致数据分析和处理过程中出现数据缺失的情况。

（3）相同位置字段的业务意义相同：参与纵向合并的数据集中相同位置的字段应具有相同的业务意义。这意味着相同位置的字段在不同数据集中描述的是相同的概念或指标，可以进行合并。如果字段的业务意义不同，合并后的数据集可能会产生混淆或不准确的结果。

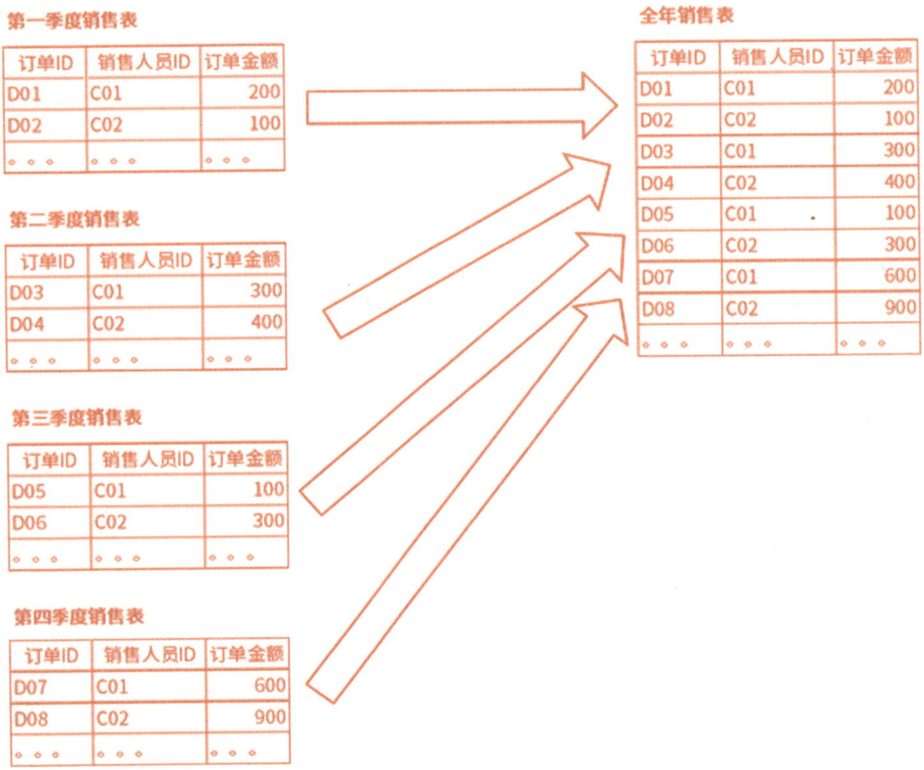

图 8–24　纵向合并

2. 纵向合并语句的执行原理

在 SQL 使用集合运算符进行两表的纵向合并时，纵向合并语句的一般形式是：

```
SELECT...
UNION [ALL]
SELECT...
```

其中“[*ALL*]”是可选项，不加“ALL”关键字则会对合并的行进行去重操作，加上“ALL”关键字则会保留重复的观测。

1. UNION 运算符

来自两张表的结果集纵向连接成一个结果集，且过滤重复行。UNION 运算符的语法和数据整合方式如图 8-25 所示。

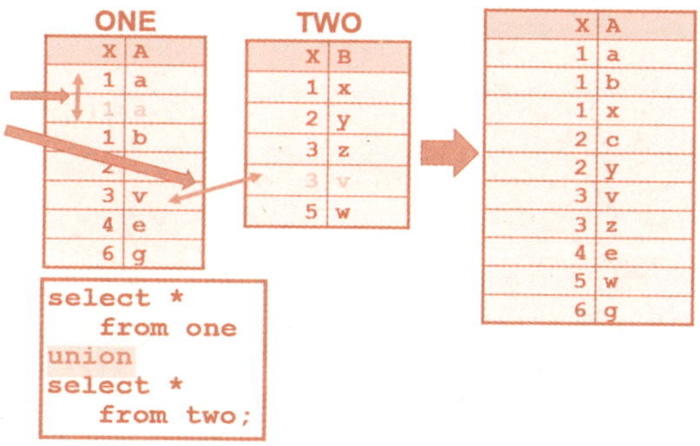

图 8–25　UNION 运算符的语法和数据整合方式

2. UNION ALL 运算符

来自两张表的结果集纵向连接成一个结果集，不过滤重复行。UNION ALL 运算符的语法和数据整合方式如图 8-26 所示。

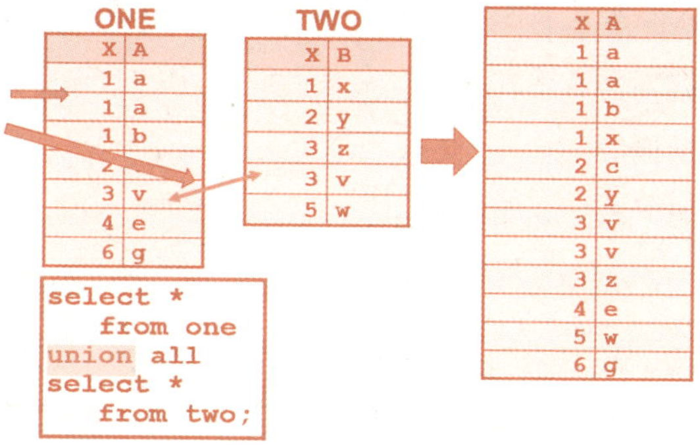

图 8–26　UNION ALL 运算符的语法和数据整合方式

8.3 SQL 创建表或视图

基本表（BASE TABLE）是独立存在的物理表。视图（VIEW）是一个虚拟的表，它本身不独立存在于数据库中，数据库中只存放视图的定义而不存放视图对应的数据，这些数据仍存放在导出视图的基本表中。当基本表中的数据发生变化时，从视图中查询出来的数据也随之改变。

1. 创建表

通过 CREATE TABLE 语句可以使用 SQL 查询结果创建一张表。CREATE TABLE 语句的一般形式为：

```
CREATE TABLE table-name AS
query-expression;
```

2. 创建视图

CREATE VIEW 语句的一般形式为：

```
CREATE VIEW view-name AS
query-expression;
```

CREATE VIEW 语句不同于 CREATE TABLE 语句。CREATE VIEW 语句总是从查询结果创建一个视图。

（1）视图优点

- 避免存储大的数据表的副本。
- 避免数据表副本频繁刷新。当基数据变化时，视图呈现最新数据。
- 将来自多个数据库表格和逻辑库或者数据库中的数据结合在一起查看。
- 简化复杂的查询。
- 防止其他用户不慎改变查询代码。

（2）视图缺点

- 由于视图访问的是变化表格中的最新数据，因此每次访问视图的结果可能是不同的。
- 每一次执行视图时都需要大量的资源。同一个视图可以节省磁盘存储空间，但是需要额外的 CPU 和内存。
- 在一个程序多次访问相同的数据时，建议使用表而不是视图。这样可以确保每一步的结果一致，并且明显减少所需的资源。

（3）使用视图的一般准则

避免视图定义中使用 ORDER BY 子句。在每一次引用视图时，该子句会强制对数据进行排序。

8.4 本章小结

SQL 是实现在数据库中自助取数的重要工具。数据分析师并不需要精通所有的 SQL 语句，只要掌握本章中介绍的单表操作、多表合并和简单的子查询，便可以胜任绝大部分工作。不过随着职级的提升，数据分析师对 SQL 的掌握还要在广度和深度上精进。在广度上不仅要掌握 MySQL 的使用，还要学习 Oracle、GaussDB、Hive 等数据库的使用；在深度上要具备建立索引等能力。

第 9 章　用户标签体系与用户画像专题

本章内容属于用户微观角度下的数据分析，用户标签是做用户画像的基础，用户画像可以辅助业务人员制定用户分群策略，用户分群在企业战略、用户运营、风险防控方面具有广泛的应用。本章讲解用户分群的基础，即用户画像和用户标签体系。

在移动互联网高速发展的今天，各企业的营销成本逐渐增高。企业追求“千人千面”，精准营销已经深入企业数字化转型，并逐渐成为企业营销战略的核心部分。那么，应该如何设计用户标签体系呢？我们经常接触的指标跟标签有何区别？如何编写用户画像报告呢？为什么要设计标签体系跟用户画像呢？用户画像和预测型模型之间的关系是什么呢？接下来会一一解答这些疑问。

9.1　案例：某企业基于用户标签的营销

假设宝马中国希望在某 App 进行社交营销，推广“悦”品牌汽车，该如何实现精准的广告投放呢？效果如图 9-1 所示。

图 9-1　宝马在某 App 的推送广告

实现精准投放，本质上是识别目标消费群体，其主要通过两个维度来识别，如图 9-2 所示。第一个维度是识别目标群体的消费意愿，第二个维度是识别目标群体的消费能力。一般来说，我们可以认为有消费意愿但无消费能力的是未来的潜在用户；而有消费能力但没有消费意愿的则是一个错误定位的用户。只有这两个维度的要求同时满足才能实现用户的精准定位。那么，该 App 目前的数据资源是否能满足这两个要求从而实现用户精准营销呢？ App 广告推送主要有以下特点：

（1）基于大数据分析，通过分析用户搜索、朋友圈行为，以及朋友圈图片内容；

（2）涉及自然语义理解，图像识别等技术；

（3）不仅仅是推广告服务，也是对企业人工智能技术的实验反馈。

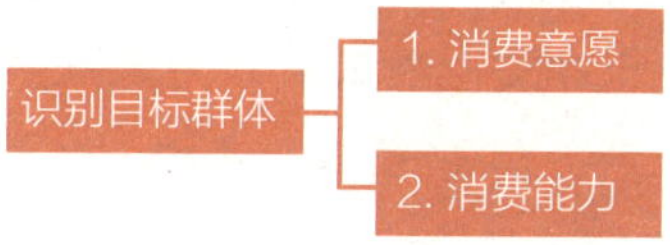

图 9–2　识别目标消费群体的两个维度

我们先来看第一个维度：识别目标群体的消费意愿。有一句话：“当你凝望深渊的时候，深渊也在凝望着你。”这句话我们可以简单理解为：当一个人对某样物品有需求时，在寻求此物品相关信息的时候会留下痕迹，而商家可以获取并分析这些痕迹，从而推测用户的内在需求。以宝马广告投放为例，我们可以通过用户朋友圈的以下信息来识别目标用户：

- 关注汽车类公众号，尤其是宝马相关品牌的公众号；
- 经常公开提到汽车，尤其是提到宝马汽车的用户；
- 时常发汽车图片的用户，尤其是发宝马或相关高端品牌汽车图片的用户；
- 对汽车类信息评论和转发率高的用户；
- 对汽车类信息的评论出现了“买”“口水”“长草”“忍不了”等关键词的用户。

只要用户在使用 App 的过程中，留下以上这些痕迹，我们就可以给此用户打上“对宝马感兴趣”的标签，即从识别目标群体的消费意愿入手，利用 App 海量的用户行为数据，识别“想买宝马”的用户。

另外，很多 App 还有一个撒手锏——搜索功能。在商业层面，搜索功能可以让用户主动提供其诉求，搜索服务商在方便用户查找信息的同时，也获取了非常有价值的用户需求信息。因为用户搜索的关键词一定是用户感兴趣的内容，比如用户近期经常搜索一些高端品牌汽车的型号，表明用户极有可能近期有购买高端品牌汽车的需求，正在使用搜索工具进行信息的获取。一般而言，搜索关键词所反映的用户需求比其他用户行为所反映的用户需求的准确度要高。

同时，我们还可以对此用户的圈子进行标签的同步，也就是通过社交圈子进一步定位用户。例如某运营商曾经在 201× 年对用户统计其通信好友中使用 iPhone 的人员的比例，若该比例超过 30%，则可以将此圈子定义为“iPhone 亲密用户群体”，从而可以对此圈内未购买 iPhone 手机的用户推送 iPhone 产品的广告来刺激消费。

我们接着来看第二个维度：可以通过用户的消费数据来识别目标群体的消费能力。比如：

- 在“朋友间付款”中年净支出额大于 5 万元的用户；
- 在同类产品消费过程中支付高于平均价格的用户；

……

当某个用户同时符合以上两个维度的条件时，即同时具备消费意愿和消费能力时，我们就可以对其进行该产品的广告推送。

9.2 标签的分类

从研究客体的数据类型角度，标签可以分为属性标签、状态标签、协议标签、行为标签、需求标签；从标签的时态角度可分为静态标签、时点标签、时期标签；从标签的加工角度，标签可分为基础标签、统计标签、模型标签等。

9.2.1 从研究客体的数据类型角度分类

1. 属性标签

对个人用户的分析，也被称为人口统计信息，其主要涉及最基本的性别、出生日期、出生地、星座、血型等数据。这类数据对用户的行为预测并不具有因果关系，只是根据历史数据统计而得到的统计现象。比如，随着用户年龄的变化，会对房贷、消费贷款、教育储蓄、个人理财等产品依次产生需求，但是年龄并不是对产品需求的根本原因，婚龄才是其深层原因。只不过婚龄和年龄在同时期人群中是高度相关的罢了。

同理，性别和某种业务表现的高相关性，很多也来自外部世界对性别类型的一种行为期望。这类数据对于银行、汽车 4S 店这类需要用户临柜填写表格的公司而言是可以获取“真实”信息的，而对于电商而言，是难以获取“真实”信息的。但是电商的分析人员也不必气馁，其实“真实”这个概念是有很多内涵的，根据电商数据虽然不能知道用户人口学上的“真实”年龄，但是根据消费行为完全可以刻画出其心理上的“真实”年龄，而后者在预测用户需求和行为方面更有效。

2. 状态标签

状态标签指用户的社会经济状态和社会资本的标签，比如资产情况、存款情况、消费能力、居住小区档次等数据。社会学认为，人之所以为特定的人，就在于其被固化在特定的关系之中，这被称为嵌入理论。了解用户的社会关系，就了解了外界对该用户的期望，进而推断出其需求。通过深入的分析，甚至可以推断出用户未来的需求，达到“比用户更了解自己”的状态。

比如，电信企业通过通话和短信行为确定用户的交友圈，通过信号地理信息定位用户的工作、生活和休闲区域，来推测其工作类型、所处阶层和社交网络类型。也有企业通过用户住址大致确定一下用户居住小区的档次，以确定其社会经济地位。这类信息是值得每个以用户为中心的企业花时间和精力去深挖的。

3. 协议标签

用户在购买产品前需要先与企业签订协议，协议与产品是有对应关系的，因此，协议反映了用户对产品的购买情况。用户购买产品可以反映其所处的人生阶段。比如购买母婴类产品的用户，大概率家里有孩子，而且其家庭大概率有车，因此可以向其推荐汽车养护类产品。关联规则就是主要使用产品协议数据进行产品推荐的一类算法。

4. 行为标签

交易数据是基于账户或不基于账户的客户活动产生的数据，其中基于账户的行为数据称为动账数据，不基于账户的行为数据称为非动账数据。动账是实际发生交易的情况，非动账指的是用户在交易过程中并未发生实际交易金额，但在交易过程中也会产生很多用户行为的情况。行为是用户内心需求在外部特定环境下的一种表现。

首先，行为是内部需求的结果。比如，活期存款用户将手头的钱存起来，以应对不时之需。其次，这些行为是在特定环境下表现出来的，在活期理财产品推出之前，存款是唯一的选择。对于银行而言，行为数据仅限于业务数据，而互联网和电信公司可以获取的行为数据更加广泛，它们不仅可以获取通话行为、上网行为等业务信息，还可以获取周末出行、业余生活等行为信息。获取的用户行为信息越多，对用户的了解越深入。在这方面，各类企业都具有很大的深挖潜力。

5. 需求标签

如果可以知道用户的内在需求，当然是最理想的，而这类数据获取方式是很匮乏的。传统方式只能通过市场调研、用户呼入或用户投诉得到相关数据。现在则可以利用用户的各种留言和对话获取用户评价信息。

以上 5 种类型的数据表象到内在，数据分析的难度逐级加大，数据量逐级增大。目前 1~2 层面的标签数据居多，需要结合产品、交易及评价等三个层级逐步递进完善标签体系。

9.2.2 从标签的时态角度分类

根据用户标签的时态进行划分的分类如图 9-3 所示，可以分为静态标签、时点标签和时期标签。静态标签，也被称为属性数据，数量较少，例如“性别”“出生年月”“出生城市”等；时点标签，即动态数据，也被称为状态数据，是流量数据累积的结果，例如“截止到月底的资产”等；时期标签，也被称为流量数据、行为数据，这种数据在使用时需要汇总，例如“当月现金交易笔数”“半年内总入账”等。

图 9-3 用户标签的时态分类

数据时态不同，我们取数的时间窗口也应不同。比如对信用卡申请做分析，如果我取静态标签，比如用户的基本信息，由于静态标签是没有时间点概念的，取任何时间点都没问题。如果取时点标签，由于每个用户发卡时间是不一样的，动态数据应该取离申请信用卡时点前最近的时间点。而时期标签应该取动态时点数据往前推一段时间内的数据，比如从动态时点往前 6 个月以内的数据。

9.2.3　从标签的加工角度分类

标签的加工角度分类完全是根据公司内部数据工程师在计算该标签时使用的算法深度来区分的。

1. 基础标签

基础标签是指不需要任何数据汇总和算法加工就可以提取到的标签，常见的基础标签主要用于描述对象的人口属性、社会属性、设备信息、工作属性、协议信息等。基础标签的提取通过基本的 SQL 语句就可以实现，大多数用户的基础标签可通过公司内部数据库获取，不需要对数据进行汇总统计等操作。此外，也可从外部采购已经制作好的标签，将其作为外部基础标签直接使用。图 9-4 展示了基础标签的示例。图中的部分标签，比如“风险评估”标签，读者会认为这是典型的模型标签，不过由于该标签是从外部采购的，在公司内部使用时并不需要自行加工，因此也属于基础标签。

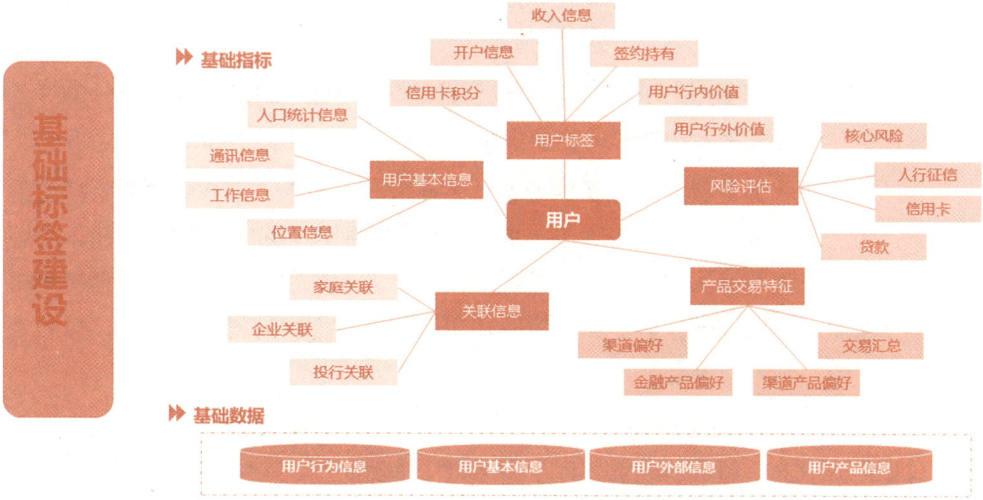

图 9-4　基础标签示例

2. 统计标签

对交易数据进行汇总计算后产生的标签，称为统计标签。例如“用户资产汇总”，是指根据用户的交易流水，汇总计算其一段时间内的收入、支出，平均账户余额，进而对用户进行价值分群分析，从而对资源进行合理分配；“用户行为偏好”是指以用户交易渠道、产品种类为维度，汇总其交易频次、交易金额、关注频次等，来分析客群特征，方便客户经理洞察用户需求偏好。统计标签可以通过 SQL 语句中的汇总函数实现。前文中统计的每个用户的最近一次交易时间、一段时期内的交易频次、一段时期内的交易总金额就是统计标签。

3. 模型标签

模型标签，是指根据一定的业务需求建立算法模型，以基础标签、统计标签为基础加工出来的标签。简单的模型标签使用 SQL 语句中的分支语句就可以实现，复杂的模型标签需要使用机器学习或深度学习算法。以下是四个模型标签的示例：第一个是为了发现用户潜在需求，也就是根据用户过往行为表现，从具体产品出发，挖掘潜在用户，进行精准营销；第二个是为了进行用户消费偏好分析，即根据用户的消费行为，获取购物、理财等偏好信息；第三个是为了进行用户风险评分，通过输入各种用户基础和行为数据，输出各类信用评分模型结果；第四个是为了进行业务营销拓展，主要为支持业务部门某次营销活动而专门开发出来的具有生命周期的用户标签。

根据标签的计算方法，可将模型标签分为：规则类模型标签、算法类模型标签、综合应用类模型标签。

规则类模型标签是使用最为广泛的模型标签，比如基于 RFM 模型划分的“五星荣耀用户”“重要挽留用户”“重要保持用户”等类型就属于规则类模型标签。

算法类模型标签的计算方法更为复杂。下面举一个用卡人实际性别判断模型的示例。日常生活中常常存在这类现象：信用卡申请人把自己的卡给家人使用，出现实际用卡人和卡片所有人非同一人的情况。由于用卡人的性别属性在很多营销策略中是非常重要的决策因子，因此判别实际用卡人的真实性别变得越发重要，也催生了用卡人实际性别判断模型。

在用卡人实际性别判断中，由于各数据字段单位、数量范围、表示含义不同，因此首先需要对支付频次、支付额度、消费类型、消费时间、消费地点等做数据转换，转换后归一化。每个用户形成一个 n 维的向量，例如（0.5236，0.3067，…，0.8300）；然后将训练数据（调研数据及关联画像）样本生成特征文件。特征文件中存储的是各二级维度下各标签代表类别的类中心向量。

例如“月均刷卡男用户的类中心”：（0.7429，0.4552，…，0.8322）；“月

均刷卡女用户的类中心”：（0.7651，0.3464，…，0.8283）；接着，对需要打标签的新数据做与第 1 步相同的数据转换。例如某用户本地刷卡 11 次，外地刷卡 2 次……餐厅刷卡 6 次。经过数据转换后得到该用户的向量：（0.7435，0.5330，…，0.8300）。最后将每一个新用户转换后的数据与各二级维度下各标签的类中心进行对比，根据计算结果，将与用户距离近的类别标签赋予该用户，如图 9-5 所示。

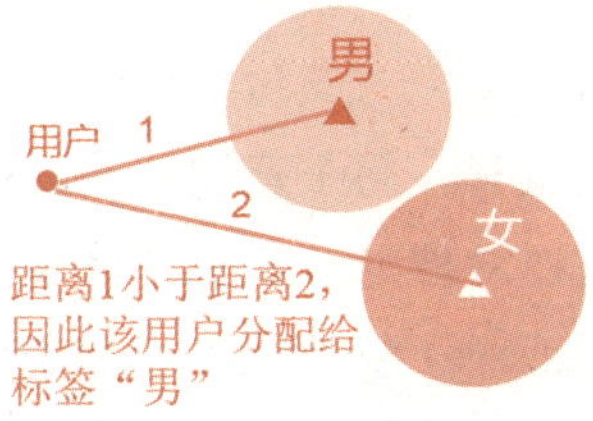

图 9-5　用卡人实际性别判断示例

此外，如图 9-6 所示，展示了三种用户兴趣偏好标签来源的示例。第一种是通过对用户进行问卷调研的方式获取用户兴趣偏好信息，这种方式最简单，完全不需要建模；第二种是通过对用户浏览器收藏夹等信息进行分析打上标签，通过这种方式生成的标签属于规则标签；第三种是对用户的浏览内容进行文本提炼，获取用户感兴趣的关键词即为标签，这种方式则涉及文本挖掘等算法的应用。

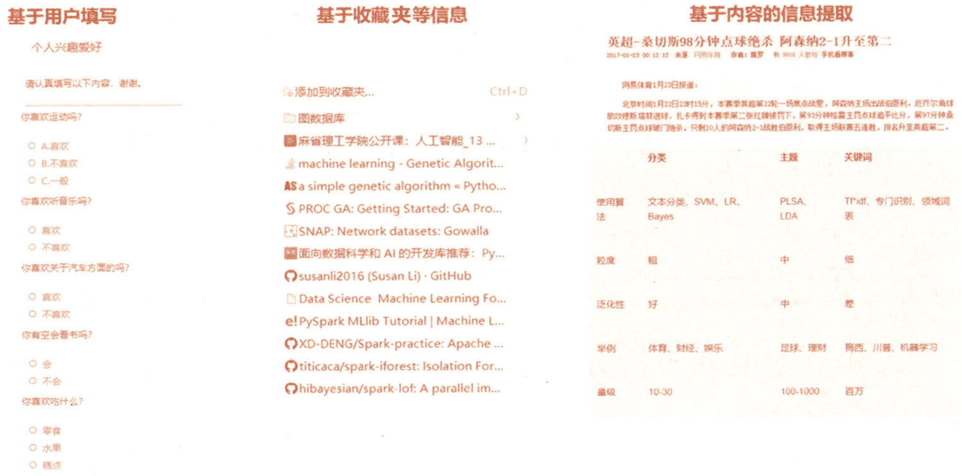

图 9-6　三种用户兴趣偏好标签来源的示例

规则类和算法类模型标签一般适用于场景较单一的情况，而有些时候存在部分用户数据不完善的问题，则需要综合以上两种计算方法的综合应用类模型标签。例如银行在用户收入等级标签的制作中，可以根据用户的不同类型和数据情况制定不同的策略。

对于银行代发薪客群，我们可以直接根据代发薪数据确认收入的统计范围；对于非代发薪但在某银行有贷款或信用卡业务的客群，我们可以根据人行征信中的社保信息推断收入；对于通过合作渠道获客的客群，可以通过渠道合作方采集一些对于评估收入有帮助的数据，比如税收、社保等信息；对于开通第三方支付的客群，我们可以通过有收入数据客群和第三方支付客群的交集，以收入作为被预测变量，消费和用户其他数据作为预测变量，用于建模，通过模型预测其他第三方支付客群的收入情况；同理，我们也可以对理财、基金、保险客群，采用类似的方法根据用户提交的基本信息建立模型；而对于仅开通借记卡的客群，我们只能根据地域、年龄等基本信息做一些粗略的收入判断。

通过以上方法可以获取一定数量用户的收入数据及交易数据，把这些数据作为模型的训练样本，也就是将用户的收入数据作为模型的目标变量 Y，将用户的交易数据作为模型的属性变量 X，运用线性回归或多分类器算法建立模型，对新进来的用户预测其收入等级，如图 9-7 所示。

图 9–7　通过模型预测收入等级

9.3 用户画像

本节具体讲解用户画像的相关内容，包括用户画像的基本概念、发展进程及如何进行用户细分等。

9.3.1 用户分群的发展历程

用户分群的历史发展历程如图 9-8 所示。用户分群方法由来已久，在 20 世纪 50 年代以前，其实已经有比较初级的细分思路，主要根据用户基本属性进行细分，比如社会地位、宗教、性别、教育来确定产品、价格和销售渠道。

例如，19 世纪的图书市场中，相同内容的书包装不同、售价不同。到了 20 世纪 50 年代，这种基于用户分群制定不同营销策略的思维逐渐被人们重视起来，例如出现了差异化的市场，分群被当作一种市场策略首次引入，分群等同于产品差异化；而 20 世纪 60 年代除关心社会人口特征外，还会关心其他影响个人行为的因素，例如个人观点和心理活动因素；到了 20 世纪 80 年代，用户分群开始注入新的源泉——统计学，基于分群用户的产品选择模型比基于所有用户的模型更为准确；20 世纪 90 年代随着大数据及人口普查的融入，用于分析用户行为的维度得以拓展，开始重视用户行为和价值分析；发展到 21 世纪，开始强调基于数据的用户行为分群，用户分群引导了 CRM 在不同用户群体中的决策，越来越多的数据被用于建立用户分群模型。

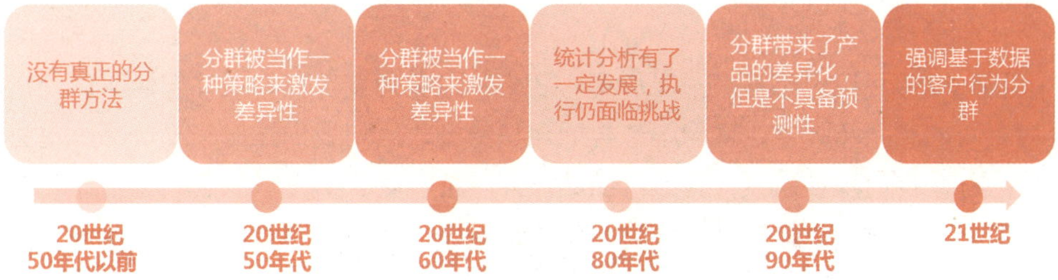

图 9-8　用户分群的发展历程

9.3.2　快速入手用户画像

目前各行业竞争激烈，利润降低，需要开源节流。节流就是要把控公司的成本，提高 ROI。对于公司营销层面的要求是要更好地进行产品及服务的推送，能够触达更多具有潜在价值的用户群体。而精准营销的重点是“精准”，如何实现精准？需要我们从广泛的人群当中筛选出适配公司的产品及服务的人群，这就需要我们对用户进行分群，从海量的用户信息数据中提取关键信息，通过标签体系，实现用户画像，帮助我们更好地进行精准营销。

用户画像的目的是帮助营销或风控人员对用户产生洞察，需要描述清楚用户是谁、特征是什么、有什么习惯、通过什么渠道触达等问题。这被总结为 5W1H 分析法，也称作 6 何分析法。在业务数据分析当中，我们经常使用 5W1H 方法解决实际工作当中的业务问题，并利用这种方法拆解活动目标，随着互联网的发展，传统数据分析已无法满足业务的发展需要，业务人员需要更多的策略及方向指引，利用用户画像的精准营销同样也可以通过 5W1H 方法来助力业务。

5W1H：对选定的项目、工序或操作，都要从原因（何因 Why）、对象（何事 What）、地点（何地 Where）、时间（何时 When）、人员（何人 Who）、方法（何法 How）共六个方面提出问题并进行思考。

下面我们拆解 5W1H，利用 5W1H 的业务分析方法，对用户画像的实现进行拆解。

（1）原因（何因 Why）

用户画像可以从业务角度分析当前遇到的主要问题，帮助产品和营销人员探查用户特征，比如转化率低的用户特征、流失用户的特征、高风险人群的特征。对于不同的业务需求现状，洞察业务问题，识别出需要改进优化或防控风险相关的业务人群特征，从而利用用户画像主动出击，精准定位人群，解决业务问题。

（2）对象（何事 What）

实际业务环境离不开产品及服务，我们从业务角度出发，具体问题具体分析，针对不同的产品及服务，适配不一样的用户特征，比如我们推出一款产品，定位为高端人群，我们需要定义符合该产品的用户特征：收入情况、职业、消费能力等，通过匹配，找到符合该产品的人群，制作出符合该产品的用户画像，为业务人员提供对该产品的清晰的认知。

（3）渠道（何地 Where）

用户群体存在渠道偏好，我们可以挖掘用户的渠道选择，不同的选择偏好，也会反映出用户的潜在特征，我们可通过对不同渠道的用户进行画像，挖掘出该渠道下的用户特征，从而在推广及营销产品和服务的时候，能够通过渠道捕获适配用户群体。

（4）时间（何时 When）

时间信息包含自然时间、浏览时长、停留时长等，我们可通过这些时间标签，定义用户对某种产品或某种服务的喜好程度，也可通过定义不同的时间段，挖掘用户的行为信息集中在何时，分布在早、中、晚哪些时间段，基于以上信息结合职业等标签，可以更好地针对特定时间段的人员进行营销。

（5）人员（何人 Who）

目标用户，顾名思义，主要定位我们的适配群体，这也是用户画像的主要应用部分。我们通过对用户信息数据进行加工处理和标签化来制作用户画像，可以自建标签体系，定义各种各样的标签，在推行某产品或某活动的时候，通过对已有标签化数据进行画像，圈选出强适配人群，对该群体进行营销。也可以通过该方法锁定营销目标，缩小营销范围，节约营销成本。

假设现在新推出一款健康险产品，要对该产品做营销，那么，要对谁、做怎样的营销呢？首先我们要考虑健康险是针对什么群体的用户，是大学生、白领、宝妈还是老年人；接着，我们要考虑目标群体有什么特征，比如说用户的经济实力、爱好、消费习惯等；最后我们要考虑与目标群体匹配的生活消费场景有哪些，是商场、健身房还是学校，等等。所谓用户画像，就是将产品已有用户的标签提炼出来进行描述与统计，用于定位目标群体，如图 9-9 所示。

图 9–9　用户画像

（6）方法（何法 How）

针对不同的用户群体，采用的方式方法也会有所不同，业务人员需要根据用户的偏好设计其喜闻乐见的方式以引发用户关注，促进转化。比如同一款理财产品，对年轻用户群体通过短视频形式推广，对年长用户群体通过线下门店活动推广。针对高潜用户群体，可以在合适的时间点进行一对一电话回访营销、短信推送等。如需曝光，可结合周围购买力，圈选特定商圈，利用户外大屏增加产品曝光。

综上，我们通过业务分析的 5W1H 分析方法入手，拆解用户画像的切入点及常用方法。通过业务分析方法，我们可以更好地从业务人员角度理解用户画像的作用及业务思维，从而快速地帮助业务人员利用好用户画像，更好地将用户画像落地，进一步帮助业务人员进行精准营销，提高营销的精度及效率，控制成本。

9.3.3　用户细分的方法

下面介绍用户细分的四种方法。第一种是层级细分，按用户给企业带来的价值将其划分为 4~6 层并相应设计不同的服务模式，例如，按照用户价值划分，将重点资源分配到价值高的层次，提高营销效率。如图 9-10 所示，列举了各大银行细分的方法。这种方法的优点是数据需求低，只需要使用用户的金融资产等信息，也方便理解，容易根据用户的价值高低分配营销资源。缺点是难以基于这种分层方式设计符合用户需求的特定产品和服务。

图 9–10　各银行用户层级细分的方法

第二种是用户分群细分，采用多个维度（包括资产、人口特征、客户行为等主要变量），探索用户的需求并形成特定产品需求的群体，然后有针对性地设计产品和服务。例如，根据用户的一些基本属性如年龄、地域、资产量、负债、家庭情况等，把用户群体分为“无压力普通老年人”“美满享乐的老年人”“压力较大的乡镇老人”和“回乡安享天年的老人”四个群体，如图 9-11 所示。这种方法的优点是用户群体有共同的需求、共同的特征，可以按照群体的生命周期进行管理。缺点是分群往往比较模糊，而且不能指导企业营销资源的分配。

第三种是双重细分，即层级细分和分群细分两者的结合。首先，按照资产规模和贡献潜力等战略维度对用户进行细分，来确定资源分配、接触频率和渠道等。其次，在每层战略细分的用户群体内，采用产品用户群体或者一系列变量形成策略因子群体以推动产品营销。这种方式的优点是有助于围绕用户价值进行组织，同时可以在用户价值的基础上，结合用户偏好进行更好的细分。缺点是相比前两种方法，更多的数据会导致业务人员在使用时难以操作。

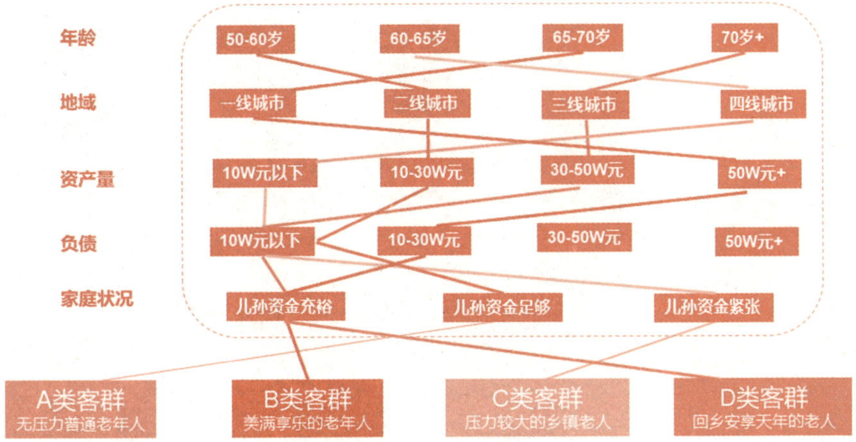

图 9-11　用户群体细分示例

第四种是先进细分，收集所有结构化和非结构化数据维度（可多达上千种标签）以支持特定产品、服务和营销活动建议，可以支持用户 1 对 1 定制化方案。

如图 9-12 所示，对于商旅用户、时尚达人和退休老人三种不同的用户群体，可以针对性地分析群体的需求，制定个性化的营销策略。商旅群体的需求是高端理财服务、旅行支票 / 旅行保险、白金信用卡 / 商旅信用卡，由于此消费群体多为公费，对价格不敏感，建议对连续多月均有高额消费的用户赠送高额积分奖励，同时提高服务等级。时尚达人群体的需求是信用卡分期还款、个人消费贷款、出国金融服务，可推荐短期消费贷款等产品及信用卡分期还款产品，鼓励用户进行网上消费，并推荐多币种信用卡或白金信用卡产品。退休老人群体的需求是稳定增长、风险小的产品，可推荐低风险基金为主的产品，保持持续增长的趋势，鼓励其购买理财产品。先进细分方法主要通过算法实现，因此要求数据量比较大。其优点是用户定位更精准，缺点是算法较复杂，业务人员不容易理解。

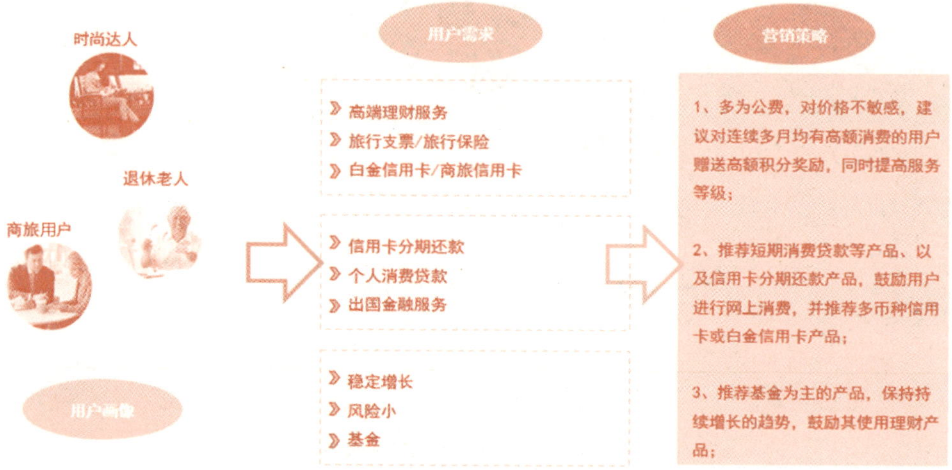

图 9–12　针对三种不同的用户群体制定营销策略

9.4 案例：用 SQL 和 Excel 实现用户画像

本节主要通过一个真实的数据集，演示如何使用 SQL 和 Excel 进行数据处理和描述性统计，来制作信用卡用户的用户画像。

9.4.1　制作用户画像的思路

本节通过解答“不同类型信用卡持卡客户在持卡前有什么特征？”这个问题，以信用卡用户画像为例，讲述用户画像的应用。

之前介绍了根据用户标签时态进行划分的方法，可以分为静态标签、时点标签和时期标签。因此，要想做用户画像，需要按照标准的时间窗口来获取数据。如图 9-13 所示，如果取静态数据，比如客户的基本信息，由于静态数据是没有时间点概念，取任何时间点都没问题，对于这个示例，我们可以取申请时间点的数据。如果取动态时点数据，由于每个客户发卡时间是不一样的，动态时点数据应该取申请信用卡时点前最近的数据。而动态期间数据应该取申请时间点往前推一段时间，比如说一年内的数据。信用卡持卡类型在申请信用卡后才能知道，所以数据在申请了信用卡之后的时间点才能获取。

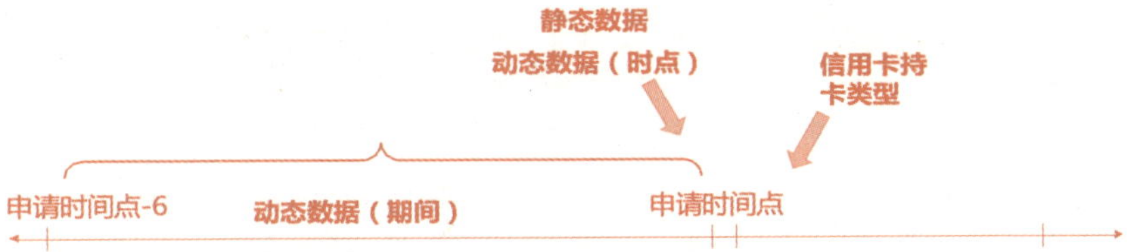

图 9-13　用户标签取数的时间窗口

9.4.2　案例数据集介绍

本数据为一家银行（来自 KDD99 数据集，是 1999 年 KDD 竞赛中由美国的某家银行提供的脱敏后真实数据，该数据集是数据分析与挖掘课程的经典数据集）的个人金融业务数据集，可以作为银行场景下进行个人客户业务分析和数据挖掘的示例。这份数据中涉及 5300 个银行客户的 100 万笔的交易，而且涉及 700 份贷款信息与近 900 张信用卡的数据。通过分析这些数据可以获取与银行服务相关的业务知识。例如，提供增值服务的银行客户经理，希望明确哪些客户有更多的业务需求，而风险管理的业务人员可以及早发现贷款的潜在损失。以下是该数据集的数据字典，在阅读数据字典时，主要关注每张表的主键和外键，并且可以自主地绘制 E-R 图。

（1）账户表（Account）：每条记录描述了一个账户（account_id）的静态信息，共 4500 条记录。账户表关键字段如表 9-1 所示。

表 9-1 账户表关键字段

名称	标签
account_id	账户号（主键）
district_id	开户分行地区号（外键）
date	开户日期
frequency	结算频度（月、周，以及交易之后即时）

（2）客户信息表（Client）：每条记录描述了一个客户（client_id）的特征信息，共 5369 条记录。客户信息表关键字段如表 9-2 所示。

表 9-2　客户信息表关键字段

名称	标签
client_id	客户号（主键）

续表

名称	标签
sex	性别
birth_date	出生日期
district_id	地区号（客户所属地区）（外键）

（3）权限分配表（Disposition）：每条记录描述了顾客（client_id）和账户（account_id）之间的关系，以及客户操作账户的权限，共 5369 条记录。权限分配表关键字段如表 9-3 所示。

表 9-3 权限分配表关键字段

名称	标签	说明
disp_id	权限设置号（主键）	
client_id	客户号（外键）	
account_id	账户号（外键）	
type	权限类型	分为“所有者”和“用户”，只用“所有者”身份可以进行增值业务操作和贷款。

（4）支付订单表（Permanent Order）：每条记录代表描述了一个支付命令，共 6471 条记录。支付订单表关键字段如表 9-4 所示。

表 9-4　支付订单表关键字段

名称	标签	说明
order_id	订单号（主键）	
account_id	发起订单的账户号（外键）	
bank_to	收款银行	每家银行名称用两个字母来代替，用于脱敏信息
account_to	收款客户号	
amount	金额	单位为“元”
K_symbol	支付方式	

（5）交易表（Transactions）：每条记录代表每个账户（account_id）上的一条交易，共 1 056 320 条记录。交易表关键字段如表 9-5 所示。

表 9–5 交易表关键字段

名称	标签
trans_id	交易序号（主键）
account_id	发起交易的账户号（外键）
date	交易日期
type	借贷类型
operation	交易类型
amount	交易金额
balance	账户余额
K_Symbol	交易特征
bank	对方银行
account	对方账户号

（6）贷款表（Loan）：每条记录代表某个账户（account_id）上的一条贷款信息，共 682 条记录。贷款表关键字段如表 9-6 所示：

表 9–6　贷款表关键字段

名称	标签	说明
loan_id	贷款号（主键）	
account_id	账户号（外键）	
date	发放贷款日期	
amount	贷款金额	单位为“元”
duration	贷款期限	
payments	每月归还额	单位为“元”
status	还款状态	A 代表合同终止，没问题； B 代表合同终止，贷款没有支付； C 代表合同处于执行期，至今正常； D 代表合同处于执行期，欠债状态

（7）信用卡表（Credit Card）：每条记录描述了一个客户号的信用卡信息，共 892 条记录。信用卡表关键字段如表 9-7 所示。

表 9-7　信用卡表关键字段

名称	标签
card_id	信用卡 id（主键）
disp_id	账户权限号（外键）
type	卡类型
issued	发卡日期

（8）人口地区统计表（District）：每条记录描述了一个地区的人口统计学信息，共 77 条记录。人口地区统计表关键字段如表 9-8 所示：

表 9-8　人口地区统计表关键字段

名称	标签
A1 = district_id	地区号（主键）
GDP	GDP 总量
A4	居住人口
A10	城镇人口比例
A11	平均工资
A12	1995 年失业率
A13	1996 年失业率
A14	1000 人中有多少企业家
A15	1995 年犯罪率（千人）
A16	1996 年犯罪率（千人）

实际业务中的一个人可以拥有多个账户号（account_id），一个账户号（account_id）可以对应有多个顾客（client_id），即多个顾客共享一个账户号（account_id），但是每个账户号（account_id）的所有者（即最高权限者）只能是一人。账户号（account_id）与客户号（client_id）的对应关系，在表"Disposition"中进行列示。表"Credit Card"为银行提供给客户（client_id）的服务，每个客户可以申请一张信用卡。贷款为基于账户的服务，一个账户（account_id）在一个时点最多只能有一笔贷款。

关系实体图（E-R 图）可以直观地描述表间关系，如图 9-14 所示。图中将每张表的主键与外键通过实线相连接，可以明确指导我们如何将表进行横向连接。比如要知道贷款客户的性别，就需要使用贷款表（Loan）中的 account_id 先与权限分配表（Disposition）中的 account_id 连接，然后再用 client_id 和客户信息表（Client）中的 client_id 连接。

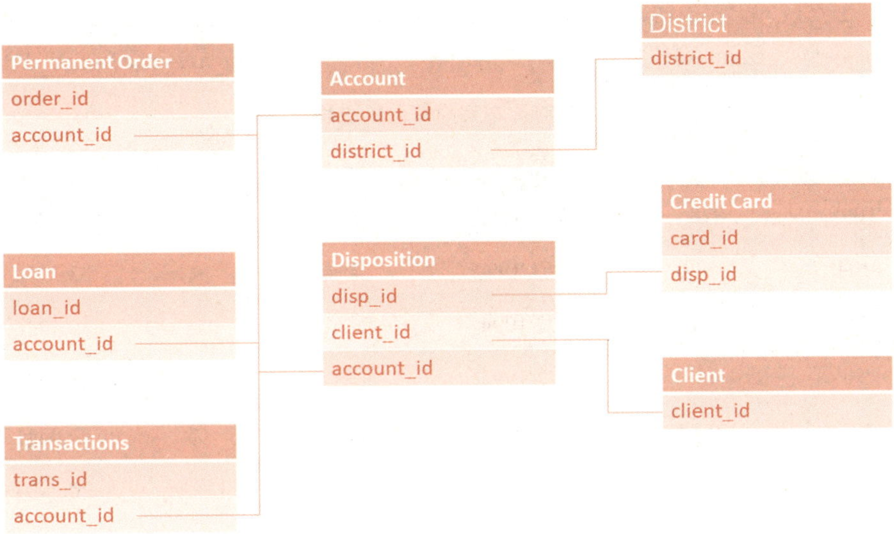

图 9–14 银行数据集的实体 – 关系图

9.4.3 使用 SQL 进行数据处理

我们首先需通过 SQL 语句对 KDD99 数据集进行处理，从中获取关于信用卡用户画像所需要的数据。在构建用户画像用的宽表时，需要首先明确研究变量和解释变量所在的表。本研究中，信用卡（type）类型是被研究变量，在信用卡表（Credit Card）中，解释变量可以从客户信息表（Client）、交易流水表（Transactions）中获取。因此信用卡表（Credit Card）是主表，其他表是从表。在写 SQL 时，应该从主表出发，依次左连接从表。而且尽量依照先获取静态标签，再获取时点标签，最后获取时期标签的顺序来并编写 SQL 取数脚本，这样做可以避免少犯错误。

我们需要获取的静态数据包含客户的性别和发卡时的年龄，可以用信用卡表（Credit Card）先 left join（左连接）权限分配表（Disposition），再 left join（左连接）客户信息表（Client）获取，其中客户发卡时的年龄需要通过客户出生日期和发卡日期计算得到，具体的过程表信息，如表 9-9 所示。

```
#1、获取客户的性别和发卡时的年龄
```

```
create table kdd99.var1 as
select a.*,c.sex,datediff(a.issued,c.birth_date)/365 as age from
  kdd99.kdd99_card a
  left join kdd99.kdd99_disp b on a.disp_id=b.disp_id
  left join kdd99.kdd99_clients c on b.client_id=c.client_id;
```

表 9-9　存放基本客户信息的过程表 Var1

card_id	disp_id	issued	type	sex	age
1005	9285	7/11/1993	普通卡	女	25.7945
104	588	19/1/1994	普通卡	女	33.2712
747	4915	5/2/1994	普通卡	男	30.5726
70	439	8/2/1994	普通卡	女	25.4247
577	3687	15/2/1994	普通卡	男	22.0411
377	2429	3/3/1994	普通卡	男	20.2904
721	4680	5/4/1994	青年卡	女	14.8767
437	2762	1/6/1994	普通卡	女	41.1342
188	1146	19/6/1994	普通卡	男	27.6137
13	87	29/6/1994	普通卡	女	47.6466
732	4763	21/7/1994	普通卡	女	50.4411
181	1066	19/8/1994	普通卡	男	53.8712
384	2475	15/9/1994	青年卡	女	12.6247
309	1946	19/9/1994	普通卡	男	59.211

接着我们要获取截止到开卡时的最后一次交易间隔和账户余额数据。这需要用两步完成。第一步获取信用卡发卡前对应账户交易流水的数据，可以用信用卡表（Credit Card）依次 left join 权限分配表（Disposition）和交易表（Transactions），同时使用不等值横向连接方法，仅保留信用卡发卡前的交易数据，并生成中间结果表（var2_1）。第二步仅保留对应账户交易流水的开信用卡前最后一笔交易数据，可以用中间结果表（var2_1）与获取的每个账户的最后一笔交易的数据做内连接，这里用到了子查询语句。具体的过程表信息，如表 9-10 所示。

```
#2、截止到开卡时的最后一次交易间隔和账户余额
# 以下时是分步操作
# 第一步：获取信用卡发卡前对应账户交易流水的数据
create table kdd99.var2_1 as
select a.*,c.date as trans_date,datediff(a.issued,c.date) as last_days,c.balance
  from kdd99.kdd99_card a
  left join kdd99.kdd99_disp b on a.disp_id=b.disp_id
  left join kdd99.kdd99_Trans c on b.account_id=c.account_id and a.issued>c.date
  order by a.card_id,c.date;
# 第二步：仅保留对应账户交易流水的开信用卡前最后一笔交易数据
create table kdd99.var2 as
select a.card_id,a.disp_id,a.issued,a.type,a.trans_date,a.last_days,avg(a.balance) as balance from kdd99.var2_1 a
   inner join (select card_id,max(trans_date) as max_date
                          from kdd99.var2_1 group by card_id) b
          on a.card_id=b.card_id and a.trans_date=b.max_date
           group by a.card_id,a.disp_id,a.issued,a.type,a.trans_date,a.last_days;
```

表 9-10　存放账户时点信息的过程表 Var2

card_id	trans_date	last_days	balance
1	15/10/1998	1	71006
2	10/3/1998	3	48396
3	31/8/1995	3	57962
4	20/11/1998	6	42325
5	14/4/1995	10	66181
7	10/6/1998	1	29886
8	19/5/1998	1	71531

续表

card_id	trans_date	last_days	balance
9	24/10/1997	1	34531
10	30/11/1996	7	62743
11	18/10/1997	7	82022
12	9/9/1996	2	58294

以上代码的第二步需要按照 card_id 对账户余额（balance）进行汇总，这是由于其对应账户在最后一天有多笔交易，这个缺陷是因为交易时间这个字段精确度不高导致的。如果交易时间可以精确到秒，则不需要进行分组汇总。

然后我们要获取全年内现金交易笔数、全年内总入账、全年内总出账、全年内出 / 入账比例，可以用信用卡表（Credit Card）依次向左连接权限分配表（Disposition）和交易表（Transactions），同时使用不等值横向连接方法仅保留开信用卡前一年内的交易数据，最后按照 card_id 进行汇总。具体的过程表信息，如表 9-11 所示。

```
#3、全年内现金交易笔数、全年内总入账、全年内总出账、全年内出 / 入账比例
create table kdd99.var3 as
select a.card_id,a.disp_id,count(trans_id) as trans_count,
       sum(if(c.type='借',amount,0)) as trans_in_amount,
       sum(if(c.type='贷',amount,0)) as trans_out_amount,
        sum(if(c.type='贷',amount,0))/avg(c.balance)
as out_ratio,
       sum(if(c.type='贷',amount,0))/sum(if(c.type='
借',amount,0)) as out_in_ratio
  from kdd99.kdd99_card a
  left join kdd99.kdd99_disp b on a.disp_id=b.disp_id
  left join kdd99.kdd99_Trans c on b.account_id=c.account_id and
datediff(a.issued,c.date)>0 and datediff(a.issued,c.date)<365
  group by a.card_id,a.disp_id;
```

表 9-11　存放账户期间信息的过程表 Var3

card_id	trans_count	trans_in_amount	trans_out_amount	out_ratio	out_in_ratio
1223	9	31094	42764	0.6902	1.3753
216	8	20043	24123	0.6717	1.2036

续表

card_id	trans_count	trans_in_amount	trans_out_amount	out_ratio	out_in_ratio
493	15	99386	161935	2.5549	1.6294
569	6	18486	19288	0.349	1.0434
391	12	46991	40058	0.6612	0.8525
448	7	27309	34557	0.7018	1.2654
441	10	33857	20850	0.3977	0.6158
292	6	31823	20890	0.3423	0.6564
663	8	9048	14691	0.3489	1.6237
622	10	53915	117347	1.8278	2.1765
55	8	12562	20749	0.3463	1.6517
456	11	88791	104786	1.3156	1.1801
939	7	49815	48801	0.9966	0.9796
184	7	36430	19294	0.2526	0.5296

最后关联 var1、var2 和 var3 表，得到我们制作信用卡用户画像所需要的所有数据，如表 9-12 所示。

```
    create table kdd99.Creditcard as
      select a.*,b.last_days,b.balance,c.trans_count,c.trans_
in_amount,
    c.trans_out_amount,c.out_ratio,c.out_in_ratio
        from kdd99.var1 as a
        left join kdd99.var2 as b on a.card_id=b.card_id
        left join kdd99.var3 as c on a.card_id=c.card_id
    order by a.card_id;
```

表 9-12 用户信用卡持卡类型用户画像的 Creditcard 表

card_id	disp_id	issued	type	sex	age	last_days	balance	trans_count	trans_in_amount	trans_out_amount	out_ratio	out_in_ratio	balance
1	9	16/10/1998	金卡	男	63.0438	1	71006	8	49675	45632	0.585718	0.918611	71006
2	19	13/3/1998	普通卡	男	55.2438	3	48396	7	16873	29683	0.762863	1.759201	48396
3	41	3/9/1995	金卡	男	27.0356	3	57977	8	29622	24152	0.382302	0.81534	57977
4	42	26/11/1998	普通卡	男	63.3205	6	42325	13	46474	77662	1.519797	1.671085	42325
5	51	24/4/1995	青年卡	女	15.4027	10	66181	9	44933	48075	0.806921	1.069926	66181
7	56	11/6/1998	普通卡	男	37.2219	1	29886	11	54529	23866	0.499661	0.437675	29886
8	60	20/5/1998	青年卡	男	17.2603	1	71531	12	40577	41571	0.59147	1.024497	71531
9	76	25/10/1997	普通卡	女	30.0877	1	34531	12	55119	49393	0.944205	0.896116	34531

9.4.4 使用 Excel 做用户画像

本节将基于上文计算的分析表（Credit Card）中的数据，绘制这些信用卡用户的基本信息、交易信息和财务信息画像。首先我们通过计算每种信用卡类型的数量，并使用绘制柱状图。从柱状图中我们可以发现普通卡的发行量远多于青年卡和金卡，如图 9-15 所示。

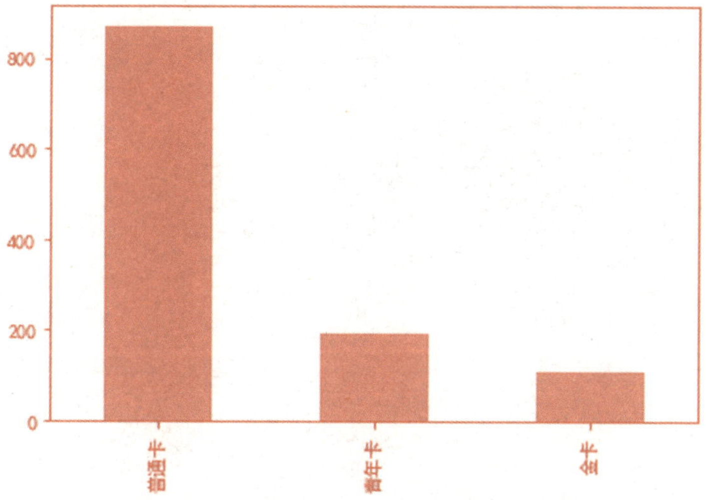

图 9-15　信用卡类型数量统计柱状图

为了绘制用户的基本信息画像，我们可以通过使用分类盒须图方法绘制各信用卡类型持卡人年龄分布的盒须图，从盒须图中我们发现金卡和普通卡的持卡人年龄分布中位数接近，而青年卡的年龄中位数较低，且集中在 20 岁上下，如图 9-16 所示。

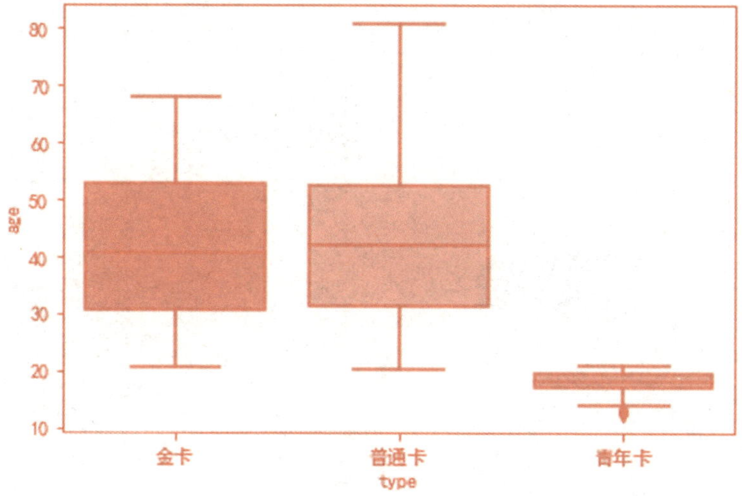

图 9-16　各信用卡类型持卡人年龄分布盒须图

绘制分类柱形图，如图 9-17 所示，可以看出在持有金卡的男性占比较大，普通卡和青年卡中两者人数相当。

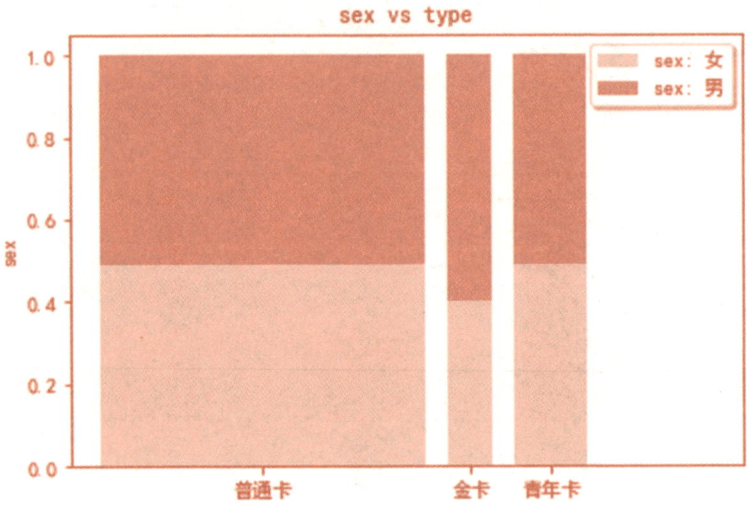

图 9-17　性别和各信用卡类型的分布

为了绘制用户的交易信息画像，我们可以通过使用分类盒须图方法绘制各信用卡类型持卡人交易次数的盒须图，从盒须图中我们发现金卡、普通卡和青年卡的交易次数相当，如图 9-18 所示。

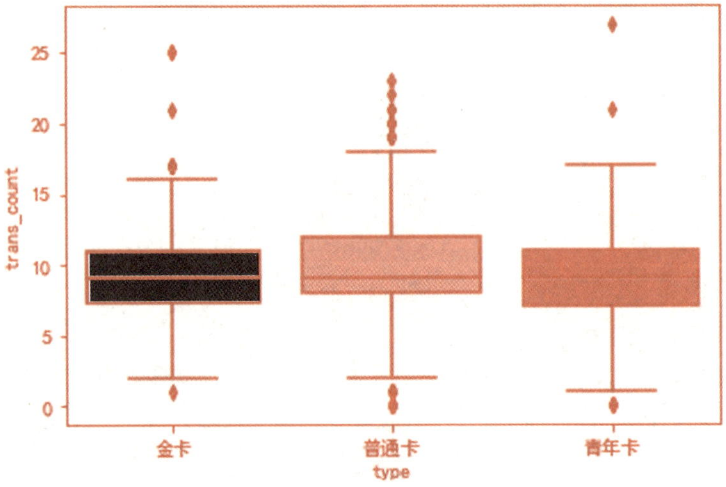

图 9-18　各信用卡类型持卡人交易次数盒须图

为了绘制用户的财务信息画像，同样通过使用分类盒须图方法绘制各信用卡类型持卡人申请信用卡前账户余额的盒须图，从图 9-19 中我们可以发现金卡用户的余额中位数高于普通卡用户，普通卡用户的余额中位数高于青年卡用户。

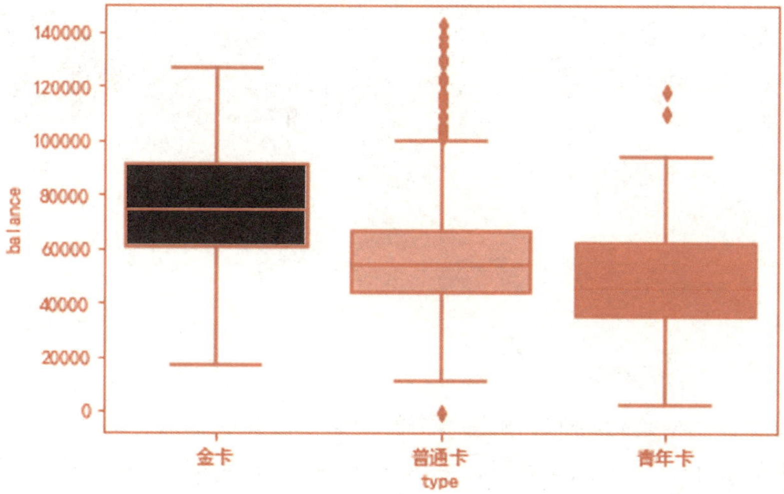

图 9-19　各信用卡类型持卡人申请信用卡前账户余额盒须图

上例中使用 SQL+Excel 工具对不同信用卡类型的持卡人进行了客观的描述，这便于业务人员针对客户的特征推荐更适合的产品。

9.5 本章小结

制作微观客户的标签是实现定量用户画像的基础，也是做精准营销、量化风控等策略基础。这个技术逐渐被企业重视，可以说是未来商业数据分析师的必备技能。

第 10 章　简单时间序列分析方法

时间序列数据是对某个个体在多个时间点上收集到的数据。时间序列分析方法体系庞大而且理论众多，本章聚焦于效应分解法时间序列分析框架。ARIMA 和 LSTM 模型将在 CDA 三级认证教材中讲解。

10.1 认识时间序列

在实际分析工作中，会遇到很多与时间序列有关的数据，比如，某电商平台每个月的全国销售额、某网站一个月内的日访问量等。时间序列数据是按时间顺序排列、随时间变化且相互关联的数据序列。如图 10-1 所示，股票数据就是一种典型的时间序列数据。

图 10-1　时间序列数据示例

分析时间序列数据的方法构成了数据分析的一个重要领域，即时间序列分析。时间序列根据所研究的依据不同，可产生不同的分类。按研究对象可以分为一元时间序列和多元时间序列；按时间属性可分为离散时间序列和连续时间序列；按序列的特性可以分为平稳时间序列和非平稳时间序列，如表 10-1 所示。

表 10–1　时间序列分类

维　度	时间序列分类
按照研究对象	一元时间序列、多元时间序列
按照时间连续性	离散时间序列、连续时间序列
按照序列的特性	平稳时间序列、非平稳时间序列

效应分解法是时间序列数据的常用初级分析方法，该方法把时间序列分解为趋势效应和周期性效应，并分别使用曲线拟合。目前很多常见软件，比如微软 Excel 和 Power BI 都已经实现了该算法，WPS 的电子表格工具目前还没有实现该算法。Excel 和 Power BI 两款产品由于来自一家公司，使用方法类似。本节使用 Power BI 做演示。

10.2　效应分解法时间序列分析

一个时间序列内在的复杂变化趋势，往往是由多种简单的变化趋势叠加而来的。比如气温、自然景点旅游人流等时间序列数据可以分解为趋势、周期性 / 季节性、随机性三个主要组成部分。其中前两部分属于时间序列中的稳定部分，可以用于预测未来。

10.2.1　效应分解法的直观理解

时间序列预测技术就是通过对预测目标自身时间序列的处理来研究其变化趋势的。一个时间序列往往是以下几类变化形式的叠加或耦合。

（1）长期趋势变动。长期趋势变动是指时间序列朝着一定的方向持续上升或下降，或停留在某一水平上的倾向，它反映了客观事物的主要变化趋势。比如一项成长中的业务，尽管存在波动，但整体趋势是增长的，这是长期的趋势。当然，这种增长可能是均匀的，也可能是加速的。

（2）季节变动。一般指季度、月、周、日等小于一年的周期变化。例如冰激凌销量、景点人流量等均有季度变动。此外以月、周等为单位的短周期波动也属于季节变动。

（3）循环变动。通常是指周期为一年以上，由非季节因素引起的与涨落起伏波形相似的波动，较典型的如中长期经济周期等。但是循环变动稳定性不强，在实际操作中很难考虑循环变动，主要考虑的是季节性变动。

（4）不规则变动。通常分为突然变动和随机变动。突然变动的典型示例如节假日因素影响、“双十一”的产品销量等。随机变动是指无法预测的扰动。

图 10-2 展示了一个序列分解为长期趋势、季节变动和随机变动的图示。

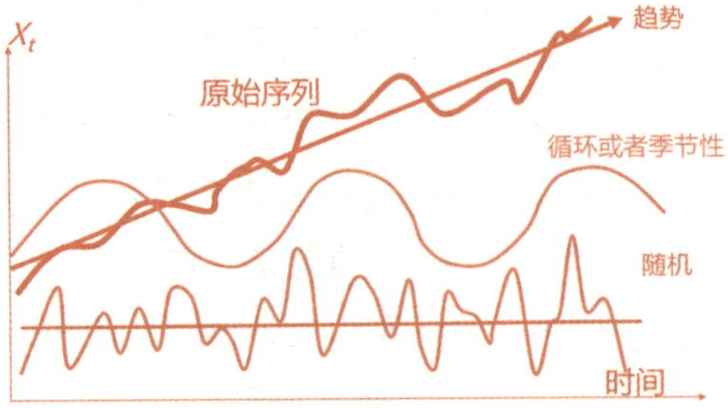

图 10–2　时间序列的趋势分解图示

通常，用 T_t 表示长期趋势项，S_t 表示季节变动趋势项，C_t 表示循环变动趋势项，R_t 表示随机干扰项。

常见的确定性时间序列模型有以下几种类型。

（1）加法模型（即三种效应是累加的）

$$y_t = T_t + S_t + C_t + R_t$$

加法模型的示例如图 10-3 所示。

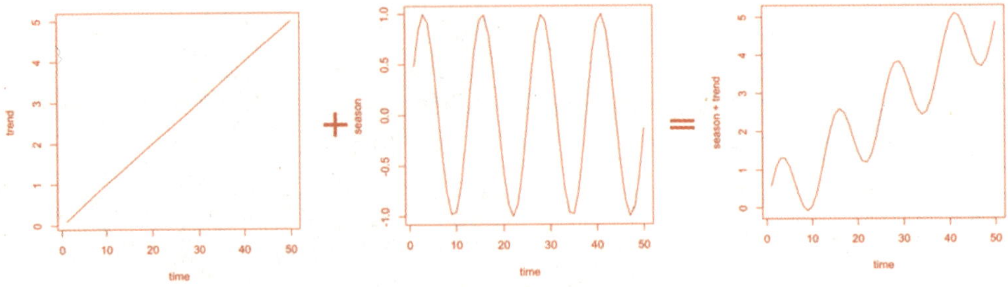

图 10–3　加法模型的示例

当样本呈现的周期性的波峰和波谷之间的差异不随时间推移而改变的时候，可以选用加法模型。

（2）乘法模型（即三种效应是累积的）

$$y_t = T_t \times S_t \times C_t \times R_t$$

乘法模型的示例如图 10-4 所示。

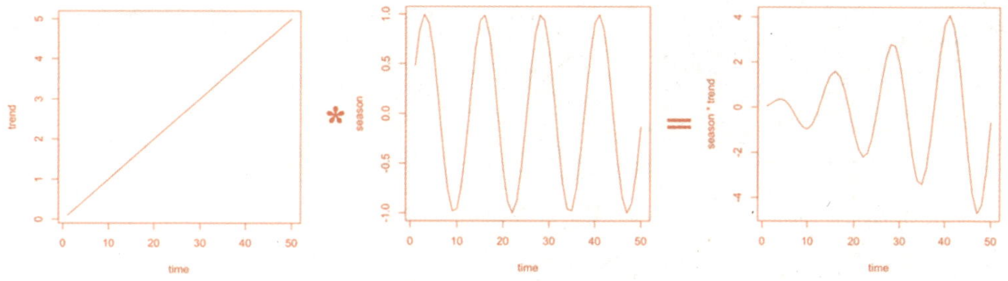

图 10-4　乘法模型的示例

如果序列的波动幅度随着时间推移而增大，那么可以选用乘法模型。此外也可以对序列求对数后使用加法模型，也可以取得较好的效果。

（3）混合模型

$$y_t = T_t \times S_t \times C_t + R_t$$

在混合模型中，用于加性的效应一般为节假日因素。在这三种类型的模型公式中，y_t 是观测目标的观测记录，而随机项 R_t 则需要满足 $E(R_t)=0$ 和 $E(R_t^2)=\sigma^2$。如果在预测时间范围以内，无突然变动且随机变动的方差 σ^2 较小，并且有理由认为过去和现在的演变趋势将继续发展到未来，那么便可以进行预测。

10.2.2　算法解析

效应分解的具体方法是：对于各种效应，我们会假设一个带未知参数的函数来表示它。例如使用带未知参数的三角函数来表示季节周期项，其中的未知参数包括波幅、频率、相位等。然后，根据时间序列的分布选择适当的模型对各效应进行综合，再拟合样本值以求解各个效应函数的未知参数估计，即可获得模型。下面对各效应项的函数形式进行介绍。

1. 长期趋势项

可以使用分段的 logistic 函数或者分段的线性函数（Piecewise Linear Function）对长期趋势进行拟合。

（1）分段的线性函数，形如：

$$T(t)=k(t)\cdot t+b(t)$$

$k(t)$ 和 $b(t)$ 都是时间域 t 上的阶梯函数，即在某个时间段内 $k(t)$ 和 $b(t)$ 会是固定的常量，这就保证了在该段时间内的趋势项 $T(t)$ 是关于 t 的线性函数，如图 10-5 所示。

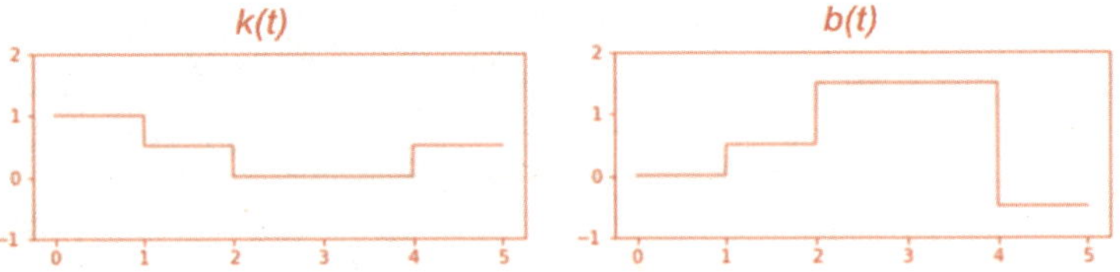

图 10-5　阶梯函数

$k(t)$ 和 $b(t)$ 对应的分段线性函数 $T(t)$，如图 10-6 所示。

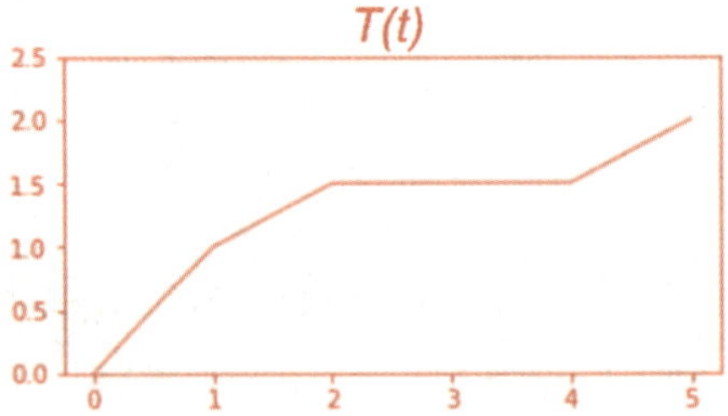

图 10-6　分段线性函数

可以看到，$T(t)$ 适用于对长期趋势的拟合。$k(t)$ 和 $b(t)$ 的阶梯边界可以手动指定，或使用变点检测（Change Point Detection）确定，每个阶梯高度即为待训练的参数。当然，要满足 $T(t)$ 是连续的，k 和 b 还需要满足一些限制条件，不过这些条件并不涉及未知参数。

（2）分段的 logistic 函数，形如：

$$T(t)=\frac{C(t)}{1+\mathrm{e}^{-k(t)(t-m(t))}}$$

$C(t)$、$k(t)$ 和 $m(t)$ 同样是时间域 t 上的阶梯函数，这使得在某个时间区间内，$T(t)$ 是 logistic 曲线，非常适用于拟合带有生命周期性质的趋势，如产品销量就具有“快速增长→稳定→消退”这样的生命周期性质。

函数中 $C(t)$ 为 logistic 曲线的最大渐近值，$k(t)$ 表示 logistic 曲线的增长率，

$m(t)$ 表示 logistic 曲线的中点，它们的阶梯的边界由变点检测决定，也可手动指定，每个阶梯高度即为待训练的参数。

2. 周期波动

周期性波动可以使用傅里叶级数来表示：

$$S(t)=\sum_{n=1}^{N}\left(a_n\cos\left(\frac{2\pi nt}{P}\right)+b_n\sin\left(\frac{2\pi nt}{P}\right)\right)$$

傅里叶级数可以拟合任意周期函数，其中，P 表示时间序列的周期，P=365.25 表示以年为周期，P=7 表示以周为周期；N 为正、余弦分量的个数，N 越大，分量越多，对周期信号的拟合能力越强，但 N 过大就会过度拟合。经验上看，以年为周期时 N 取 10、以周为周期时 N 取 3 就可以较好地拟合了。a_n、b_n 为余弦分量和正弦分量的幅度，是待训练的参数。

3. 拟合优化

以加法模型为例，组合长期趋势、周期性波动、节假日影响等项去拟合样本：

$$y(t)=T(t)+S(t)+\varepsilon$$

其中，ε 为随机误差。

使用均方误差 MSE 构造损失函数：

$$\sum_{t}[\hat{y}(t)-y_t]^2$$

其中：y_t 是样本值；$\hat{y}(t)$ 为预测值，可采用 L-BFGS 等方法对损失函数做优化，计算满足损失函数最小时的模型参数值即为最优参数。

10.2.3　使用 Power BI 演示效应分解法

本节使用 Power BI 工具演示含有季节效应的某航空公司的客运量数据做时间序列效应分解法的示例。也可以使用 Excel 实现，不过 WPS 的电子表格还没有实现该功能。

1. 导入数据

首先导入某航空公司每月的客运量数据（AirPassengers.csv），数据内容如表 10-2 所示。

表 10-2　AirPassengers 数据节选

DATE	AIR	ln_AIR
1949 年 1 月 1 日	112	4.718498871
1949 年 2 月 1 日	118	4.770684624
1949 年 3 月 1 日	132	4.882801923
1949 年 4 月 1 日	129	4.859812404
1949 年 5 月 1 日	121	4.795790546
1949 年 6 月 1 日	135	4.905274778
1949 年 7 月 1 日	148	4.997212274
1949 年 8 月 1 日	148	4.997212274
1949 年 9 月 1 日	136	4.912654886
1949 年 10 月 1 日	119	4.779123493
1949 年 11 月 1 日	104	4.644390899

2. 绘制趋势图

选取“可视化”标签栏中的“生成视觉对象”中的线性图，选取“Date”时期变量中的“年”和“月”粒度并拖入 *X* 轴。把“AIR”变量拖入 *Y* 轴，如图 10-7 所示。

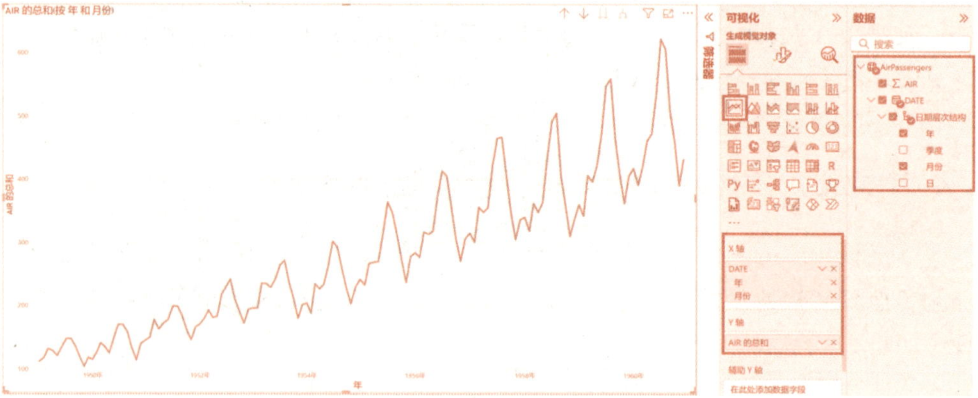

图 10-7　客运量数据的趋势图

3. 使用效应分解法做预测

打开“可视化”标签栏中的“分析”中的“预测”按钮，便可以自动生成预测值。其功能非常简单，只能实现加法模型；但是具备一定的智能性，可以自动识别数据的季节性，并且根据“预测长度”做出预测。如果默认的“季节性”没有很好地识别出数据的季节周期，则可以手动设置数值。预测图如图 10-8 所示，由于图中显示该数据的一个波峰和波谷之间的时间间隔是 12 个月，因此输入“12”。

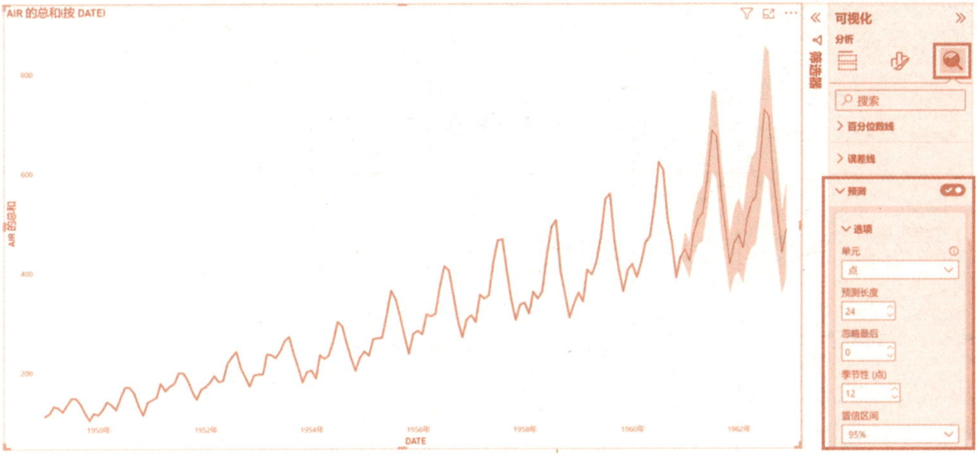

图 10–8　使用加法模型预测客运量数据

4. 优化模型

从图 10-8 可以看到，客运量数据（AirPassengers）的季节波动性，即季节波动的波峰和波谷之间的差值随着趋势项的增加而放大，这是典型的乘法效应的特征。鉴于 PowerBI 中“预测”中不能直接实现乘法效应，我们可以手动对“Air”取自然数为底的对数，并且使用该数据做预测，预测图如图 10-9 所示。这个模型做出的预测值更精确，95% 的置信区间范围也更窄（图中浅灰色区域）。

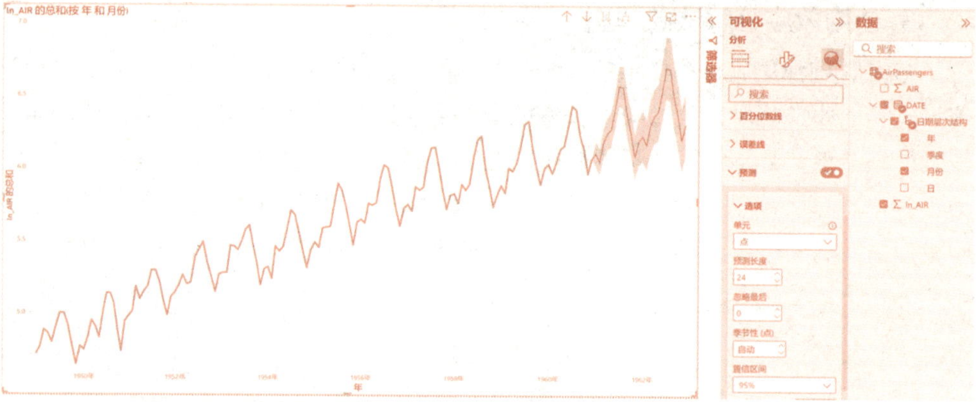

图 10-9 使用乘法模型预测客运量数据

10.3 案例：时间序列预测

下面介绍一个信用卡消费总额预测的示例。在这个示例中，并不是一开始就使用效应分解法做预测的，而是使用业务假设和“均值预测”的思路推导预测过程，同时进行数据清洗。

假设我们有 2013.03.03-2013.03.09 的每日信用卡消费总额数据，现对未来每日信用卡消费总额数据进行预测，如表 10-3 所示。

表 10-3 信用卡消费总额数据预测

日期	信用卡消费总额（元）
3 月 3 日	1,834,929
3 月 4 日	1,827,468
3 月 5 日	1,747,313
3 月 6 日	1,777,042
3 月 7 日	1,770,778
3 月 8 日	1,820,764
3 月 9 日	2,391,565

我们通过如下四个步骤进行数据分析：明确分析目的、根据业务理解做假设、

做出指标预测、根据后期实际数据调整假设。其中后面两步可以随着时间的推进滚动向前。

（1）明确分析目的。首先需要明确分析目的。本例的目的为预测未来的信用卡消费总额数据情况，为此需要利用过去的数据进行建模，并考查当下的运营情况是否正常。

（2）根据业务理解做假设，更多明细如表 10-4 所示。

表 10–4 信用卡消费总额更多明细

<table>
<tr><th>工作日 / 节假日</th><th>月的第几天</th><th>周的第几天</th><th>日期</th><th>信用卡消费额（万元）</th></tr>
<tr><td>周日</td><td>3</td><td>0</td><td>2013 年 3 月 3 日</td><td>183.49</td></tr>
<tr><td rowspan="4">工作日</td><td>4</td><td>1</td><td>2013 年 3 月 4 日</td><td>182.75</td></tr>
<tr><td>5</td><td>2</td><td>2013 年 3 月 5 日</td><td>174.73</td></tr>
<tr><td>6</td><td>3</td><td>2013 年 3 月 6 日</td><td>177.70</td></tr>
<tr><td>7</td><td>4</td><td>2013 年 3 月 7 日</td><td>177.08</td></tr>
<tr><td>妇女节 / 周五</td><td>8</td><td>5</td><td>2013 年 3 月 8 日</td><td>182.08</td></tr>
<tr><td>周六</td><td>9</td><td>6</td><td>2013 年 3 月 9 日</td><td>239.16</td></tr>
</table>

根据对业务的理解，做出如下 5 个假设。

- 假设 1：月初或月底的客户需求较高。
- 假设 2：工作日刷卡量低，周末高。
- 假设 3：周二至周四消费刷卡量低，周一、五、日接近，周六最高。
- 假设 4：节假日刷卡量高。
- 假设 5：节假日在周五且该节假日不放假，则消费需求推迟到周六。

（3）做出指标预测。根据上述假设，对下一周的信用卡总额数据情况进行预测，如表 10-5 所示。

表 10–5 信用卡消费总额数据情况预测

日期	信用卡消费额（万元）	日期	信用卡消费额预测值（万元）
2013 年 3 月 3 日	183.49	2013 年 3 月 10 日	182.77

续表

日期	信用卡消费额（万元）	日期	信用卡消费额预测值（万元）
2013 年 3 月 4 日	182.75	2013 年 3 月 11 日	182.77
2013 年 3 月 5 日	174.73	2013 年 3 月 12 日	176.50
2013 年 3 月 6 日	177.70	2013 年 3 月 13 日	176.50
2013 年 3 月 7 日	177.08	2013 年 3 月 14 日	176.50
2013 年 3 月 8 日	182.08	2013 年 3 月 15 日	182.77
2013 年 3 月 9 日	239.16	2013 年 3 月 16 日	210.62

其中周一、五、日的预测值使用的是前一周周一、五、日的均值，周二、三、四的预测值使用的是前一周周二、三、四的平均值。3 月 16 日的预测则是简单粗暴地认为 9 日高于 8 日的消费额，周六因素和妇女节因素各占一半。

（4）根据后期实际数据调整假设。在得到下一周的实际数据后，对假设做出调整。预测值与实际值对比如表 10-6 所示。

表 10-6　信用卡消费总额预测值与实际值对比

日期	信用卡消费额预测值（万元）	日期	信用卡消费额实际值（万元）
2013 年 3 月 10 日	182.77	2013 年 3 月 10 日	188.17
2013 年 3 月 11 日	182.77	2013 年 3 月 11 日	191.31
2013 年 3 月 12 日	176.50	2013 年 3 月 12 日	174.99
2013 年 3 月 13 日	176.50	2013 年 3 月 13 日	175.14
2013 年 3 月 14 日	176.50	2013 年 3 月 14 日	171.66
2013 年 3 月 15 日	182.77	2013 年 3 月 15 日	174.31
2013 年 3 月 16 日	210.62	2013 年 3 月 16 日	196.42

- 假设 1：月初或月底的客户需求较高——没有整月数据不支撑，也无法使用。
- 假设 2：工作日刷卡量低，周末高，而且周六最高——与假设三公共同起效。
- 假设 3：周二至周四消费刷卡量低，周一、五、日接近，周六最高——周二至五消费刷卡量低。
- 假设 4：节假日刷卡量高——妇女节节日效应是（182.77−174.31）+（239.16−196.42）=51.20。

- 假设 5：节假日在周五且该节假日不放假，在消费需求推迟到周六——部分成立，周五、周六各占一部分。

（5）再次做出指标预测（第三步的循环）。根据新假设做出指标预测，如图 10-10 所示。

日期	信用卡消费额（万元）	信用卡消费额调整值（万元）
2013年3月3日	183.49	183.49
2013年3月4日	182.75	182.75
2013年3月5日	174.73	174.73
2013年3月6日	177.7	177.7
2013年3月7日	177.08	177.08
2013年3月8日	182.08	173.62
2013年3月9日	239.16	196.42

+

日期	信用卡消费额(万元)
2013年3月10日	188.17
2013年3月11日	191.31
2013年3月12日	174.99
2013年3月13日	175.14
2013年3月14日	171.66
2013年3月15日	174.31
2013年3月16日	196.42

→

日期	信用卡消费额预测值（万元）
2013年3月17日	186.43
2013年3月18日	186.43
2013年3月19日	174.90
2013年3月20日	174.90
2013年3月21日	174.90
2013年3月22日	174.90
2013年3月23日	196.42

图 10-10　信用卡消费总额修正后预测

（6）根据后期实际数据再次调整假设（第四步的循环）。得到新一周的数据后，重新对假设进行调整，如表 10-7 所示。

表 10-7　信用卡消费总额修正后预测值与实际值对比

日期	信用卡消费额预测值（万元）	日期	信用卡消费额实际值（万元）
2013 年 3 月 17 日	186.43	2013 年 3 月 17 日	181.74
2013 年 3 月 18 日	186.43	2013 年 3 月 18 日	187.75
2013 年 3 月 19 日	174.90	2013 年 3 月 19 日	178.46
2013 年 3 月 20 日	174.90	2013 年 3 月 20 日	177.32
2013 年 3 月 21 日	174.90	2013 年 3 月 21 日	175.98
2013 年 3 月 22 日	174.90	2013 年 3 月 22 日	174.19
2013 年 3 月 23 日	196.42	2013 年 3 月 23 日	195.13

- 假设 1：月初和月底的客户需求较高——月初和月底比月中平均每天高出 1.2 万。
- 假设 2：工作日刷卡量低，周末高，而且周六最高——与假设三公共同起效。
- 假设 3：周二至周五消费刷卡量低，周一、日接近，周六最高——再次确认周五与周二至周四更接近，无须修改。
- 假设 4：节假日刷卡量高——没有新数据，不做调整。
- 假设 5：节假日在周五且该节假日不放假，在消费需求部分推迟到周六——没有新数据，不做调整。

重复上述的步骤对模型进行反复修正，得到最终预测模型，如图 10-11 所示。

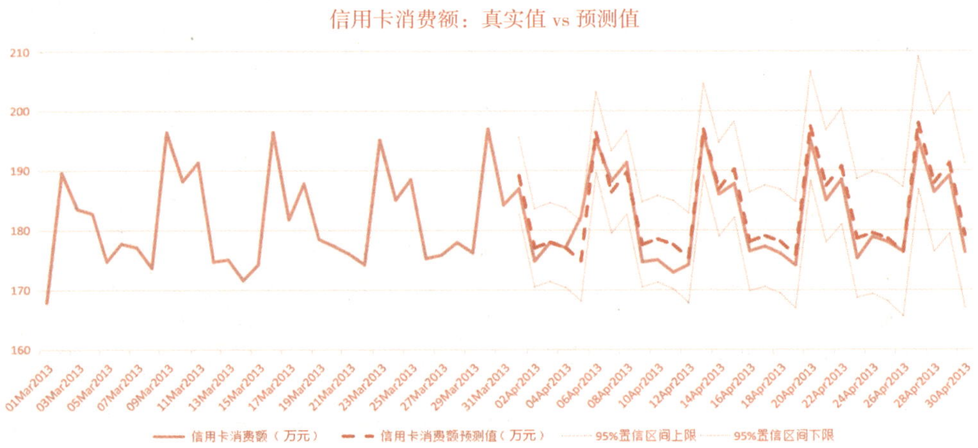

图 10-11　最终预测模型

10.4 本章小结

本章讲解了使用趋势分析法进行时间序列分析的方法。这是使用 Excel 和 PowerBI 就能实现的时间序列预测的方法。该方法可以满足绝大部分业绩预测的需求，但是准确度并不高。如果读者需要做精准的预测，需要掌握 Python、R 等编程工具以实现 ARIMA 或 LSTM 等算法。这些算法知识将在 CDA 三级认证教材中讲解。

第三篇

管 理 篇

第 11 章　数据治理

数字化转型是机构或组织的必经之路，转型的重点在于如何用好数据来提升企业竞争力、充分发挥数据价值，用数据驱动业务发展。关于如何用好数据，我们在本书前面的章节提供了很多方法和应用场景，但这一切都需要建立在数据不存在任何问题的基础之上。事实上，各机构或组织的数据存在各种各样的问题，这就导致数据的使用变得十分困难，阻碍了机构或组织的数字化转型。那么，如何让数据好用起来？数据治理是必不可少的环节之一，同时，数据治理也是数字化转型成功的关键所在。

数据治理这个名词频繁进入大家的视野。这个名词也存在较大的歧义，从定义上来区分，可以分为两大类，一类是广义的定义，比如在《信息技术服务 治理 - 第 5 部分：数据治理规范》[GB/T 34960.5—2018] 中认为数据治理包含顶层设计、数据治理环境、数据治理域和数据治理过程。另一类是狭义的定义，比如《数据管理能力成熟度评估模型》[GB/T 36073—2018] 中认为数据治理是对数据进行处置、格式化和规范化的过程。本章采用广义数据治理定义进行讲解。

本章将重点对机构或组织的数据治理进行阐述，主要从企业数据治理驱动因素、数据治理体系、如何开展数据治理等方面进行学习。

11.1 数据治理驱动因素

目前很多机构或组织已经开展了数据治理项目，但大多是因为监管要求或者满足某个应用项目的需要。数据治理的驱动因素有两个大的方面：一是内部发展因素；二是外部监管因素。

1. 内部发展因素

随着信息化建设的不断深入，以及公司业务种类、范围等的逐渐延伸，IT 系统产生的数据量以惊人的速度增长，面对巨大的数据规模，机构或组织如何在精准营销、风险控制、决策支持、产品定价、绩效考核等各方面得到准确、及时、完整的数据支持，是必须考虑的重要问题。

2. 外部监管因素

为引导机构或组织加强数据治理，提高数据质量，充分发挥数据价值，提升经营管理水平，各行业监管和主管机构陆续发布了相关文件。比如银保监会于 2018 年 5 月正式发布了《银行业金融机构数据治理指引》（以下简称《指引》），这对于银行业金融机构的数据治理工作具有非常重要的指导意义。

《指引》中明确提出了银行业金融机构数据治理的基本原则、组织架构、数据管理、数据质量、数据价值实现等方面的要求，并且明确提出数据治理与监管评级挂钩。

数据治理不仅需要作为一项职能工作在公司内贯彻执行，而且应该成为一种企业文化在员工工作之间进行融合。企业文化建设必须落实到实处，应该从战略角度启动、开展和推进数据治理工作，建立一种以数据资产为导向的企业文化，将数据治理与信息科技治理、公司治理有机地结合起来。

11.2 数据治理体系

数据治理体系框架围绕企业数据应用的全生命周期如图 11-1 所示，从数据管理和服务的整体角度出发，描述了企业级数据活动涵盖的三个域、十五项具体事项。

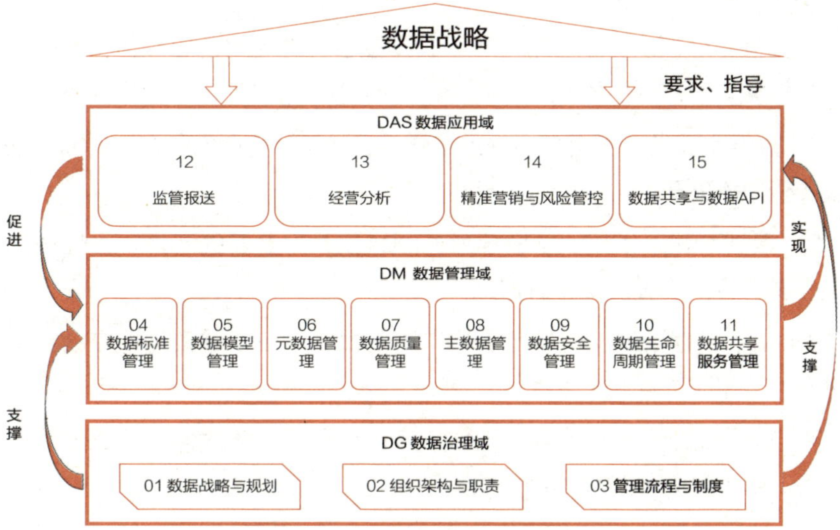

图 11-1　数据治理体系框架

- DG 数据治理域：规划数据管理的范围与工作路线，在决策支持、风险识别等数据分析方面进行实际应用，同时加强宣传培训、评估数据工作的绩效，指导数据工作持续地改进；通过数据管理和数据应用的组织模式、职责和岗位角色能明确承担数据在各生命周期的管理和服务责任；以制度为手段，能有效控制和规范数据管理活动的执行。
- DM 数据管理域：建立企业完整数据管控体系，提升数据管理专业能力；打通数据管理中业务和科技建设间的协作，实现全面的数据管理能力；构建专业化的数据管理系统与工具和专业化的人才梯队提升数据管理效率和效益。
- DAS 数据应用域：探索数据应用的服务模式，提升数据应用专业能力，有效地支持运营进行管控和执行统计分析和运营分析，有效地支持高层决策的绩效评估和预测分析；为业务创新提供趋势洞察和商业模拟。

由此可见，数据治理是数据管理和数据应用的高阶规划和控制，良好的数据管理能更好地实现数据的应用，数据应用能反馈促进数据管理能力的提升。数据治理机制是数据治理工作的保障，数据的一切活动均需要在数据的指引下实施开展，并设立数据管理组织进行相关工作的决策、管理与执行，同时，制度的制定、流程的明确是数据活动顺利开展的必要条件。

11.2.1 数据治理域

1. 组织架构与职责

数据治理是一项庞大系统的工程，需要配备一套完整的组织体系来配套完成数据治理的相关工作，示例如表 11-1 所示。在组织体系设计上要注意如下四点。

（1）数据治理是一项全公司性的工作，因此，应建立公司级的最高决策机构，负责重要事项的决策。

（2）数据治理工作是一项需要业务和科技共同参与的工作，管理信息中心作为总体协调部门，负责组织和协调工作。

（3）由于数据治理工作覆盖面广，因此拟针对各领域设计相应的组织结构，明确相应的工作职责及汇报关系。

（4）按照数据管理各领域的工作特点，定义了各类角色，并通过数据认责机制逐步落实到各业务条线和综合管理部门。

表 11–1　数据治理组织体系设计示例

领域	职责	企业数据管理委员会	领域数据管理委员会	企业数据治理组织	领域数据治理组织	流程 / 数据领导团队	主数据管理组织	数据所有者	数据治理管对负责人	数据管理员	数据保管员	企业架构师	数据质量技术分析员
数据战略	定义战略性企业数据治理目标以及数据质量指标，并与企业战略方向保持一致	A	R	C	C	C	I	R	C				
流程制度	定义与数据治理活动一致的业务流程	A	R	C	C	C	I	R	C				
流程制度	确保数据治理目标与业务流程的一致性	A	R	R	R	I		R	C				
数据质量	批准数据质量指标的建立及后续变更	I	A	R	C	I		R	R				
数据质量	为企业数据治理委员会和经营管理层定义和制定企业数据治理和数据质量视图	C	C	A	C	I		C	R				
数据质量	为领域数据治理委员会和经营管理层定义和制定企业数据治理和数据质量视图	I	C	C	A	I		C	R	C	I		

数据治理组织体系设计的目的不仅仅停留在组织架构的层面，更重要的是指导各领域实际管理流程环节的落地开展。在项目中，将在对每个领域的职责划分的基础之上，借鉴“RACI”方法，把具体职责分配到相应的角色上，从而帮助形成各个领域的管理流程环节。“RACI”是一个相对直观的模型，用以明确组织变革过程中的各个角色及其相关责任，可以确保各项职责的角色分配科学、明晰、精确。

2. 数据管理流程与制度

（1）管理流程

治理组织架构确定，并且人员职责划分清楚后，需要定制相关的管理流程来有效地将人和事串起来，有序地开展各项治理工作。但是数据管理各模块所管理的对象不同，所以不能构建统一的流程，需要根据实际情况来制定各自的流程。以数据质量管理流程的制定为例，需考虑以下几个方面。

- 强化日常的数据质量监控与问题评估工作。
- 实现事后处理、事中监控、事前预防的全面数据质量管理。
- 关注数据管理案例与经验的收集与管理。

基于上述考虑，数据质量管理流程主要包括数据质量规则管理流程、数据质量监控及清洗流程、数据质量源头控制流程等。

（2）管理制度

根据数据管理的层次和授权决策次序，数据管理制度框架分为政策、制度、细则三个梯次，如图 11-2 所示，该框架标准化地规定数据管理的具体领域、各个数据管理领域内的目标、遵循的行动原则、完成的明确任务、实行的工作方式、采取的一般步骤和具体措施。

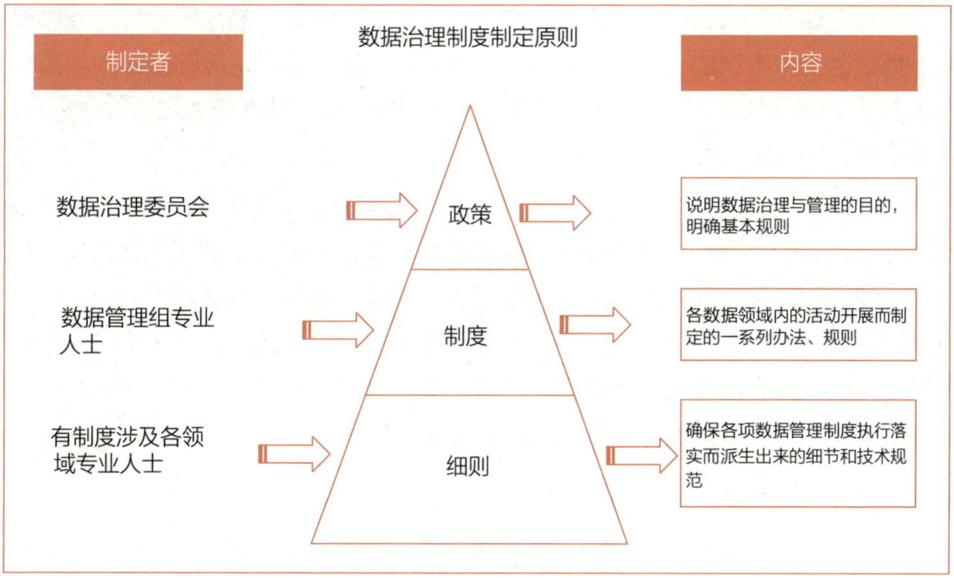

图 11-2 数据治理制度框架

数据治理相关管理办法包括数据标准管理办法、数据质量管理办法，其以明确的形式来表明数据治理机制的有效运行规范，明确数据治理的目标、工作原则、工作内容及组织工作。

数据治理相关管理办法是为了明确数据治理组织架构中各层级的职责，规范和控制相关组织在数据管理工作中行使的权利而设计的一份制度层面的文档，是对数据治理工作的组织架构、职责与权限、人员构成与工作制度的说明，是数据治理工作中，决策层与管理协调层工作开展的依据。

数据管理工作考核是对数据管理工作过程事项的考核，依据数据治理体系功能及设计的建设实施路线图，确定年度工作目标，进一步设计年度数据管理工作考核评价的维度与具体指标，在明确数据管理工作考核的组织实施方式的基础上有效地开展考核工作。在激励方式上，应注意奖惩结合，多设置加分项目，鼓励工作开展，以提高工作积极性为前提。

11.2.2 数据管理域

1. 数据模型管理

数据模型包括概念数据模型、逻辑数据模型和物理数据模型，是数据治理的关键和重点。理想的数据模型应该具有非冗余、稳定、一致、易用等特征。逻辑数据模型能涵盖整个组织的业务范围，以一种清晰的表达方式记录跟踪组织的重要数据元素及其变动，并利用它们之间各种可能的限制条件和关系来表达重要的业务规则。数据模型必须在设计过程中保持统一的业务定义。

为了满足将来不同的应用分析需要，逻辑数据模型的设计应该能够支持最小粒度的详细数据的存储，以支持各种可能的分析查询。同时保障逻辑数据模型在最大程度上减少冗余，并保障结构具有足够的灵活性和扩展性。物理数据模型是逻辑数据模型在数据库中的具体实现，是数据库系统中实际数据的定义或主机文件系统中的文件结构定义，内容包括数据库内所有的表、视图、字段及其相关主键和外键的定义，以及系统内数据流向及系统间的数据交换关系。

2. 元数据管理

元数据是关于数据的数据，描述了数据定义和属性。元数据管理主要包括业务元数据、技术元数据和管理元数据。元数据管理的目的是厘清元数据之间的关系与脉络，规范元数据设计、实现和运维的全生命周期过程。有效的元数据管理为技术与业务之间搭建了桥梁，为系统建设、运维、业务操作、管理分析和数据管控等工作的开展提供重要指导。元数据管理的内容主要包括元数据获取、元数据存储、元数据维护（变更维护、版本维护）、元数据分析（血缘分析、影响分析、实体差异分析、实体关联分析、指标一致性分析、数据地图展示）、元数据质量管理与考核等内容。

3. 数据标准管理

数据标准是组织建立的一套符合自身实际，涵盖定义、操作、应用多层次数据的标准化体系。数据治理对数据标准管理的需求可以划分为三类，即基础类数据标准管理、分析类数据标准管理和其他类数据标准管理。基础类数据是指组织日常业务开展过程中所产生的具有共同业务特性的基础性数据。基础类数据可分为客户、资产、协议、产品、交易、渠道、财务、营销等主题。分析类数据是指为满足组织内部管理需要及外部监管要求，在基础性数据基础上按一定统计、分析规则加工后的可定量化的数据。其他类数据标准是指公司在业务经营及管理分析中所涉及的特有数据。

4. 数据质量管理

数据质量不高将影响数据应用程度。数据质量管理包含对数据的绝对质量管理、过程质量管理。绝对质量即数据的正确性、完整性、一致性等是数据本身应具有的属性。过程质量即使用质量、存储质量和传输质量。

高质量的行业数据至少应满足以下要求：

（1）正确性，在转换、分析、存储、传输、应用流程中不存在错误；

（2）完整性，数据库应用或要求的所有记录、字段都存在；

（3）一致性，体现在整个数据库的定义和维护方面，确保数据在使用的整个过程中是一致的。

数据质量管理的规划和实施应至少包括以下内容：

（1）数据质量管控体系的建立，包括数据质量的评估体系，定期评估数据质量状况；

（2）在各应用系统中的落实，包括每个应用系统中的数据质量检查等；

（3）在最开始建立数据质量管理系统的时候，借助数据治理平台上，通过建立数据质量管理的规则来集中化地建立数据质量管理系统，发现问题并持续改进；

（4）数据质量管理与业务稽核的结合，通过业务规则的稽核来发现数据质量深层次的问题，将数据质量与业务一线结合起来，使业务人员对数据质量问题有更加清晰和明确的认识。

完善的数据质量管理是保障各项数据治理工作能够得到有效落实，达到数据准确、完整的目标，并能够提供有效的增值服务的重要基础。

5. 数据安全管理

由于组织的重要且敏感信息大部分集中在应用系统中，数据安全更是至关重要。如何保障数据不被泄露和非法访问，是非常关键的问题。数据安全管理主要解决的就是数据在保存、使用和交换过程中的安全问题。

数据安全管理主要体现在以下 6 个方面：

（1）数据使用的安全性，包括基础数据的保存、访问和权限管理；

（2）数据隐私问题，系统中采集的敏感信息在下游分析系统和内部管理系统中，是否要进行加密，以避免数据被非法访问；

（3）访问权限统一管理，包括单点登录问题及用户名、数据和应用的访问授权统一管理；

（4）数据安全审计，为数据修改、使用等环节设置审计方法，事后进行审计和责任追究；

（5）制度及流程建立，逐步建立数据安全性的管理办法、系统开发规范、数据隐私管理办法及相应的应用系统规范、在管理决策和分析类系统中的审计管理办法等；

（6）应用系统权限的访问控制，建立公司级权限管理系统，增加数字水印等技术在应用系统中的使用。

6. 数据生命周期管理

数据生命周期管理一般包括数据生成及传输、数据存储、数据处理及应用、数据销毁四个方面。

（1）数据生成及传输

数据应该能够按照数据质量标准和发展需要产生，应采取措施保证数据的准确性和完整性，业务系统上线前应该进行必要的安全测试，以保证上述措施的有效性。对于手工流程中产生的数据在相关制度中明确要求，并通过事中复核、事后检查等手段保证其准确性和完整性。在数据传输过程中需要考虑保密性和完整性的问题，对不同种类的数据分别采取不同的措施防止数据泄露或数据被篡改。

（2）数据存储

这个阶段除关注保密性、完整性之外，更要关心数据的可用性，对于大部分数据应采取分级存储的方式，不仅存储在本地磁盘上，还应该存储在磁带上，甚至远程复制到磁盘阵列中，或者采用光盘库进行存储。对于存储备份的数据要定期进行测试，确保其可访问数据完整。数据的备份恢复策略应该由数据的责任部门或责任人负责制定，信息化管理部门可以给予相应的支持。同时还需要注意因为部门需要或故障处理的需要，可能对数据进行修改，必须在数据管理办法中明确数据修改的申请审批流程，审慎对待后台数据修改。

（3）数据处理及应用

信息化相关部门需要对数据进行分析处理，以挖掘出对于管理及业务开展有价值的信息，为保证过程中数据的安全性，一般应采用联机处理，系统只输出分析处理的结果。但是实际中，因为相关数据分析系统建设不到位，需要从数据库中提取数据后再对数据进行必要的分析处理，在这个过程中就需要关注数据提取操作是否可能对数据库造成破坏、提取出的数据在交付给分析处理人员的过程中其安全性是否会降低、数据分析处理的环境安全性等。

（4）数据销毁

这个阶段主要涉及数据的保密性。应明确数据销毁的流程，采用必要的工具，数据的销毁应该有完整的记录。尤其是对于需要送外部修理的存储设备，送修之前应该对数据进行可靠的销毁。

7. 数据服务管理

数据整合归集最终目的就是要服务于各机构部门、人员等，能更准确、更快、更方便地进行服务是数据服务管理的目标。

数据服务管理是指针对内部积累多年的数据，研究如何能够充分利用这些数据，分析并优化行业业务流程。数据使用的方式通常包括对数据的深度加工和分析，包括通过各种报表、工具来分析运营层面的问题，还包括通过数据挖掘等工具对数据进行深度加工，从而更好地为管理者服务。通过建立统一的数据服务平台来满足针对跨部门、跨系统的数据应用。通过统一的数据服务平台来统一数据源，变多源为单源，加快数据流转速度，提升数据服务的效率。

8. 主数据管理

主数据管理要做的就是从各部门的多个业务系统中整合最核心的、最需要共享的数据（主数据），集中进行数据的清洗和加工，并且以服务的方式把统一的、完整的、准确的、具有权威性的主数据传送给组织范围内需要使用这些数据的操作型应用系统和分析型应用系统。

主数据管理的信息流要求如下：

（1）某个业务系统触发对主数据的改动；

（2）主数据管理系统将整合之后完整、准确的主数据传送给所有有关的应用系统；

（3）主数据管理系统为决策支持和数据仓库系统提供准确的数据源。

因此对于主数据管理要考虑运用主数据管理系统实现，主数据管理系统的建设，要从建设初期就考虑整体的平台框架和技术实现。

11.2.3　数据应用域

1. 监管报送应用

为了了解各机构的运营情况，主管部门或集团公司会要求提交业务运营相关数据，比如为保证金融市场的稳定和防范风险的发生，人行和金融监管总局首先需要了解、汇总各银行的情况，并出台针对性的政策和措施。各银行需要按照监管机构的要求报送本行自身业务发展的情况，报送内容，如图 11-3 所示。

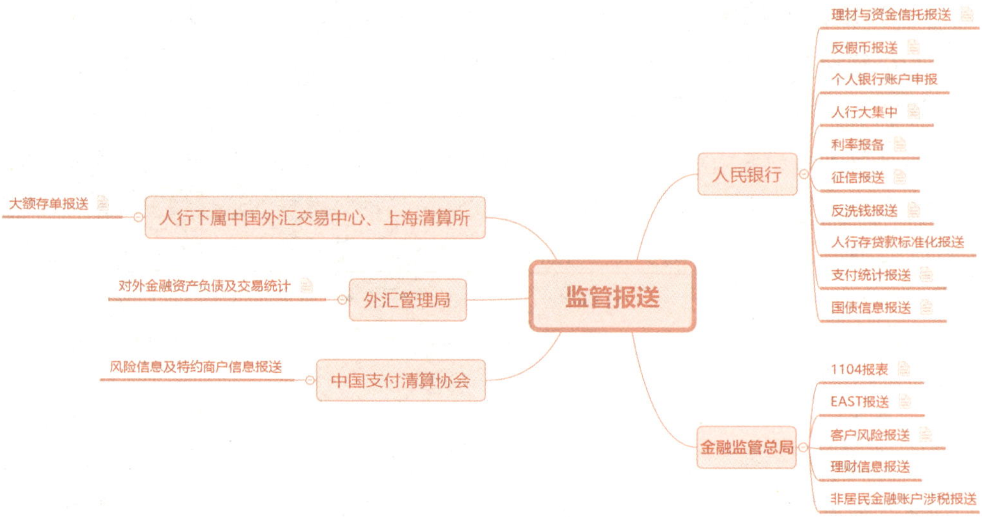

图 11–3　监管报送

监管数据基本覆盖银行各类业务与各个业务系统数据，因而监管合规数据报送质量很大程度上也代表了金融机构数据治理工作的成效。银保监会以监管数据专项治理为切入点来督促金融机构开展数据治理工作，目的明确、衡量标准明确、路径清晰、治理效果明显，在将来很长一个阶段将是银行数据治理工作的重要乃至基础组成部分。

2. 精准营销应用

各组织或机构之前的以“产品（业务）为中心”的营销理念显然已不能顺应行业的发展趋势，亟须转变为“以客户为中心”的发展理念。随着业务的发展，组织或机构积累了大量的数据资源等待开发和利用，如何利用大数据技术建立精准营销来实现服务与营销以及管理的转型，也是各组织或机构业务增加核心竞争力的突破口。

（1）客户信息整合及验证

为确保精准营销结果的准确性，还应建立严密的客户信息验证机制。客户信息校验包含两方面：一是错误信息的验证，如同一客户在不同系统中的行业分类存在差异，数据平台将设置校验规则判定哪一来源的数据正确，并自动用正确数据覆盖错误数据；二是数据时效的验证，如数据平台有多个来源提供某个证件有效期，系统将自动获取最新的日期作为证件有效期。

（2）用户画像及标签

根据精准营销的不同角度设定不同类别的标签，标签应当具有灵活性，可以随着业务发展和精准营销场景的变换随时增减或改变。用户标签内容在第 6 章已经讲解，此处不再赘述。

（3）精准营销模型

完善用户分析和产品匹配，建立精准营销应用模型。精准营销模型可拆分为多个子模型，部分子模型属于精准营销内部模型，如用户准入模型、行为分析模型、业务推荐模型等；还有部分子模型是调用其他系统的模型结果，属于精准营销调用的外部模型，如定价模型、客户评级模型、限额模型等。

整体的精准营销模型是结合用户、产品、事件、行业及发展情况等各方面，按需调用不同的子模型进行进一步计算，获得的最终的精准营销智能决策方案。

3. 产品创新应用

当前很多组织或机构在进行产品设计开发的过程中主要还是依靠业务经验或模仿市场较火的产品，没有从历史数据和自己用户真实需求出发。各组织或机构发展到今天已经过了扩大用户规模的阶段，而转向对存量用户的精耕细作的阶段。而且当前开发一款产品后，需要很长的一个 IT 建设周期或者数据获取周期，没法利用数据实验室进行快速模拟测算。这就使产品或业务在创新过程中往往遇到“数据与业务创新脱节”“数据生产与应用脱节”“信息化建设与业务规范管理的脱节”“缺乏从业务维度对数据质量问题的分解手段”等挑战。

为解决这一困境，建议组织将数据治理管控扩展到产品管理领域，以业务规范定义为源头，将数据生命周期和产品管理流程相结合，借助产品目录、业务台账规范和数据标准等工具，通过定义识别产品、梳理产品信息要素、定义数据标准、等治理活动进行数据治理管控，形成产品创新阶段中数据治理的有效管控，流程如图 11-4 所示。

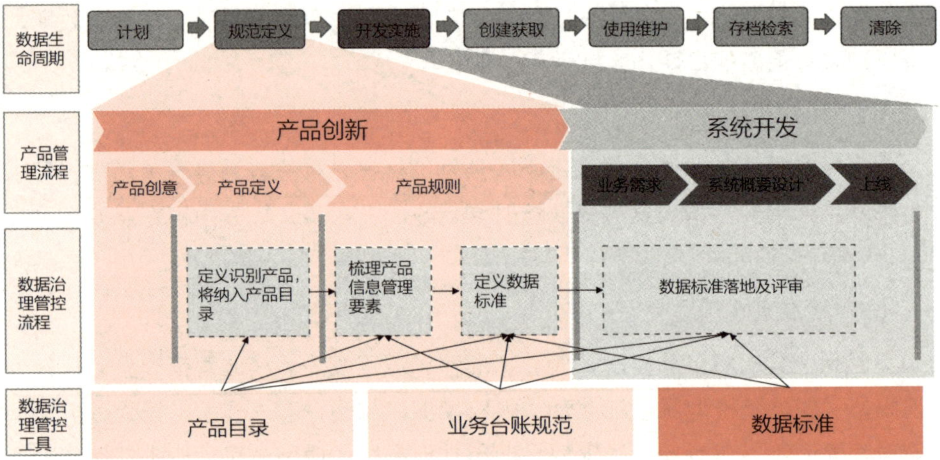

图 11-4　数据治理的有效管控流程

11.3 如何开展数据治理

大数据时代数据治理是每个企业发展过程中必不可少的环节，也是一个基础体系建设工程。数据治理是一项长期而繁杂的工作，是大数据领域中的“脏活累活”，很多时候开展数据治理做了很多工作，却没有看到什么成果。大部分数据治理咨询项目都能交上一份让客户足够满意的答卷，但是当咨询成果落地时，很可能是另一番截然不同的景象。很多组织或机构已经或多或少地开展了数据治理工作，因各家 IT 建设程度和数据应用能力的不同，没有统一的治理标准来规范数据治理工作。

要保证数据治理有效开展，必须先考虑清楚四个方面的问题：一是数据治理的定位，二是数据治理的应用方向，三是如何进行治理，四是如何持续性修正和扩大治理范围和成果。

11.3.1　准确地定位数据治理

数据治理是组织或机构在数据时代的基础体系建设，它的重要性应该等同于业务体系的建设。我们可以对照互联网公司来看，如阿里、腾讯等都在初期业务的发展过程中积累了原始的客户数据，再对这些数据进行了有效的管理并制定了一系列用户协议，不断地去拓展其他板块的业务。我们能看到的是它们有大量的数据来支持各种业务的开展，但是这么庞大的数据资源背后的工作，如数据的管理、数据的质量、数据的管理制度、数据的应用机制等却常常被忽略。而这里的基础体系指的就是数据资源背后的架构和机制。

很多组织或机构认为，开展几期项目解决遇到的数据问题即可完成数据治理工作；也有一些组织或机构认为，数据治理应该自上而下，建立组织架构、流程制度和考核体系，以及上线数据治理平台系统进行线上管控。但是这些组织或机构并没有对数据治理有很好的认识，只能说它们已经开始尝试开展数据治理工作了。

我们认为数据治理需要企业自上而下形成统一共识，为实现战略目标而制定贯穿数据采集、存储、管理到应用等多个各环节的管理体系，并且需要持续性地对该体系进行补充和完善。只有思想上统一，并有完善的管理体系，才是数据治理开展的基本保障。

首先，需要全员具备数据意识；在思想上让企业每位员工认识到数据和自己的日常工作息息相关，数据能为企业带来各方面的价值。如：银行网点前端人员，在客户办理业务时对于每项信息都能认真核实，出现错误或者不完整录入都会为本行带来一定的损失；对客户经理而言，利用数据就可以了解客户的详细信息，抓住客户当下需求进行精准出击，促成业务交易；对于科技人员而言，了解如何对分散在各系统的数据进行整合，保证高质量的数据并从中萃取关键信息来助力业务发展或辅助业务决策；对于管理决策层而言，读懂数据背后市场的变化趋势，能够快速对业务发展趋势进行预判，调整或者开辟新的业务方向。

其次，需要完善的管理体系；数据治理工作不仅所涉及的面比较广，而且对于每项具体的治理工作都可能会深入到业务开展的细枝末节。之所以说数据治理是一个体系，是因为它有很多管理单元，如：组织架构管理、流程管理、质量管理等多个管理单元，它们之间相互贯穿形成完整的治理体系。

最后，随着技术和业务的发展，所面临的数据问题也在不断地发生着变化，只有不断地对已形成的治理体系进行不断完善，才能确保数据价值的实现。

11.3.2　明确数据应用方向

数据治理工作的基础性，决定了单纯地做数据治理不会显现出明显效果和数据价值，必须有明确的数据应用方向来推动数据治理，才会凸显数据治理的价值。如：建设基础数据平台，为各类数据分析应用提供一致的基础数据，支持业务人员可视化分析展现，具备将数据服务嵌入业务流程和场景应用的能力；基于大数据平台，引入机器学习、深度学习模型和算法，探索建立人工智能平台，面向各业务领域应用提供人工智能研发服务；提供客户、产品与风险等维度的全行统一视图；构建基于线上与线下相融合的客户标签体系，支持全流程、实时的精准营销服务和主动智能的风险管控等应用。

当我们没有明确的数据应用方向时，会感觉数据治理无从下手，各方面的数据问题无法区分重点，只能从表面上发现问题，然后使用技术的方式处理掉这些问题。这样做往往是治标不治本。以这种方式进行数据治理，只能暂时保证部分数据没有问题了，但是随着时间的推移，这些数据问题还是会复现；在问题出现时再次进行治理，如此反复无法根本解决治理的需要，而且无形中增加了企业的成本。

以应用场景为出发点进行治理，能够很好地确定需要治理的数据范围，并且对这些数据可以进行深入的剖析，从根本上解决数据问题；而在这个过程之中所沉淀下来的流程、管理办法、标准、质量管理方法，将被纳入治理体系中进行固化。随着应用方向的增加，治理体系也会逐步完善；同时也能更好地展现数据治理的效果。

11.3.3 多层级全方位进行治理

对目前的数据治理体系进行研究分析，发现大部分企业数据治理体系是一个金字塔结构，从下而上推进，形成一个多层次、多维度、多视角的全方位体系框架。

通过数据应用和管理的组织模式，可以建立合理的治理组织架构、岗位角色，以及各领域的管理流程，对每个岗位角色，明确其在各生命周期中的治理职责。以数据制度为手段，能有效控制和规范数据管理活动的执行。建立完整数据管理体系，提升数据管理专业能力，打通数据管理中业务和科技建设间的协作，实现全面的数据管理能力。构建专业化的数据管理系统与工具和专业化的人才梯队，能提升数据管理效率和效益。探索数据应用的服务模式，可以提升数据应用专业能力，有效地支持监管报送、风险管控和精准营销等业务的开展。

11.4 本章小结

数据分析师是企业中数据的重要用户，企业中的数据分析师往往也是企业中的数据管理专员，因此了解数据治理的基本概念是必不可少的。随着职级的提升，未来还要掌握数据质量管理、算法模型管理等技能，这将在 CDA 二级、三级认证教材中讲解。

第 12 章　数据模型与数据建模

对于数据分析师来说，数据模型管理技能是一项必备的技能，在数据分析工作中十分重要。首先，对于数据建模的概念要明确，很多人认为建模就是数据挖掘，但其实建模从本质上讲是对真实世界的抽象，其范围是非常广的。数据建模、数据挖掘建模等都属于建模的范畴，所以数据分析师理解建模应该更加具体化，明确到底是做什么样的建模。本章主要介绍常用的数据模型。

12.1 数据分类

如何对数据进行合理分类呢？首先需要弄清楚数据的定义是什么。《DAMA 数据管理知识体系指南》一书中已经给出了定义，数据是指以文本、数字、图形、图像、声音和视频等格式对事实进行表现。在这里数据分析师有可能陷入一个误区，认为结构化的数据才是数据，其他内容不属于数据，其实并不是这样的。从上述定义中就可以看出，只要记载下来的内容，都可以被理解为数据，数据是对客观事物的记录。

那么什么是信息呢？信息是指有上下文的数据，其实就是在原有数据定义中加入了限定。这里所指的上下文包括数据相关的业务术语的定义、数据表达的格式、数据所处的时间范围和数据与特定用法的相关性。在信息的基础上，又生成了知识的概念。知识是基于信息整合形成的观点，是基于信息对模式、趋势的识别、解释、假设和推理。

举例来说，如图 12-1 所示，45 和前 5% 是数据，但是我们并不知道“45”和“前 5%”所代表的含义是什么，而信息则是对于这些数据加入定义、格式、时间范围或相关性等内容，方便人们理解数据所代表的含义，比如这些数字背后代表的信息是“年龄：45 岁”和“收入排名：前 5%”，如果我们在信息的基础上再次加入业务理解，基于模式和趋势、关系、假设等内容，就会构成知识。继续沿用这个示例，我们可以得到“年龄 45 岁的人，收入排名在前 5% 的概率有 90%”这条知识。

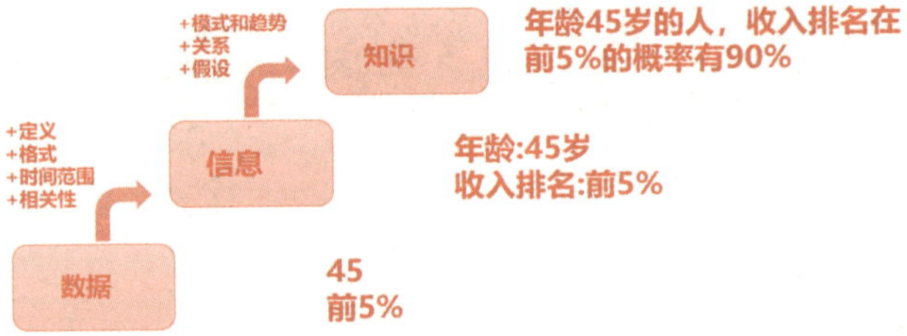

图 12-1　数据、信息与知识的关系

上述示例是比较泛化的。那么在企业中具体是如何将数据进行分类的呢？可以分为业务视角和数据管理视角。

从业务视角来看，我们需要明确一下什么是企业。从经济学的角度理解，企业是各种契约的合集。比如企业与企业员工之间会签署劳务合同，证明双方存在雇佣与被雇佣的契约关系，此外部门之间也有契约，规范不同部门之间的交流与合作。所以，业务视角是将企业看作关系的集合，包含各种实体，分别是：

- 当事人：单个人或一组人。
- 资产：当事人所有的具有价值且能够获得收益的事物。
- 财务：企业内部的会计系统。
- 区域：地理区域，物理的或电子的地址。
- 事件：由用户主动发起的各类行为。
- 协议：在客户和机构之间达成的关于特定产品的协议。
- 行销活动：为了获取、挽留客户或提高用户的使用率而采取的战略、计划或促销活动。
- 内部组织：机构或公司内部的业务单元。
- 产品：一种可以在市场上交易的产品或服务，包括条款或条件。
- 渠道：客户和机构或公司进行接触的途径。

这个分类方式参考了知名数据仓库公司 Teradata 的 FS-LDM 数据模型架构，但是对于不同的公司来说，从业务视角的划分内容是不一样的，也很难提供一个完整统一的标准。

从数据管理视角来看，可以把数据分为主数据、交易数据（又称为事务数据、业务数据）、统计分析数据（又称为指标）、参考数据和元数据。相对于业务视角，数据管理视角的数据分类标准相对统一。这部分内容在本书的 1.5 节中介绍过，以下举更详细的示例来看一下这些数据之间的关系，如图 12-2 所示，交易数据记录了一位用户电费缴费记录，所记录的内容包含客户编号、缴费类型、缴费地点、缴费金额、缴费时间、表号以及用电类别等信息。

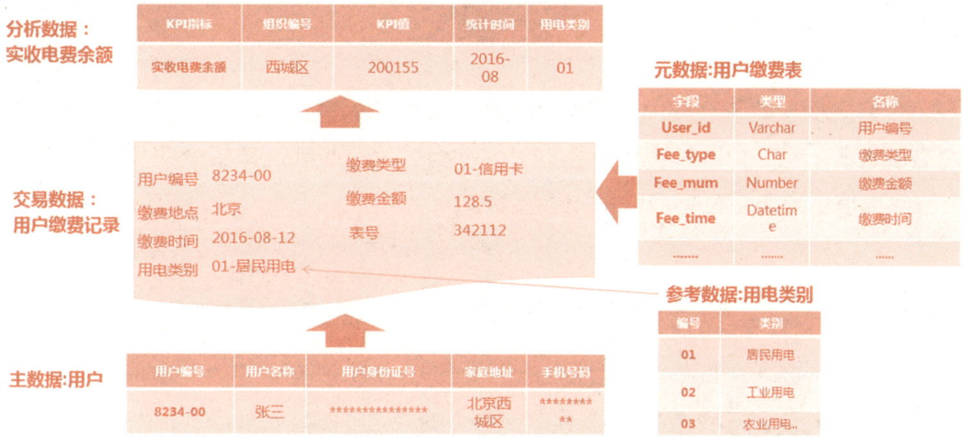

图 12–2　某居民用电缴费数据示例

在数据库中实际存储的都是英文表名与字段名，所以对于交易数据而言，如果想理解具体的字段的具体含义，就需要借助元数据用户缴费表中的字段名、类型和名称等信息，才能正确解读交易数据的中文含义。在这里元数据起到了类似字典的作用。

对于用户编号信息来说，在交易数据表中只记录了一串数字“8234-00”，如果我们想知道这个用户的信息，那么需要借助主数据中的用户表，对应到用户编号信息为张三，以及他的身份证号、家庭住址和手机号码等。主数据信息可以被认为是用户的基本属性或不易发生变化的数据，并且需要在各个系统之间发生共享的数据信息。

比较细心的读者可能已经发现了，用电类别在交易数据用户缴费记录表中标记的是 01- 居民用电，如果单纯标记为 01，我们可能很难理解它所代表的是什么类别的用电方式，在这里借助参考数据中的用电类别表，就可以明确“01”所代表的是居民用电，这就体现出参考数据的规范性。

在企业中当我们要做业务汇报时，经常需要统计分析数据。而大量的交易数据则为分析数据提供了强有力的数据支撑。从用户缴费记录分析可以汇总出公司月实收电费余额、年实收电费余额等数据，或者将实收电费余额按照城区维度建立组织编号，方便制定 KPI 指标等信息汇总。统计分析数据是对交易数据的进一步汇总和加工。

对于数据分析师来说，需要学会利用双重视角来分析数据，业务视角方便我们分析数据从业务上的类型归属，数据管理视角方便我们对于“事”和“物”及“事物”本身的记录统计。

12.2 数据架构和数据模型

数据架构是理解企业中数据的存储和流转情况的重要工具，数据模型是理解数据库中的表、字段和表关系的重要工具。作为数据分析师，理解企业的数据架构、读懂数据模型是实现自助取数的重要基础。

12.2.1 数据架构的基本概念

数据架构是企业架构的组成部分之一。企业架构就像企业的“城市总体规划蓝图”，如图 12-3 所示，在它的指导下，各个 IT 系统的建设得以有序的开展。

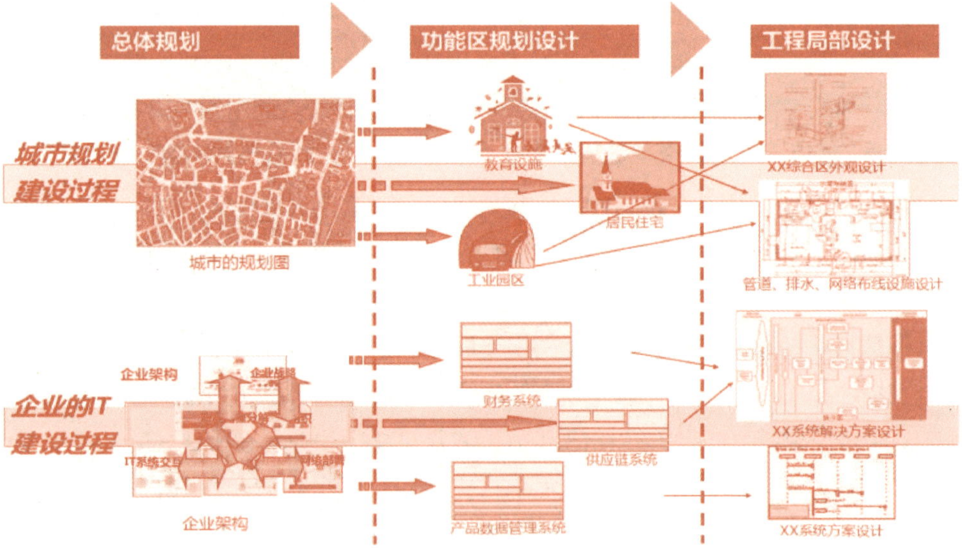

图 12-3　企业架构

借鉴 Togaf 企业架构模型，企业架构分为四种类型，如表 12-1 所示。

表 12-1　企业架构的四种类型

架构类型	描述
业务架构	业务战略、治理、组织和关键业务流程
数据架构	组织的各类逻辑和物理数据资产以及数据管理资源的结构，具体包括数据模型、数据关系矩阵和大数据平台架构
应用架构	描述被部署的单个应用系统、系统之间的交互以及它们与组织核心业务流程之间关系的蓝图
技术架构	对于支持业务、数据和应用服务的部署来说必需的逻辑软、硬件能力，包括 IT 基础设施、中间件、网络、通信、部署处理和一些标准等

数据架构在数据治理中处于核心的地位，数据模型在数据架构中处于核心的地位，下一节详细讲解数据模型。

12.2.2　数据模型基础和数据模型类型

首先需要理解什么是数据模型。对于企业来说，可以在不同层次上进行抽象：在业务层次上可以抽象成业务流程模型，在技术层次上可以抽象成应用模型和数据模型。

数据模型的基本概念包括如下方面。

- 建模技术：借助模型来分析、设计应用系统的技术。
- 模型：对现实世界中某些事物的一种抽象表示。
- 抽象：抽取事物的本质特性，忽略事物的其他次要因素。
- 建模：是理解、分析、开发或改造事物原型的一种常用手段。如建筑物蓝图、高楼大厦模型，建筑师利用蓝图对建筑物分析和设计，动工前就能有一个完整且清晰的掌握，能够据此对建筑物进行评审，尽早发现问题并改进。

我们都知道，企业拥有自身的价值链，比如说从原材料进货、生产、库存、销售各个环节都会产生数据。数据之间进行有机的整合，即所说的数据模型。

数据模型经历了长期的历史演变过程。在 20 世纪 60 年代，针对数据模型已经提出了遵循三范式（3NF）的关系模型，并且其广泛应用于在线事务处理（OLTP）。之后在 20 世纪 80 年代，关系模型适应了数据仓库日益增长的需求，并且实现了用关系模型的方法论来指导建设数据仓库。但是用关系模型做数据仓库在计算上比较费时费力，在数据分析上比较烦琐，在建模上也比较复杂。到了 20 世纪 80~90 年代就出现了维度模型。维度模型面向数据分析应用进行数据模型的开发，更加便捷。当前有很多公司的数据分析工作都是基于维度模型实现的。在 20 世纪 90 年代，技术人员开始对 DATA VAULT 进行研究，并于 1999 年左右完成。在 2004 年，一款敏捷的数据库建模技术 Anchor 问世，它适用于在结构和内容上随时间变化的信息。

1. 关系数据模型

关系数据模型是一种基于关系代数和关系演算理论的数据模型，它通过实体－关系图（E-R，Entity-Relationship Diagram）的形式来表示实体及实体之间的联系。关系模型的数据被组织成一个或多个表，每个表由若干行（元组）和列（属性）组成，每一列代表一个属性，每一行代表一个记录。关系模型是对业务流程中的实体和关系进行精确的结构化描述，在 OLTP 系统中或数据仓库底层中使用，也被称为基础数据的数据模型。如图 12-4 所示，左侧是一个信贷审批流程的示例，右侧是关系数据模型的示例。在流程中可以识别出参与者（客户、员工）、业务事项（业务事项、申请、通知）、协议（合约、子合约）、物品（证件、押品）等实体，实体之间存在父子关系（业务事项与申请和通知之间是父子关系）和基数关系（客户拥有证件是基数关系）。

（1）关系表述

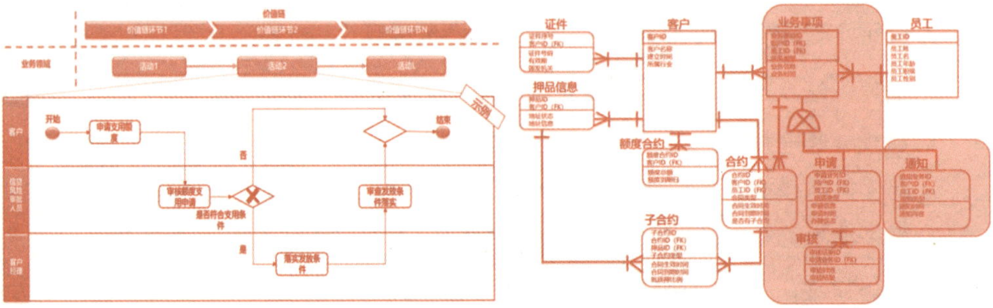

图 12–4　基础数据的关系数据模型示例

父子关系是一种常见且重要的数据组织方式，它用于表示实体之间的层次或包含关系。在关系模型中通过表之间的关联（如外键）来表示这种关系。例如，一个部门表可以包含部门 ID 和部门名称等属性，而一个员工表则可以包含员工 ID、姓名、所属部门 ID 等属性。通过部门 ID 作为外键与部门表进行关联，就可以实现员工与部门之间的父子关系。如图 12-5 所示，“当事人”是父表，“机构当事人”和“个人当事人”是两个子表，在父表中有“当事人类型代码”这个外键，可以与两个子表进行关联。

父子关系可以帮助我们更好地理解和组织数据，提高数据查询和分析的效率，如图 12-5 所示。例如，在组织结构管理中，我们可以使用父子关系来表示部门之间的层级关系；在商品分类中，我们可以使用父子关系来表示商品类别之间的包含关系。

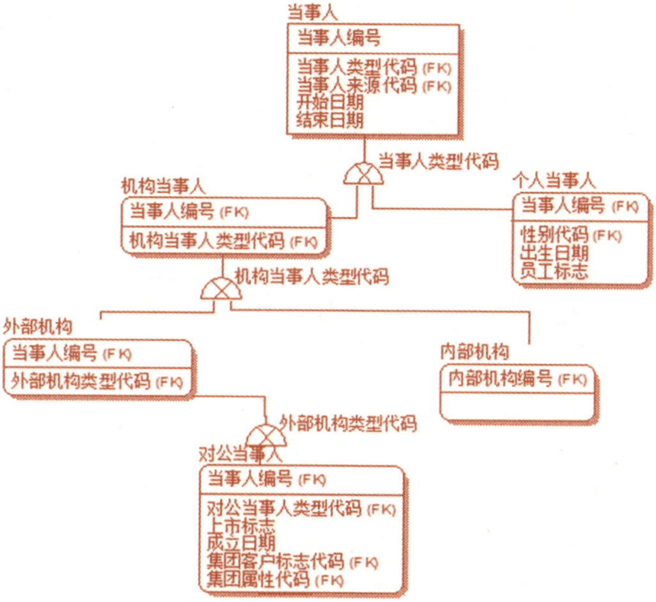

图 12-5　父子关系的示例

基数关系描述了一个实体（或实体实例）可以与另一个实体的关系的数量或程度。基数（Cardinality）在数据模型中通常指的是一个实体可以关联到的另一个实体的实例数量。在关系数据库中，它通常用于描述表之间的关系，如一对一、一对多或多对多等。

一对一（1：1）关系：在这种关系中，一个实体或记录只能与另一个实体或记录的一个实例相关联。例如，一个人只有一个唯一的身份证号码（假设不考虑重复或错误情况）。

一对多（1：N）关系：在这种关系中，一个实体或记录可以与多个其他实体或记录的实例相关联。例如，一个班级可以有多名学生，但每个学生只能属于一个班级。

多对多（N：M）关系：在这种关系中，两个实体或记录集之间的关联是双向的，且每个实体或记录可以与对方集合中的多个实例相关联。例如，学生和课程之间的关系就是多对多的关系，一个学生可以选修多门课程，而一门课程也可以被多个学生选修。

在数据建模中，基数关系有多种表示方法。在 ER 图中，基数关系可以通过在关系线上添加符号来表示，如“1”“N”或“*”等，以指明关联的数量。常用的表示方法有 IE（Information Engineering）风格，用小竖线代表“1”，用两条小斜线代表“N”。另外一种是 IDEF1X 风格，用“*”或小圆点代表“N”，在 PowerBI 中就采用的这种表示风格，如图 12-6 所示。在确定实体之间的基数时，可以借助动词来判断基数的数量，比如一个客户可以买多辆车，而一辆车只能被一个客户买，则客户与车辆之间是“1：N”的关系。

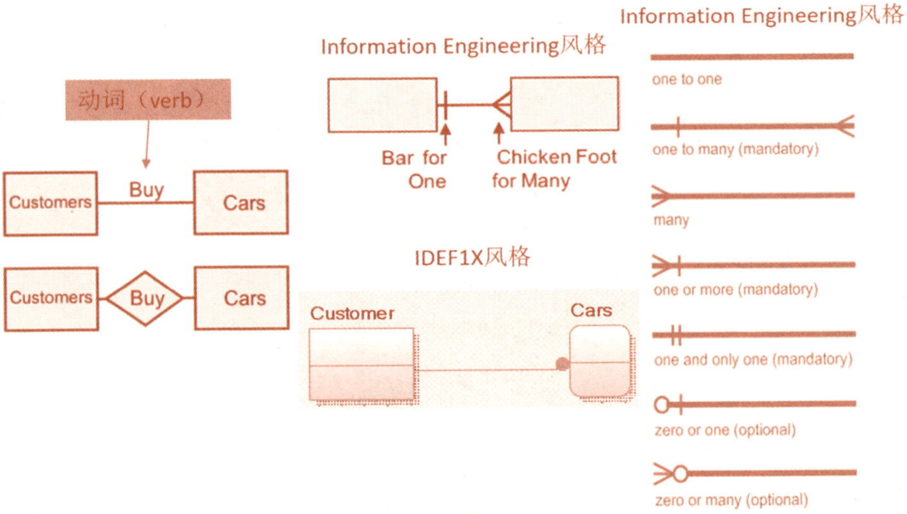

图 12–6　基数关系的示例

基数关系在数据模型设计中起着至关重要的作用，它影响了数据的完整性、查询效率以及系统的可扩展性。正确地定义基数关系有助于减少数据冗余、保持数据一致性，并提高数据处理的效率和准确性。如图 12-7 所示，在 E-R 图中，两个表是“N：1”的关系，“销售人员表”是一表，“订单表”是多表。“销售员 ID”是“销售人员表”表的主键，在“订单表”中是外键。在分析销售人员的业绩时（比如月销售额），可以通过基数关系确认一个销售员 ID 对应多个订单 ID，以“销售人员表”作为主表，以“订单表”作为从表，通过“销售员 ID”进行关联，并对“销售金额”字段进行汇总。

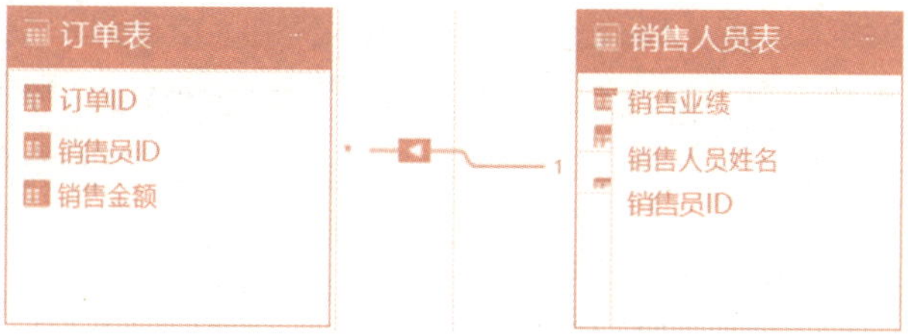

图 12-7　销售员和订单表的基数关系

（2）属性和主外键

结合图 12-8 介绍这三个概念。

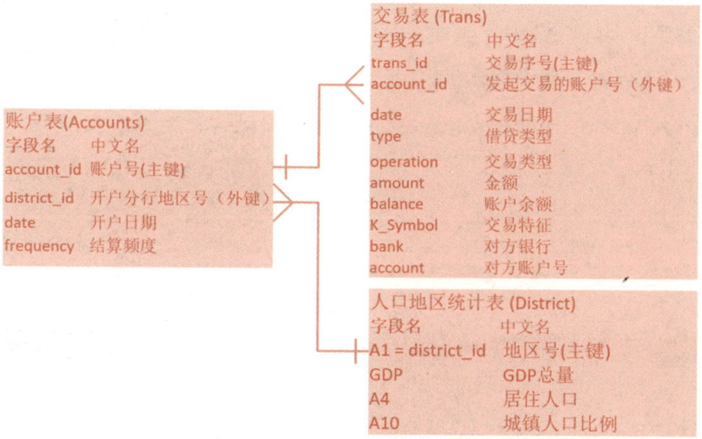

图 12-8　某银行数据的 E-R 图

属性（Attribute）是指实体（Entity）所具有的某一特性。比如“开户日期（date）”是“账户表（Accounts）”的一个属性。

主键（Primary Key）是用来唯一标识表中每一行的字段（或字段组合）。主键可以是单个字段，也可以是多个字段的组合（称为复合主键）。它必须满足两个条件：（1）唯一性：表中的每一行都必须有一个唯一的主键值，不能有两行具有相同的主键值。（2）非空性：主键字段中的值不允许为空（NULL）。主键一般和表名一致，并加上 ID 作为后缀，比如“account_id”就是“账户表（Accounts）”表的主键。不过也有例外，比如“人口地区统计表（Distict）”表的主键是“A1”。

外键（Foreign Key）是用来在两个表之间建立关系的字段。它是指一个表中的字段，是另一个表的主键。外键的作用是保持数据的一致性、完整性和实现表之间的关联查询。通过外键，一个表（称为子表或从表）中的记录可以与另一个表（称为父表或主表）中的记录相关联。比如“account_id”在“交易表（Trans）”中是外键。通过 E-R 图中的基数关系，再结合主外键，就可以清晰地知道如何提取数据，比如“账户表（Accounts）”和“交易表（Trans）”连接时，应该使用“account_id”作为连接变量。

2. 基础数据模型与数据分析应用演示

下面以一个金融行业数据分析的示例，演示关系数据模型在数据分析中的作用。该示例使用 PowerBI 工具进行演示。虽然 PowerBI 具有建立数据模型和基于数据模型做多表合并并汇总计算的能力，但是根据以往的实践经验，初学者在对 SQL（尤其是对内连接、左连接、全连接）没有深入理解之前，直接使用 PowerBI 工具做多表合并经常出错。因此建议初学者采用先使用 SQL 做多表合并并计算指标，然后再用电子表格（Excel）或 BI 做展现的方法工作。

本数据仍然使用本书“9.4 案例：用 SQL 和 Excel 实现用户画像”中介绍过的 KDD99 银行数据集，该数据集是一套基础数据的数据集。使用 PowerBI 做数据分析的过程如下。

（1）依次导入数张表，如图 12-9 所示。

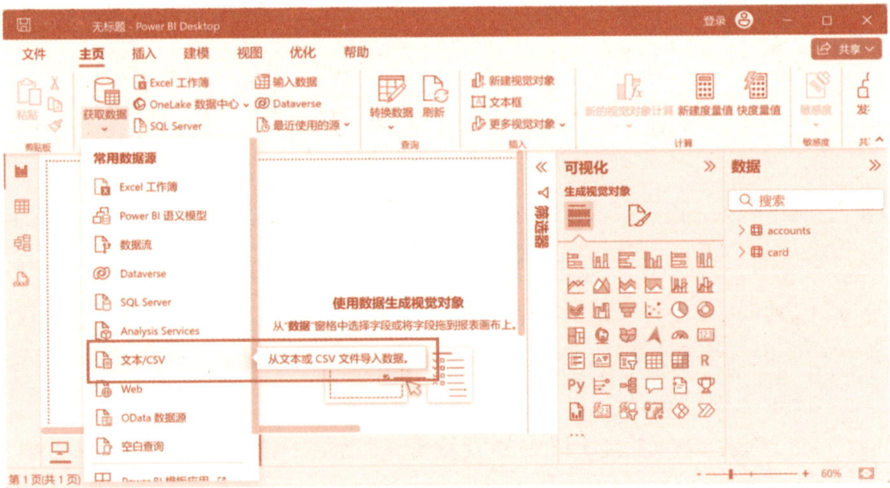

图 12–9　导入表

（2）建立数据模型

由于该数据集是基础数据集，因此建立基础数据的关系数据模型。如图 12-10 所示，是 Power BI 自动建立的 E-R 图。该软件可以自动识别每张表中相同名称的字段，并统计分析该字段在不同表中出现的频次，从而建立其表与表之间的基数关系。Power BI 认为 accounts 表和 trans 表是一对多的关系，它用“1”和“*”来表示这种关系。

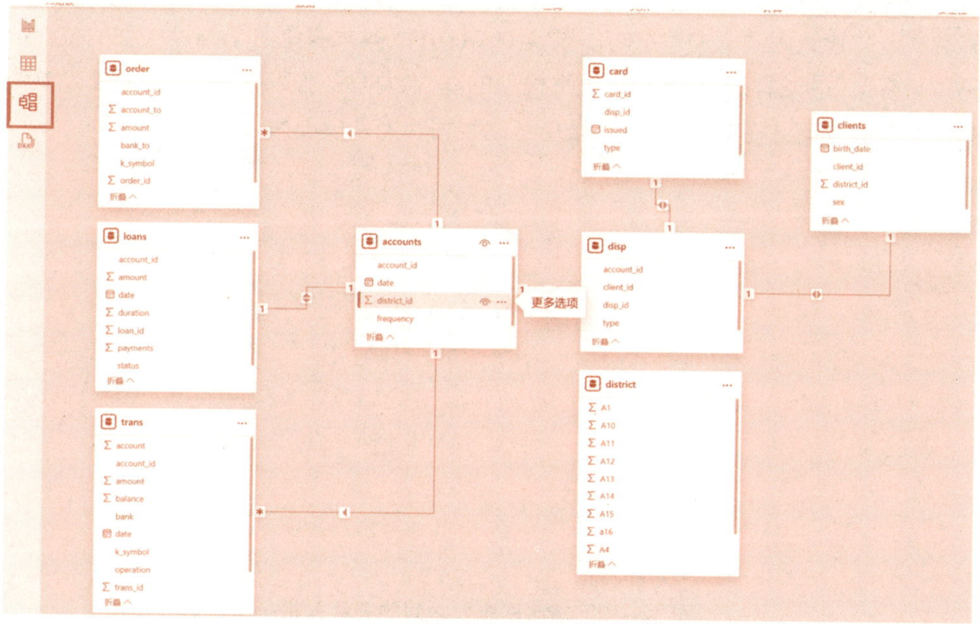

图 12–10　Power BI 自动建立的 E–R 图

Power BI 不能根据业务理解来绘制完整的 E-R 图，比如图 12-10 中 district 表的主键是”A1”，与 accounts 表和 clients 表中的“district_id”字段关联，但是软件没有自动识别出，因此需要手动修改。如图 12-11 所示，在任意表中都可以打开“管理关系”界面。

图 12–11　查看具体的关联关系

如图 12-12 所示，展示了修改两表间关系的过程。在右图中可以看到 Power BI 默认以绿色框出的 account_id 字段作为两表关联字段，其基数是“多对一（ * ：1）”，交叉筛选器方向是“单向”。交叉筛选器方向的设置是根据维度模型中的事实表和维表的关系设定的，应该由维表指向事实表。本示例演示的数据模型是关系模型，筛选器方向设置为“双向”即可。其实 PowerBI 工具本身是基于维度模型的统计数据作可视化分析的，不适合基于关系模型的基础数据做可视化分析。本例中只是做演示，不推荐读者在 BI 工具中直接用基础数据的关系模型做可视化分析。

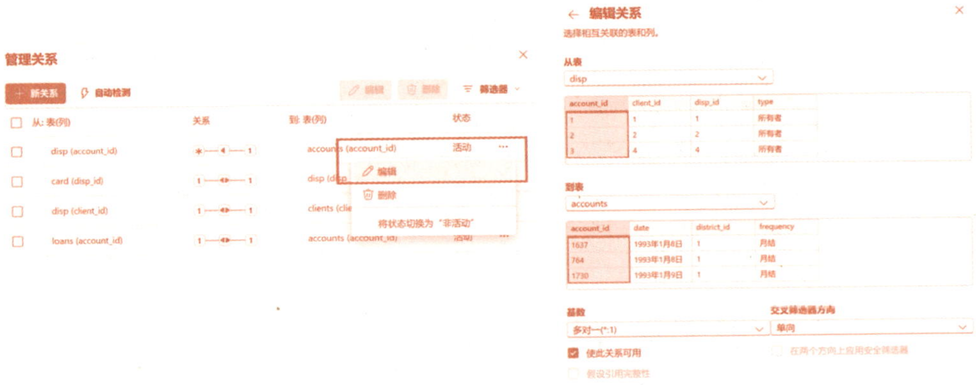

图 12-12　修改两张表之间的关联关系

接下来需要建立 district 表与 accounts 表、district 表与 clients 表的关联，如图 12-13 所示。需要手动选择表名和用于关联的字段，并且交叉筛选器方向是“双向”。

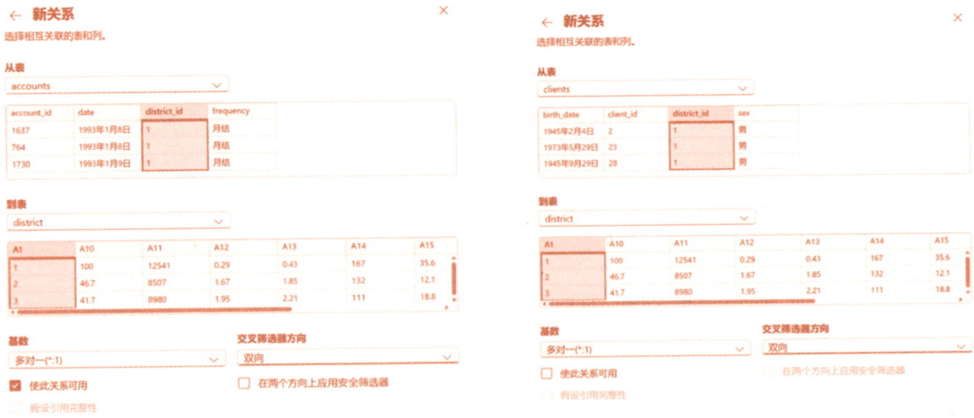

图 12-13　新建表之间的关联关系

至此，完整的 E-R 图已经完成，如图 12-14 所示。

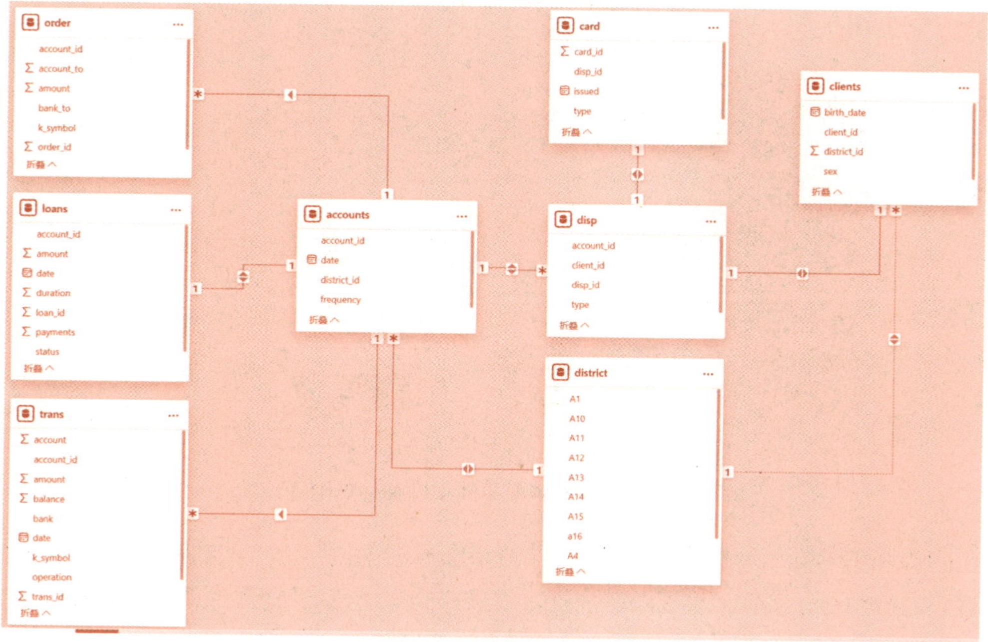

图 12-14　修改后正确的 E-R 图

目前在 Power BI 中，全部的表已经连接为一个整体。可以在右侧的“数据”栏目中选择分析用到的变量。如图 12-15 所示，是分析“分析信用卡类型与持卡人性别之间的关系”的堆叠柱形图的建立过程。由于 Power BI 默认是两张表全连接，有很多客户没有信用卡，因此出现了“空白”组。我们并不关注这一组，需要把该组删去。

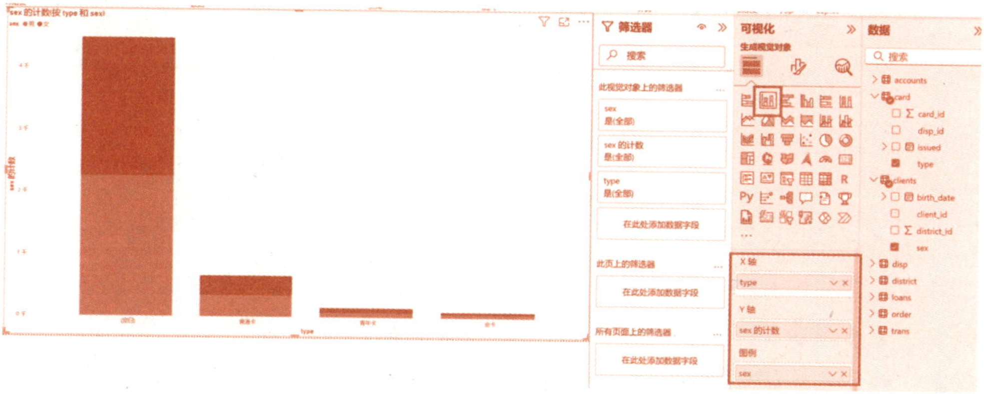

图 12-15　信用卡持卡人性别堆叠柱形图原始图

如图 12-16 所示，展示了删除“空白”组的操作和最终的图表。

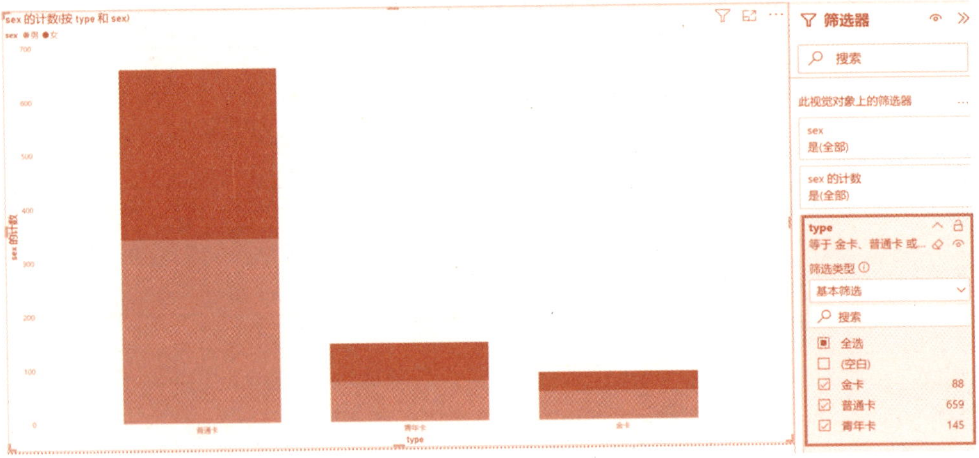

图 12-16　信用卡持卡人性别堆叠柱形图修改后

如图 12-17 所示，展示了另外一个分析图表的制作，该分析想展示每年新增贷款人的性别占比情况。根据业务规则，仅账户的“所有者”可以办理贷款业务，因此需要手动增加 disp 表中的“type”字段作为筛选条件，仅选择账户的“所有者”。

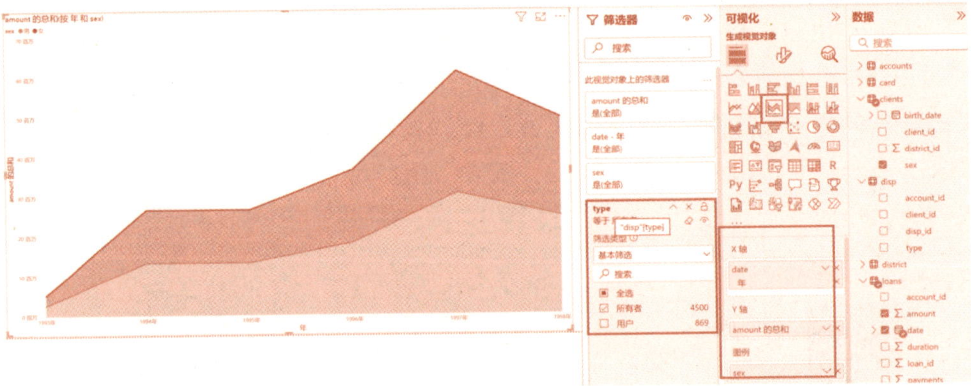

图 12-17　每年新增贷款人的性别分类堆积图

3. 维度数据模型

维度建模以分析决策的需求出发构建模型，构建的数据模型为分析需求服务，因此它重点解决用户如何更快速完成分析需求，同时还有较好的大规模复杂查询的响应性能。该模型用在 OLAP 系统中，往往在数据仓库的上层、数据集市、多维分析工具、报表工具中使用。根据数据模型对三范式（3NF）的遵从程度和模型的复杂度，分为星形模型、雪花模型和星座模型。

如图 12-18 所示，星形模型是多维的数据关系，它由事实表（Fact Table）和维表（Dimension Table）组成。每个维表中都会有一个维作为主键，所有这些维的主键结合成事实表的主键。事实表的非主键属性称为事实，它们一般都是数值或其他可以进行计算的数据。当包括多张事实表时，就构成了星座模型。

当有一个或多个维表没有直接连接到事实表上，而是通过其他维表连接到事实表上时，其图解就像多个雪花连接在一起，故称雪花模型。雪花模型是为了满足三范式（3NF）要求而对星型模型的扩展，比如在星形模型中“地域维表”包含了从国家到城市所有的分类信息，这样信息会冗余，则拆分出了国家表、省份表和城市表。

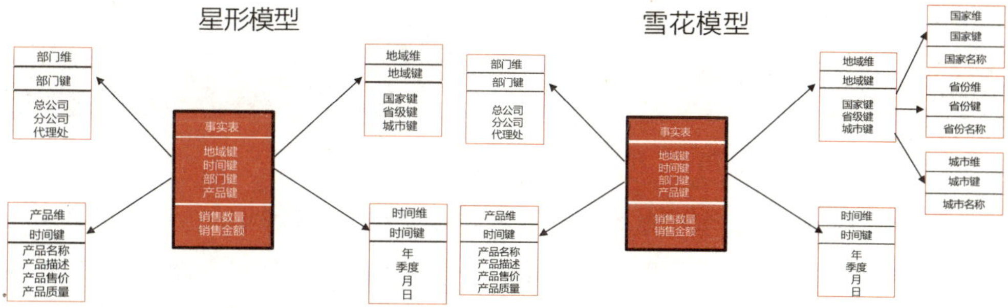

图 12-18　维度模型的类型

PowerBI 中更适合展示维度模型，如图 12-19 所示。使用维度模型做数据分析比基础数据的关系模型要简单很多，往往通过两表间的连接就可以得到想要的分析结果，而关系模型往往需要多张表的连接才可以做到，毕竟维度模型中的数据是从关系模型数据中根据常见分析的主题加工好的数据。

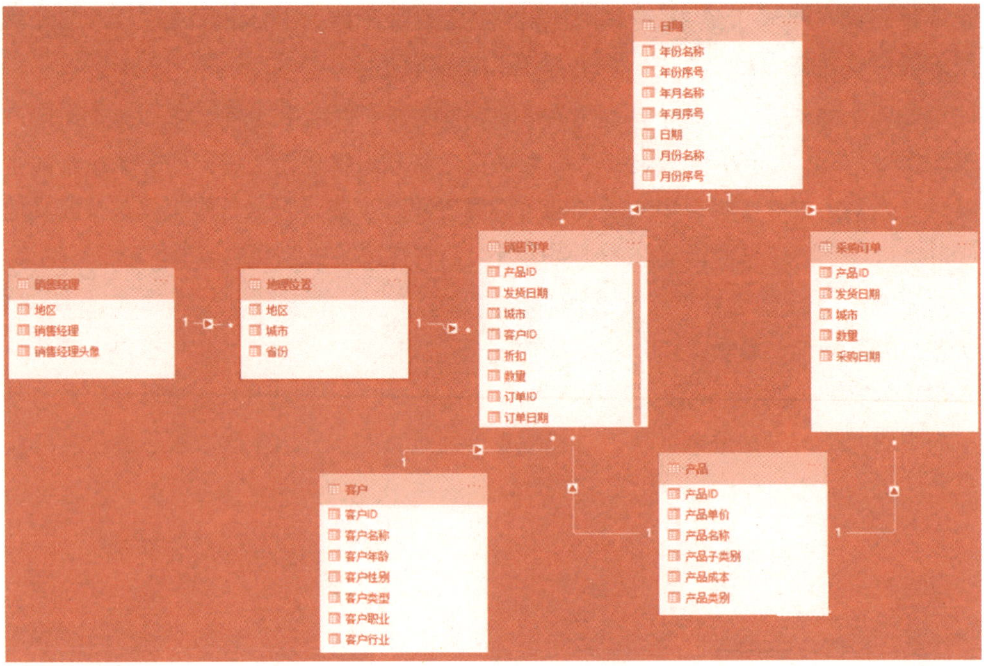

图 12-19　Power BI 中的维度模型展示

在企业 IT 系统中，涉及基数数据的系统采用关系数据模型，比如订单系统、交易系统等“在线事务（OLTP）”系统。涉及数据分析的系统多采用维度数据模型，比如财务分析集市等“在线分析（OLAP）”系统，如图 12-20 所示。

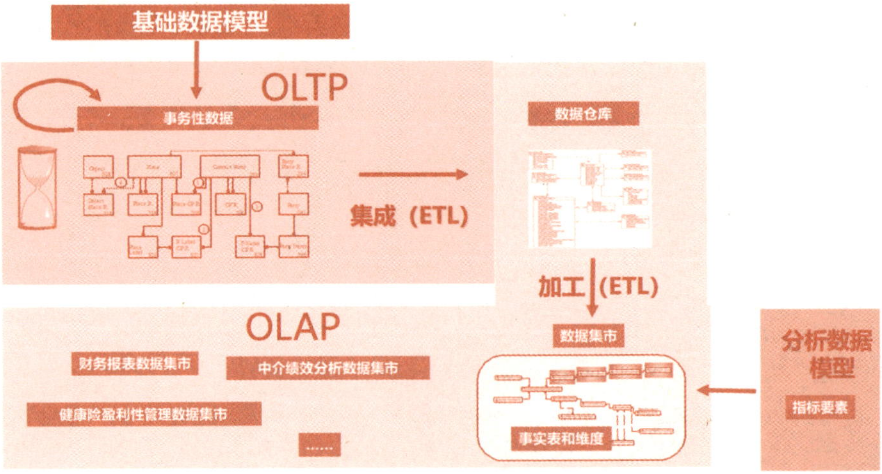

图 12-20　企业 IT 系统中数据模型的应用场景

12.2.3　数据建模的层次

进行数据建模需要由粗到细，从重点关注顶层业务实体和关系，到关注对象的属性。数据模型的层次可以分为概念模型、逻辑模型和物理模型三个层次。概念模型（CDM）描述预设范围内的业务需求，逻辑模型（LDM）描述详细业务解决方案，物理模型（PDM）描述详细技术解决方案。在进行数据建模之前，还有一个必要环节，那就是对数据按照业务属性进行分类，即主题域分类。

1. 主题域分类

主题域模型处于企业数据模型的顶层，是针对企业关键业务领域业务概念的分类方法和框架，示例如图 12-21 所示。主题域模型主要的参与者是企业中的管理者或高级数据管理者。主题域分类是从业务角度对数据进行划分的，不同行业的主题域是不一样的，甚至每个企业的主题域也是不一样的。主题域分析偏战略的层面，并非数据分析师或数据架构师所关心的工作内容。

传统行业如银行、制造业、电信、零售等行业中，都有比较成熟的主题划分，如 BDWM、FS-LDM、MLDM 等。

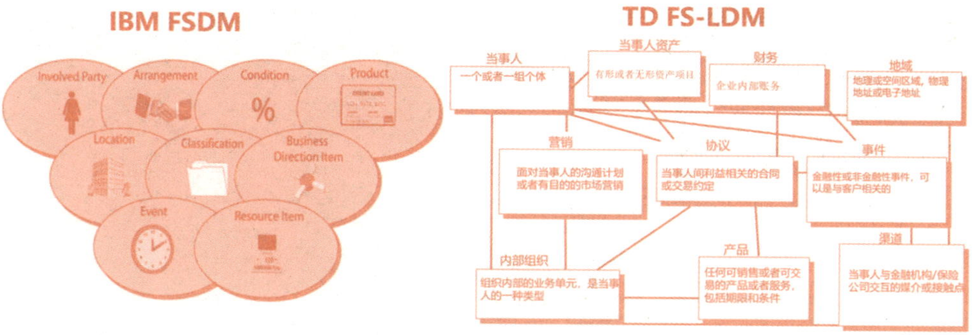

图 12-21　主题域模型示例

2. 概念模型

接下来是概念模型，概念模型以实体－关系（Entity-Relationship，简称 E-R）理论为基础，通过主题域形式描述概念化的结构。概念模型是一种高阶的数据模型，是对某个主题域内容的细化。

概念模型描述企业内主要业务的实体及实体间的业务关系，如图 12-22 所示。概念模型主要面向业务管理人员，通常需要借助 E-R 图来实现。概念模型最关心实体之间的关系，尽可能地凝聚出实体和关系。在概念模型阶段并不需要对实体中的属性进行具体化。

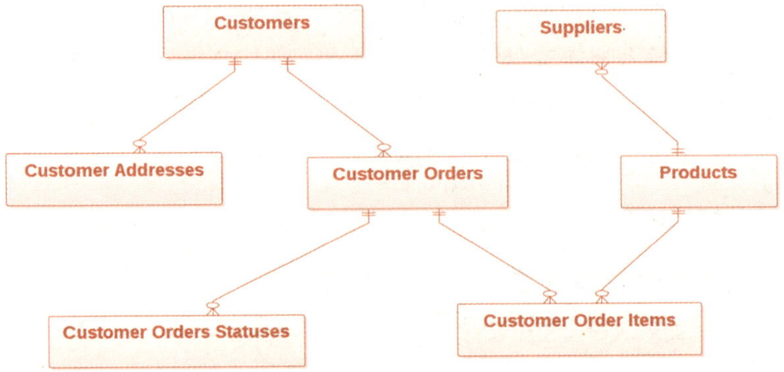

图 12–22　概念模型

实体（Entity）- 属性（Attribute）如图 12-23 所示。

实体通常是名词，人、事的抽象化对象，比如：员工、公司等。

图 12–23　实体 – 属性

3. 逻辑模型

逻辑模型是对概念模型的进一步细化，通过关键数据属性描述更多业务细节增加更多细节。逻辑模型描述实体、属性及实体关系，只包含关键数据属性，而不是全部实体和全部属性。逻辑模型独立于具体技术，是 IT 人员和业务人员沟通的工具，主要面向架构师使用。逻辑模型设计时要遵循范式的设计概念，以求达到较少的数据冗余，维护数据的完整性和可扩展性。检查数据模型是否符合范式（一般符合三范式）要求，比如：每个属性的值唯一，不具有多义性；每个非主属性必须完全依赖于整个主键，而非主键的一部分；关系模式中不存在传递依赖。

4. 物理模型

模型的落地还需要建立物理模型，一般情况下物理模型是由数据库管理员、数据库工程师具体实施的，主要是将逻辑模型转化成数据库的设计表达，所涉及的有数据库中的表、数据类型、字段长度等信息。物理模型涉及两个层次的模型，如图 12-24 所示。

（1）转换模型，创建物理数据库信息，定义和记录数据字典生成数据库的数据元素和记录提供上下文环境，提供物理数据库结构。

（2）DBMS 模型，DBMS 模型记录位于 DBMS 模式或系统表之中的物理数据库对象的定义。通过 DBMS 模型自动生成这些对象，主键成为唯一索引，候选键和查询项也成为索引。此外，物理模型中的关系基数是通过数据库的参照完整性功能、应用程序逻辑、其他事后监测和修正功能得以实现的。

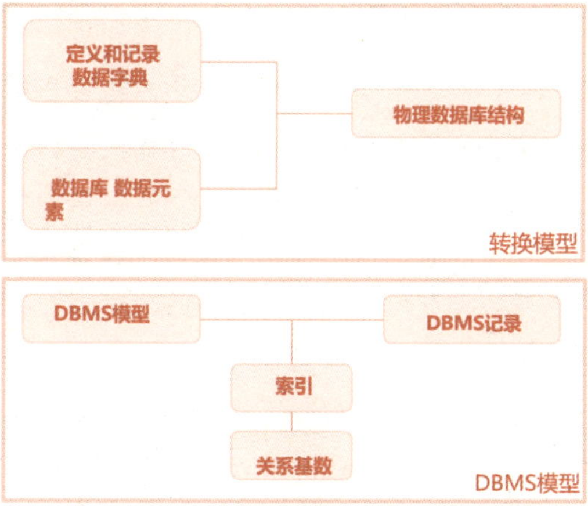

图 12-24　转换模型和 DBMS 模型

12.3 数据仓库体系和 ETL

数据仓库是数据分析工作中的一个重要工具。在理解数据仓库之前，我们看看两个概念，分别是 OLTP 和 OLAP。

OLTP（On-line Transaction Processing）系统：也称为联机事务处理系统、生产系统，它是事件驱动、面向需求的，比如银行的储蓄系统就是一个典型的 OLTP 系统。OLTP 在使用过程中积累了大量的数据。关系数据库概念提出之后，联机事务处理一直是数据库应用的主流。

OLTP 的特点如下：

- 对响应时间要求非常高；
- 用户数量非常庞大，主要是操作人员；
- 数据库的各种操作基于索引进行。

OLAP（On-line Analytical Processing）系统：也称为联机分析处理系统，是基于数据仓库的信息分析处理过程，是数据仓库的用户接口部分，它是数据驱动、面向分析的。OLAP 系统是跨部门、面向主题的。

OLAP 的特点如下：

- 基础数据来源于生产系统的操作数据，也就是说，OLAP 系统数据来源于 OLTP 系统；
- 对系统的响应时间合理；
- 用户数量相对较小，其用户主要是业务决策人员与管理人员。

理解 OLAP 系统和 OLTP 系统之后，接下来了解一下什么是数据仓库。数据仓库可以简单理解为把数据整合之后再进行数据加工，提供给数据集市进行数据分析应用的一套系统。数据仓库的数据来源于源系统，也就是业务系统。之后通过抽取到数据仓库的模型层进行数据整合。以银行业系统为例，一家银行的业务系统数目是非常多的，即使是中小型银行，也可能会有二三百个业务系统，这些数据散落在各个系统。对于数据分析人员来说，需要借助数据仓库进行生产数据的整合，比如要实现风控模型，需要访问众多与风险相关的业务系统中的数据。

数据仓库的特征主要包含四部分，分别是面向主题、数据集成、数据相对稳定和数据随时间变化。

面向主题主要是指用户使用数据仓库进行决策时所关心的重点方面，如：客户、产品、账务、事件、服务使用、资源、客户服务、地域等，数据仓库内的信息是按主题进行组织的，而不是像业务支撑系统那样是按照业务功能进行组织的。

数据集成是指数据仓库中的信息不是从各个业务系统中简单抽取出来的，而是经过一系列加工、整理和汇总的过程，必须消除源数据中的不一致性，因此数据仓库中的信息是关于整个企业的一致的全局信息。各个业务系统可能由不同的厂家独立承建，它们的数据模型设计、编码规则等都是不同的，这些数据加载到数据仓库之后，需要进行加工转换。

如图 12-25 所示，可以看出，有两个不同的厂商，分别是 CRM 系统和 BOSS 系统，在 CRM 系统中对于性别编码的规定是 0- 男、1- 女和 2- 其他，而在 BOSS 系统中性别编码的规定是 M- 男、F- 女和 O- 其他。但是映射到数据仓库是按照不同的映射规则，会对不同原系统中的数据编码进行转换，最终形成统一的标准。在数据仓库中整合出 1- 男、2- 女和 3- 其他的数据规则。

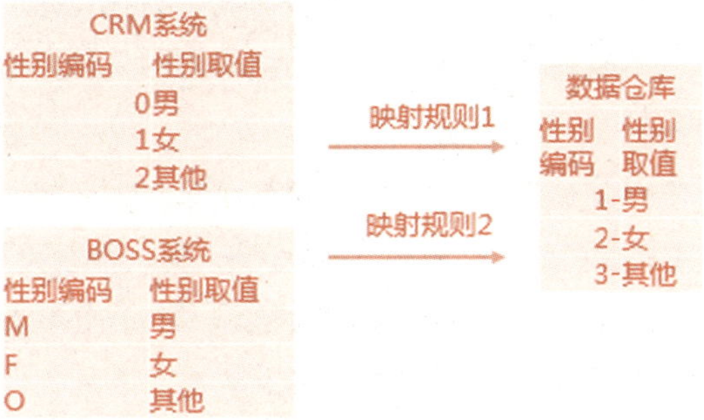

图 12-25　原系统与数据仓库映射规则图

数据相对稳定，是指一旦某个数据进入数据仓库以后，一般很少进行修改，更多地是对信息进行查询操作，通常只需要进行定期的加载和刷新。数据仓库中几乎很少对历史数据进行修改，例如某年 6 月 2 日用户单停，那么这条记录就是本日最终单停的这个状态，而对于业务系统中，它总是最新的状态，所以业务系统中的数据总是不断变化的。

数据随时间变化：数据仓库在集成数据时一般是通过拉链表的形式实现的，所有的拉链表要求每个数据在进入数据仓库时都保有一个时间戳。例如昨天的数据今日再进入数据仓库时，昨天和今天都会保留一份数据，也就是按照时间点保留多个副本。这样的好处是保证了在不同时间点时数据的情况，留痕数据可能发生的变化。

接下来我们了解一下数据集市和多维分析。当我们准备开展数据分析时，通常是利用数据集市来完成的，因为数据仓库也受到各项权限的制约，很多情况下数据分析师并不方便直接接触到业务系统的数据，而是依赖于数据集市的加工处理。那么数据集市和数据仓库之间有什么关系呢？业务数据模型在实际运营过程当中会采集大量的数据，通过 ETL 集成到数据仓库中，企业级的数据仓库会把企业的各个系统数据都集成在一块。这其中又需要一些指标要素对数据进行度量。指标要素的建立其实就是在确认维度，因此需要建立维度模型。那么如何建立维度模型呢？从数据仓库 ER 模型中抽取数据建立大宽表。而数据集市是按照不同的业务需求对数据仓库中的数据进行进一步抽取和整合，例如财务报表数据集市、中介绩效分析数据集市、健康险盈利性管理数据集市等。

现代多维分析系统一般以数据仓库作为基础，即从数据仓库中抽取详细数据的一个子集并经过必要的聚集存储到数据立方体存储器。立方体中每个小方格里的数据就是所需的度量指标。

数据立方体的建立会为数据分析提供很多便利，我们在进行数据分析时可以利用数据立方体进行向上钻取或向下钻取。向上钻取为向上级进行数据汇总，向下钻取是从上级向下展开细节。

细心的读者可能已经发现了，无论是从源系统到数据仓库，还是从数据仓库到数据集市，都用到了 ETL 实现数据的集成和抽取。那么什么是 ETL 呢？ ETL 是数据抽取（EXTRACT）、转换（TRANSFORM）、清洗（CLEANSING）、装载（LOAD）的过程。ETL 起到十分关键的作用，它主要用于解决以下几类问题：

（1）多数据源多字符集环境如何整合数据？

（2）多种统计口径如何统一？

（3）严格范式结构如何转换为星形或雪花形模型？

（4）如何做到增量抽取？

（5）开发过程中的元数据如何妥善管理？

（6）脏数据如何处理？

（7）如何管理复杂的数据交换？

ETL 整体流程架构如图 12-26 所示。ETL 从数据源抽取出所需的数据，经过数据清洗、转换，最终按照预先定义好的数据仓库模型，将数据加载到数据仓库中去。ETL 是数据仓库系统中最重要的概念之一，ETL 在一个数据仓库系统项目中要花一半以上的时间。

ETL 的抽取建立在针对有效数据进行提取的前提下，原系统中与业务有关的重要数据会进入数据仓库中，而系统本身一些运维信息等非业务相关数据将不会进入到数据仓库中。数据抽取后会进行统一标准的转换，这里也涉及数据清洗的环节。数据完成整合清洗之后就要加载到数据仓库中。强调加载的意义在于数据仓库中的数据模型和原系统数据模型并不是一样的。因此数据加载到数据仓库中需要按照某一特定化的数据需求才能完成，并不是单纯地将数据随意存储到数据仓库中。当数据进入数据仓库之后，就可以做后续的一些应用，例如 OLAP 分析、数据挖掘、报告等。

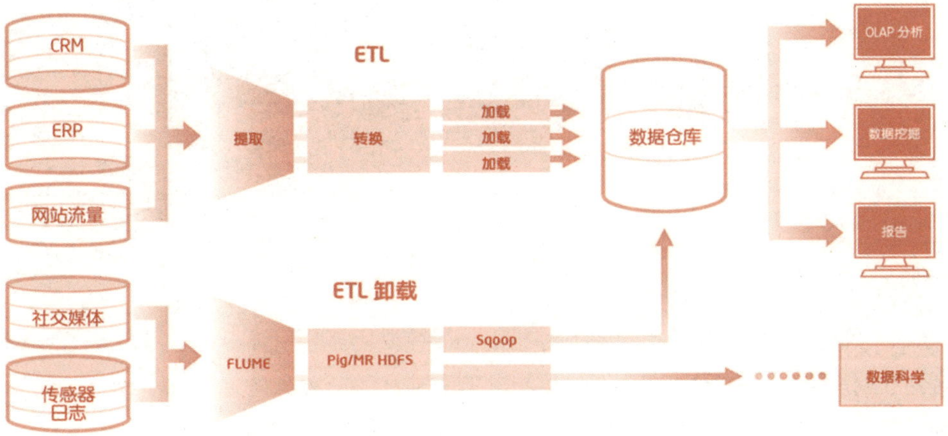

图 12-26　ETL 整体框架

12.4　本章小结

读懂数据模型是实现自主取数的必备能力，这要求数据分析师能够阅读数据字典和 E-R 图，甚至在 E-R 图缺失的情况下可以自己绘制 E-R 图。有些数据分析师不重视对数据模型的使用，凭着对数据片面的理解编写 SQL 取数。这样做就像行军打仗不看地图一样，结果可想而知。

第 13 章　指标体系管理

在企业领导基于指标进行业务分析时，往往受困于指标不一致、不准确等问题。加强企业指标体系的管理是解决这类问题的重要手段。本章先讲解单个指标的管理，进而讲解指标体系的建设过程和管理方法。本章内容和第 7 章内容有衔接，本章从数据管理角度论述如何管理指标和指标体系，第 7 章则从业务分析角度讲解指标体系的建立和使用。

13.1 指标管理

单个指标的管理是指标体系管理的基础。本节介绍指标数据标准和指标数据质量评价的内容。

13.1.1 指标数据元和指标数据标准

数据元是指一组属性规定其定义、标识、表示和允许值的数据单元。数据元是构成数据标准的基础，分为基础数据元和指标数据元。在业界把指标数据元的集合称为指标数据标准。如图 13-1 所示，展示了《银行经营管理指标数据元》［JR/T 0137—2017］中提供的指标数据元。

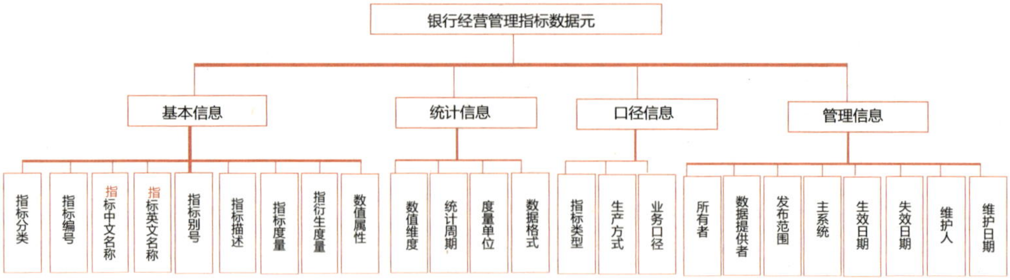

图 13-1 《银行经营管理指标数据元》中提供的指标数据元

表 13-1 展示了某家金融机构内部使用的指标数据标准，其中展示了两个指标数据元，分别是“各项贷款余额（表内）”和“不良率（表内）”，每个指标数据元都包括业务属性、技术属性和管理属性。在信息分类上虽然和图 13-1 有差异，但是信息内容基本一致。在企业中，把指标体系中的所有指标数据元整合在一起，称为指标数据标准。

表 13-1 某银行指标数据数据标准节选

业务属性									
编号	业务主题	一级分类	二级分类	三级分类	中文名称	指标业务含义	指标业务口径	计量单位	基本频率
DZ-G-014	业务规模	信贷业务规模	资产状况		各项贷款余额（表内）	描述客户货款本金余额（不包含联合贷不属于我行部分）	客户贷款本金余额求和（不包含联合贷不属于我行部分）	元 / 万元 / 亿元	日
DZ-P-121	风险合规指标	信用风险			不良率（表内）	描述不良贷款占总贷款余额的比重(不包含联合贷不属于我行部分）	不良贷款金额 / 各项贷款余额（表内）	%	日

续表

技术属性						管理属性						
数据来源	指标类型	数据类型	关联标准	维度	技术口径	主责部门	敏感性分类	适用范围	入库时间	指标状态	生效时间	失效时间
数据仓库	跟指标	INT	贷款余额	分支机构，地区，产品线	SELECT sum（T1.XXX）FROM dw_XXX.pXXX t1WHERE t1.data_dt=&l_XXX andt1_XXX<>’02’ -&I_XXX 统计时间	财务管理部	内部使用	银监报送，人行报送，总行报送，驾驶舱	2013/6/27	有效	2013/6/27	
数据仓库	派生指标	FLOAT	贷款余额	分支机构，地区，产品线	&I_TRADEDATE 统计时间 SELECT sum（CASE WHENt1.XXX>=’3’ THENt1 .XXX 0 END）/SUM（t1.XXX）FROM dw_XXX.pXXX tI WHEREt1.data_dt=&I_XXX AND t1.XXX<>’02’	风险管理部	内部使用	银监报送，人行报送，总行报送，驾驶舱	2013/6/27	有效	2013/6/27	

由于指标数据是通过基础数据加工而来的，为了保证指标数据的加工质量，企业还需要制定基础数据的数据标准，其内容示例如图 13-2 所示。

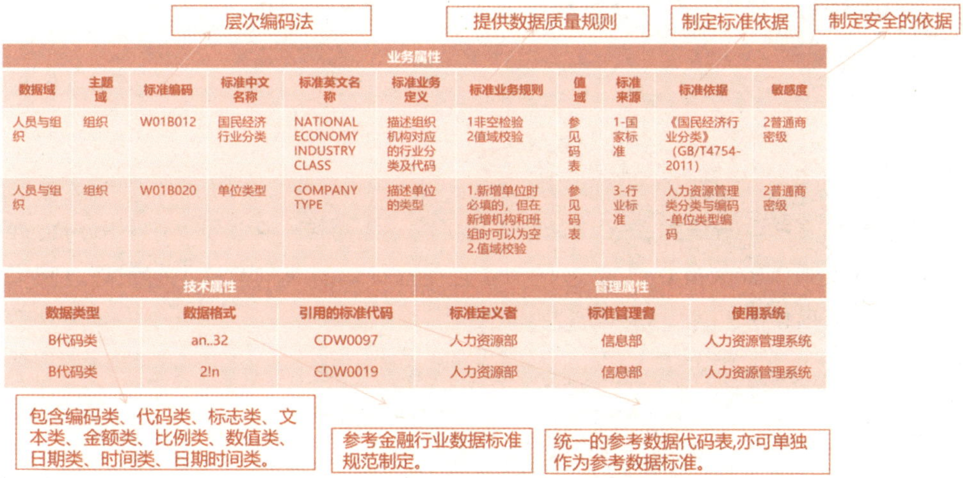

业务属性										
数据域	主题域	标准编码	标准中文名称	标准英文名称	标准业务定义	标准业务规则	值域	标准来源	标准依据	敏感度
人员与组织	组织	W01B012	国民经济行业分类	NATIONAL ECONOMY INDUSTRY CLASS	描述组织机构对应的行业分类及代码	1非空检验 2值域校验	参见码表	1-国家标准	《国民经济行业分类》（GB/T4754-2011）	2普通商密级
人员与组织	组织	W01B020	单位类型	COMPANY TYPE	描述单位的类型	1.新增单位时必填的，但在新增机构和班组时可以为空 2.值域校验	参见码表	3-行业标准	人力资源管理类分类与编码-单位类型编码	2普通商密级

技术属性			管理属性		
数据类型	数据格式	引用的标准代码	标准定义者	标准管理者	使用系统
B代码类	an..32	CDW0097	人力资源部	信息部	人力资源管理系统
B代码类	2!n	CDW0019	人力资源部	信息部	人力资源管理系统

图 13-2　某银行基础数据的数据标准内容示例

13.1.2　指标数据质量评价维度

参考《信息技术　数据质量评价指标》［GB/T 36344—2018］，指标数据的质量可以从以下维度进行评估。

（1）规范性：数据符合数据标准、数据模型、业务规则、元数据或权威参考数据的程度。

（2）完整性：按照数据规则要求，数据记录被赋予数值的程度。

（3）准确性：数据准确表示其所描述的真实实体（实际对象）真实值的程度。

（4）一致性：数据与其他特定上下文中使用的数据无矛盾的程度。

（5）时效性：数据在时间变化中的正确程度。

（6）可访问性：数据能被访问的程度。

13.2　企业级指标体系建设方法与步骤

本节的内容与“第 7 章 指标体系构建方法”有交集，不过第 7 章更强调单个业务系统的指标体系建设，本节更关注企业级的指标体系建设方法。一家企业在建立企业级指标体系的时候，往往已经具备了繁多的历史报表，梳理好这些已有的指标，使之构成一套指标体系，就会用到本节重点讲解的“自下而上法”这个指标体系构建方法。

13.2.1 指标体系构建方法

指标体系构建方法如图 13-3 所示，它可以分为两种：自上而下法（Top-Down）与自下而上法（Bottom-Up）。这是构建企业指标体系时的两种不同策略，它们适用于企业指标和报表管理的不同阶段和情况。

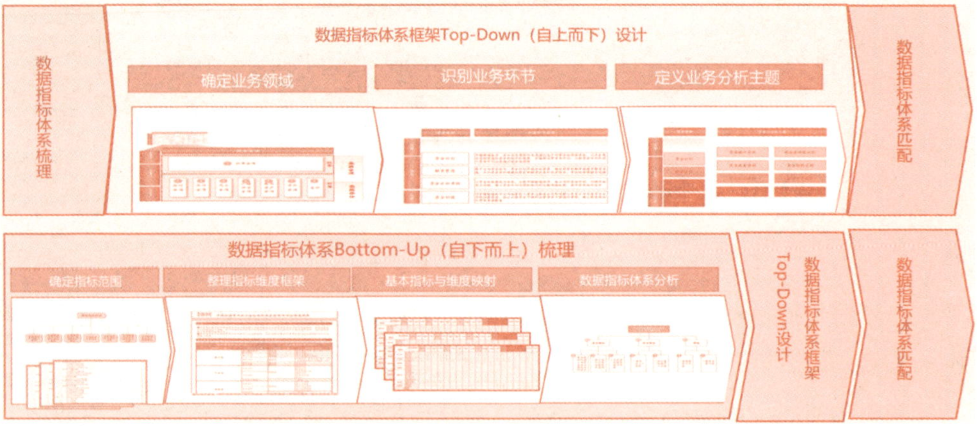

图 13-3 指标体系构建方法

1. 自上而下法

自上而下法是一种从企业战略目标出发，逐层分解并构建具体指标的方法。这种方法通常适用于那些之前从未有过任何指标和报表的企业，或者希望重新规划其指标体系以更好地支持战略目标的企业。

自上而下法具有以下特点。

- 起点明确：以企业的战略目标或业务目标为起点，确保指标体系与整体战略保持一致。
- 逐层分解：将战略目标分解为更具体的部门目标、岗位目标，以及对应的绩效指标。
- 系统性：通过逐层分解，能够构建一个全面、系统的指标体系，覆盖企业的各个方面。

示例：OSM（Objective-Strategy-Measure）模型是自上而下法的一种典型应用。它首先确定企业的战略目标（Objective），然后制定实现这些目标的策略（Strategy），最后为这些策略制定可衡量的指标（Measure）。该方法在“7.5 指标体系自上而下搭建方法”中已经详细讲解。

2. 自下而上法

自下而上法是一种从具体业务场景或数据出发，逐步汇总并构建指标体系的方法。这种方法适用于那些已经拥有丰富但不成体系的指标和报表的企业，特别是当这些指标存在定义不一致、错误或管理混乱时。

自下而上法的特点如下。

- 起点灵活：可以从具体的业务场景、数据需求或员工反馈出发，构建基础指标。
- 逐步汇总：在构建基础指标的基础上，逐步汇总形成更高层次的指标或报表。
- 治理与整合：通过自下而上的方法，可以对现有的指标进行治理和整合，解决定义不一致、错误等问题。

应用：在数据指标治理中，自下而上法常用于识别和解决指标体系中存在的问题，如重复定义、数据不一致等。通过这种方法，企业可以逐步构建一个清晰、准确且有用的指标体系。

总之，自上而下法和自下而上法各有其特点，适用于不同的场景。自上而下法更适合从零开始构建指标体系的企业，而自下而上法则更适合对现有指标体系进行治理和优化的企业。在实际应用中，企业可以根据自身的实际情况和需求选择合适的方法，或者结合两种方法以构建更加完善、有效的指标体系。

13.2.2 企业级指标体系全生命周期建设步骤

指标体系建立的方法是将零散单点的具有相互联系的指标，系统化地组织起来，通过单点看全局，通过全局解决单点的问题，在流程上可以分为四个步骤：找指标、理指标、管指标、用指标，如图 13-4 所示。

（1）找指标：这一环节涉及从企业各个层级搜集和识别指标，包括主指标、子指标、过程指标，以及指标的分类维度和判断标准。需要结合企业战略和岗位职责设定全面的衡量指标，并分解到具体的业务流程中。此阶段的核心是确定指标范围、整理指标维度框架，并进行基本指标与维度映射，为后续的指标管理和应用打下基础。

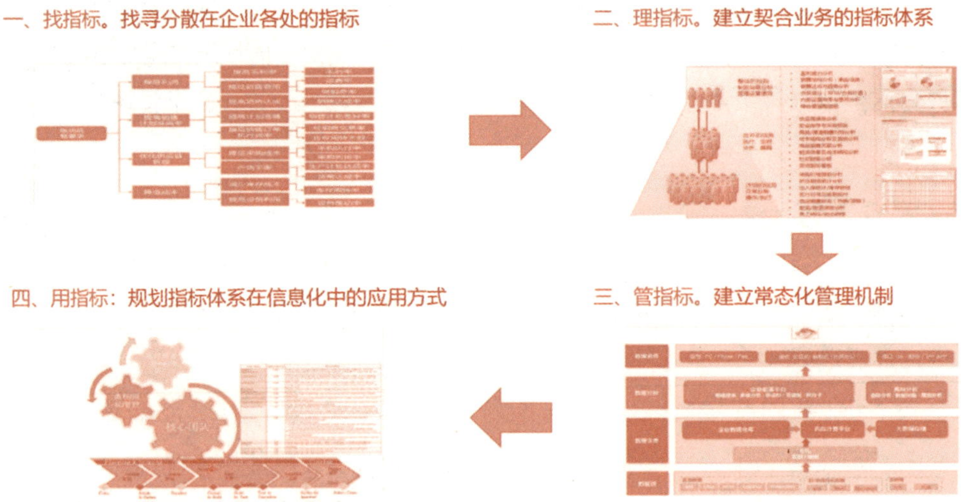

图 13–4　指标体系建设步骤

（2）理指标：在这一环节中，重点是建立一个与业务紧密结合的指标体系。这包括规范定义指标的核心元素，明确指标的分类，统一数据来源和取数规则。目标是形成一份指标元数据字典，该字典汇总了业务指标的口径、维度、取数逻辑等信息，为业务数据标准化提供基础，便于统一管理和维护指标。

（3）管指标：这一环节是建立常态化的指标管理机制。通过推动数据治理体系的建设，制定数据标准和规范，提升数据质量。涉及的工作包括数据的监控、维护和审计，确保指标的准确性和一致性。常态化数据管控团队通常由数据管理领导小组、信息管理部门、业务部门等组成。

（4）用指标：此环节关注的是指标体系在信息化中的应用。指标体系的构建并非仅仅制定规范，更重要的是将其落实到实际应用中，以发挥管理作用。指标体系的应用场景包括数据分析、报表填报、战略和绩效管理、数据管理和数据服务等。通过这些应用，指标体系能够规范企业内部的指标使用，提高数据的准确性、一致性。

13.3 指标体系管理的问题与挑战

指标体系在企业的运营和决策过程中扮演着至关重要的角色。通过收集、分析和利用指标，企业可以不断提升自身的竞争力和盈利能力。但是管理缺失导致指标在使用过程中经常出现问题。

13.3.1 指标体系管理的常见问题

指标体系能够直接反映企业的生产运营状况，从而为企业决策提供数据支撑。但指标体系管理过程中的诸多痛点使得指标体系无法发挥其价值。

- 定义模糊：在定义阶段，指标的名称、目的、计算方法和数据来源不明确或描述模糊，可能导致后续环节中出现误解或数据不一致的情况。
- 分类混乱：指标的分类不清晰或不一致，将影响指标数据的组织和管理，使得指标难以被有效地分析和应用。
- 格式不一致：指标的格式不统一，将导致指标数据在采集、存储和分析过程中出现错误或不一致，从而影响指标数据的准确性。
- 采集困难：数据源可能复杂多样，采集过程需要处理各种技术难题，如数据接口的兼容性问题、数据格式的转换问题等。此外，指标数据的完整性和准确性也是采集过程中的一大挑战。
- 存储安全：在存储阶段，指标数据面临着数据泄露、数据损坏等安全风险。同时，备份和恢复策略的制定和实施也是确保指标数据可用的重要挑战。
- 管理复杂：指标数据的管理涉及数据的清洗、去重、转换等多个环节，这些过程可能复杂且耗时。此外，指标数据的权限管理、访问控制和版本控制也是管理过程中的重要挑战。
- 分析难度：对存储的指标数据进行挖掘、统计和分析需要专业的技能和工具。然而，指标体系可能庞大且复杂，分析过程可能面临计算性能、算法选择等挑战。
- 应用落地：将分析结果转化为实际业务决策和行动需要跨部门的协作和沟通。然而，不同部门之间可能存在利益冲突或沟通障碍，导致分析结果难以被有效应用。

13.3.2 指标体系管理面临的挑战

指标体系管理在现代企业管理中扮演着至关重要的角色，它涉及对业务绩效的全面评估与监控。然而，在实施指标体系管理的过程中，企业面临着多方面的挑战。

1. 指标设置领域

- 指标合理性：指标设置过多或过少都是不合理的。过多的指标可能导致管理者无法抓住重点，增加决策负担；而过少的指标则可能无法全面反映企业的业务状况。此外，指标之间缺乏关联性也会影响绩效评估的准确性。因此，确保指标具有可量化性、可衡量性、可比性，并与组织目标和战略一致是至关重要的。
- 核心指标识别：在众多的指标中，识别出对企业至关重要、能反映业务本质的核心指标是一项艰巨的任务。这需要管理者对业务有深入的理解，以及对指标体系有深刻的认识。

2. 数据质量领域

- 指标数据的准确性：指标数据是指标实现的基础，指标数据的准确性直接影响到绩效评估的结果。如果指标数据不准确，那么基于这些数据的绩效评估将失去意义。因此，有必要建立指标数据标准，并在指标数据的生命周期中实施质量管理。
- 指标数据的一致性：一般有两种表现，分别是纵向不一致和横向不一致。前者是由于部门内部对指标的定义和口径进行了调整，后者是不同部门或团队之间指标定义和口径不一致的问题。这些都会导致指标数据的不一致。解决这一问题需要建立统一的指标标准和数据管理规范，确保历史的指标和各部门之间的指标数据能够无缝对接和整合。

3. 管理实践领域

- 改进措施缺乏：如果指标管理只停留在评估阶段，而缺乏改进措施和反馈机制，那么将无法实现绩效的提升。因此，建立定期评估和反馈机制，及时调整指标和改进管理实践是指标管理面临的重要挑战。
- 跨部门协调困难：在跨部门或跨团队绩效评估中，可能会出现协调困难和责任模糊的情况。这需要建立跨部门协调机制，明确责任分工和协作流程，确保整体绩效的一致性和协同性。

4. 技术平台领域

- 指标平台定义能力弱：一些复杂的指标仍需要依赖 IT 人员编写 SQL 进行开发，导致指标平台“定义覆盖度”低。这限制了指标平台的灵活性和响应速度，无法满足业务快速变化的需求。

- 数据虚拟化引擎能力弱：如果指标平台内置的数据虚拟化引擎能力弱，无法支持大数据量下用户对指标查询速度的需求，那么用户在多维分析过程中可能会遇到分析思路被中断的问题。这会影响用户对指标平台的信任度和使用意愿。

综上所述，指标管理面临的挑战是多方面的，需要从指标设置、数据质量、管理实践和技术平台等多个领域进行综合考虑和应对。通过不断优化指标体系的管理体系和流程、提高指标数据质量、建立有效的改进措施和反馈机制以及提升技术平台的能力和灵活性等措施，可以逐步解决这些挑战并实现绩效的持续提升。

13.4 指标体系管理

指标体系管理是一套系统化的流程和方法，它涉及指标体系生命周期的主要环节，例如框架设计、详细设计、指标开发、指标使用等，在这些环节中对有指标和指标数据进行系统化和结构化的组织与维护，确保指标体系的准确性、一致性，并运用指标体系量化和评估企业的运营状况、战略执行效果以及业务绩效，支持有效的决策制定和业务增长。

13.4.1 指标体系的生命周期

像其他事物一样，指标体系也有生命周期。指标体系的生命周期是一个完整的过程，涵盖了指标框架设计、指标详细设计、指标开发和指标使用等所有关键环节。

- 指标框架设计：这一环节是指标体系生命周期的起点，主要任务是确定指标体系的整体结构和目标。这包括识别业务需求、明确业务目标和关键成功因素，并将这些因素转化为可量化的指标。在这一阶段，需要进行广泛的业务调研和需求分析，以确保指标体系与企业战略紧密对齐。
- 指标详细设计：在框架设计完成后，进入详细设计环节。这里，每个指标的计算逻辑、数据来源、更新频率和责任分配等细节被明确规定。这包括确定指标的定义、加工方法、维度和量度，以及设计数据模型和数据库结构。详细设计环节的目的是确保每个指标的准确性和一致性。
- 指标开发：此环节涉及将设计环节定义的指标转化为实际的指标值。这包括开发数据提取、处理和加载（ETL）过程，建立数据仓库和数据集市，以及开发报告和仪表板。在开发过程中，需要进行严格的测试和验证，以确保指标数据的质量和性能。

- 指标使用：一旦指标开发完成并上线，它们就可以被业务用户用于日常决策和分析。在这一环节，重点是监控指标的性能，收集用户反馈，并根据业务发展需要对指标进行优化和调整。此外，还需要定期评估指标的有效性，并在必要时进行更新或淘汰。

13.4.2 指标体系的管理体系

指标体系的管理体系是系统化与结构化地管理指标集合的框架，通常由管理目标、主要职能及保障体系三大核心要素构成。这一体系的核心目的在于积极促进并强化指标及指标数据的管理和实施，通过全面优化与升级其生命周期的活动，深度挖掘并充分利用指标的潜在价值，为企业的战略决策与业务发展提供强有力的支持。

- 管理目标为整个体系提供了方向指引，明确指标体系管理的目的和预期效果。管理目标聚焦于提升指标体系的实用性和适应性，以支持企业高效决策和持续改进。
- 主要职能则涵盖了指标体系的生命周期，包括了架构管理、标准管理、质量管理、应用管理、安全管理和生命周期管理。
- 保障体系，作为指标体系的坚强后盾，通过管理组织、管理机制、标准规范、数据人才、平台工具、技术创新和文化素养等多方面的支持，为指标体系的管理活动的顺利进行提供了坚实的保障。

这三部分紧密相连，互为支撑，共同推动了指标体系的持续完善和发展，为企业提供了强有力的指标支撑和决策依据，是实现数据驱动增长的关键所在。

1. 管理目标

指标体系管理的目标是建立一套标准化、规范化的管理体系，确保指标体系在生命周期的各个环节都得到有效的管理和控制。这不仅提升了指标及指标数据的准确性和可靠性，还增强了决策的科学性和时效性。同时，指标体系的应用有助于组织及时识别业务和管理问题、追踪进展、评估成效，为持续改进和战略目标的实现提供了坚实的基础，是组织绩效管理和决策支持不可或缺的重要工具。

2. 主要职能

指标体系的管理体系的主要管理职能包括：架构管理、标准管理、质量管理、应用管理、安全管理和生命周期管理。通过这些管理职能的协同作用，旨在构建一个结构清晰、标准统一、质量可靠、安全可控、生命周期完整且能够有效应用于业务决策的指标体系。

（1）指标体系架构管理：主要负责设计和维护整个指标体系的逻辑结构和层次关系。它涉及定义各类指标、确定各类指标之间的关联规则，确保指标之间既相互独立又逻辑严密，形成一个清晰、系统的框架。架构管理还需定期评估和调整各类指标的定义以及指标体系的结构，以适应业务发展和决策需求的变化，保证指标体系的灵活性和可扩展性。架构管理包括指标分类、指标定义、指标间的层级和依赖关系定义、指标数据流动路径的定义和优化等。

（2）指标体系标准管理：致力于制定、实施和维护一套统一的指标定义、计算方法和数据规范，确保所有指标在命名、计算公式、数据来源、更新频率等方面遵循统一的标准，从而提高指标的一致性。标准管理还包括对新指标的审批流程，确保新指标的引入符合既定的标准和规范，避免指标冗余和混乱。此外，还需定期审查和更新指标标准，以适应技术和业务环境的变化。

（3）指标体系质量管理：专注于监控和提升指标数据的准确性。它通过建立严格的数据校验和审核机制，确保指标数据的采集、处理、计算和存储过程符合质量标准。质量管理还包括对指标数据进行定期的质量评估和问题分析，及时发现并解决指标数据质量问题。此外，还需制订和实施数据质量改进计划，不断提升指标数据的整体质量水平，为业务决策提供可靠的数据支持。

（4）指标数据应用管理：主要负责将指标体系中的数据转化为对业务决策有价值的洞察和分析。它通过建立数据分析和报告机制，为业务部门提供及时、准确、深入的指标数据支持。应用管理还包括根据业务需求定制指标报表和可视化工具，帮助业务人员更好地理解数据背后的业务趋势和规律。此外，还需定期与业务部门沟通，了解其对指标数据的需求和反馈，不断优化和调整指标数据的应用方式和效果，提升业务决策的科学性和准确性。

（5）指标数据安全管理：主要负责保护指标数据免受未经授权的访问、泄露、篡改和破坏。它通过建立完善的指标数据安全策略和防护措施，确保指标数据在存储、传输和处理过程中的安全性。安全管理还包括对用户权限的严格管理，确保只有授权人员能够访问和修改指标数据。此外，还需定期进行安全审计和风险评估，及时发现并修复潜在的安全漏洞，保障指标数据的安全可控。

（6）指标体系生命周期管理：涵盖了指标体系的全过程管理和操作，确保指标体系能够随着业务的发展和技术的更新而不断优化和演进。生命周期管理包括制定指标体系的长期发展策略，明确各阶段的具体任务；监控指标体系的运行状态，及时发现并解决潜在问题；以及定期评估指标体系的性能和价值，对不再符合业务需求的指标进行淘汰或替换。通过全生命周期的管理，确保指标体系的持续有效。

3. 保障体系

指标体系管理的有效运行依赖于一个综合性的保障体系，该体系由管理组织、管理机制、标准规范、数据人才、平台工具、技术创新和文化素养等关键要素构成，确保指标及指标数据管理的全面性和系统性。

（1）管理组织：管理组织是指标体系管理的骨架，负责整体规划和协调。组织应设立专门的部门或团队进行指标体系的管理，明确职责分工，确保指标体系管理的各项活动有序进行。通过高效的组织架构，管理组织能够推动指标体系管理政策的实施，监督指标体系的质量和安全，促进跨部门协作，为指标价值的最大化提供坚实的组织保障。

（2）管理机制：管理机制是确保指标体系管理活动持续有效运行的关键。它包括指标体系的全链条管理机制，明确管理制度、管理流程和沟通机制。通过完整的管理流程设计，贯彻管理职能；通过完善的制度设计，管理机制能够保障指标体系的准确性、完整性和安全性，为指标体系管理提供规范化和标准化的操作指南；通过多渠道利益相关方沟通，推动管理工作顺利开展。

（3）标准规范：标准规范是指标体系管理的基石。它涉及指标的定义、分类、编码、存储、交换和共享等方面的标准，以及管理流程、质量控制和安全管理的规范。制定和实施统一的标准规范，能够确保指标体系的一致性和可用性，提高指标体系管理的效率和效果。

（4）数据人才：数据人才是指标体系管理体系的核心资源。他们应具备数据分析、数据挖掘、数据可视化等专业技能，以及数据治理、数据安全和数据伦理等方面的知识。培养和引进高素质的数据人才，能够提升指标体系管理的专业水平，推动数据价值的深度挖掘和广泛应用。

（5）平台工具：平台工具是指标体系管理的技术支持。它包括对指标体系进行管理和操作的软硬件平台及相关工具。运用先进的指标体系管理平台和技术工具，能够提高指标体系管理的效率和准确性，降低管理的成本和风险，为指标价值的实现提供有力的技术支撑。

（6）技术创新：技术创新是推动指标体系管理持续发展的动力。它涉及大数据、人工智能、区块链等前沿技术在指标体系管理领域的应用和创新。不断探索和实践新技术，能够拓展指标体系管理的边界，提升指标体系管理的智能化和自动化水平，为指标价值创造和增值提供新的可能。

（7）文化素养：文化素养是指标体系管理的软环境。它涉及数据意识、数据思维和数据伦理等方面的培养和教育。提升全员的数据文化素养，能够营造尊重数据、重视数据的文化氛围，促进数据文化的形成和发展，为指标体系管理的顺利实施和持续改进提供坚实的文化基础。

13.5 本章小结

指标体系管理正站在新时代的风口浪尖，其未来趋势呈现出生态化、市场化和全球化三大特点。随着企业对数据潜在价值的深刻洞察，数据管理逐渐转向对高价值数据的精耕细作，力求以最小的投入获取最大的回报。在这一过程中，技术的飞速发展，尤其是云计算、大数据处理和机器学习等关键领域的进步，为指标体系管理提供了强有力的支撑，推动其向智能化和自动化的新高度迈进。

生态化的发展意味着指标体系将不再是孤立的资源，而是融入企业运营的每一个环节，形成以数据为驱动力的业务生态系统。在这个系统中，数据就像血液一样，为企业提供源源不断的营养，从产品设计、生产流程到市场营销，每一个环节都离不开数据的支持。企业将通过构建数据共享平台，打破部门间的壁垒，实现数据的无缝流动和整合，从而释放数据的最大潜能。

市场化趋势的体现是数据逐渐成为企业新的竞争力和资产。随着数据市场的成熟，企业可以通过数据交易、数据服务等多种方式实现数据的价值转化。指标体系管理将更加注重挖掘数据的商业潜力，通过精准的数据分析和预测，为企业决策提供强有力的支持。同时，数据市场化也要求企业加强数据资产管理，明确数据的权属和权益分配，确保数据的合法合规使用。

全球化趋势要求指标体系管理具备跨国界运营的能力。在全球经济一体化的背景下，企业需要面对更加复杂多变的市场环境。指标体系管理将更加重视跨国数据的整合和分析，以支持企业的全球化战略。同时，企业还需遵守不同国家和地区的法律法规，确保指标及指标数据的合规使用，维护企业的国际形象和市场地位。

编委会成员